Y.+ 6220.
A. 1.

Ye   12566

CHOIX

DES POÉSIES ORIGINALES

DES

TROUBADOURS.

TOME PREMIER.

CHOIX
DES POÉSIES ORIGINALES
DES
TROUBADOURS.

Par M. RAYNOUARD,

MEMBRE DE L'INSTITUT ROYAL DE FRANCE (ACAD. FRANÇAISE, ET ACAD. DES INSCRIPTIONS ET BELLES-LETTRES), OFFICIER DE LA LÉGION D'HONNEUR.

TOME PREMIER,

CONTENANT

Les Preuves historiques de l'ancienneté de la Langue romane; — Des Recherches sur l'origine et la formation de cette langue; les Éléments de sa grammaire, avant l'an 1000; — La Grammaire de la langue des Troubadours.

A PARIS,
DE L'IMPRIMERIE DE FIRMIN DIDOT,
IMPRIMEUR DU ROI, ET DE L'INSTITUT, RUE JACOB, N°. 24.

1816.

INTRODUCTION

CONTENANT

LES PREUVES HISTORIQUES DE L'ANCIENNETÉ
DE LA LANGUE ROMANE.

Les poésies originales des Troubadours, écrites en langue romane, seraient publiées presque sans utilité, si une grammaire détaillée n'expliquait en même temps les principes et le mécanisme de cet idiôme.

Rassembler les traditions historiques et les preuves matérielles qui attestent l'existence de la langue romane à des époques très-reculées, remonter à son origine et à sa formation, offrir les éléments de sa grammaire avant l'an 1000, et donner enfin les règles complettes de cette langue perfectionnée et fixée dans les ouvrages des Troubadours, tels sont les travaux préliminaires qui rempliront ce premier volume de la collection intitulée : Choix des poésies originales des Troubadours. Sans doute ce titre ne paraîtra point déplacé à la tête même du premier volume, puisque les différents passages cités dans les exemples de la grammaire offriront déja plus de deux mille vers de ces anciens poëtes.

INTRODUCTION.

L'existence de la langue romane paraît dater du commencement de la monarchie française [1].

Dès ce temps reculé, les auteurs distinguent la langue ROMANE, et la langue FRANCIQUE OU THÉOTISQUE.

Jacques Meyer, dans ses annales de Flandres, parle en ces termes du choix qu'on fit de saint Mommolin pour évêque de Tournay.

« L'an 665, mourut saint Éloi, évêque de Tournai...
« Mommolin fut choisi pour lui succéder, parce que
« c'était un homme d'une très-sainte vie, qui savait
« la langue romane aussi-bien que la théotisque [2]. »

Les monuments qui appartiennent à l'histoire de France, nous montrent à l'époque du règne de Charlemagne quelques vestiges de l'idiôme roman.

En deux endroits des litanies Carolines, qu'on

---

(1) On a souvent répété la citation suivante, faite par Ducange dans la préface de son Glossaire, n° XIII.

« Romani etiam qui in Galliis habitabant, ita ut nec reliquiæ ibi inveniuntur, exterminati sunt. Videtur mihi indè Francos, qui in Galliis morantur, a Romanis linguam eorum, quâ USQUE HODIE UTUNTUR, accommodasse. Nam alii, qui circà Rhenum ac in Germaniâ remanserunt, Teutonicâ linguâ utuntur. Quæ autem lingua eis antè naturalis fuerit ignoratur. »
LUITPRAND. lib. 4, cap. 21.

Mais ce passage ne se trouve point dans les œuvres de Luitprand.

(2) « 665. Obiit D. Eligius Tornacensis episcopus.... Suffectus est episcopus in locum ejus Momolenus, propterea quod vir esset sanctissimæ vitæ, qui ROMANAM non minus quam Teutonicam calleret linguam. »
MEYER. Annal. Flandr. p. 6.

chantait alors dans les églises, le répons du peuple était en cet idiôme.

Quand le clergé chantait : SANCTA MARIA, etc., le peuple répondait à chaque fois : ORA PRO NOS.

Quand le clergé priait pour le pape, pour Charlemagne, ou pour quelque prince de sa famille, etc., le peuple répondait à chaque fois : TU LO JUVA[1].

De ces six mots, que présentent les deux répons, LO appartient incontestablement à la langue romane, comme troisième personne du pronom personnel masculin au singulier; et NOS comme première personne indéclinable du même pronom au pluriel.

Les deux verbes ORA et JUVA, ainsi que le pronom personnel TU, sont restés dans cette langue sans modification.

(1) Sancta Maria,   ORA PRO NOS.
      Sancte Cherubin,   ORA PRO NOS.
      Sancte Seraphin,   ORA PRO NOS.
      Sancte Petre,   ORA PRO NOS.

Adriano summo pontifice, etc. vita :
   Redemptor mundi,   TU LO JUVA.
   Sancte Petre,   TU LO JUVA.

Karolo excellentissimo et a Deo coronato, etc. vita et victoria :
   Salvator mundi,   TU LO JUVA.
   Sancte Joannis,   TU LO JUVA.
   Pipino et Karolo nobilissimis filiis ejus, vita, etc.   TU LO JUVA.
   Pipino rege Langobardorum, vita, etc.   TU LO JUVA.
   Chlodovio rege Aquitanorum, vita, etc.   TU LO JUVA.

Omnibus judicibus et cuncto exercitui Francorum, vita et victoria :
   Sancte Remegii,   TU LO JUVA.

MABILLON, Analecta vetera, p. 170.

Le mot TU est très-remarquable : jamais la langue latine ne l'a employé dans des litanies ; c'est donc une tournure particulière.

Dans le serment de 842, cet ancien monument si souvent cité et réimprimé, on voit PRO employé dans le même sens primitif de *pour*, comme une préposition alors en usage dans la langue romane.

Même avant le siècle de Charlemagne, on rencontre, dans les historiens étrangers, quelques indices qui peuvent s'appliquer à cet idiôme.

Vers la fin du VIe siècle, Commentiolus, général de l'empereur Maurice, faisait la guerre contre Chagan, roi des Huns. L'armée de Commentiolus étant en marche pendant la nuit, tout-à-coup un mulet renversa sa charge. Le soldat à qui appartenait ce bagage était déja très-éloigné ; ses compagnons le rappellèrent à cris réitérés : TORNA, TORNA, FRATRE, RETORNA.

Entendant cet avis de retourner, les troupes de Commentiolus crurent être surprises par l'ennemi, et s'enfuirent en répétant tumultuairement les mêmes cris. Le bruit en parvint jusqu'à l'armée de Chagan, et elle en prit une telle épouvante, qu'aussitôt elle s'abandonna à la fuite la plus précipitée.

Ainsi ces deux armées fuyaient en même temps, sans que l'une ni l'autre fût poursuivie.

Les historiens qui ont transmis le souvenir de cet

événement, et qui ont conservé en lettres grecques les paroles que prononçaient les soldats de Commentiolus, assurent que ces mots, TORNA, TORNA, FRATRE, RETORNA, étaient de la langue de leur pays[1].

Les mots de ces fragments sont conformes aux règles de la syntaxe romane, et ils s'accordent avec

---

(1) Τῇ πατρῴᾳ φωνῇ· Τόρνα, τόρνα φράτρε.
 THEOPHAN. Chronographia, fol. 218.

Ἐπιχωρίῳ τε γλώττῃ... ἄλλος ἄλλῳ, ῥετόρνα.
 THEOPHYLACT. Hist. lib. 2, c. 15. — HISTOR. MISCEL. lib. 17.

Si ces légers vestiges de l'idiôme roman, trouvés dans des lieux et dans des temps si éloignés, nous offrent quelque intérêt, combien cet intérêt augmentera-t-il, quand nous pourrons croire que ces guerriers étaient Francs, ou Goths habitant les provinces méridionales de la France? Je présenterai à ce sujet deux conjectures.

La première, c'est que Théophylacte, Hist. lib. 6, cap. 3, parle d'un traité conclu entre les Francs et l'empereur Maurice, pour faire la guerre contre Chagan : « Bessus et Bertus, dit-il, envoyés « des Celtibériens, aujourd'hui appelés Francs, sont dans la ville. « Théodoric, prince de cette nation, traitait avec l'empereur d'un « tribut pour s'unir aux Romains, à l'effet de faire la guerre contre « Chagan.... » Quoique ce traité soit postérieur d'environ quinze ans, il est sans doute permis d'admettre qu'il existait, entre l'empereur et les Francs, des relations qui avaient précédemment amené des guerriers Francs dans l'armée de l'empereur d'Orient contre Chagan.

La seconde, c'est que ces guerriers pouvaient être des Goths, qui habitaient alors le nord de l'Espagne et le midi de la France.

Le même général Commentiolus, qui commandait l'armée de Maurice contre Chagan, avait fait la guerre aux Goths d'Espagne; il avait repris sur eux Carthagène, et il y avait résidé quelque

le style du serment de 842, où l'on trouve FRADRE employé comme FRATRE dans Théophane, et RETURNAR à l'infinitif, comme RETORNA à l'impératif dans Théophylacte, quoique ce verbe n'existât point dans la langue latine.

Notre historien Aimoin rapporte[1] un fait bien plus difficile à expliquer.

« Justinien, dit-il, devient empereur. Aussitôt il
« rassemble une armée contre les barbares; il part,
« leur livre bataille, les met en fuite, et il a le plaisir
« de faire leur roi prisonnier; l'ayant fait asseoir à
« côté de lui sur un trône, il lui commande de
« restituer les provinces enlevées à l'empire ; le
« roi répond : JE NE LES DONNERAI POINT : NON,

---

temps, ainsi que l'atteste l'inscription suivante trouvée à Carthagène, et rapportée dans l'España Sacra, t. V, p. 75.

> Quisquis ardua turrium miraris culmina
> Vestibulumq. urbis duplici porta firmatum
> Dextra levaq. binos positos arcos
> Quibus superum ponitur camera curba convexaq.
> Comitiolus sic hæc fieri jussit patricius
> Missus a Mauricio aug. contra hoste barbaro
> Magnus virtute magister mil. Spaniæ
> Sic semper Spania tali rectore lætetur
> Dum poli rotantur dumq. sol circuit orbem.
> Ann. VIII, aug. ind. VIII.

Il est donc très vraisemblable que des Goths, vers cette époque, aient servi dans les armées commandées par Commentiolus, lorsqu'il faisait la guerre à Chagan.

(1) Voyez le texte d'Aimoin, ci-après p. 71.

INTRODUCTION. xj

« INQUIT, DABO; à quoi Justinien réplique : TU LES
« DONNERAS, DARAS[1]. »

Je n'attache point à ces diverses circonstances, ni aux conjectures qu'on peut en tirer, plus d'importance qu'elles n'en méritent, mais peut-être n'ai-je pas dû les omettre.

Un monument qui appartient plus directement à l'histoire de la langue romane, c'est l'ordonnance qu'Alboacem, fils de Mahomet Alhamar, fils de Tarif, publia en 734.

Ce prince régnait à Coimbre; son ordonnance permit aux chrétiens l'exercice de leur culte, à certaines conditions, et fut sur-tout favorable aux moines Bénédictins de Lorban; elle fut rédigée en latin, mais il s'y trouve quelques mots qui prouvent l'existence actuelle de la langue romane[2], tels que E, *et*,

---

(1) Ce mot DARAS est entièrement roman. Voy. page 71.

(2) ESCRITURA DEL REY MORO DE COIMBRA, ERA 772. (an. 734.)

« Alboacem Iben Mahumet Alhamar, Iben Tarif, bellator fortis, vincitor Hispaniarum, dominator Cantabriæ Gothorum, et magnæ litis Roderici. Quoniam nos constituit Allah, Illalah super gentem Nazarat, E fecit me dominatorem Colimb, et omni terræ inter Goadaluam, et Mondecum, et Goadatha per ubi ESPARTE meum mandum. Ego ordinavi, quod Christiani de meas terras PECTEN dupliciter quam Mauri, et de ecclesiis per singulas xxv. pesantes de bono argento, et per monasteria PEITEN L. pesantes et vispesantes PECTEN CENT santes : et Christiani habeant in Colimb suum comitem, et in Goadatha alium comitem de suâ gente, qui manteneat eos in bono juzgo, secundum solent homines Christiani, et isti component rixas inter illos, et non matabunt hominem sine jussu de Alcaide, seu Aluacile Sarraceno. Sed ponent illum APRES de Al-

conjonction ; ESPARTE , *répand* ; PECTEN , PEITEN , *payent* ; PECHE , *paye* ; CENT , *cent* ; APRES , *auprès* ; ACOLHENZA , *accueil*.

On ne sera donc pas surpris de ce qu'un auteur, qui écrivait vers 950, Luitprand, racontant des faits historiques relatifs à l'an 728, atteste qu'alors la langue romane existait dans une partie de l'Espagne.

caide, et mostrabunt suos juzgos, et ille dicebit : bene est ; et matabunt culpatum. In populationibus parvis ponent suos judices , qui regant eos benè, et sine rixas. Si autem contingat homo Christianus quod matet, vel injuriet hominem Maurum, Alvacir seu Alcaide faciat de illo secundum juzgo de Mauris; si Christianus esforciaverit Sarracenam virginem, sit Maurus et recipiat illam , sin matent eum; si fuerit de marito, matent eum ; si Christianus fuerit ad Mesquidam vel dixerit male de Allah, vel Mahamet, fiant Maurus, sin matent eum. Bispi de Christianis non maledicant reges Maurorum , sin moriantur. Presbyteri non faciat suas missas, nisi portis cerratis, sin PIETEN X pesautes argenti : monasteria quæ sunt in meo mando habeant sua bona in pace, et PECHEN prædictos L. pesantes. Monasterium de Montanis, qui dicitur Laurbano, non PECHE nullo pesante , quoniam bona intentione monstrant mihi loca de suis venatis, E faciunt Sarracenis bona ACOLHENZA , et nunquam invenit falsum , neque malum animum in illis, qui morant ibi , et totas suas hæreditates possideant cum pace, et bona quiete, sine rixa et sine vexatione , neque forcia de Mauris, et veniant, et vadant ad Colimbriam cum libertate per diem , et per noctem, quando melius velint aut nolint, emant et vendant sine pecho, tali pacto quòd non vadant foras de nostras terras sine nostro aparazmo, et benè velle ; et quia sic volumus, et ut omnes sciant, facio cartam salvo conducto, et do Christianis ut habeant illam pro suo juzgo, et mostrent, cum Mauri requisiverint ab illis. Et si quis de Sarracenis non sibi observaverit nostrum juzgo in quo fecerit damnum , componant pro suo avere, vel pro sua vita, et sit juzgo de illo, sicut de Christiano usque ad sanguinem et vitam. Fuit facta carta de juzgo, æra de Christianis DCC,LXXII, secundum verò annos Arabum CXXXXVII. Luna XIII. Dulhija Alboacem , iben Mahomet Alhamar, iben Tarif rogatu Christianorum firmavi pro more · O · et dederunt pro robore duos æquos optimos , et ego confirmavi totum.

HISTORIAS de Idacio, etc. fol. 88 et 89.

Ses expressions sont très-remarquables :

« DCCXXVIII. En ce temps furent en Espagne dix « langues, comme sous Auguste et sous Tibère:

« 1° L'ancienne langue Espagnole; 2° la langue « Cantabre; 3° la langue Grecque; 4° la langue Latine; « 5° la langue Arabe; 6° la langue Chaldaïque; 7° la « langue Hébraïque; 8° la langue Celtibérienne; 9° la « langue Valencienne; 10° la langue Catalane[1]. »

Ces deux dernières étaient la langue romane même; on aura, dans le cours de cet ouvrage, l'occasion de s'en convaincre[2].

---

(1) « DCCXXVIII. Eo tempore fuerunt in Hispaniâ decem linguæ, ut sub Augusto et Tiberio. I Vetus Hispana; II Cantabrica; III Græca; IV Latina; V Arabica; VI Kaldæa; VII Hebrea; VIII Celtiberica; IX Valentina; X Cathalaunica; de quibus in III lib. Strabo, ubi docet plures fuisse litterarum formas et linguas in Hispanis. »

Luitprandi Ticin. Episc. Chronicon, p. 372, ed. de 1640, fol.

(2) Voici à ce sujet quelques autorités :

Dans son histoire de Valence, Gaspard Escolano s'exprime ainsi :

« La tercera... Lengua maestra de las de España, es la Lemosina, y mas general que todas... Por ser la que se hablava en Proenza, y toda la Guiayna, y la Francia Gotica, y la que agora se habla en el principado de Cataluna, Reyno de Valencia, islas de Mallorca, Minorca, etc.

Gasp. Escolano. Hist. de Valencia, part. I, lib. I, cap. 14, num. 1.

Nicolas Antonio dit de même :

« Ut enim veteres Provincialis linguæ seu Valentinæ poetas. »

Nic. Antonio. Bibl. Hisp. vet. præf. t. I, num. 26.

« Elucubravit ipse Jacobus I, Aragoniæ rex, vernacula gentis, hoc est provinciali ut vocant linguâ, quæ tam in Catalonia, quam in Valentiæ, nec non in Montis-Pesulani, unde Maria fuit regis mater, ditionibus in usu fuit, rerum tempore suo gestarum historiam. »

Nic. Antonio. Bibl. Hisp. vet. t. II, fol. 49, num. 144.

Dans quelques titres qui concernent l'histoire d'Italie, on trouve pareillement, aux VIIIe et IXe siècles, des mots qui indiquent l'existence de la langue romane, tels que :

CORRE, *il court* [1] ; AVENT, *ayant* [2] ; ORA, *à-présent* [3] ; etc.

A ces preuves matérielles, qui ne laissent aucun doute sur l'existence de la langue romane en Italie pendant les VIIIe et IXe siècles, je joindrai un témoignage bien précis, celui de Gonzon, savant Italien, qui écrivait, vers l'an 960 :

« C'est à tort que le moine de Saint-Gal a cru que
« j'ignorais la science de la grammaire, quoique je
« sois quelquefois arrêté par l'usage de notre LANGUE
« VULGAIRE, qui APPROCHE du latin [4]. »

L'usage de cette langue vulgaire ne pouvait être un obstacle, qu'autant qu'elle était parlée journellement.

L'épitaphe du pape Grégoire V, décédé à la fin du même siècle, atteste qu'il parlait bien LA LANGUE VULGAIRE :

« Bruno, de la race royale des Francs, usant de

---

(1) An 730. MURAT. diss. 33.

(2) An 816. MURAT. diss. 33.

(3) An 730. COD. DIPLOM. TOSCANO, t. I, p. 366.

(4) « Falso putavit S. Galli monachus me remotum a scientiâ grammaticæ artis, licet aliquando retarder usu nostræ vulgaris linguæ quæ latinitati vicina est. »   MARTÈNE, Vet. Script. ampl. Collect. t. I, col. 298.

« l'idiôme francique, de l'idiôme VULGAIRE, et de
« l'idiôme latin, enseigna les peuples en ces trois
« langages[1]. »

Quant à la France, des preuves positives attestent l'usage général de la langue romane au VIIIe siècle.

Il existe deux vies de saint Adhalard, abbé de Corbie, né vers l'an 750.

L'une et l'autre font mention de cet idiôme.

Un disciple d'Adhalard, Paschase Ratbert, qui a écrit la première vie, a dit :

« Parlait-il la langue VULGAIRE? ses paroles coulaient
« avec douceur; parlait-il la langue barbare, appelée
« théotisque? il brillait par l'éloquence de la charité[2]. »

Gérard de Corbie, qui a écrit la seconde vie, raconte les mêmes circonstances en termes plus exprès :

« S'il parlait en langue VULGAIRE, c'est-à-dire, RO-
« MANE, on eût dit qu'il ne savait que celle-là; s'il
« parlait en langue theutonique, il brillait encore
« plus[3]. »

---

(1)   Ante tamen Bruno, Francorum regia proles....
         Usus francisca, VULGARI, et voce latina,
         Instituit populos eloquio triplici.
                    FONTANINI, della Eloquenza italiana, p. 15.

FRANCISCA signifie *francique*, *théotisque*.

(2) « Quem si vulgò audisses, dulcifluus emanabat; si vero idem barbarà, quam teutiscam dicunt, linguâ loqueretur, præeminebat caritatis eloquio. »
                    BOLLAND. ACTA SANCT. Januar. t. I, p. 109.

(3) « Qui si vulgari, id est, romanâ linguâ, loqueretur, omnium aliarum

En 714, un jeune sourd-muet de naissance avait été guéri miraculeusement au tombeau de saint Germain de Paris. D'après l'historien contemporain, ce jeune garçon répéta facilement les mots qu'il entendit prononcer; et non-seulement il apprit en peu de temps à parler parfaitement la langue RUSTIQUE, mais il fut bientôt en état d'étudier les lettres[1].

Ici se place un fait très-important, qui sert à prouver que la langue romane était la langue vulgaire de tous les peuples qui obéissaient à Charlemagne dans le midi de l'Europe; et l'on sait que sa domination s'étendait sur tout le midi de la France, sur une partie de l'Espagne, et sur l'Italie presque entière.

Sous son règne, un espagnol malade, pour s'être imprudemment baigné dans l'Ebre, visitait les églises de France, d'Italie, et d'Allemagne, implorant sa guérison. Il arriva jusqu'à Fulde dans la Hesse, au tombeau de sainte Liobe[2].

---

putaretur inscius; nec mirum, erat denique in omnibus liberaliter educatus; si verò theutonicâ, enitebat perfectius. »

BOLLAND. ACTA SANCT. Januar. t. I, p. 116.

(1) « Unde factum est ut, tam auditu quam locutione, in brevi non solum ipsam rusticam linguam perfectè loqueretur, sed etiam litteras, in ipsâ ecclesiâ clericus effectus, discere cœpit. »   DUCANGE Gloss. præf. n. XIII.

(2) « Alter erat de Hispaniâ qui, peccatis exigentibus, pœnæ tali addictus est, ut horribiliter quateretur tremore omnium membrorum. Cujus passionis incommodum, sicut ipse retulit, in Ibero flumine contraxit; in quâ deformitate oculos

Le malade obtint sa guérison; un prêtre l'interrogea, et l'Espagnol lui répondit.

Comment purent-ils s'entendre?

C'est, dit l'historien contemporain, que le prêtre, à cause qu'il était italien, connaissait la langue de l'Espagnol : « Quoniam linguæ ejus, EO QUOD « ESSET ITALUS, NOTITIAM habebat. »

L'histoire nous fournit plusieurs faits qui permettent d'assurer que, sous le règne de Charlemagne, l'idiôme roman avait prévalu comme idiôme vulgaire sur la langue latine, et même que cette langue n'était plus comprise par le plus grand nombre des Français.

En 787, ce prince fut dans la nécessité d'appeler de

---

civium suorum non sustinens, ubicumque ei ire visum est, per diversa sancta locorum vagabatur. Peragrata itaque omni Gallia atque Italia, Germaniam ingressus est.... Fuldam venit.... Cryptam occidentalem, super quam corpus S. Bonifacii martyris quiescit, ingressus est, ac prostratus in oratione.... Quod cernens vir venerandus Firmadus presbyter et monachus.... Interea subito surrexit homo et non tremebat, quia sanatus erat. Interrogatus ergo a presbytero (QUONIAM LINGUÆ EJUS, EO QUÒD ESSET ITALUS, NOTITIAM HABEBAT), retulit se per excessum mentis, etc. »

VITA S. LIOBÆ. — MABILLON, act. SS. Bened. secul. III, pars II, p. 258.

Mabillon observe que cette vie a été écrite par Rodulfe avant que les reliques de sainte Liobe eussent été transportées par Raban Maur au mont Saint-Pierre.

Rodulfe, prêtre et moine du couvent de Fulde, très-savant dans toutes les sciences, historien et poëte, mourut le VIII des ides de mars 865, selon l'histoire de Pierre le bibliothécaire, ou 866, selon Duchesne, HIST. FRANC. SCRIPT.

Rome quelques grammairiens, pour rétablir en France l'enseignement de la langue latine[1].

Un fait bien décisif, c'est qu'Eginhard, historien de Charlemagne, s'excuse, en quelque sorte, d'écrire sa vie en latin[2] :

« Voici, dit-il, l'ouvrage que je consacre à la mé-
« moire de ce très-grand et très-illustre prince ; vous
« serez surpris que moi, homme barbare, et peu
« exercé dans la langue romaine, j'aie espéré écrire
« en latin avec quelque politesse et quelque facilité. »

Si Eginhard, secrétaire et chancelier de Charlemagne, manifeste des craintes sur son style latin, s'il se nomme barbare, c'est que la langue latine n'étant point parlée vulgairement à la cour, il n'avait pas la certitude que son style fût exempt de fautes ; en effet, l'idiôme francique était la langue vulgaire à Aix-la-Chapelle, et dans le nord de l'empire, tandis qu'à Paris, et dans le midi de l'empire, la langue vulgaire c'était l'idiôme roman.

Enfin, si la langue latine, qui restait toujours celle

---

(1) « Carolus iterum a Roma artis grammaticæ et computatoriæ magistros secum adduxit in Franciam, et ubique studium litterarum expandere jussit. Ante ipsum enim domnum regem Carolum, in Galliâ nullum studium fuerat liberalium artium. »   V<small>IT</small>. K<small>AROL</small>. M<small>AGN</small>. Per Monsch. Egolism.

(2) « En tibi librum præclarissimi et maximi viri memoriam continentem, in quo præter illius facta, non est quod admireris, nisi forte quod homo barbarus, et romana locutione perparum exercitatus, aliquid me decenter aut commodè latinè scribere posse putaverim. »   E<small>GINH</small>. Vit. Carol.

de la religion et du gouvernement, n'avait cessé d'être la langue du peuple, l'historien de Louis-le-Débonnaire aurait-il cru faire de ce prince un véritable éloge, en disant qu'il parlait la langue latine, aussi bien que sa langue naturelle[1] ?

Au commencement du IXe siècle, divers conciles furent assemblés en différents lieux de l'empire de Charlemagne, pour rétablir la discipline ecclésiastique ; ceux de Tours et de Rheims, tenus en 813, décidèrent que l'instruction religieuse devait être mise à la portée du peuple.

Quoiqu'on ait cité souvent l'article XVII des actes du concile de Tours, je crois indispensable de le traduire ici en entier :

« Il a paru à notre Unité que chaque évêque devait
« avoir des homélies contenant les admonitions né-
« cessaires à l'instruction des fidèles, c'est-à-dire,
« sur la foi catholique, selon qu'ils en pourront com-
« prendre, sur l'éternelle récompense des bons, et
« l'éternelle damnation des méchants, sur la résur-
« rection future, et le jugement dernier, enfin sur la
« nature des œuvres par lesquelles on peut mériter
« la vie éternelle ou en être exclu. Que chaque
« évêque traduise publiquement ces homélies en

---

(1) « Latinam vero sicut naturalem æqualiter loqui poterat. »
　　　　　　　　　　　THEGANUS, de Gestis Ludov. pii.

« LANGUE RUSTIQUE ROMANE OU THÉOTISQUE, de manière
« que tous puissent comprendre ces prédications[1]. »

L'article XV des actes du concile de Rheims porte :
« Les évêques doivent prêcher les sermons et les ho-
« mélies, selon la langue propre aux auditeurs, afin
« que tous puissent les comprendre[2]. »

Charlemagne publia, la même année 813, un capitulaire dont l'article XV prononce :

« Les prêtres doivent prêcher de manière que le
« simple peuple, VULGARIS POPULUS, puisse com-
« prendre, INTELLIGERE POSSIT[3].

Selon les conciles et les capitulaires, l'instruction religieuse se faisant en langue vulgaire, le peuple devint bientôt entièrement étranger à la langue latine; aussi lui en défendit-on l'usage dans les actes religieux

---

(1) « Visum est unitati nostræ ut quisque episcopus habeat homilias continentes necessarias admonitiones quibus subjecti erudiantur; id est de fide catholicâ, pro ut capere possint, de perpetuâ retributione bonorum, et æternâ damnatione malorum, de resurrectione quoque futurâ, et ultimo judicio, et quibus operibus possit promereri vita beata quibusve excludi; et ut easdem homilias quisque apertè transferre studeat in rusticam romanam linguam aut theotiscam, quo faciliùs cuncti possint intelligere quæ dicuntur. »
LABBE. Concil. t. VII, col. 1263.

D'après Borel et Pasquier, on a souvent répété que les actes du concile d'Arles de 751 contiennent un passage semblable; mais c'est une erreur.

(2) « Ut episcopi sermones et homilias sanctorum patrum, prout omnes intelligere possint, SECUNDUM PROPRIETATEM LINGUÆ, prædicare studeant. »
LABBE CONCIL. t. VII, col. 1256.

(3) DE OFFICIO PRÆDICATORUM : « Ut juxta, quod bene vulgaris populus intelligere possit, assiduè fiat. »   CAPIT. REG. FRANC. An 813.

qui exigent une profession de foi. L'art. LV des capitulaires recueillis par Hérard, archevêque de Tours, et publiés dans un synode tenu en 858, porte : « Que « nulles personnes ne seront admises à tenir un enfant « sur les fonts baptismaux, si elles ne savent et ne « comprennent, DANS LEUR LANGUE, l'oraison domini- « cale et le symbole. Il faut, dit cet article, connaître « l'obligation qu'on aura contractée envers Dieu[1]. »

Il est hors de doute que, pour toute la partie méridionale de l'empire de Charlemagne, cette langue dans laquelle le peuple devait recevoir l'instruction religieuse, n'était autre que l'idiôme roman, dont Nithard nous a conservé un fragment précieux, en transcrivant les serments prononcés à Strasbourg l'an 842, par Louis-le-Germanique, et par les Français soumis à Charles-le-Chauve.

Nithard nous a transmis en latin le discours que les deux princes prononcèrent, l'un en langue ROMANE, l'autre en langue THÉOTISQUE.

Le concile de Mayence, tenu en 847, porte à l'art. II les dispositions semblables à l'art. XVII du concile de Tours de 813, et se sert des mêmes expressions[2].

---

(1) « Ut nemo a sacro fonte aliquem suscipiat, nisi orationem dominicam et symbolum juxta linguam suam et intellectum teneat; et omnes intelligant pactum quod cum deo fecerunt. »   CAPITUL. t. I, col. 1289.

(2) Seulement un mot a été omis, sans doute par l'inadvertance du copiste.   LABBE. Concil. t. VIII, col. 42.

L'idiôme roman du serment de 842 paraît encore très-grossier; il ne présente pas l'emploi de l'article.

Mais il est très-vraisemblable que, dans le midi de la France, le langage était déja épuré. Le poëme d'Abbon sur le siége de Paris par les Normands, en 885 et 886, félicite l'Aquitaine, c'est-à-dire, les pays de l'autre côté de la Loire, sur la pureté et la finesse de la langue qu'on y parle.

CALLIDITATE venis ACIEque, Aquitania, LINGUÆ.
ABBO POEM. lib. II, v. 471.

Le traité de Coblentz, fait en 860 entre Louis-le-Germanique et Charles-le-Chauve, fut également publié en langue théotisque ou francique, et en langue ROMANE.

Les Capitulaires en offrent la traduction latine.

A la fin du traité on lit[1]:

« Charles proclama ce traité en LANGUE ROMANE,

---

(1) « Hæc eadem domnus Karolus ROMANA linguâ adnunciavit et eâ maximâ parte linguâ Theodiscâ recapitulavit.

Post hæc, domnus Hludouuicus ad domnum Karolum fratrem suum linguâ ROMANA dixit :

« Nunc si vobis placet, vestrum verbum habere volo de illis hominibus qui « ad meam fidem venerunt. »

Et domnus Karolus, excelsâ voce, linguâ ROMANA dixit :

« Illis hominibus qui, etc. »

Et domnus Hlotarius linguâ theodiscâ eis suprà adnunciatis capitulis se convenire dixit, et se observaturum illa promisit.

Et tunc domnus Karolus iterum linguâ ROMANA de pace convenit, et ut cum dei gratiâ sani et salvi irent, et ut eos sanos reviderent oravit, et adnuntiationibus finem imposuit. »   CAP. REG. FRANC. t. II, col. 144.

« et en récapitula la plus grande partie en langue
« théotisque.

« Après quoi Louis dit à son frère Charles en
« LANGUE ROMANE : Maintenant, si cela vous plaît, je
« voudrais avoir votre parole au sujet de ceux qui
« avaient pris les armes pour moi.

« Et Charles, d'une voix beaucoup plus élevée,
« proclama en LANGUE ROMANE l'amnistie demandée.

« Et Lothaire donna en langue théotisque son adhé-
« sion au traité, et Charles proclama encore la paix
« en LANGUE ROMANE. »

Ces monuments du IXe siècle peuvent-ils permettre de former le moindre doute sur le fait incontestable que la langue romane était alors dans la France la langue vulgaire du peuple et de l'armée?

Le texte même de Nithard le déclare expressément, lorsqu'il dit au sujet des serments de 842 :

« Or le serment que chaque peuple de l'un et l'autre
« roi jura en SA PROPRE LANGUE, est ainsi en langue
« ROMANE [1]. »

A ces preuves historiques, qui ne laissent aucun doute sur l'existence ancienne de la langue romane, on peut ajouter des preuves matérielles :

Soit en recherchant les traces les plus reculées de l'emploi de l'article qui a été l'un des caractères

---

[1] « Sacramentum autem quod utrorumque populus quique propriâ linguâ testatus est, ROMANA linguâ sic se habet. »

innovateurs de cet idiôme; et le tableau que je présenterai à ce sujet démontrera l'emploi de l'article aux dates de 793, 810, 880, 886, 894, 924, 927, 930, 960, 994[1];

Soit en reconnaissant les noms propres qui, dans les ouvrages latins écrits à une époque ancienne, sont désignés par une dénomination purement romane[2];

Soit enfin en cherchant dans les écrits de la basse latinité, les traces de la réaction de la langue vulgaire sur la langue latine[3].

---

(1) Voyez ci-après ce tableau, p. 43 et 44.

(2) Il est peu de nos chartes anciennes qui n'offrent quelques noms de lieu en langue vulgaire; une circonstance ajoute encore à la preuve qui résulte de l'évidence des noms appartenant à la langue romane, c'est que l'on trouve aussi un grand nombre de noms qui appartiennent à la langue francique ou théotisque.

Voici quelques exemples pour la langue romane :

CHARTE de 713. « LOCUM DE OSNE. »

TITRE de 790. « Raymundus RAPHINEL.... Locum qui apellatur LUMBE.... Super rivum SAVE.... Fiscum qui PISCARIAS dicitur.... Monasterio quod CESARION dicitur. » GALLIA CHRISTIANA, Instr. Eccl. Lombariensis.

TITRE de 806. « Villare quem dicunt STAGNOLE.... Villare quem vocant AGRE.... In villa ULMES. HIST. de Languedoc. PR. t. I, col. 33.

TITRE de 819. « Parrochiam de ARCHAVEL... ORGOLLEL... ENCAP... De TOST... PALEROLS... DE NOVES... BANIERES... ARCHES... CORTALB... MERANGES... BALCEBRE... MACIANERS... FIGOLS... MERLES... BAIEN... ASNET. Etc. etc. »
APPEND. MARC. HISP.

(3) AN 782. « A TUNC nos missi.... A TUNC ipsi missi et judices.... »
HIST. de Languedoc. PR. t. I, col. 25.

AN 852. « AD TUNC nos.... AD TUNC ipse Ramnus asserens dixit.... Unde

Je crois avoir prouvé d'une manière incontestable, et par les faits historiques et par les preuves matérielles, l'existence et l'ancienneté de la langue romane.

Les monuments qu'offrent différents siècles et divers pays, démontrent avec la même évidence que l'idiôme primitif s'est conservé et perfectionné dans les écrits des troubadours, et dans le langage des peuples qui habitèrent le midi de la France.

Ce fait très-certain avait été reconnu et attesté par de nombreux écrivains :

Fauchet, dans son RECUEIL DE L'ORIGINE DE LA LANGUE ET POÉSIE FRANÇOISE, RYME ET ROMANS, liv. I, ch. 4, s'exprime en ces termes :

« Or ne peut-on dire que la langue de ces serments,
« laquelle Nithard appelle ROMAINE, soit vraiment
« romaine, j'entends latine, mais plutost pareille à
« celle dont usent à-présent les PROVENÇAUX, CATHA-
« LANS, ou ceux du LANGUEDOC.... Il faut donc néces-
« sairement conclure que ceste langue Romaine, en-
« tendue par les soldats du roi Charles-le-Chauve,
« estoit ceste RUSTIQUE ROMAINE, en laquelle Charles-
« le-Grand vouloit que les omélies preschées aux
« églises, fussent translatées, afin d'estre entendues

Ramnus AD TUNC hora præceptum imperiale et judicium ad relegendum ostendit.... AD TUNC nos supradicti interrogavimus.... AD TUNC ipse Odilo se recognobit.... »   HIST. de Languedoc. PR. t. I, col. 99.

AN 833. « AD CONTRA responderunt. »
MURATORI, diss. 70.

« par les simples gens, comme leur langue maternelle,
« aux prosnes et sermons....

« Il reste à savoir pourquoi ceste langue ROMAINE
« RUSTIQUE a été chassée outre Loire....

« Cette dernière séparation de Hue Capet fut
« cause, et, à mon advis, apporta un plus grand
« changement ; voire, si j'ose le dire, DOUBLA LA
« LANGUE ROMANDE. »

Cazeneuve, dans un fragment qu'il a écrit sur cette matière, a dit :

« Ces deux langues TEUDISQUE et ROMAINE furent
« usitées dans les états de nos rois, jusqu'à ce que,
« par le partage fait entre les enfants de Louis-le-
« Débonnaire, le pays qui est maintenant sujet à la
« couronne de France échut à Charles-le-Chauve, et
« ce que nos rois avoient conquis en Allemagne échut
« à Louis son frère, avec le titre de roi de Germanie;
« car dès lors commença la division des deux langues,
« la ROMAINE demeurant dans les états de Charles-le-
« Chauve, et la TEUDISQUE dans ceux de Louis-le-
« Germanique.

« Cependant cette langue ROMAINE souffrit en peu
« de temps un notable changement; car, comme les
« langues suivent d'ordinaire les fortunes des états,
« et perdent la pureté dans leur décadence, après
« que l'Allemagne fut éclipsée de la couronne de
« France, la cour de nos rois, qui se tenoit à Aix-la-

« Chapelle, se tint à Paris, et d'autant que cette ville
« se trouva assise près de l'extrémité du royaume qui
« tient à l'Allemagne, et par conséquent éloigné de
« la Gaule Narbonoise, où étoit l'usage de la langue
« ROMAINE, il arriva qu'insensiblement, à la cour de
« nos rois et aux provinces qui en étoient voisines,
« il se forma une TROISIÈME LANGUE qui retint bien le
« nom de ROMAINE, mais qui se rendit avec le temps
« tout-à-fait différente de l'ancienne langue ROMAINE,
« laquelle pourtant demeura EN SA PURETÉ dans les
« provinces qui sont en-deçà de la Loire ; et d'autant
« que les peuples de delà la Loire disoient OUI, et
« ceux de deçà OC, la France fut divisée en pays de
« langue d'OUI ou FRANÇOISE, et de langue d'OC ou
« PROVENÇALE, dont le nom est demeuré à la pro-
« vince auparavant appelée Septimanie.

« Or que cette langue d'oc ou PROVENÇALE soit la
« même que l'ancienne langue ROMAINE, il se peut
« clairement justifier par les serments qui sont dans
« Nitard... Puis donc qu'il est hors de doute que notre
« langue d'oc ou PROVENÇALE est cette même langue
« ROMAINE, que les anciens François parloient devant
« la troisième race de nos rois, c'est-à-dire, aupara-
« vant le Xe siècle, ne pouvons-nous pas aussi, sans
« faire les vains, et nous donner une gloire imagi-
« naire, assurer que c'est de notre langue qu'a pris
« son origine celle que nous appelons maintenant

« FRANÇOISE?... Ce lui est toujours de l'honneur d'estre
« comme le cep d'où s'est provignée cette belle langue
« FRANÇOISE....

« Mais quand j'aurai fait voir de plus que c'est d'elle
« que les langues Italienne et Espagnole ont pris leur
« naissance, j'ose bien assurer... qu'on n'en fera pas
« moins d'estime qu'on fait d'ordinaire des sources
« des grands fleuves, quelque petites qu'elles soient. »

Huet, dans son ouvrage DE L'ORIGINE DES ROMANS,
a consacré la même opinion :

« Le langage ROMAIN fut appelé la langue proven-
« çale, non-seulement parce qu'il reçut MOINS D'AL-
« TÉRATION DANS LA PROVENCE que dans les autres
« cantons de la France, mais encore parce que les
« Provençaux s'en servoient ordinairement dans leurs
« compositions, etc. Les troubadours, les chanterres,
« les conteurs, et les jongleurs de Provence, et enfin
« tous ceux qui exerçoient ce qu'on y appeloit la
« science gaie, commencèrent, dès le temps de Hue
« Capet, à romaniser tout de bon, débitant leurs
« romans et leurs fabliaux composés en langage
« romain : car alors les Provençaux avoient plus
« d'usage des lettres et de la poésie que tout le reste
« des François....

« Le ROMAN estant donc plus universellement en-
« tendu, les conteurs de Provence s'en servirent
« pour écrire leurs contes qui de là furent appelés
« ROMANS. »

Je ne dois pas omettre le sentiment de l'abbé Lebœuf, qui était si versé dans cette matière; ses recherches sur les plus anciennes traductions en idiôme français offrent le passage suivant :

« Je me contente d'avancer, comme une chose très-
« vraisemblable, que, dans la plupart des provinces
« des Gaules, on parloit vulgairement une langue peu
« différente de celle des Provençaux, des Périgour-
« dins, des Limousins. Je pense que cela dura jusqu'à
« ce que le commerce de ces provinces avec les peuples
« du nord et de l'Allemagne, et sur-tout celui des
« habitants de l'Armorique avec les Anglois, vers le
« XIe siècle, eussent apporté dans la Romaine rus-
« tique, une dureté qui n'y étoit pas auparavant [1]. »

Les savants auteurs de l'histoire de Languedoc ont plusieurs fois donné à ce sujet des explications aussi curieuses qu'incontestables.

« La langue latine commençoit cependant à se
« corrompre, et dégénéra enfin de manière qu'elle
« forma ce qu'on appela dans la suite LA LANGUE
« ROMAINE, qui est-à-peu-près la même qu'on parle
« aujourd'hui dans les provinces méridionales du
« royaume, et qui, dès le milieu du IXe siècle, se
« trouvoit déja toute formée, ainsi que nous le ver-
« rons ailleurs [2]....

[1] Mém. de l'Acad. des Inscr. et Belles-Lettres, t. XVII, p. 718.
[2] Hist. générale du Languedoc, t. I, p. 327.

« Du mélange de cette langue avec celle des bar-
« bares, et du commerce de ces derniers avec les
« Romains ou Gaulois d'origine, qui ne firent ensuite
« qu'un seul peuple, il se forma enfin une nouvelle
« langue qu'on appela ROMAINE, et qui est à-peu-
« près la même qu'on parle encore aujourd'hui dans
« le pays[1]. »

Au sujet du serment de 842, ils disent :

« On peut remarquer dans ces deux actes que la
« langue qu'on appelle ROMAINE est presque la même
« que celle que parlent encore aujourd'hui les peuples
« de Provence, de Languedoc, et de Gascogne, et
« qu'elle a beaucoup moins de rapport avec la fran-
« çoise[2]. »

Les auteurs de l'Histoire Littéraire de la France
s'expriment sur le même sujet en termes non moins
affirmatifs[3] :

« Dans la suite on distingua de la poésie FRANÇOISE,
« proprement dite, la poésie PROVENÇALE : celle-ci
« différoit de l'autre, en ce que le génie de la langue
« demeura presque PUR ROMAN, au lieu que la fran-
« çoise, quoique PUR ROMAN DANS SON ORIGINE, comme
« l'autre, fut adoucie peu-à-peu, tant par de nou-
« velles inflexions et terminaisons qu'elle reçut, que

(1) HIST. générale du Languedoc, t. I, p. 379.
(2) HIST. générale du Languedoc, t. I, p. 532.
(3) HIST. LITT. de la France, t. IX, p. 172.

« par les autres endroits qui la rapprochèrent succes-
« sivement du génie françois.... C'étoit la langue
« qu'employoient ordinairement les poëtes d'en-deçà
« la Loire; ceux d'au-delà versifioient au contraire
« en langue PROVENÇALE[1]. »

J'avais prouvé l'existence et l'ancienneté de la langue romane; je crois que les autorités que je rapporte pour démontrer son identité avec la langue des TROUBADOURS OU POETES PROVENÇAUX, ne laissent aucun doute sur ce point.

Mais quel était le mécanisme, quelles étaient les formes essentielles de cette langue?

C'est ce que j'ai à examiner et à démontrer.

D'abord j'exposerai les détails relatifs à son origine, et j'en expliquerai la formation; ce qui me permet-

---

(1) « Quant au nom de PROVENÇALE, qu'on donna à la langue
« dont on se servoit dans les provinces méridionales de la France,
« après que les peuples des pays septentrionaux eurent adopté un
« idiôme différent, il est certain qu'elle ne fut pas ainsi nommée,
« parce qu'elle fut d'abord particulière aux peuples de la Pro-
« vence proprement dite, mais à cause qu'elle comprenoit alors,
« sous le nom de Provençaux, tous les peuples de la partie méri-
« dionale de la France. Les divers auteurs qui ont écrit, à la fin du
« XIe siècle, l'histoire de la première croisade, nous en fournissent
« les preuves : On nomme PROVENÇAUX, dit un de ces historiens,
« les peuples de BOURGOGNE, d'AUVERGNE, de GASCOGNE, de GO-
« THIE, et de PROVENCE. Les autres s'appeloient FRANÇOIS, mais
« les ennemis donnoient le nom de FRANCS aux uns et aux autres.
« Les AQUITAINS étoient aussi compris sous le nom de PROVEN-
« ÇAUX. »   HIST. gén. du Languedoc, t. II, p. 246.

tra de présenter les éléments de sa grammaire avant l'an 1000.

Et ensuite je donnerai une grammaire détaillée de la même langue, devenue celle des troubadours; et j'autoriserai toutes les règles, soit générales, soit particulières, par les citations qui seront presque toujours prises dans les écrits de ces illustres poëtes.

RECHERCHES

SUR L'ORIGINE ET LA FORMATION
DE LA LANGUE ROMANE.

ÉLÉMENTS DE LA GRAMMAIRE DE CETTE LANGUE,
AVANT L'AN 1000.

Dès que les Romains se crurent appelés à la conquête du monde, ils sentirent l'avantage et la nécessité d'attacher à la métropole les nations soumises ou vaincues: parmi les moyens que la sagesse du sénat eut l'art d'employer, l'un des plus prompts et des plus efficaces fut d'établir, avec ces différentes nations, les rapports sociaux, les liens politiques d'une communauté de langage; et toutes les fois que la victoire permettait au peuple-roi d'imposer le joug de sa domination [1], il imposait aussi celui de son idiôme.

Les magistrats romains affectèrent de n'admettre que cet idiôme dans leurs communications avec les cités de la Grèce et de l'Asie; plus ils faisaient vanité de connaître

---

(1) At enim opera data est ut imperiosa civitas non solùm jugum, verùm etiam linguam suam domitis gentibus, per pacem societatis, imponeret. S. AUGUST. DE CIVIT. DEI, lib. 19, cap. 7.

et d'estimer les chefs-d'œuvre de la littérature grecque, plus ils exigeaient impérieusement que le descendant de Miltiade ou d'Aristide, empruntant la voix d'un interprète, rendît hommage à la langue des maîtres du monde [1].

Une loi expresse enjoignait aux Préteurs de ne promulguer qu'en latin leurs décrets et leurs édits [2].

On lit dans Strabon [3] que, sous la domination romaine, les Espagnols de la Bétique s'assujettirent tellement aux mœurs étrangères, qu'ils oublièrent l'idiôme natal.

Le même auteur [4] nous apprend que, dès le siècle

---

(1) Magistratus verò prisci quantoperè suam populique romani majestatem retinentes se gesserint, hinc cognosci potest, quòd, inter cætera obtinendæ gravitatis indicia, illud quoque magnâ cum perseverantiâ custodiebant, ne Græcis unquam nisi latinè responsa darent. Quin etiam ipsâ linguæ volubilitate, quâ plurimum valet, excussâ, per interpretem loqui cogebant; non in urbe tantùm nostrâ, sed etiam in Græciâ et Asiâ; quò scilicet latinæ vocis honos per omnes gentes venerabilior diffunderetur. VAL. MAX. lib. 2, cap. 2.

(2) Decreta a prætoribus latinè interponi debent. L. DECRETA D. lib. 42, tit. I DE RE JUDICATA.

(3) Edit. Oxon., liv. 3, p. 202.

(4) IB. lib. 4, p. 258. « Les VOLCAE, dit-il, s'étendent jusqu'aux bords du Rhône : les SALYES et les CAVARI occupent la rive opposée. Mais le nom de ces derniers a tellement prévalu sur les noms des autres peuples, qu'on nomme CAVARI tous les barbares leurs voisins, qui ont même cessé d'être barbares : car ils ont adopté pour la plupart la langue et la façon de vivre des Romains. »

Cette remarque de Strabon suffirait pour prouver que les autres Gaulois, qu'il ne regarde pas comme barbares, usaient de la

d'Auguste, une grande partie des Gaulois avait adopté la langue et les usages des Romains.

Telle était la force de l'opinion publique, qu'un empereur, hazardant devant le sénat le mot de MONOPOLE, emprunté du grec [1], crut nécessaire de s'excuser. Et cet empereur, c'était Tibère.

Dans une autre circonstance, il fit effacer d'un décret du sénat le mot d'EMBLÊME, et il prescrivit d'employer une périphrase, plutôt que d'admettre cette expression étrangère.

Par l'ordre de l'empereur Claude, un gouverneur de la province de Grèce, personnage très-distingué, fut privé de son emploi, et même du droit de citoyen. Quel était son tort? il ignorait la langue latine.

Les Lyciens, coupables de rébellion, avaient député à Rome un de leurs compatriotes, honoré du titre de citoyen romain. Ce même prince, interrogeant l'envoyé, et reconnaissant qu'il n'entendait pas le latin, le dépouilla du droit de cité, alléguant que, pour être digne de participer aux

---

langue latine. C'est principalement la différence d'idiôme qui faisait donner aux peuples étrangers la dénomination de barbares.

(1) Sermone græco, quamquam aliàs promptus et facilis, non tamen usquequaque usus est : abstinuitque maximè in senatu ; adeò quidem ut MONOPOLIUM nominaturus, priùs veniam postularit quod sibi verbo peregrino utendum esset : atque etiam in quodam decreto patrum, cum ἔμβλημα recitaretur, commutandam censuit vocem, et pro peregrinâ nostratem requirendam, aut si non reperiretur, vel pluribus et per ambitum verborum rem enuntiandam. SUETON. IN TIB. CAP. 71.

ORIGINE ET FORMATION

priviléges des Romains, il était indispensable de comprendre et de parler leur langue [1].

A l'époque où Plutarque composait ses ouvrages, il regardait cette langue comme universelle [2].

Adoptée par la province d'Afrique, elle avait entièrement prévalu sur l'idiôme carthaginois, autrefois seul idiôme des pays où l'illustre évêque d'Hippone exerçait son pieux ministère [3]. Aussi, dans l'un de ses sermons, il s'explique en ces termes :

« On connaît le proverbe punique que je rapporterai
« en latin, parce que chacun de vous n'entend pas le
« punique. Ce vieux proverbe dit : Si la peste demande
« un denier, donne-lui en deux, et qu'elle s'éloigne [4]. »

L'usage de n'admettre que la langue latine comme idiôme national était tellement établi et observé, que, même après la translation du siége de l'empire, Arcadius et Honorius furent obligés de rendre une loi expresse, pour permettre aux magistrats de rédiger leurs jugements en grec ou en latin [5].

---

(1) Dio Cass. lib. 60, edit. Reimar. p. 955.

(2) Plat. Moral. quest. X, edit. Wyttembach, t. V, p. 112.

(3) Verba latina didici sine ullo metu atque cruciatu, inter etiam blandimenta nutricum et joca arridentium et lætitias alludentium. Confess. lib. I, cap. 14.

Quæ linguæ... quarum nostra latina est. De Trinit. lib. 15, c. 10.

(4) Proverbium notum est punicum, quod quidem latinè vobis dicam, quia punicè non omnes nostis ; punicum enim proverbium est antiquum : Nummum quærit pestilentia, duos illi da, et ducat se. Sermo 168 de Verb. apostol.

(5) L. Judices c. de Sentent. et Interloc.

Les peuples subordonnés à l'autorité de Rome n'avaient parlé d'abord la langue latine que par nécessité; ils l'étudièrent bientôt par intérêt et par ambition.

Se soumettre à l'idiôme, aux usages, à la discipline civile et militaire des vainqueurs, c'était pour les cités, pour les contrées entières, un moyen de mériter l'émancipation politique, ou d'obtenir d'utiles distinctions et des avantages honorables.

L'action de ce systême conquérant, qui associait des nations vaincues et opprimées au langage, aux mœurs, et quelquefois aux priviléges des enfants de la métropole, devenait un véritable bienfait.

Avouons, à la gloire de Rome, que la civilisation de quelques-uns des peuples qui avaient été contraints de fléchir sous le joug de la victoire, fut le noble dédommagement de leur humiliation; et c'est peut-être la seule fois que de longues et grandes conquêtes ont offert une compensation des injustices et des malheurs qui les produisent.

En prescrivant à ces peuples l'usage d'une langue qu'illustraient des ouvrages où le bon goût et la saine philosophie se trouvent réunis au mérite d'un beau style, Rome ne leur communiquait pas seulement l'art d'écrire; elle leur communiquait une faveur plus précieuse: l'art de penser. Oui, la science qui instruisit le vaincu à parler la langue des Romains, lui apprit aussi à sentir, à juger, à penser comme eux.

C'est sur-tout à la langue latine que l'on peut appliquer la belle pensée du poëte Rutilius Numatianus, qui disait en célébrant Rome :

> Fecisti patriam diversis gentibus unam 1....
> Urbem fecisti quod prius orbis erat.
> Itiner. lib. I.

La carrière du barreau et celle des lettres étaient ouvertes à tous ceux qui savaient le latin; l'une et l'autre carrière conduisait aux premiers emplois et aux plus grands honneurs.

Bientôt l'Espagne, la Gaule transalpine et la Gaule cisalpine, fournirent au sénat, au gouvernement, aux armées, à la littérature, des personnages illustres, dont les talents contribuèrent à soutenir la gloire et la renommée de la patrie adoptive.

Malgré les ravages des hommes et du temps, nous possédons les ouvrages précieux d'un grand nombre d'écrivains nés dans ces contrées qui, avant d'être soumises aux Romains, n'avaient que des idiômes dont il ne nous est parvenu aucun monument; c'est à la langue des vainqueurs que ces écrivains furent redevables de leurs succès, et peut-être même de leurs talents.

Parmi les auteurs qui, depuis les conquêtes de Rome, occupèrent un rang distingué dans la littérature latine,

---

(1) Pline le naturaliste avait exprimé la même pensée :

Sparsa congregaret imperia, ritusque molliret, et tot populorum discordes ferasque linguas, sermonis commercio contraheret ad colloquia, et humanitatem homini daret, breviterque una cunctarum gentium, in toto orbe, patria fieret. Lib. 3, cap. 5.

l'Espagne s'honore d'avoir produit les deux Sénèque, Lucain, Pomponius Mela, Columelle, Martial, Silius Italicus, Hygin, etc. Et nous-mêmes avons quelque plaisir à nous rappeler que Cornelius Gallus, Trogue-Pompée, Pétrone, Lactance, Ausone, etc., naquirent dans les Gaules.

Cependant la plupart des institutions qui avaient préparé et favorisé l'envahissement du monde par les Romains, n'existaient plus. Celles qui existaient encore avaient perdu leur active influence. Faut-il s'en étonner? Elles n'étaient plus en rapport avec le gouvernement et avec les mœurs.

Cette sagesse profonde et circonspecte, qui jadis était à-la-fois le secret et la force de l'État, cette constance habile, cette politique invariable, qui, pendant plusieurs siècles, dirigèrent un sénat dont les membres se renouvelaient, et dont l'esprit restait toujours le même, pouvaient-elles se retrouver dans des princes chargés, à eux seuls, d'une grande puissance, et incapables d'en supporter le fardeau? Princes souvent malheureux, et quelquefois méprisables, ils étaient réduits à se choisir des associés, et même à les accepter. Ces monarques précaires affaiblissaient l'autorité en la partageant; et, presque toujours, ce partage ne faisait que mêler les calamités de la guerre civile aux malheurs de la guerre étrangère.

D'ailleurs, le génie qui élève les empires par les hardiesses de l'ambition et par les infortunes de ses victimes, est si différent de celui qui maintient les états par la sagesse du gouvernement, et par la prospérité des citoyens!

Cet empire romain, constamment agrandi en attaquant

les peuples et en les rejetant au loin, était enfin réduit à se défendre contre le reflux de ces mêmes peuples, qui de toutes parts envahissaient et franchissaient impunément ses frontières trop vastes, trop éloignées, trop dégarnies.

La translation du siége de l'empire dans une ville de Thrace ne livra-t-elle pas l'Occident aux invasions des hordes conquérantes, lorsqu'elle dépeupla Rome de nombreux citoyens qui, par leurs talents, leur rang, et leur ambition, eussent conservé plus entier le sentiment ou du moins le noble souvenir de la grandeur romaine?

Les habitants qui furent laissés dans les murs de l'antique cité, déshéritée alors de ses titres de capitale du monde et de ville éternelle, ne conservèrent pas longtemps cet esprit public, cet orgueil national, qui par fois tiennent lieu de vertu politique dans les pays où cette vertu n'est pas inspirée par de sages et heureuses institutions.

Les nombreux débordements des nations, qui, tour-à-tour et de différents côtés, inondèrent, ravagèrent plusieurs contrées de l'Europe, menaçaient la langue latine d'être ensevelie sous les débris de l'empire romain.

Mais, depuis moins d'un siècle, une révolution extraordinaire qui eut bientôt la plus grande influence sur les destinées des peuples et des rois, une révolution qui donna une direction nouvelle aux lettres, aux sciences et aux arts, préparait à la langue latine les moyens de maintenir sa durée et d'accroître son autorité.

Le même empereur qui conçut avec tant d'audace, et

exécuta avec tant de promptitude le projet de changer le siége de l'empire, Constantin, arborant la croix, l'avait élevée avec lui sur le trône du monde.

Peu-à-peu le christianisme s'affermit; enfin il domina: et Rome, qui avait perdu l'avantage d'être la métropole de l'empire, parvint, par l'accroissement de sa puissance spirituelle, à l'avantage non moins précieux de rester la métropole de la religion.

Tandis que la langue grecque se dégradait à la cour des empereurs d'Orient, la langue latine, idiôme de la cour des papes, s'associant aux illustres succès de l'église catholique, devint l'interprète des décrets du ciel, et une seconde fois elle eut le droit de s'appeler universelle.

Ici se présente un phénomène historique, qui peut-être n'a pas été assez remarqué.

A cette époque où la civilisation de tant de pays divers était sans cesse attaquée et presque détruite par les invasions des nations étrangères, la providence vint au secours des vaincus et sur-tout des vainqueurs; un nouveau genre de sociabilité remplaça le bienfait de la politique romaine : la religion chrétienne maintint ou rétablit la civilisation sur des principes invariables, sacrés, et indépendants de la politique de l'homme.

Ce mouvement général des esprits, qui, à diverses époques, forme et entretient entre les peuples une communication irrésistible de pensées et de sentiments, cette impulsion morale, qui, au XIIe siècle, produisit les croisades; au XIIIe, favorisa dans une grande partie de l'Europe l'établissement du droit municipal; au XVIe, propagea les sectes religieuses; et qui, au siècle dernier, a suscité et répandu l'esprit philosophique; ce désir d'améliorations, cet enthousiasme d'opinions et d'espérances, favorisaient, depuis quelque temps, les progrès de la religion chrétienne.

Quel bonheur pour les peuples, lorsque des conquérants effrénés s'humilièrent devant les pontifes d'une religion qui leur révélait un maître, à eux qui semblaient nés pour n'en connaître aucun, et un maître d'autant plus craint et vénéré, qu'il était toujours présent et toujours invisible!

Puissants médiateurs entre les peuples et les rois, souvent les évêques méritèrent le droit d'exercer leur auguste et honorable mission, et de dire impunément aux vainqueurs des nations, comme saint Remi à Clovis : ABAISSE, FIER SICAMBRE, ABAISSE TON COL DOCILE SOUS LE JOUG RELIGIEUX [1].

Les maximes d'indulgence, de générosité, de bienveillance, que proclame et qu'exige l'évangile, inspirèrent quelquefois aux dominateurs des peuples, aux puissants, aux riches du siècle, une juste modération, et même des égards pour des hommes qui, dans l'ordre de la religion, redevenaient leurs égaux.

Les lois du christianisme protégeaient hautement la liberté civile; souvent les seigneurs laïques et les simples

---

(1) Mitis depone colla, Sicamber; adora quod incendisti, incende quod adorasti. GREG. TUR. lib. II, c. 31.

citoyens affranchirent leurs esclaves, dans le seul dessein de satisfaire aux devoirs de la charité chrétienne.

Les formules Angevines contiennent le modèle de l'acte de liberté, qui commence par ces mots :

« Par respect pour la divinité, et afin d'obtenir le salut « éternel de mon ame, je te déclare libre [1]. »

Dans toutes les autres formules qui nous restent, ce sont encore des sentiments religieux qui motivent ces actes de libéralité [2].

Un titre ancien offre ces expressions remarquables :

« Puisque le fils de Dieu est venu nous affranchir de « l'esclavage du péché, nous devons nous-mêmes affran- « chir les hommes de la servitude. Il nous a dit : DÉLI- « VREZ, ET VOUS SEREZ DÉLIVRÉS ; et à ses apôtres : VOUS « ÊTES TOUS FRÈRES. Or, si nous le sommes, devons-nous « retenir nos frères sous le joug de la servitude [3]. »

---

[1] Noveris te pro divinitatis intuitu et animæ meæ remedium vel æterna retributione ad jucum servitudinis tibi absolvemus. FORM. XXIII.

[2] Recogitans pro Dei intuitu et pro animæ meæ redemptione. FORMUL. BIGNON. I.

Præmium in futuro dominum sibi tribuere confidet. FORMUL. LINDENBROG. 91, 92, 94, 96.

Pro remissione peccatorum meorum. IB. 93.

Ut aliquantulum de peccatis nostris minuere mereamur. IB. 95.

[3] In nomine Dei patris omnipotentis ejusque filii unigeniti qui ad hoc incarnari voluit, ut eos qui sub peccati jugo detineban- tur, in libertatem filiorum adoptaret. Quatenus et ipse nobis nostra peccata relaxare dignetur, sub nostræ jugo servitutis homines de-

L'Occident avait été envahi par différentes nations[1]; mais, à travers le choc des opinions, des mœurs, des intérêts, et des vœux opposés, l'autorité de la religion assujettissait les chefs et les citoyens à l'usage de la langue latine. Heureux lien de communication entre les nouveaux et les anciens habitants rapprochés par la civilisation religieuse, cette langue devint celle des gouvernements, parce qu'elle était l'idiôme de la cour papale, de la théologie, du culte, et des cloîtres.

Mais, dans ces circonstances difficiles, qui établissaient entre les vainqueurs et les vaincus des relations indispensables, les uns et les autres avaient-ils le moyen de connaître et d'observer les règles compliquées du langage qui leur devenait commun? Non, sans doute. Il n'était plus ce temps où des écoles publiques, ouvertes et entretenues à grands frais dans les principales villes de l'Occident, trans-

---

pressos relaxare decernimus. Ipse etenim dixit : DIMITTITE ET DIMITTETUR VOBIS; et apostolis : OMNES ENIM FRATRES ESTIS. Ergo si fratres sumus, nullum ex fratribus, quasi ex debito, ad servitium cogere debemus, et iterum ipsa veritas testatur : NE VOCEMINI MAGISTRI.... unde.... hos servos et ancillas.... ab omni jugo servitutis.... absolvimus.

ARCHIVES DE CONQUES. MÉM. pour servir à l'hist. du Rouergue, par Bosc, t. 3, p. 183.

(1) Vers 412, les Visigoths, partis des environs de Ravenne, traversant et occupant l'Italie et le midi des Gaules, parviennent et s'établissent jusque dans le nord de l'Espagne.

Avant 420, les Bourguignons, entrés par l'est dans les Gaules, s'emparent du pays auquel leur nom est resté, et s'étendent jusques à Lyon et à Vienne; et dix ans après, les Francs arrivent au nord des Gaules, sous la conduite de Clodion.

mettant le goût et la pureté des langues et des littératures grecques et latines, répandaient l'instruction et l'émulation dans toutes les classes de la société.

Le mélange de ces peuples qui renonçaient à leur idiôme grossier, et adoptaient l'idiôme des vaincus, par la nécessité d'entretenir les rapports religieux, civils et domestiques, ne pouvait qu'être funeste à la langue latine. La décadence fut rapide.

Du moins si les personnages puissants, qui exerçaient la suprématie spirituelle et temporelle, avaient consacré leurs moyens de persuasion et d'autorité à maintenir la pureté sévère du langage! Mais souvent ces personnages mêmes donnèrent les exemples de la négligence et de la violation des règles.

J'en pourrais rapporter des preuves nombreuses; je me borne à l'époque du pontificat d'un pape justement célèbre, que l'église a mis au rang des saints, et à qui l'histoire a conservé le nom de Grand.

Grégoire Ier occupait la chaire de saint Pierre à la fin du VIe siècle; ce pontife affectait un suprême mépris pour la grammaire latine; voici comment il s'en explique dans une de ses lettres [1] :

(1) Epistolæ tenor enunciat: non metacismi collisionem fugio, non barbarismi confusionem devito; hiatus motusque etiam et præpositionum casus servare contemno, quia indignum vehementer existimo ut verba cœlestis oraculi restringam sub regulis Donati; neque enim hæc ab ullis interpretibus in scripturæ sanctæ auctoritate servata sunt.

S. GREGORII papæ vita, auctore JOHANNE Diacono, lib. 4, præf. ad lib. moral. deut. 16.

« Je n'évite point les barbarismes ; je dédaigne d'obser-
« ver le régime des prépositions, etc., parce que je regarde
« comme une chose indigne, de soumettre les paroles de
« l'oracle céleste aux règles de Donat [1]; et jamais aucun
« interprète de l'écriture sainte ne les a respectées. »

Cet illustre pontife apprenant que Didier, évêque de Vienne, donnait des leçons de l'art connu alors sous le nom de grammaire, lui en fit de vifs reproches [2] :

« Nous ne pouvons, écrivait-il, rappeler sans honte
« que votre fraternité explique la grammaire à quelques
« personnes ; c'est ce que nous avons appris avec chagrin,
« et fortement blâmé.... Nous en avons gémi. Non, la
« même bouche ne peut exprimer les louanges de Jupiter
« et celles du Christ. Considérez combien, pour un prêtre,

---

(1) A la mort du pape Clément IX., on désignait le cardinal Bona pour son successeur; ce qui donna lieu de dire, PAPA BONA SAREBBE SOLECISMO. Le père Daugières, jésuite, réfuta cette plaisanterie par les vers suivants :

> Grammaticæ leges plerumque ecclesia spernit;
> Fortè erit ut liceat dicere papa Bona;
> Vana solœcismi ne te conturbet imago :
> Esset papa bonus, si Bona papa foret.

(2) Hoc pervenit ad nos, quod sine verecundiâ memorare non possumus, fraternitatem tuam grammaticam quibusdam exponere. Quam rem ita molestè suscepimus, ac sumus vehementiùs aspernati, ut ea quæ prius dicta fuerant in gemitum et tristitiam verteremus. Quia in uno se ore cum Jovis laudibus Christi laudes non capiunt; et quam grave nefandumque sit canere quod nec laïco religioso conveniat.... Quanto execrabile est hoc de sacerdote ipse considera.... Nec vos nugis et sæcularibus enarrari... Litteris studere constiterit....

Ep. 54, lib. II S. GREGORII registri epistolarum.

« il est horrible et criminel d'expliquer en public des livres
« dont un laïque pieux ne devrait pas se permettre la lec-
« ture. Ne vous appliquez donc plus aux passe-temps et
« aux lettres du siècle. »

Le dédain pour la littérature latine, qu'exaltait encore la haine pour le paganisme, porta Grégoire-le-Grand à faire brûler tous les exemplaires de Tite-Live qu'il put découvrir. Saint Antonin raconte cette action comme honorable à la mémoire du pontife romain [1].

Ce zèle, trop ardent sans doute, l'entraîna dans une erreur que j'appellerai celle de son siècle; mais quel nom donner au vœu du professeur de Louvain, Jean Hessels, qui s'écrie à ce sujet : « Heureux, si Dieu envoyait beau-
« coup de Grégoires [2] ! »

Dirai-je que sous le pontificat de Zacharie, il se trouva tel prêtre qui ne savait pas assez de latin pour exprimer convenablement la formule essentielle au sacrement du baptême? Ce pape eut à prononcer sur la validité de ce sacrement conféré en ces termes :

---

(1) De Gregorio magno dicit prædictus dominus Johannes dominus cardinalis quod omnes libros quos potuit habere Titi Livii comburi fecit, quare ibi multa narrantur de superstitionibus idolorum.

S. Antonin. Summ. p. 4, tit. 2, cap. 4, §. 3.

(2) O utinam multos Gregorios mitteret Dominus! Verè etenim magnus Gregorius omnes libros quos potuit habere Titi Livii comburi jussit, quia plurima in eis continentur de superstitionibus idolorum. Antiqua quoque gentilium ædificia, quæcunque potuit, subvertit, ne essent reliquiæ et memoria idolorum, sicut etiam dominus Israelitis sæpiùs mandavit.

Joan. Hessels. Brevis et catholica decal. exposit., p. 68.

« Ego te baptiso in nomine patriA et filiA et spiritûs
« sancti. »

Saint Boniface, évêque de Mayence, avait ordonné de baptiser de nouveau ; le pape décida que le baptême était valable, si les paroles sacramentelles avaient été mal prononcées [1], par ignorance de la langue, et non par esprit d'hérésie.

Toutefois la décadence de l'idiôme latin eût été moins prompte et moins générale, si, dans les divers pays de la chrétienté, les princes, les grands, et les officiers civils avaient imité et répandu le style de la cour de Rome et de la plupart des chefs ecclésiastiques.

Pendant ces siècles d'ignorance et de barbarie, les décrets des conciles, les bulles et les lettres des papes, les écrits de quelques évêques, sont remarquables, si non par l'élégance, du moins par la correction. Mais quelle différence dans les chartes ou diplômes des rois, des comtes, des seigneurs, et dans les actes des magistrats laïques, etc. etc. !

Dès le sixième siècle, la langue latine était tombée dans un état de corruption peut-être irréparable. On en jugera par les détails suivants :

Indépendamment de la difficulté que présentent des

---

(1) Retulerunt quippe quod fuerit in eâdem provinciâ sacerdos qui linguam latinam penitus ignorabat, et dum baptisaret, nesciens latini eloquii, infringens linguam, diceret : Baptiso te in nomine patria et filia et spiritus sancti; ac per hoc tua reverenda fraternitas consideravit rebaptisare.

Epist. 134 Zachar. rever. et sanct. frat. Bonifacio coepisc.

mots barbares qu'on avait été obligé de latiniser, il s'était établi une transmutation des voyelles, presque toujours employées, les unes à la place des autres [1].

E	au lieu d'		I.
I	— —	—	E.
O	— —	—	U.
U	— —	—	O.

[1]

E pour I.	I pour E.	O pour U.	U pour O.
Basileca.	Plinius.	Volomus.	Negutiante.
Pagenam.	Ricto tramite.	Locrari.	Nuscetur.
Facultatebus.	Possedire.	Aliquantolum.	Auturetate.
Civetatis.	Quatinus.	Pecoliari.	Respunsis.
Magnetudo.	Rigni nostri.	Noncopante.	Nus.
Domebus.	Debiriut.	Postolatur.	Victuriæ.
Nomene.	Viniis.	Miracola.	Spunsarum.
Marteris.	Climenciæ.	Volontatem.	Tempure.
Oppedum.	Mercide.	Jobemus.	Denuscetur.
Charte de Clotaire II.	Ch. de Dagobert I, de Clotaire II.	Ch. de Dagob. I, de Clovis II.	Ch. de Clovis II, de Clotaire II.

De pareilles fautes se rencontrent dans le petit nombre de monuments privés que l'Italie possède de ces temps anciens. Je me borne aux preuves que fournissent l'ouvrage de MAFFEI, intitulé : HISTORIA DIPLOMATICA, et celui de MARINI, intitulé : PAPIRI DIPLOMATICI.

Intrensicus.	Vindite.	Inordinatom.	Territuriis.
Habeta.	Habis.	Eront.	Fedejussure.
Vindetores.	Valinte.	Nomeratos.	Cumparatore.
Possedetur.	Mercidis.	Jogale.	Neguciature.

Les pièces d'où ces exemples ont été tirés portent la date du VIe siècle.

Si l'Espagne avait aussi conservé des monuments particuliers de cette époque, nous y trouverions de semblables transmutations

En ouvrant au hasard les recueils qui contiennent les diplômes, chartes, et écrits de cette époque, nous sommes étonnés de ces changements continuels, qui altéraient et corrompaient la langue latine d'autant plus rapidement, qu'ils n'étaient soumis à aucune règle d'analogie, ni même à aucun principe de convention.

Ce qui augmentait encore la difficulté de comprendre et de parler cette langue, c'était la violation presque continuelle des différentes règles de la grammaire.

Les prépositions étaient employées très-souvent avec un régime arbitraire [1].

---

de voyelles. J'en citerai pour preuve le style d'ALVAR, évêque de Cordoue, qui écrivait vers 850.

FLOREZ Espana Sagrada, t. 11, p. 56, relève dans cet auteur :

Intellege.	Respondis.	Iufola.	Rustra.
Baselica.	Fulgit.	Fateator.	

(1) J'ai choisi dans le premier volume du recueil DIPLOMATA CHART. AD RES FRANCICAS SPECTANTIA, contenant les pièces de l'époque de la première race de nos rois, les exemples qui n'ont point d'indication.

Ceux qui sont marqués ITAL. ont été pris dans l'ISTOR. DIPL. et dans les PAPIRI DIPL. précédemment cités.

Et ceux qui sont marqués ESP. ont été pris dans l'ESPANA SAGRADA et dans les MEMORIAS DE LA REAL ACADEMIA DE LA HISTORIA.

A me.... autores et pro autores. ITAL.
— titulum dotalem et tutellariom alienas. ITAL.
— vos. ESP.
AB hodiernum die.
— ærem alienum alienas esse. ITAL.
— originem.... ab eumdem emptorem. ITAL.

AB eumdem Salomonem. ESP.
ABSQUE præjudicium.
— repetitionem.
— ullo dolo aut vim, circumventionem.
AD legetema ætati pervenire.
— die presente.
— fisco nostro.

DE LA LANGUE ROMANE.

On violait grossièrement la règle qui soumet l'adjectif

AD	nos faciendi tutorem. ITAL.	DE	quam præfatam portionem.
—	instauratione. ITAL.	—	quas.... dictas sex uncias. ITAL.
—	ipso rio. ESP.	—	quod.... ESP.
—	sancta Maria. ESP.	—	ipsam. ESP.
—	isto presente igne. ESP.	—	humiles vestros. ESP.
ADVERSUS	inlustris Deo sacrata Agantrude filia.	ERGA	nostris partibus.
	apostolico viro.	EX	omnia medietatem.
—	sancta prædicta ecclesia. ITAL.	—	fundi. ITAL.
		—	successionem. ITAL.
ANTE	bonis hominibus.	—	ipsam. ESP.
—	venerabile vir.	—	fidelium nostrorum. ESP.
—	balneo et orto. ITAL.	INTER	varacione et alio rio.
—	sancto Stephano. ESP.	—	ipso Friulso suisque heredebus.
APUD	ipso Chrotchario.		
CIRCA	animus meus.	IN	turmentas fui.
—	ipsa basilica.... vel nostro palatio.	—	dei nomen.
		—	duorum fundorum. ITAL.
CONTRA	parentis meus.	—	urbem Toletanam facta constitutio. ESP.
—	hoc voluntate meam.		
—	cujuslibet hominum.	INFRA	istis terminis.
—	justicia. ITAL.	—	pago parisiaco.
—	tribus. ESP.	—	Confinio. ESP.
—	Hoste barbaro. ESP.	—	valle. ESP.
—	ipso Pseudo-propheta. ESP.	INTRA	comitatu nostro. ESP.
			eisdem.
CUM	omnes res ad se pertinentes.	JUXTA	villa Fornolus.
		PER	locis descriptis et designatis.
—	sequentes tantus.	—	mandato suo.
—	easdem. ITAL.	—	quolibet contractu. ITAL.
—	censum. ITAL.	—	toto orbe. ESP.
—	pectus inscium. ESP.	—	arte. ESP.
—	judices suos. ESP.	POST	temporibus.
DE	ipsos teloneos vel navigeos portaticos.	—	roboratione testium. ITAL.
		PRO	panem.
		—	omnis causationis suas.

2.

à prendre le nombre, le genre, et le cas du substantif auquel il se rapporte [1].

Quelquefois le sujet n'était pas mis au nominatif [2].

PRO supradictas sex uncias. ITAL.
— solemnem traditionem. ITAL.
— mercedem animæ meæ. ESP.
— unionem. ESP.
— vos sacrificium Deo offerant. ESP.
PROPTER amorem Dei et vita æterna.
SECUNDUM legum ordine. ITAL.

SINE præmium.
— ullius inquietudinis.
— cujuslibet judicis auctoritatem. ITAL.
— rixas ESP. ord. d'ALBOACEM.
SUB duplariæ rei. ITAL.
USQUE rio.
— memorato loco.
VERSUS villa Fornulus.
— palude.

(1) Je fais la même observation qu'à la note précédente :
Cum domibus et vineis ad se pertinentes.
Seu reliqua facultatem vel villas illas quod nuscuntur pervenisse.
Vinea quem colit.
Villas illas quod.
Per alio latus.
Cum omni integritate vel soliditate sua in se aspicientem et pertinentem.
Pro benevolentiâ qui erga vos habeo.
Pretium.... adnumeratus et traditus vidi. ITAL.
Casa qui appellatur. ITAL.
De res quod. ITAL.
In omnes mansionarios essentibus et introeuntibus. ITAL.
De alios testes cujus signacula. ITAL.
Tu vero exempla illud dirige. ESP.
Si potuisset habere talem testimonia qui. ESP.
Ad ipso heresiarcham Albini magistro. ESP.

(2) Les exemples suivants sont encore puisés dans les mêmes ouvrages :
Si aliquas causas adversus istud monasterium ortas fuerint.
Per illos mansos unde operas carrarias exeunt.

On n'observait pas plus exactement les régimes des verbes et des noms [1].

Il en était de même de la règle qui exige l'ablatif, soit comme absolu, soit comme désignant le temps et le lieu [2].

Ips*as* monach*as* vel earum abbat*e* debeant possidere.
Dum ill*as* ibidem ... regulariter vivere videntur.
Quod si suprascript*as* quatuor unc*ias* inquietat*i* fuerint vel evictæ. ITAL.
Qu*as* vero sex unc*ias* distract*as* sunt. ITAL.

(1) Les mêmes ouvrages fournissent encore ces exemples.

Dono tibi cann*a* argente*a* valent*e* plus minus solidos XXV.
Dono tibi cane*o* argente*o*.
Dedit... porcion*e* su*a* de villa... et ali*o* locell*o*.
Acceperunt terti*a* tabul*a* quod est.
Liceat ips*o* abbat*e* Daumer*o* et successor*es* ejus atque congregation*e* corum.
Ubi nept*e* me*a* instituemus abbatissam.
Licentiam nostram habeant faciend*um*.
Signacul*o* man*us* nostr*is* noscimur adfirmasse.
Pro redemption*e* anim*as* nostr*as*.
Signum Bartelm*o* vir*o*.... testis.
Rigni domn*o* Clodove*o*.
Ut præceptio glorissim*o* domn*o* Dagobert*o*.... edocet.
Valent*e* solid*o* un*o*. ITAL.
Me tamen cognoscite ingress*us* fuisse. ESP.
Hanc cart*a* elemosinari*a* mandavi scribere. ESP.
Ego eam teneo ips*a* vill*a*. ESP.
Viderunt Aylon*e* amit*a* Witiscli ips*a* vill*a* settereto tenent*e* et dominant*e*. ESP.
Habeat potestatem hoc peragend*um*. ESP.
Elecmosina domini nostri Ludovici et prol*es* ejus. ESP.
Bon*a* intention*e* monstrant mihi e faciunt Saracenis bon*a* acolhenza.
ESP. ORD. D'ALBOACEM.

(2) Même observation que les précédentes.

Consignamus tibi... omnes res nostras... ill*as* except*as* quas ecclesiæ legavimus et ill*as* quas....
Unde et ips*as* confirmation*es* relect*as* et percurs*as*, inventum est....

Mais qu'est-il nécessaire d'accumuler les preuves de la dégradation du style alors employé par la plupart des personnes qui écrivaient en latin? Les auteurs contemporains l'ont généralement attestée; les auteurs postérieurs l'ont unanimement reconnue.

Grégoire de Tours, dans la préface de son ouvrage DE LA GLOIRE DES CONFESSEURS, craint qu'on ne reproche à sa diction ces sortes de fautes, et qu'on ne lui dise:
« Trop souvent vous mettez le féminin à la place du mas-
« culin, le neutre à la place du féminin, et le masculin à
« celle du neutre. Intervertissant le régime des préposi-
« tions, vous faites gouverner l'accusatif à celles qui gou-
« vernent l'ablatif, ou vous substituez l'ablatif à l'accu-
« satif [1].

Avons-nous à prononcer sur la falsification des titres de cette époque reculée! La transmutation des voyelles, la rudesse des locutions, la violation des règles grammaticales, la rouille du style, deviennent autant de pré-

---

Datum mensis aprilis d*ies* octo, ann*um* secundum regni nostri.
Datum Morlac*as*, mens*is* marti*us* d*ies* decem.
Me præsent*em* subscribsit. ITAL.
Spontanea voluntat*es* null*us* penitus quogent*em* aut suadent*em*.... donamus. ITAL.
Excepto mauicipiis. ITAL.
Teste Domn*us*. ESP.
Regnante.... in episcopatu domn*us* Ferriol*us*. ESP.

(1) Sæpius pro masculinis fœminea, pro fœminis neutra, et pro neutris masculina commutas; ipsasque præpositiones loco debito plerumque non locas, nam pro ablativis accusativa et rursùm pro accusativis ablativa ponis.

somptions et d'arguments en faveur de la sincérité des actes [1].

Le célèbre Jérôme Bignon, publiant la première édition des formules de Marculfe, avait, par d'indiscrètes corrections, altéré la barbarie du manuscrit : on a su gré au docte Baluze d'avoir rétabli les fautes du texte original.

Un savant espagnol, s'expliquant sur les écrits d'Élipand, archevêque de Tolède, qui vivait dans le VIIIe siècle, reconnaît que, depuis long-temps, on faisait un emploi tout-à-fait arbitraire des diverses désinences qu'imposent à chaque cas les règles des déclinaisons latines [2].

Dans une telle dégradation du langage, comment pouvait-on désigner et reconnaître les rapports grammaticaux que les noms doivent nécessairement avoir entre eux ? Comment distinguer les sujets des régimes, et les régimes directs des régimes indirects ?

Cet instinct habile et persévérant qui, lors de la formation des langues, conduisit à tant d'heureux résultats, employa encore son étonnante industrie.

Pour exprimer les rapports des noms, on eut d'abord recours à l'emploi des prépositions DE et AD.

Au lieu du génitif, qu'on ne savait plus indiquer par la désinence du cas latin, on employait la préposition DE;

(1) Diplomatum barbaries eorumdem sinceritatem prodit. FONTANINI; Vindic. antiq. diplomat. lib. I, cap. 10.

(2) Optimè scis Elipandi tempore latinam linguam in vernaculam quâ nunc Hispani utimur, in magnâ sui parte, degenerasse; nomina latina casus habentia eos amittebant. Greg. MAJANSIUS ad D. FROBENIUM.

au lieu du datif, la préposition AD; et, à la faveur de ces signes, on donnait le plus souvent des désinences arbitraires aux noms qu'ils précédaient.

Quelles que fussent ces désinences, la préposition DE faisait reconnaître un rapport, une fonction de génitif [1].

Et la préposition AD faisait reconnaître un rapport, une fonction de datif [2].

L'emploi auxiliaire des prépositions DE et AD est très-fréquent dans les chartes, diplômes, et autres actes des

---

(1) Exemples de l'emploi de la préposition DE.

Partem meam DE prato.... Medietas DE terra.... In concambio DE homene. Episcopos DE regna nostra, tam DE Niuster quam DE Burgundia.... Mercatum DE omnes negociantes.... Pagenses DE alias civitates.... Cum pagena DE silva DE foreste nostra.... Jugera DE terra aratoria.... Terminus ergo DE nostra donatione.... Aliquid DE res proprius juris nostri.... Quarrada DE melle.... Alecus DE suis propinquis. DIPLOM. etc. ad res francicas spectantia.

Donationis DE omnia immobilia prædia.... DE quam portionem reteneo mihi usufructu.... Breve DE diversis species.... Notitia DE res.... DE quas sex uncias principales vendetor usufructum retenuit.... DE donatione memoriam reducere curavi.... Tertiam portionem DE successione.... Voluntatem DE faciendo Flaviano speciali tutorem.... ITAL.

Decimas DE omnes adjacentias et territorio suo et fines.... Spelunca DE ipsa valle.... Per beneficio DE seniore meo.... Congregatio DE ipso monasterio. ESP.

(2) Exemples de l'emploi de la préposition AD :

AD clero vel pauperes incommoda generetur... Valentem AD æstimationem solidos C.... Præceptio AD viro illustri data.... AD parte conjuge suæ.... Quidquid AD ipso monasteriolo, tam AD ipso abbate.... Quam et AD Deo, fuit aut fuerit additum.... DIPLOM., etc. ad res francicas spectantia.

Ei AD quem ea res erit.... Præceptorum AD me datorum.... AD omnia consensi.... qui tenet stationem AD domo.... AD libertos meos quam AD alios vel AD pauperes dandum deliberavi. ITAL.

AD domum S. Saturnini cænobii dono.... Dedit AD ipso nepote.... Dedit eam AD beneficio AD Isarno.... facere donationem AD fratres et servos Dei. ESP.

VIe, VIIe, VIIIe, IXe, et Xe siècles. Il ajoute un nouveau caractère de dégradation à la langue latine, déja méconnaissable par la violation de la plupart des règles grammaticales.

Les rédacteurs de ces écrits s'étaient nécessairement préparés à l'exercice de leurs fonctions par une étude plus ou moins approfondie de ces règles; et tel est leur style! Quelle idée nous ferons-nous du langage des personnes illettrées? Ai-je besoin de prouver que ce langage ne pouvait être qu'un jargon barbare et inintelligible? Doutera-t-on que sa barbarie même n'ait forcé ceux qui le parlaient à chercher des moyens moins compliqués, plus faciles, plus clairs, pour exprimer leurs sentiments, et communiquer leurs pensées?

L'évidence morale supplée ici à l'absence des preuves matérielles.

Lorsque, par l'effet de toutes ces innovations qui avaient détruit les anciennes règles, la désinence des différents cas fut devenue presque arbitraire, et que le sens attaché aux noms ne dépendit plus de la différence du signe qui les terminait, il n'y eut qu'un pas à faire pour donner à cette licence grammaticale une sorte de régularité.

Ces diverses terminaisons n'étant plus indispensables pour l'intelligence du sens, il n'y avait qu'à les supprimer, et c'est ce qui fut exécuté adroitement. On retrancha des substantifs latins toutes leurs désinences caractéristiques, et il ne fut plus nécessaire de connaître, ni d'observer les règles des déclinaisons.

ORIGINE ET FORMATION.

Cette opération qui rendait le substantif et l'adjectif indéclinables pour les cas, s'établit et se maintint sur les principes d'une analogie constante et invariable.

FORMATION DES SUBSTANTIFS.

Je place au premier rang des substantifs de la nouvelle langue, ceux qui furent formés de l'accusatif latin, en supprimant sa désinence caractéristique.

Abbat	em	Generositat	em	Obscuritat	em
Accident	em	Gent	em	Occident	em
Art	em	Gland	em	Parent	em
Benignitat	em	Habilitat	em	Pietat	em
Bov	em	Habitant	em	Part	em
Caritat	em	Immensitat	em	Pont	em
Carn	em	Infant	em	Qualitat	em
Cohort	em	Instant	em	Rapiditat	em
Deitat	em	Lact	em	Salut	em
Dot	em	Libertat	em	Sanctitat	em
Duc	em	Majestat	em	Serpent	em
Elephant	em	Mont	em	Sort	em
AEternitat	em	Mort	em	Trinitat	em
Facultat	em	Nativitat	em	Torrent	em
Flor	em	Nepot	em	Utilitat	em
Font	em	Niv	'em	Veritat	em
Fraud	em	Noct	em	Virtut	em[1].

(1) Je crois utile d'ajouter à ce tableau les substantifs suivants, formés également d'un cas latin, autre que le nominatif qui est en AS, ENS, ONS :

Activitat	em	Ambiguitat	em	Assiduitat	em	Captivitat	em
Adolescent	em	Amenitat	em	Austeritat	em	Castitat	em
Adversitat	em	Antiquitat	em	Aviditat	em	Celebritat	em
Affinitat	em	Ariditat	em	Brutalitat	em	Celeritat	em

DE LA LANGUE ROMANE.

Avec les substantifs empruntés à la langue latine par la suppression de la désinence des accusatifs, il faut comprendre aussi ceux que la nouvelle langue dériva des

Commoditat	em	Humiditat	em	Necessitat	em	Singularitat	em
Conformitat	em	Immobilitat	em	Nuditat	em	Sobrietat	em
Continent	em	Immortalitat	em	Nullitat	em	Societat	em
Credulitat	em	Impartialitat	em	Orient	em	Solemnitat	em
Curiositat	em	Importunitat	em	Opportunitat	em	Soliditat	em
Dent	em	Impossibilitat	em	Paternitat	em	Stabilitat	em
Dexteritat	em	Impunitat	em	Perpetuitat	em	Sterilitat	em
Difficultat	em	Incapacitat	em	Perversitat	em	Stupiditat	em
Difformitat	em	Incivilitat	em	Pluralitat	em	Suavitat	em
Dignitat	em	Incommoditat	em	Ponent	em	Subtilitat	em
Diversitat	em	Incredibilitat	em	Popularitat	em	Surditat	em
Divinitat	em	Indignitat	em	Possibilitat	em	Temeritat	em
Docilitat	em	Indocilitat	em	Posteritat	em	Timiditat	em
Enormitat	em	Infinitat	em	Prioritat	em	Tranquillitat	em
AEquitat	em	Infirmitat	em	Probitat	em	Trident	em
Extremitat	em	Ingenuitat	em	Prodigalitat	em	Unanimitat	em
Facilitat	em	Inhumanitat	em	Proprietat	em	Unitat	em
Falsitat	em	Iniquitat	em	Proximitat	em	Universalitat	em
Familiaritat	em	Integritat	em	Pubertat	em	Universitat	em
Fecunditat	em	Inutilitat	em	Publicitat	em	Urbanitat	em
Felicitat	em	Invisibilitat	em	Pudicitat	em	Validitat	em
Ferocitat	em	Irregularitat	em	Quantitat	em	Vanitat	em
Fertilitat	em	Latinitat	em	Quotitat	em	Velocitat	em
Fidelitat	em	Legalitat	em	Regularitat	em	Venalitat	em
Fragilitat	em	Liberalitat	em	Rigiditat	em	Veracitat	em
Fraternitat	em	Loquacitat	em	Rusticitat	em	Viduitat	em
Frugalitat	em	Majoritat	em	Sagacitat	em	Vivacitat	em
Front	em	Malignitat	em	Salubritat	em	Voluntat	em
Generalitat	em	Maternitat	em	Sanctitat	em	Voluptat	em
Hereditat	em	Maturitat	em	Securitat	em	Voracitat	em
Hilaritat	em	Mediocritat	em	Serenitat	em	etc.	etc.
Hospitalitat	em	Minoritat	em	Severitat	em		
Hostilitat	em	Moralitat	em	Simplicitat	em		
Humanitat	em	Mortalitat	em	Sinceritat	em		

noms latins terminés en IO [1], dont l'accusatif ION EM, quittant la finale EM, a fourni tant de noms en ION.

Je ne rapporterai point les substantifs ainsi formés.

Depuis ABDICATION EM jusqu'à VOCATION EM, tous ont été soumis à la même règle d'analogie.

Après cette première classe de substantifs, je placerai ceux qui ont été vraisemblablement formés en retranchant la désinence de l'accusatif ou du nominatif, l'une et l'autre suppression offrant le même résultat.

Aur	um	Instrument	um	Riv	us
Ban	nus	Joc	us	Sac	cus
Chor	us	Lup	us	Tect	um
Dol	us	Mur	us	Us	us
Exil	ium	Nas	us	Vers	us
Fræn	um	Odorat	us	Zephyr	us
Gaud	*ium	Paradis	us	etc.	etc. [2]
Hom	o	Quart	um		

Quand la suppression de la désinence laissait à la fin

(1) Et même quelques-uns en O, tels que

Aquilon	em	Capon	em	Centon	em	Triton	em
Baron	em	Carbon	em	Salmon	em	etc.	etc.

(2) Le tableau suivant pourrait contenir beaucoup plus d'exemples :

Abus	us	An	nus	Brach	ium	Cerv	us
Ablativ	us	Appetit	us	Camp	us	Clav	is
Accent	us	Apparat	us	Canal	is	Col	lum
Acces	sus	April	is	Can	is	Cœl	um
Accusativ	us	Aquæduct	us	Candidat	us	Consulat	us
Advocat	us	Arc	us	Cant	us	Corn	u
Adversari	us	Argent	um	Capellan	us	Crin	is
Agnel	lus	Argument	um	Captiv	us	Damn	um
Aliment	um	Asyl	um	Castel	lum	Dativ	us
Amic	us	Basilic	us	Cas	us	Deces	sus
Annel	lus	Benefici	um	Cens	us	Decret	um

du mot deux ou plusieurs consonnes, dont la prononcia-

Delict	um	Inventari	um	Pan	is	Sanctuari	um
Detriment	um	Jug	um	Parricidi	um	Sang	uis
Don	um	Lac	us	Part	us	Sarment	um
Edict	um	Laq	ueus	Pas	sus	Satan	us
AEdifici	um	Lard	um	Patron	us	Secret	um
Effect	us	Legatari	us	Pel	lis	Senat	us
Element	um	Librari	us	Pin	us	Sens	us
Emissari	us	Lapidari	us	Planct	us	Serv	us
Emolument	um	Loc	us	Plumb	um	Silenti	um
Exces	sus	Lum	en	Pol	us	Sol	um
Fac	ies	Luminar	e	Pontificat	us	Son	us
Fact	um	Mal	um	Porc	us	Sortilegi	um
Fam	is	Malefici	um	Port	us	Statut	um
Ferment	um	Magistrat	us	Prat	um	Styl	us
Fer	rum	Mandatari	us	Præfect	us	Succes	sus
Fil	um	Man	us	Præjudici	um	Suc	cus
Fin	is	Mantel	lum	Præsagi	um	Suffragi	um
Flum	en	Mar	e	Prætext	us	Supplici	um
Foc	us	Marit	us	Precari	um	Territori	um
Franc	us	Mercenari	us	Pretori	um	Testament	um
Fragment	um	Metal	lum	Privilegi	um	Tom	us
Fruct	us	Mod	us	Proces	sus	Ton	us
Frument	um	Monasteri	um	Progres	sus	Tribut	um
Fum	us	Monument	um	Psalm	us	Triumph	us
Fund	us	Mund	us	Pugilat	us	Trunc	us
Fust	is	Mysteri	um	Punct	um	Tumult	us
Gran	um	Nard	us	Quint	us	Tyran	nus
Glori	a	Nav	is	Quintal	e	Univers	us
Gel	u	Negoti	um	Ram	us	Urs	us
Genitiv	us	Nerv	us	Rapt	us	Val	lis
Gurg	es	Nod	us	Refectori	um	Vas	um
Gust	us	Nom	en	Refugi	um	Vent	us
Habit	us	Notari	us	Repertori	um	Victori	a
Histori	a	Object	us	Ris	us	Vin	um
Hospici	um	Offici	um	Rudiment	um	Vis	us
Indici	um	Oratori	um	Sabbat	um	Viti	um
Interdict	um	Ornament	um	Sacrament	um	Zel	us
Intestin	um	Pact	um	Salt	us		

tion ne rendait plus le son plein qu'exige l'euphonie, une voyelle finale fut ajoutée à ces consonnes :

Ainsi, ARBITR UM produisit ARBITR E[1].

Quelquefois des noms furent formés par la seule soustraction des voyelles intérieures,

Corp*us*, temp*us*, corps, temps.

D'autres changèrent en Y le G final, qui, après la suppression de la désinence, les eût terminés trop durement.

Leg *em*, reg *em*, ley, rey.

Enfin, par une soustraction intérieure combinée avec la suppression de la désinence et son remplacement par la voyelle finale, furent formés les noms tels que

Artic*ul* us   articl e   Orac*ul* um   oracle
Arb*ore* m   arbr e   Etc.   etc. [2].

L'euphonie fit aussi supprimer les consonnes intérieures qui auraient rendu trop rude la prononciation des noms tels que

Fra*t*re *m*   Ma*t*re *m*   Pa*t*re *m*,

qui furent remplacés par

Frare   Mare   Pare.

(1) De même :

Candelabr um	Lucr um	Ministr um	Simulacr um
Exempl um	Lustr um	Quadrupl um	Spectr um
Libr um	Monstr um	Sepulchr um	Templ um

J'aurai occasion de faire remarquer, dans le cours de cet ouvrage, qu'il existe encore aujourd'hui des patois qui n'ajoutent pas cette voyelle finale.

(2) De là :

Mirac*ul* um	Receptac*ul* um	Spectac*ul* um	Avunc*ul* us
Obstac*ul* um	Sæc*ul* um	Tabernac*ul* um	

Et les féminins en A, tels que

Tab*ul*a   Reg*ul*a   Tab*ul*a   Ung*ul*a   etc. etc.

Une autre classe de substantifs se compose de ceux qui par leur identité avec le nominatif latin, paraissent avoir été fournis par ce nominatif même.

Presque tous les substantifs en A : ROSA, PORTA, TERRA.

Quelques-uns en AL : ANIMAL, SAL.

En AR : CÆSAR, NECTAR.

En EL : FEL, MEL.... En OL : SOL.

Ceux en OR : AMOR, FUROR, VAPOR.

En UL et en UR : CONSUL, MURMUR.

En US : JUS, HIATUS.

Cependant la plupart de ces substantifs furent peut-être dérivés de l'accusatif latin, lorsqu'il était le même ou qu'il devenait le même par la suppression de la désinence. Ainsi le singulier ROSA serait venu de l'accusatif ROSA*m*. Ce qui permettrait de le penser, c'est que le pluriel ROSAS n'a pu être emprunté que de l'accusatif ROSAS.

Cette observation s'applique à tous les noms féminins en A.

FORMATION DES ADJECTIFS.

Les mêmes règles dirigèrent leur formation :

Assidu	us	Human	us	Prompt	us
Baptismal	is	Infect	us	Qual	is
Clar	us	Just	us	Rustic	us
Delicat	us	Long	us	Sanct	us
Evident	em	Mut	us	Tumultuari	us
Fort	is	Nud	us	Un	us
Glorios	us	Obscur	us	Vil	is [2].

(1) En voici un tableau qui pourrait être plus considérable :

Abject	us	Agil	is	Anual	is	Ardu	us
Absent	em	Amar	us	Ardent	em	Arrogant	em

ORIGINE ET FORMATION

Parmi les adjectifs de la nouvelle langue, il faut comp-

Bel	lus	Excellent	em	Lent	us	Plen	us
Bon	us	Exigu	us	Liberal	is	Pœnal	is
Boreal	is	Extravagant	em	Litteral	is	Present	em
Brev	is	Facil	is	Local	is	Prudent	em
Caduc	us	Fals	us	Long	us	Pudibund	us
Capital	is	Fat	uus	Lontan	us	Pur	us
Captiv	us	Fecund	us	Lustral	is	Quant	us
Cardinal	is	Feminin	us	Major		Quotidian	us
Central	is	Fertil	is	Masculin	us	Rauc	us
Clement	em	Fidel	is	Martial	is	Recent	em
Circumspect	us	Frequent	em	Minor		Ridicul	us
Civil	is	Furios	us	Moral	is	Rud	is
Commun	is	Futur	us	Municipal	is	San	us
Conjugal	is	Generos	us	Mut	us	Secret	us
Content	us	Grand	is	Mystic	us	Servil	is
Contigu	us	Gratios	us	Natal	is	Sinistr	um
Contrit	us	Gratuit	us	Nativ	us	Suav	is
Constant	em	Grav	is	Negativ	us	Subit	us
Correct	us	Habil	is	Nov	us	Subtil	is
Decent	em	Heroic	us	Novel	lus	Succulent	us
Desert	us	Honest	us	Nubil	is	Suspect	us
Dextr	um	Humil	is	Nul	lus	Surd	us
Diligent	em	Indulgent	em	Nuptial	is	Tal	is
Direct	us	Ingrat	us	Odorant	em	Tot	us
Discret	us	Innocent	em	Officios	us	Tranquil	lus
Disert	us	Inquiet	us	Opportun	us	Triumphal	is
Distant	em	Intelligent	em	Opulent	em	Util	is
Divers	us	Intemperant	em	Oratori	us	Urgent	em
Divin	us	Inusitat	us	Ordinari	us	Van	us
Docil	is	Inutil	is	Oriental	is	Venal	is
Doctoral	is	Judiciari	us	Par		Violent	us
Dotal	is	Juridic	us	Pastoral	is	Viril	is
Dur	us	Lasciv	us	Pervers	us	Viv	us
Eloquent	em	Latin	us	Pestilent	em	Vulgar	is
Elegant	em	Larg	us	Petulant	em		
Eminent	em	Legal	is	Plan	us		

ter, sans aucune exception, tous les adjectifs verbaux formés des participes présents et passés.

Amant em   Amat um   etc. etc.

Il y eut aussi, dans la formation de quelques adjectifs, des soustractions d'une voyelle intérieure, comme dans les noms terminés en IB*i*LIS.

Divisib*i*l is   Flexib*i*l is   Terrib*i*l is
Eligib*i*l is   Horrib*i*l is   Visib*i*l is etc.

Telle fut en général l'origine et la formation des noms substantifs et adjectifs de la langue romane.

J'en ai exposé la théorie; il me reste à la confirmer par des exemples.

Je les choisis dans les divers monuments de cette langue, depuis le commencement du VIIe siècle jusqu'à l'an 1000.

EXEMPLES DE L'EMPLOI DES SUBSTANTIFS ROMANS.

Je ne m'arrêterai point sur les différents substantifs romans qui se trouvent dans le serment de 842, tels que AMUR, DEO, DEUS, FRADRE, OM, PLAID, SAGRAMENT, SALVAMENT, etc.; je citerai des exemples qui n'aient pas encore été remarqués.

Rio venant de RIV US, ruisseau, se trouve employé en

France dès 631 [1], en Italie dès 776 [2], et en Espagne, aux années 781 [3], 888 [4], et 922 [5].

Gurg, de gurg es, gouffre, est employé dans un titre de l'église d'Urgel [6], en 832.

Feu, de feu dum, fief, se trouve dans un acte de 935 [7].

Mas, de ma*n*s us, certaine contenance de terre, se rencontre plusieurs fois dans un titre de 935 [8].

Castel, de castel lum, château,

Dam, de damn um, dommage,

Dreit, de d*i*rect um, droit,

Merce, de merce s, salaire,

Postad, de pot*e*stat em, pouvoir,

sont dans les titres de l'an 960 [9].

Jornal, de d iurnal e, mot de la basse latinité [10], signifiant quelquefois journée de travail, se remarque trois fois dans un monument de 964 [11].

(1) Per ipso fluvio usque rio quæ est.... Per memorato rio.... Et alio rio. Diplom. ad res francicas spect. t. I, chart. 73.

(2) A levante rio qui currit.... A tramuntante rio russo usque silva majore.... Iu loco ubi nuncupatur rio Porto. Muratori Dissert. 21 et 32.

(3) Voyez page 48, note 2.

(4) In valle quæ nuncupant rio Pullo. In rio Mexanos; marc. hispan.

(5) In caput de rio. Espan. Sagrad. t. 18.

(6) Vadit in gurg Cabellar. marc. hisp.

(7) Usque in fiuem Tarni ad alode et a feu. Mémoires pour l'hist. du Rouergue, par Bosc.

(8) Testament d'Amblard, seigneur du Rouergue. Hist. des évêques de Rodez, Ms. par Bonald.

(9) Ms. de Colbert.

(10) On le trouve dans les Capitulaires.

(11) Exeminam unam de vino et jornals novem ad ipsas vineas et jornals duos ad messes colligendas. Et jornals duos ad ipsa era. Marc. Hispan.

CART, de QUART UM, quart,
FABRIGA, de FABRICA, fabrique,
PONT, de PONT EM, pont,
se lisent dans un titre de 987, hist. du Langued. pr. t. 2.

Ce même titre offre ALO, ARIPIN, BLAT, substantifs de la langue romane, que la basse latinité exprimait par les mots d'ALOD*em*, aleu, d'A*gri*PEN*us*, arpent, et de BLAD*um*, bled.

VAL, de VAL LIS, vallée, vallon[1], se trouve dans un titre de 988.

Dans le poëme sur Boece, il n'est presque aucun nom qui ne soit exactement formé selon l'analogie reconnue; je citerai entre autres :

Aur	Enfant	Perjuri
Cap	Essemple	Rei
Caritat	Jovent	Sang
Clau	Largetat	Valor
Deceptio	Libre	Vertut
Domna	Mort	Vis[2].

---

(1) In ipsa Serra de VAL de Bactors. MARC. HISPAN.

(2)

Amor	Emperador	Mort	Salvament
Anma	Emperi	Musa	Sapientia
Cant	Fam	Nom	Satan
Causa	Fog	Ome	Scala
Cel	Lei	Paluz	Sermo
Claritat	Licentia	Part	Significatio
Cor	Luna	Passio	Terra
Creator	Luxuria	Peccador	Torment
Deu	Majestat	Pel	Veritat
Diable	Mandament	Redemcio	Vertut
Doctor	Mar	Sacrament	Vita

EXEMPLES DE L'EMPLOI DES ADJECTIFS ROMANS.

On lit dans le serment de 842 :

Christian, commun, Cadhun, nul.

Les titres de 960 et 987, déja cités, offrent :

Tot, nul, quant, meg.

Et le poëme de Boece :

Bel	Ferm	Menut
Clar	Gran	Par
Corporal	Grav	Sord
Dextre	Jove	Temporal
Dreit	Long	Semestre
Fals	Mal aptes [1]	Viv

Cette opération grammaticale fut si exactement et si généralement soumise aux règles de l'analogie, que, par la seule théorie, on devinerait la forme des noms romans, toutes les fois qu'ils ont été dérivés de noms latins.

Les mêmes principes furent appliqués aux substantifs et aux adjectifs, lorsque le nouvel idiôme prit seulement leur racine dans le latin, et à ceux même qu'il emprunta des langues étrangères : les formes et les terminaisons de ces noms n'ont aucun caractère qui les distingue essentiellement du reste des noms romans.

Séduits par la conformité que les désinences en O et en E de l'ablatif latin offrent avec les désinences de la plupart des noms italiens et espagnols, quelques philologues ont

---

(1) Malade, de MALE APTUS.

prétendu que l'ablatif latin avait fourni directement les substantifs et les adjectifs de la langue italienne et de la langue espagnole.

Mais comment les ablatifs CANTU, FRUCTU, VIRTUTE, VERITATE, FEBRI, NAVI, TEMPORE, FRIGORE, VIRIDI, FORTI, CELEBRI, SALUBRI, etc. auraient-ils produit les noms italiens et espagnols CANTO, FRUTO et FRUTTO, VIRTU et VIRTUD, VERITA et VERDAD, FEBBRE et FIEBRE, NAVE et NAVIO, TEMPO et TIEMPO, FREDDO et FRIO, VERDE, FORTE et FUERTE, CELEBRE, SALUBRE, et tant d'autres semblables?

Ces philologues n'avaient considéré que les rapports de l'idiôme de leur pays avec la langue latine. Ignorant que la langue romane intermédiaire avait dit : CANT, FRUCT, VIRTUT, VERITAT, FEBRE, NAV, TEMPS, FREG, VERD, FORT, CELEBRE, SALUBRE, comment auraient-ils reconnu que chacun des idiômes qui continuèrent la langue romane avait ajouté au mot roman la modification et la désinence le plus convenables aux peuples qui devaient le prononcer, et que si les Espagnols ont conservé le mot roman PAN de PAN EM, les Italiens y ont ajouté la désinence E, qui a produit PANE, tandis que les Français, modifiant avec l'I la prononciation de l'A qui précède la consonne finale, ont fait PAIN; et les Portugais, selon leur usage, changeant l'N en M, ont dit PAM, ou terminant le mot en O, et supprimant l'M devenu intérieur, ont dit PAŌ[1]?

(1) Je pourrais rapporter ici beaucoup d'exemples semblables, mais je n'anticiperai point sur les rapprochements et les compa-

Une observation me semble décisive pour nous convaincre que les noms romans ont été formés du nominatif, et principalement de l'accusatif des Latins. Par ce système, toutes les difficultés s'expliquent, tandis que les autres cas, tels que le génitif et l'ablatif, n'offrent pas le même avantage.

En effet, d'où seraient venus les relatifs QUE M et QUI, les substantifs REM et RES, DEU M et DEUS, etc. ?

Au reste, la solution de cette question particulière ne change rien au fait certain et démontré, que la suppression des désinences des cas, ou l'emprunt entier des mots latins, a produit presque tous les substantifs et adjectifs de la langue romane primitive.

Mais, lorsque les substantifs et les adjectifs eurent été affranchis des terminaisons qui caractérisaient les cas latins, le seul emploi des prépositions DE et AD pouvait-il suppléer à l'absence des signes qui spécifiaient ces cas?

Non, sans doute; cet emploi n'était pas assez fréquent; aussi, quand il n'avait pas lieu, les substantifs ne pouvaient être que difficilement reconnus.

La nécessité suggéra une nouvelle ressource. Des documents nombreux attestent, d'une manière incontestable, que les pronoms ILLE et IPSE étaient employés auxiliairement dans la langue latine corrompue, et désignaient, comme substantifs, les mots au-devant desquels ils étaient placés; en voici des exemples :

---

raisons que j'aurai occasion de faire des différents idiômes qui ont continué la langue romane primitive.

vi[e] siècle : « Calices argenteos IV.... ILLE medianus valet solidos XXX.... Et ILLE quartus valet solidos XIII. »

An 552. Test. AREDII Diplom. chart. t. I.

« Super fluvium Bria, in quo cadit quidam rivulus qui IPSAS determinat terras, et pergit IPSUS finis.... Per IPSAM vallem et rivolum vadit. »

An 528. Dipl. CHILDEBERTI I. Diplom. chart. t. I.

viie siècle[1] : « ILLI Saxones.... Persolvant de ILLOS navigios.... Ut ILLI negociatores de Longobardia sive Hispania et de Provincia et de alias regiones. »

An 629. Dipl. DAGOBERTI I, Dipl. chart. t. I.

« IPSUM monasterium..... Vastatum est, et omnes res quas IPSI monachi habebant cum IPSIS chartis deportata. »

An 663. Dipl. chart. t. I.

viiie siècle[2] : « Dono.... præter ILLAS vineas, quomodo ILLE rivulus currit..... Totum ILLUM clausum.

An 721. DIPLOM. chart. t. I.

---

(1) Les exemples de ce siècle me paraissent les plus décisifs, soit à cause du nombre, soit à cause de l'époque :

ILLE judex metuendus.... Cum eo ponat judicium per ILLUM judicii tremendum diem.... Unde ILLE rex celestis pro nobis retributor existat. An 615. Test. BERTRANDI. Dipl. chart. t. I.

Si autem dux exercitum ordinaverit et in ILLO fisco aliquid furaverit.... ILLE minimus digitus ita solvetur ut pollex.... ILLI autem alii articuli si abscissi fuerint.... Si quis alteri oculum ruperit et ILLE pupillus intus restitit.... Si occisus fuerit episcopus, sicut et ILLUM ducem ita eum solvat.... Fugit ille qui occidit et ILLI pares sequuntur.... ILLA pecunia post mortem mulieris retro nunquam revertatur, sed ILLE sequens maritus aut filii ejus in sempiternum possideant.... Si ille talem equum involaverit quam Alamani Marach dicunt, sic eum solvat sicut et ILLUM æmissarium..... Si enim in troppo de jumentis ILLAM ductricem aliquis involaverit. An 630. CAPITUL. lex Alamanorum.

(2) Judicatum ut ILLA medietate de ipsa porcione.... Tam ILLA alia me-

« Dicebant ut ILLE teloneus de ILLO mercado ad ILLOS necuciantes.... »

An 753. Dipl. et chart. t. I.

« Quiliano ab integre; Lapedeto IPSA quarta parte; Colonicas Mercuriano IPSA quarta parte. »

An 782. Hist. du LANGUEDOC, preuves, t. I.

IXe SIÈCLE : « Dicunt etiam quod ILLOS pauperiores constringant et in hostem ire faciunt. »

An 811. CAPIT. KAROLI MAGNI.

« In aliquis locis IPSI vicinantes multa mala patiuntur. »

An 806. CAPIT. KAROLI MAGNI.

Xe SIÈCLE. A cette époque, et sur-tout dans les pays méridionaux, l'usage de cette locution devint si fréquent et si général, que la langue latine, déja corrompue par tant d'autres causes, n'offrit plus qu'un jargon grossier et entièrement défiguré [1].

Quand nous trouvons, dans les titres et les documents de ces diverses époques, l'emploi auxiliaire des pronoms démonstratifs, pour désigner les substantifs qu'ils précèdent, douterions-nous que l'usage, ainsi établi dans la langue latine écrite, ne fût encore plus commun dans la langue latine parlée?

---

dietate quam et ILLA fidefacta. An 716. Dipl. CHILPERICI III. Dipl. chart.

Placuit nobis ut ILLOS liberos homines comites nostri ad eorum opus servile non opprimant. An 793. CAPIT. KAROL. MAG.

(1) Qu'on parcoure les titres et les écrits du temps, et notamment les preuves de l'Hist. du Langued., t. I et II, les appendices de l'HISTORIA TULLENSIS, et du MARCA HISPANICA, les pièces justificatives dans le GALLIA CHRISTIANA.

Et n'est-il pas évident que les nombreuses altérations et modifications du pronom ILLE et de ses divers cas, produisirent les articles de la langue romane?

Des savants français et étrangers ont souvent observé que l'article des langues modernes du midi de l'Europe, dériva du pronom ILLE et de ses cas; mais ces philologues, ne remontant pas plus loin que la langue à laquelle ils appliquaient leurs recherches, n'avaient pas reconnu l'existence d'une langue intermédiaire; ils indiquèrent des rapports et des ressemblances, sans attacher leurs observations et leurs conjectures au système général de l'origine et de la formation de la romane primitive.

Ils avaient négligé de fonder la théorie de leur système sur la preuve irrécusable de l'introduction des pronoms ILLE et IPSE dans la langue latine corrompue, pour indiquer spécialement, comme substantifs, les mots qu'ils précédaient; circonstance qui explique comment, dans le nouvel idiôme, l'instinct grammatical, par les nombreuses modifications du pronom ILLE et de ses cas, aura produit ces signes divers qui constituent les articles.

Il n'est pas hors de vraisemblance que du pronom IPSE, IPSO, employé aussi fréquemment que le pronom ILLE au-devant des substantifs, la nouvelle langue rejetant la première moitié, dont la prononciation était dure et difficile, adopta la dernière, et produisit le pronom démonstratif so.

Il y a plus; l'idiôme vulgaire Sarde, qui a conservé les autres caractères constitutifs de la langue romane, offre la circonstance remarquable que son article est so, sa, venant sans doute d'IPSE.

La nouvelle langue parvint de cette manière à créer et à employer ces articles, qui, en nous indiquant et le genre et le nombre, suppléent à l'absence des cas; nouveauté aussi hardie qu'heureuse, puisque, jusqu'alors, les langues qui usaient d'articles, n'en avaient pas moins été soumises aux règles des déclinaisons.

ARTICLES DE LA LANGUE ROMANE.

MASCULIN.		FÉMININ.
SING. el,	lo,	la
PLUR. els, li,	los, il,	las

combinés avec les prépositions DE et AD,

SING. del,		de la
PLUR. dels,	des,	de las
SING. al,	el,	a la
PLUR. als,		a las

Je crois avoir prouvé comment les altérations et modifications du pronom ILLE, et de ses cas masculins et féminins du singulier et du pluriel, ont produit ces différents articles.

Je ferai seulement deux observations sur l'article EL :

La première, que les Latins, dans le langage familier, se servaient d'EL LUM pour ECCE ILLUM [1].

---

(1) En voici des exemples :

Nescio qui senex modò venit : ELLUM, confidens, catus.
TERENT. ANDR. act. V, sc. 2.

. . . . . . Parasitum tuum

La seconde, que le changement de l'i intérieur en E fut fréquemment appliqué par la nouvelle langue aux mots qu'elle empruntait de la langue latine[1].

Des monuments des VIIIe, IXe, et Xe siècles attestent l'existence et l'emploi de ces articles.

An 793. « In loco LA Ferraria. »
   MURATORI, dissert. 32.

An 810. « Ego Hugo DELLA Roca.... Lo mas de Castan.... EL desme de Mauron. »
   Arch. de CONQ. Mém. pour l'hist. du Rouerg. par Bosc.

880. « Inde A LA croe.... duos rivulos d'Asperiole.... Ad LA Rochere.... Infra rivulum DEL Brol et rivum DES Espesses de Murt. »
   Hist. de Lorraine, par CALMET, PR. t. II, col. 143.

884. « Fossatum DE LA vite. »
   MURATORI, dissert. 32.

894. « Villam nostram quæ vocatur AL LA Corbaria. »
   BALUS. append. hist. Tullens.

An 924. « In loco qui dicitur AL can. »
   BALUS. append. hist. Tullens.

927. « Dimitto Sexterias villa... et AL LA Cassania. »
   BALUZE, Pr. de l'hist. de la maison d'Auvergne.

930. « Sancti Beniti DEL Verni.... Sancta Maria DE LA Garda. »
   BALUS. append. hist. Tullens.

  Video occurentem, ELLUM usque in platea.
    PLAUT. CURC. act. II, sc. 2.
.... AEschinus ubi est? — ELLUM, te expectat domi.
    TERENT. ADELPH. act. II, sc. 3.

(1) Ainsi IPSE fut modifié en EPS ; IN produisit EN, etc.

An 960. « DEL castel.... DEL comoniment. »
    TIT. des comtes de Foix, de Bearn, etc. t. I, MS. de Colb.

987. « Sunt illas terras A LAS fabrigas.... de meg aripin de vinea LO cart. »
    HIST. du Languedoc, preuves, t. II, col. 141.

994. « Sancta Maria da LI Pluppi. »
    MURATORI, Dissert. 32.

Ainsi furent formés et introduits dans la langue romane ces articles qui caractérisent les langues de l'Europe latine, c'est-à-dire la langue française, l'espagnole, la portugaise, et l'italienne ; articles, dont l'emploi facile, mais uniforme, a délivré ces idiômes modernes de la servitude des déclinaisons latines, sans nuire à la clarté du discours.

Le système des articles fut-il indiqué par l'exemple qu'offrait la langue grecque, ou par les exemples plus récents et plus présents sans doute que fournissaient la langue gothique et la langue francique, et les autres idiômes du nord, qui ont employé les articles à une époque très-ancienne ?

On peut dire de la langue grecque, que l'idiôme roman a si peu de ressemblance avec elle, soit pour les articles et les cas, soit pour les autres formes grammaticales, qu'il est très-vraisemblable que, dans son origine, il n'emprunta rien de cette langue.

A la vérité, nous rencontrons des hellénismes dans la langue des troubadours ; ils y furent introduits sans doute par les habitants du midi de la France, dont la plupart étaient originaires de la Grèce : ces hellénismes enrichirent sans doute l'idiôme nouveau, mais n'influèrent pas sur sa formation.

Quant à la langue gothique et à la langue francique, il est vrai que la traduction de l'évangile, faite en langue gothique par Ulphilas, dans le IVe siècle, et que des monuments de la langue francique, qui remontent aux VIIe et VIIIe siècles, offrent l'emploi des articles.

Mais les articles de la langue romane sont absolument différents; et une dissemblance encore plus décisive, et qui exclut toute idée d'emprunt d'un idiôme à l'autre, c'est que les articles employés par les Grecs, les Goths et les Francs, ne les exemptaient pas de la nécessité de décliner les noms, soit substantifs, soit adjectifs, tandis que l'affranchissement des cas est l'un des caractères spéciaux de la langue romane.

Il est donc permis de croire que l'existence des articles employés par les autres idiômes, n'a eu aucune influence directe et immédiate sur la formation des articles romans.

Toutefois il est très-vraisemblable que la langue gothique et la francique ont contribué indirectement et médiatement à la formation des articles romans, parce qu'elles ont été cause de l'introduction des pronoms ILLE et IPSE dans la langue latine corrompue, à l'effet de désigner les substantifs.

Les Goths et les Francs avaient dans leur langue l'usage des articles.

Quand ils furent mêlés avec les anciens habitants des pays qu'ils avaient conquis, et où ils s'étaient établis, la nécessité d'exprimer en latin les idées que leur esprit concevait d'abord sous les formes de leur langue natale, les força de chercher un signe latin pour reproduire le signe de l'article, qui, dans cette langue, annonçait et désignait le substantif.

Et comme les articles et les pronoms démonstratifs gothiques, franciques, sont les mêmes, ou presque les mêmes [1], ces peuples eurent recours aux pronoms démonstratifs de la langue latine ILLE et IPSE, pour rendre dans cette langue le signe qui, dans leurs idiômes, caractérisait le substantif en le précédant.

On remarque un emploi très-fréquent de l'ILLE, faisant les fonctions de l'article dans la loi publiée par Dagobert, sous le titre de LEX ALAMANORUM, qui paraît n'être que la traduction d'une loi originairement écrite en langue francique, traduction faite sans doute pour les peuplades qui avaient traversé le Rhin. Au contraire la loi qui fut aussi publiée par Dagobert, sous le titre de LEX RIPUARIORUM, c'est-à-dire les habitants du pays situé entre le Bas-Rhin et la Basse-Meuse, la plupart anciens Romains, n'offre plus le même emploi de l'ILLE devant les substantifs [2].

(1)

	GOTHIQUE D'ULFILAS.		FRANCIQUE.	
	Article.	Pron. dém.	Article.	Pron. dém.
NOMINAT.	sa	sa	der	dher
GÉNIT.	this	this	dhesses	dheses.
DAT. ET ABL.	thamma	thamma	dhemo	desemo
ACCUSAT.	thana	thana	then	thesen

(2) Dans le gothique et le francique, tous les substantifs ne reçoivent pas constamment l'article; ce qui explique pourquoi, dans la langue latine dégénérée, l'ILLE et l'IPSE ne sont pas toujours

L'opinion que je propose me paraît acquérir une sorte d'évidence par la circonstance remarquable que la langue romane, alors qu'elle a été vulgaire, a produit un semblable effet sur la langue latine, employée encore dans les actes publics. Les rédacteurs substituaient à l'article roman de leur idiôme vulgaire parlé ces pronoms ILLE et IPSE de l'idiôme latin écrit, ainsi que l'avaient fait autrefois les Goths et les Francs; et cela devait arriver, quand ces rédacteurs pensaient en langue romane, et écrivaient en langue latine [1].

L'emploi auxiliaire de l'ILLE et de l'IPSE devant les substantifs se trouve aussi dans les titres et chartes de l'Italie [2]

placés devant les mots, qui, ensuite employés par la langue romane et par les langues qui en furent la continuation, ont presque toujours été précédés de l'article.

(1) J'ai antérieurement indiqué les collections où l'on trouve de semblables emplois de l'ILLE et de l'IPSE par l'effet de la réaction de la langue romane.

« IPSUM alodem de sanctas puellas cum IPSA ecclesia dono sancto Stephano.... IPSE alodes de Canuas.... IPSA Roca cum IPSA ecclesia.... IPSE alodes de Manulfellio monte cum IPSAS vineas remaneat auriolo Sancio. IPSE alodes de IPSO Solario... Et ILLA Boscaria remaneat Armardo, etc. » An 960, Testament d'Hugues, évêque de Toulouse.

« Dono ad ILLO cœnobio de Conquas ILLA medietate de ILLO alode de Auriniaco et de ILLAS ecclesias.... ILLO alode de Canavolas et ILLO alode de Crucio et ILLO alode de Pociolos et ILLO alode de Garriguas et ILLO alode de Vidnago et ILLO alode de Longalassa et ILLOS mansos de Bonaldo, Poncioni abbati remaneat. » An 961. TESTAMENT de Raimond Ier, comte de Rouergue.

(2) En Italie :

An 713 : « Prope IPSA ecclesia presbiteri... Ad IPSA Sancta Vertute. » MURATORI, dissert. 5.

An 736 : « IPSA supra dicta scolastica. » MURATORI, dissert. 14.

et de l'Espagne[1] ; mais ces pièces ne sont pas d'une date aussi reculée que les diplômes de la France dans lesquels j'ai recueilli les exemples que j'ai cités.

Enfin on trouverait un nouveau motif de conviction dans une autre circonstance également décisive, que je crois ne devoir point omettre.

Dans quelques pays du nord, où les articles employés par l'idiôme vulgaire sont les mêmes ou à-peu-près les

---

An 752 : « Donamus in IPSA sancta ecclesia.... IPSE prænominatus sanctus locus. » MURATORI, dissert. 21.

An 810 : « Una ex ipse regitur per Emmulo et ILLA alia per Altipertulo.... IPSA prænominata Dei ecclesia. » MURATORI, dissert. 12.

An 906. On lit dans les ANNOTAZIONI SOPRA I PAPIRI de MARINI, page 262, un testament où l'article IPSE est très-fréquemment employé : « Habeat et IPSUM cellarium de IPSA cerbinara ; habeat et IPSA domum de IPSUM geneccum et IPSUM centimullum cum IPSA coquina, etc. »

(1) En Espagne :

An 775 (*) : « Per ILLUM pelagrum nigrum..... Per ILLAS casas alvas.... Per ILLA lacuna. » España Sagrada, t. XVIII.

An 781 : « Per ILLO rio qui vadit inter Sabbadel et villa Luz et inde ad ILLAM Molon, de ILLA strada de Patrunel et inde per ILLA via quæ vadit ad ILLO castro de Poco et per ILLA via quæ vadit ad petra Terta.... Et inde per ILLA strata de Guardia et inde per ILLA arclia de Branias et per ILLO rivulo de inter Brana, Trabera et Branas de Oldial et per ILLAS Mestas.... et inde ad ILLO rio de Rillola.... ad ILLO Poco de Trabe.... et per ILLO Molon de inter ambos rivos ad ILLO rio unde prius diximus. » CHART. SYLONIS regis. HISTORIAS de Idacio, p. 130.

An 844 : « De ILLA Cartagera usque ad ILLAM villam, et deinde ad ILLO plano.... Et de ILLAS custodias, etc. » España Sagrada, t. XXVI.

(*) A l'occasion de ce titre de 775, l'auteur observe que c'est le plus ancien titre qu'il ait connu parmi les manuscrits de l'Espagne : « Scripturarum omnium quæ ad nostram pervenere notitiam hæc vetustior. »

mêmes que les pronoms démonstratifs, la langue latine usitée pour les actes publics a quelquefois subi, comme dans les pays de l'Europe latine, l'introduction du pronom ILLE, en remplacement de l'article de l'idiôme vulgaire; la même cause produisant ainsi le même effet, en différents temps et en différents lieux[1].

Le fait est donc évident : c'est à l'introduction du pronom ILLE dans la langue latine corrompue, et aux diverses altérations et modifications des cas de ce pronom, que la nouvelle langue fut redevable et des articles et de la sorte d'articles qui la caractérisent.

L'usage des cas procure aux idiômes deux avantages précieux.

Le premier, c'est une clarté inaltérable, puisque les désinences permettent de discerner sur le champ les sujets des régimes, et ces régimes les uns des autres.

Le second, c'est la grâce et le mérite des inversions : quand l'ordre direct n'est pas nécessaire, le déplacement

---

(1) Les citations suivantes suffiront :

« Laureshamense cœnobium extructum hoc anno 770. Insigne dotatum est a Cancore comite et Anguila conjuge ejus.

« Terram et silvam quæ est in ILLA marcha de Birstat.... Et de IPSO rubero ad partem aquilonis sicut IPSA incisio arborum in IPSA die facta fuit : et sic ad ILLAM ligneam crucem quæ est posita juxta ILLAM viam quæ venit de Birstat... usque ad ILLUM monticulum. » ECKART, Franc. Orient. t. 1, p. 610.

S. Burchard, évêque de Wirstbourg en Franconie, dans une homélie contre les superstitions populaires, traduisant les expressions du vulgaire, s'exprime ainsi :

« Sed dicunt sibi : ILLUM ariolum vel divinum, ILLUM sortilogum, ILLAM erbariam consulamus. » ECKART, Franc. Orient. t. I, p. 844.

des divers mots de la phrase, loin de nuire à la clarté, ajoute quelquefois à la clarté même, en permettant de les disposer de manière qu'ils présentent une gradation de nuances; alors leur place, habilement assignée, concourt à la perfection et à l'effet de l'image.

Pour obtenir ces deux avantages, la nouvelle langue créa une méthode aussi simple qu'ingénieuse, qui produisit le même résultat que les déclinaisons latines.

Au singulier, l'S ajouté ou conservé à la fin de la plupart des substantifs, sur-tout des masculins, désigna le sujet; et l'absence de l'S désigna le régime, soit direct, soit indirect.

Au pluriel, l'absence de l'S indiqua le sujet, et sa présence les régimes.

D'où vint l'idée d'une telle méthode? De la langue latine même. La seconde déclinaison en US suggéra ce moyen.

Le nominatif en US a l'S au singulier, tandis que les autres cas consacrés à marquer les régimes, sont terminés ou par des voyelles ou par d'autres consonnes; et le nominatif en I au pluriel ne conserve pas l'S, tandis que cette consonne termine la plupart des autres cas affectés aux régimes.

Peut-on assez admirer cette industrie grammaticale, qui n'a existé dans aucune autre langue, industrie qui ensuite permit et facilita aux troubadours la grâce et la multitude des inversions à-la-fois les plus hardies et les plus claires?

Les anciens monuments de la langue romane offrent l'heureux emploi de ce signe caractéristique.

DE LA LANGUE ROMANE. 51

Dans le serment de 842, on lit :

SI LODHWIGS, quand ce nom propre est sujet; et en-ensuite CONTRA LODHUWIG, quand il est régime;

CARLUS, sujet; et deux fois CARLO, et une fois KARLE, régimes;

Avec CARLUS, sujet, MEOS SENDRA; et avec KARLO, régime, MEON, SON.

NE JO NE NEULS, comme sujet; NUL PLAID, comme régime.

DEUS, sujet; et pro DEO AMUR, régime.

L'auteur du poëme sur Boece a observé exactement cette règle, soit pour le singulier, soit pour le pluriel :

SING. Tot aquel LIBRES era de fog ardent....

E sa ma dextra la domna u LIBRE te [1].

LIBRES est sujet, et LIBRE est régime.

PLUR. Molt lo laudaven e AMIC e PARENT... [2].

Molt fort blasmava Boecis sos AMIGS.

AMIG est sujet, et AMIGS régime.

PRONOMS PERSONNELS.

Fidèle à son systême d'imitation, l'idiôme roman s'appropria les pronoms personnels de la langue latine : il employa les uns sans y faire le moindre changement, et les autres en les soumettant à des modifications ou contractions toujours dirigées par l'analogie :

(1) Tout ce livre était de feu ardent....
En sa main droite la dame un livre tient.

(2) Beaucoup le louaient et amis et parents;
Très fort blâmait Boece ses amis.

4.

Jo, JEU, EO, EU, d'*e*GO, MI de MI*hi*, ME de ME, NOS de NOS.

« Si JO returnar no l'int pois.... Ne JO ne neuls.... Si salvarai EO[1]. »

Morz fo Mallios Torquator dunt EU dig[2].
« Deus savir et podir ME dunat.... Il MI altresi fazet[3]. »
« Ora pro NOS[4]. Nos en çomonirez[5]. »

TU de TU, TE de TE, TI de TI*bi*, vos de vos.

« TU m'en comonras.... TU m'en absolveras.... No T'en tolrai.... Ni 'l TE vederai.... Ab TI et senes TI.... No 'l vos tolrei.... Vos en devederei[6].

IL d'IL*le*, EL d'EL*lum*, LI, LUI d'*il*LI, LO d'*il*LO, IL d'*il*LI.

« IL mi altresi fazet....[7]. »

EL era 'l meler de tota la honor[8].....
« Contra Lodhuwig nun LI iver[9].... Qui la LI tolra, la

---

(1) « Si JE detourner ne l'en puis.... Ni MOI ni nul.... Oui, sauverai-JE.... » SERMENT de 842.

(2) « Mort fut Mallius Torquator dont JE parle. » POEME sur Boece.

(3) « Dieu savoir et pouvoir ME donne.... Il ME ainsi faira. » SERM. de 842.

(4) « Priez pour NOUS. » LITAN. CAROL. vers 780.

(5) « Nous en avertirez. » ACTES de 960, ms. de Colbert.

(6) « TU m'en avertiras.... TU m'en dispenseras.... Ne T'en ôterai.... Ni le TE défendrai.... Avec TOI et sans TOI.... Ne le vous ôterai.... Vous en empêcherai. » ACTES de 960, ms. de Colbert.

(7) « IL me pareillement faira. » SERMENT de 842.

(8) « IL était le meilleur de toute la seigneurie. » POEME sur Boece.

(9) « Contre Louis ne LUI irai.... » SERMENT de 842.

LI devedara [1]..... Ab ipso memorato principe LUI concessa [2].... »

Per LUI aurien trastut redemcio [3]....

Tu LO juva [4].... Returnar L'int pois [5].... »

Fez LO lo reis en sa charcer gitar [6]....

Il sun tan bel e ta blanc e ta quandi [7].

ELLA d'*il*LA, LEI, ELLAS d'*il*LAS, LOR d'*il*LORum.

Cum ELLA s'auca, cel a del cap polsat....

Qui amor ab LEI pren....

Entr'ELLAS doas [8]....

« LOR en seran [9].... »

De part Boeci LOR manda tal raczo [10].

SE de SE, SI de SIbi.

SUJET : En epsa l'ora SE son d'altra color....

RÉGIME : C'ab damri Deu SE tenia forment....

Quascus bos om SI fai lo so degra [11].

(1) « Qui la LUI ôtera, la LUI prohibera... » ACTES de 969, MS. de Colbert.
(2) FORMUL. Marculf. vers 650.
(3) « Par LUI auraient tous redemption.... » POEME sur Boece.
(4) « Que tu L'aides.... » LITAN. CAROL. vers 780.
(5) « Ramener L'y puis. » SERMENT de 842.
(6) Fit LE le roi en sa prison jeter.
(7) Ils sont si beaux, et si blancs, et si brillants.
(8) Comme ELLE se hausse, le ciel elle a de la tête frappé....
  Qui amour avec ELLE prend.... Entre ELLES deux.
    POEME sur Boece.
(9) « LEUR en seront.... » ACTES de 960, MS. de Colbert.
(10) « De par Boece LEUR mande telle raison. » POEME sur Boece.
(11) En même heure ILS sont d'autre couleur....
  Qu'avec le Seigneur Dieu SE tenait fortement.....
  Chaque bon homme SE fait le sien degré.
    POEME sur Boece.

PRONOMS POSSESSIFS.

Les pronoms possessifs romans furent pareillement dérivés de la langue latine.

Les masculins soumis au signe de l'S final qui caractérisait les sujets du singulier, et les régimes du pluriel, aidèrent encore à la facilité des inversions et à la clarté du discours.

On a remarqué, dans les citations du serment de 842, MEOS sujet, et MEON régime au singulier.

Le poëme sur Boece présente :

Sos, sujet, et son, régime, au singulier;

Si et soi, sujets, et sos, régime, au pluriel;

Nostre et lor, au pluriel.

> Et evers Deu era tot sos afix....
> Mas non es bes que s-fi' en son aver....
> Bel sun si drap, no sai nomnar los fils....
> Lai fo Boecis e foron i soi par....
> Molt fort blasmava Boecis sos amigs....
> No credet Deu lo NOSTRE creator....
> Las mias musas qui an perdut LOR cant [1].

Les pronoms féminins terminés en A au singulier et

---

[1]   Et envers Dieu était tout son attachement....
Mais il n'est pas bien qu'il se fie en son avoir....
Beaux sont ses vêtements, je ne sais compter les fils....
Là fut Boece et furent y ses pairs....
Très fort blâmait Boece ses amis....
Il ne crut pas Dieu le NOTRE créateur....
Les miennes muses qui ont perdu LEUR chant.
                                    POEME sur Boece.

en AS au pluriel, restèrent soumis aux règles générales qui gouvernaient les substantifs féminins en A.

Dans la grammaire détaillée de la langue romane, les pronoms possessifs offriront des variétés nombreuses, et cependant toujours conformes à l'analogie et aux caractères qui distinguent les sujets et les régimes.

PRONOMS DÉMONSTRATIFS.

L'article, dans toutes les langues qui l'emploient, est une sorte de pronom démonstratif général.

Elles ont aussi des pronoms démonstratifs particuliers, qui désignent spécialement le nom auquel ils sont attachés.

La langue romane, qui avait dérivé de la langue latine son article, en dériva aussi ses pronoms démonstratifs.

D'ISTE vint IST, ISTA, changé ensuite en EST, ESTA. Dans le Serment de 842, on trouve D'IST di.

De la combinaison d'ILLE et d'ISTE avec HIC ou ECCE [1], furent formés les démonstratifs romans

CIL, CIST, ICIL,   CEL, CELUI, CEST, etc.

AQUIL, ICIST,   AQUEL, ICEST, etc.

« Salvarai eo CIST meon fradre Carlo [2]. »

---

(1) Dans le langage familier, les Latins contractaient quelquefois l'ECCE avec les pronoms ILLE et ISTE :

« Habeo ECCILLAM meam clientem. » PLAUT. Mil. act. 3, sc. 1.
« Tegillum ECCILLUD mihi unum arescit. » PLAUT. Rud. act. 2, sc. 7.
« Certè ECCISTAM video. » PLAUT. Curcul. act. 5, sc. 2.

(2) « Sauverai moi CE mien frère Charles. » SERMENT de 842.

> Cel non es bos que a frebla scala s te....
> Cel no quatra ja per negu torment....
> Cellui vai be qui tra mal e jovent....
> Cil li faliren qu'el solient ajudar....
> Mas cil qui poden montar....
> Aquel qui la non estai fermament....
> Tot aquel libres era de fog ardent....
> Ab aquel fog s'en pren so vengament [1].

Le pronom IPSE fournit d'abord à la langue romane EPS, EPSA, qui ensuite furent modifiés :

> Eps li Satan son en so mandament....
> En epsa l'ora se sun d'altra color [2].

SEMETIPSE fut également imité :

> Ella smetessma ten las claus de paradis....
> Ella medesma telset so vestiment [3].

Une autre espèce de pronoms démonstratifs employés dans un sens imité du neutre fut dérivée d'*hoc*, d'*ips*o.

---

(1) Celui-la n'est bon qui à fragile échelle se tient....
   Celui-la ne tombera jamais par aucun tourment....
   Celui-la va bien qui supporte le mal en jeunesse....
   Ceux-la lui faillirent qui le avaient coutume d'aider....
   Mais ceux qui peuvent monter....
   Celui qui là ne se tient fermement....
   Tout ce livre était de feu ardent....
   Avec ce feu elle en prend sa vengeance.
      Poeme sur Boece.

(2) Mêmes les démons sont en son commandement.....
   En la même heure ils sont d'autre couleur.
      Poeme sur Boece.

(3) Elle-même tient les clefs du paradis....
   Elle-même tissut son vêtement.
      Poeme sur Boece.

o d'*hoc* conserva dans la langue romane son acception latine, qui était appliquée au sens neutre, et que la langue française a exprimée par CELA :

« In o quid il mi altresi fazet[1]. »

AQUO, formé de la racine d'AQU*ell* et de cet o roman, signifia CE :

« Fors d'AQUO de que absolvera[2]. »

PRONOMS RELATIFS.

Avec la même simplicité de moyens, et avec le même succès, la nouvelle langue remplaça les nombreuses variétés qu'offraient les cas latins du QUI relatif.

QUI roman, pris du nominatif latin, servit à exprimer le QUI sujet, quel que fût le genre ou le nombre du nom auquel il se rapportait.

QUE dérivé de QUE*m*, accusatif régime direct, désigna ordinairement ce régime, quel que fût le genre et le nombre du nom auquel il se rapportait.

Quand les prépositions s'attachèrent à QUE, il indiqua les régimes indirects; et d'ailleurs, pour ces régimes, la langue romane employa encore CUI, soit en conservant le datif, soit en supprimant la désinence du génitif CU*ius*.

Du pronom qualificatif QUAL*is*, elle forma QUAL; et, par l'adjonction de l'article, il devint un pronom relatif auxiliaire.

---

(1) « En CELA que il me pareillement faira. » SERMENT de 842.

(2) « Hors de CE de quoi il dispensera. » An 989, HIST. de Languedoc, PR. t. 2.

Que fut parfois employé comme sujet, mais qui ne fut jamais employé comme régime direct; quand on le soumit à l'action des prépositions, il indiqua des régimes indirects.

Voici des exemples des différents emplois de ce pronom relatif.

Sujet : « Nul plaid nunquam prindrai qui, etc. »
Régime : « Si Lodhwigs sagrament que son fradre Karlo jurat[1].... »
Sujet : « Qui las li tolra.... Qui las vos tolra[2]. »
Régime : « Fors d'aquo de que absolvera[3]. »

Sujet : Anc non vist u qui tant en retegues....
Las mias musas qui an perdut lor cant....
Régime : En cui merce tuit peccador estant....
Moit val lo bes que l'om fai e jovent[4].
Sujet : Cel non es bos que a frebla scala s te[5].

L'adverbe latin unde fournit à la langue romane un nouveau moyen d'exprimer le sens indiqué par les génitifs et les ablatifs latins du qui relatif.

(1) « Nul accord ne prendrai qui....
« Si Louis le serment que à son frère Charles il jure... » Serm. de 842.
(2) « Qui les lui ôtera.... Qui les vous ôtera. » Actes de 960, ms. de Colb.
(3) « Hors de ce dont il dispensera. » An 989, Hist. du Langued. pr. t. 1.
(4) Oncques ne vit un qui tant en retint....
Les miennes muses qui ont perdu leur chant....
En de qui la miséricorde tous les pécheurs sont....
Beaucoup sert le bien que l'homme fait en sa jeunesse.
(5) Celui-là n'est bon qui à fragile échelle se tient.
Poeme sur Boece.

De UNDe[1], par le retranchement de l'E final, produisit DUNT :

    Morz fo Mallios Torquator DUNT eu dig[2].

Entre autres acceptions, le QUE roman fut aussi employé à exprimer le QUAM, l'UT, et l'EO QUOD des Latins :

    Qui tant i pessa QUE al no faria ja....
    E qui nos pais QUE no murem de fam[3].

QUI et QUAL furent aussi employés comme pronoms interrogatifs :

Sing. SUJET :   E QUALS es l'om qui a ferma scala s te?
Sing. RÉGIME : CAL an li auzil significatio ?
Plur. SUJET :   CAL sun li auzil qui sun al T montat[4]?

Appliquant aux êtres animés les différentes modifications ou contractions de ses cas, ILLE avait formé la troisième classe des pronoms personnels.

Plusieurs des modifications de ces cas, appliquées autrement qu'aux êtres animés, formèrent une autre espèce

---

(1) On trouve, dans la basse latinité, l'emploi d'UNDE dans le sens de CUJUS, A QUO, EX QUO.

« Arca illa ubi solarius edificatus est cum orto UNDE agebatur. » An 840. MURATORI, Dissert. 10.

(2) Mort fut Mallius Torquator DONT je parle.

(3) Qui tant y pense QUE autre chose ne fairait jamais....
    Et qui nous paît AFIN QUE nous ne mourions de faim.
                  POEME sur Boece.

(4) E QUEL est l'homme qui à ferme échelle se tient ?
    QUELLE ont les oiseaux signification ?
    QUELS sont les oiseaux qui sont au T montés ?
                  POEME sur Boece.

de pronoms relatifs, toutes les fois qu'elles ne précédaient pas un nom.

EL, ELS, LO, LOS, LA, LAS, LOR.

« Ni EL te vederei.... Lo tornarei.... No 'LS vos tolrai.... No LA l devedera.... No LAS li devedera [1].

De même les autres pronoms démonstratifs IST, EST, CIST, CEST, ICEL, AQUEL, etc. firent fonction de pronoms relatifs, lorsqu'ils n'étaient pas attachés directement à un nom ; parce que, employés de la sorte, ils ne servent plus à démontrer immédiatement l'objet, mais seulement à indiquer la relation qui existe avec cet objet précédemment indiqué.

O, SO, CO, ZO, AIZO, AQUO.

Les pronoms démonstratifs O d'*hoc*, SO, CO, ZO, d'*ip*so, dérivés du neutre latin, et employés par la langue romane dans le même sens, devinrent aussi pronoms relatifs, lorsqu'ils furent employés séparément, pour exprimer une relation, un rapport à une idée ou à un nom, auquel ils n'étaient pas immédiatement attachés.

« No o farai.... Vos o tendrai [2].... »

Nos e molz libres o trobam legen [3]....

---

(1) « Ni LE te défendrai.... LE rendrai.... Ne LES vous ôterai.... Ne LA lui empêchera.... Ne LES lui empêchera. » ACTES de 960. Ms. de Colbert.

(2) « Ne LE fairai.... A vous LE tiendrai. » ACTES de 960. Ms. de Colbert.

(3) Nous en plusieurs livres CELA trouvons en lisant....

Zo signifiga de cel la dreita lei....
Per zo no 'l vol Boecis a senor....
Zo sun tuit omne qui de joven sun bo [1].

AIZO et AQUO, signifiant CECI, CELA, CE :

Per AIZO m fas e chaitiveza star [2].

« Fors d'AQUO de que absolvera [3]. »

L'adverbe INDE avait, dans la langue latine, et sur-tout à l'époque de sa décadence, quelquefois remplacé ou suppléé le pronom relatif ILLE.

Au lieu d'ILLIUS, d'ILLORUM, EX ILLO, AB ILLO, EX ILLIS, AB ILLIS, on disait INDE, EX INDE :

Stant calices; minor INDE fabas, olus alter habebat.
OVID. FAST. 5.

Cadus erat vini; INDE implevi Cirneam [4].
PLAUT. AMPHITR. act. 1, sc. 1.

---

(1) CELA signifie du ciel la droite loi....
   Pour CELA ne le voulut Boece à seigneur....
   CE sont tous hommes qui dès jeunesse sont bons....
(2) Pour CECI tu me fais en captivité être.
POEME sur Boece.
(3) « Hors de CE dont il dispensera. » An 989. Hist. du Langued. PR. T. 2.
(4) Dans la basse latinité, cet emploi de l'INDE fut très-fréquent :

«Ut mater nostra ecclesia Viennensis INDE nostra hæres fiat. » An 543. DIPLOM. CHART. t. 1.

«Cepit de ipsis spolia; aliquid EX INDE dilecto filio nostro obtulit.» An 795. HIST. du Languedoc, PR. T. 1.

« Ut quidquid EX INDE facere volueris. » An 888. MARC. HISP. append.

Ce qui ne doit laisser aucun doute sur l'acception du mot EN provenant d'INDE, c'est que, dans un titre où le roman est mêlé au latin, on lit à-la-fois :

« Adjutor INDE ero ad supradictum.... Adjutor EN sere. » An 1064. MARC. HISP. append.

INDE produisit d'abord INT, ensuite ENT, de même que la préposition IN produisit EN :

« Retornar l'INT pois [1]. »

Ella 's ta bella, reluz' ENT lo palaz [2].

« Per quantas vez m'EN commonras.... Postad t'EN darai.... Fors quant tu m'EN absolveras [3].

Tant EN retenc que de tot no fo blos ;
Tan bo essemple EN laiset entre nos [4].

TI*bi* et SI*bi* avaient fourni à la langue romane TI et SI.

De même I*bi* [5] produisit I, Y, espèce de pronom qui servit à exprimer les rapports du datif, comme EN exprimait ceux du génitif ou de l'ablatif.

« Non Y donara [6]. »

Lai fo Boecis e foren I soi par....
Qui tant I pessa que al no fara ja [7].

---

(1) « Détourner le EN puis. » SERMENT de 842.

(2) « Elle est si belle, reluit EN le palais. » POEME sur Boec.

(3) « Par quantes fois tu m'EN avertiras... Pouvoir je t'EN donnerai... Hors quand tu m'EN dispenseras. » ACTES de 960. Ms. de Colbert.

(4) Tant EN retint que de tout il ne fut dépouillé.
Tant bon exemple il EN laissa parmi nous.
POEME sur Boece.

(5) Dans la basse latinité, IBI signifiait quelquefois ILLI, ILLIS.

« Ipsum monasterium expoliatum, et omnes cartæ, quas de supra dicto loco IBI delegaverunt, ablatæ. » An 664. DIPL. CLOTAR. III.

« Trado IBI casale.... Tradimus IBI terram.... Dono IBI decimas. » An 888. ESPANA Sagrada, t. 28.

(6) « N'Y donnera. » ACTES de 985. HIST. du Languedoc, PR. t. I.

(7) La fut Boece, et furent Y ses pairs....
Qui tant Y pense que autre chose ne faira jamais.
POEME sur Boece.

DE LA LANGUE ROMANE.

PRONOMS INDÉFINIS.

Les anciens monuments de la langue romane offrent plusieurs des pronoms indéfinis, c'est-à-dire des pronoms qui, se rapportant à des substantifs non exprimés dans le discours, en remplissent eux-mêmes les fonctions.

OM d'*homo*.

« Sicum OM, per dreit, son fradra salvar dist [1]. »

Il se trouve quelquefois précédé de l'article :

L'OM no 'l laiset a salvament anar [2].

UN d'UN*us*, AL, ALTRE d'ALTER, NUL de NUL*lus*, TOT de TOT*us*, RES, etc. etc.

Cum l'us lo pert, a l'ALTRE ve tener [3].
Qui tant i pessa que AL no fara ja [4].

« Ne io ne NEULS [5]. »

E Teirix col TOT e mal sa razo....
Ne potden tan e lor cors cobeetar,
Qu'ella de TOT no vea lor pessar [6]....

---

(1) « Comme on, par droit, son frère sauver doit. » SERMENT de 842.
(2) L'ON ne le laissa à sauvement aller...
(3) Comme l'UN le perd, à l'AUTRE il voit tenir....
(4) Qui tant y pense que AUTRE CHOSE ne faira jamais.
                POEME sur Boece.
(5) « Ni moi ni NUL. » SERMENT de 842.
(6) Et Théodoric accueille TOUT en mal sa raison....
  Ils ne peuvent tant en leurs cœurs convoiter,
  Qu'elle de TOUT ne voie leur penser....
                POEME sur Boece.

Quand se regarda pero RES no 1 rema....
Non ai que prenga ne no posg RE donar [1].

Les pronoms démonstratifs devinrent de simples adjectifs, quand ils furent joints à un nom.

Outre les pronoms déjà cités, QUA*lis*CUM*que* produisit QUASCUN, QUANT*us* QUANT, NEC UN*us* NEGUN, *usque* AD UN*um* CADUN, MULT*us* MOLT, TAL*is* TAL, etc.

Voici des exemples de ces différents pronoms employés comme adjectifs :

Davan so vis NULZ om no s pot celar [2].

« Ab Ludher NUL plaid nunquam prindrai.... In NULLA ajudha [3].

D'UNA donzela fo lains visitaz....
Que NEGUS om no pot deffar neient....
Cel no quatra ja per NEGU torment [4].

« Et in CADHUNA cosa [5]. »

QUASCUS bos om si fai lo so degra....
De part Boeci lor manda TAL raczo [6]....

---

(1) Quant il se regarde, pourtant RIEN ne lui reste....
Je n'ai que je prenne ni ne puis RIEN donner.
POEME sur Boece.

(2) « Devant son regard NUL homme ne se peut celer. » POEME sur Boece.

(3) « Avec Lothaire NUL traité jamais je prendrai.... En NULLE aide. »
SERMENT de 842.

(4) D'UNE demoiselle il fut là visité....
Que AUCUN homme ne peut defaire néant....
Celui là ne tombera jamais par AUCUN tourment.
POEME sur Boece.

(5) « Et en CHACUNE chose. » SERMENT de 842.

(6) CHACUN bon homme se fait le sien degré....
De la part de Boece il leur mande TELLE raison.

Nos e MOLZ libres o trobam legen....
Lai o solien las ALTRAS leis jutjar [1].

« Per QUANTAS vez [2].... »

La langue romane imprima à quelques-uns de ses pronoms des signes particuliers qui distinguent leur emploi comme sujets ou comme régimes au pluriel [3].

Ainsi TOT fit au pluriel masculin TUIT, quand il était sujet, et TOTS, quand il était régime.

SUJET PLUR. Zo sunt TUIT omne qui de joven sun bo....
RÉGIME PLUR. E te m soli' eu a TOZ diaz fiar [4].

FORMATION DES VERBES.

Pour la formation des infinitifs, la nouvelle langue appliqua encore le système de suppression des désinences.

Les verbes latins actifs terminent presque tous leurs infinitifs en RE.

L'E final fut rejeté, et l'R devint la terminaison presque générale des infinitifs de la langue romane, qui furent en AR, ER, et IR.

    LAT. Amare, Tenere, Sentire.
    ROM. Amar, Tener, Sentir.

Assez souvent la nouvelle langue changea en RE l'ER

---

(1) Nous en PLUSIEURS livres cela nous trouvons en lisant....
Là où ils avaient coutume les AUTRES causes juger..
POEME sur Boece.
(2) Par TOUTES les fois. » ACTES de 960, MS. de Colbert.
(3) La grammaire présentera à ce sujet les exemples détaillés pour chaque pronom auquel cette règle fut appliquée.
(4) Ce sont TOUS hommes qui dès jeunesse sont bons.
En toi me avais coutume je à TOUS jours fier.
POEME sur Boece.

dérivé des verbes latins en ERE, quand cet ER se trouvait après certaines consonnes.

Ainsi, au lieu de TOL*er*, DECEB*er*, ESCRIV*er*, et autres semblables, elle dit : TOLRE, DECEBRE, ESCRIVRE.

On a vu précédemment que les participes présents et passés devenaient des adjectifs verbaux ; et qu'il avait été produit,

AMANT de AMANT *em*, AMAT de AMAT *um*.

La suppression de la terminaison DO, qui caractérisait l'un des gérondifs latins, produisit d'AMAN*do* AMAN, qui conserva le sens originaire.

Voici des exemples des divers infinitifs :

AR : « Son fradra SALV*ar* dist... RETURN*ar* int pois [1].. »

ER, RE : Ni gens de lui non volg TEN*er* s'onor [2].

« TOL*re* volgesses.... N'auses COMBAT*re* [3]. »

IR : MOR*ir* volria e es e gran masant [4].

Participes présents et passés, et gérondifs :

ANT : La pelz li rua ; hec lo cap te TREMBL*ant*....

AT : Cum ella s'auca, cel a del cap POLS*at*....

AN : Cum el es velz, vai s'onor DESCAPT*an* [5]....

---

(1) « Son frère SAUVER doit.... DÉTOURNER en puis. » SERMENT de 842.

(2) « Ni point de lui ne voulut TENIR sa dignité. » POEME sur Boece.

(3) « OTER tu voulusses.... N'osasses COMBATTRE. » ACTES de 960, MS. de Colbert.

(4) MOURIR voudrait et il est en grand trouble....

(5) La peau lui ride, voici que le chef il tient TREMBLANT....
   Comme elle se hausse, le ciel elle a du chef FRAPPÉ.
   Comme il est vieux, va sa dignité EN DIMINUANT.
POEME sur Boece.

INDICATIF.

Présent. Pour désigner la première personne du présent de l'indicatif actif, la langue latine changeait en o la terminaison de ses infinitifs.

La langue romane rejeta l'o, et cette première personne fut ordinairement formée par la simple suppression de la terminaison AR, ER ou RE, et IR, qui caractérisait le présent de ses infinitifs.

Ainsi de PLOR*ar* PLEURER, de FAZ*er* FAIRE, vinrent PLOR et FAZ.

Plor tota dia, faz cosduma d'efant [1].

La seconde personne fut conservée du latin : à l'exemple de la langue latine, toutes les secondes personnes des divers temps et des divers modes furent caractérisées par l's final. Il n'y eut d'autres exceptions que le singulier du prétérit simple de l'indicatif, et le singulier du présent de l'impératif, et ces exceptions existent aussi dans la langue latine.

Pour la troisième personne, le T final des verbes latins fut toujours supprimé, et on put employer aussi la forme caractéristique de la première [2].

Ainsi l'on dit :

De part Boeci lor MANDA tal raczo [3]....

---

[1] « Je PLEURE tout le jour, je FAIS coutume d'enfant. » POEME SUR BOECE.

[2] Quelquefois, à la première ainsi qu'à la troisième personne, l'euphonie permit d'ajouter l'i final, même en supprimant la consonne qui terminait ce temps du verbe.

[3] De la part de Boece leur MANDE telle raison....

Ella smetessma TEN las claus de paradis [1].

La première personne du pluriel fut formée en supprimant la finale US :

AMAM*us* AMAM, TENEM*us* TENEM, HABEM*us* HAVEM :

Nos e molz libres o TROB*ain* legen....
Nos de molz omnes nos o AV*em* veut [2].

La seconde le fut par la soustraction de l'I intérieur de la terminaison latine T*is* : AMAT*is*, AMATS. Toutes les secondes personnes du pluriel des divers modes et des divers temps subirent cette soustraction.

Et la troisième par la suppression du T des Latins, comme d'AMAN*t* AMAN, de TENEN*t* TENEN.

AN des verbes en AR fut quelquefois modifié en EN ou ON, et EN des verbes en ER le fut aussi quelquefois en ON, selon la prononciation des différents pays.

Que zo ESPER*en* que faza a lor talen [3]....

IMPARFAIT. Les verbes dérivés des verbes latins en ARE formèrent leur imparfait par la suppression des désinences, excepté dans les secondes personnes du singulier et du pluriel, l'une n'éprouva aucun changement, et l'autre subit le retranchement de l'I intérieur.

---

(1) Elle même TIENT les clefs du paradis.
(2) Nous en plusieurs livres cela TROUVONS en lisant....
Nous de plusieurs hommes nous cela AVONS vu.
(3) Qui cela ESPÈRENT que je fasse à leur volonté....
POEME sur Boece.

Lat. AMABA*m*, ABAS, ABA*t*, ABAM*us*, ABAT*is*, ABAN*t*.

Par le changement très-ordinaire du B en V,

Rom. -AVA, AVAS, AVA, AVAM, AVATS, AVAN, EN, ON.

Voici des exemples de cet imparfait :

    Molt fort BLASMAVA Boecis sos amigs....
    De sapiencia l'APELLAVEN doctor [1].

Les verbes en ER, RE, et IR, dérivés des latins en ERE ou IRE, adoptèrent la désinence en IA.

Il est vraisemblable que la quatrième conjugaison latine fournit cette désinence; la suppression ordinaire de la fin, et de EB intérieur produisit ce temps de la langue romane.

Lat. AUDI*eba*M, AUDI*eba*S, AUDI*eba*T.

Par le changement fréquent du D en Z,

Rom. AUZIA, AUZIAS, AUZIA.

Lat. AUDI*eba*M*us*, AUDI*eba*T*is*, AUDI*eba*N*t*.

Rom. AUZIAM, AUZIATS, AUZIAN, EN ou ON.

    C'ab damri deu se TEN*ia* forment....
    De tot l'emperi 'l TEN*ien* per senor [2].

PRÉTÉRIT SIMPLE. Ce temps éprouva plus ou moins de modifications selon les différentes conjugaisons des verbes latins, mais ces modifications furent toujours soumises aux règles de l'analogie.

---

(1) Très fort BLAMAIT Boece ses amis....
    De sagesse l'APELLAIENT docteur.

(2) Qu'avec le seigneur Dieu il se TENAIT fortement....
    De tout l'empire le TENAIENT pour seigneur.
                      POEME sur Boece.

Les verbes romans dérivés des verbes latins en ARE, firent ce prétérit en

EI, EIS, ET, EM, ETS, ERON OU EREN.

> Cui tant AM*et* Torquator Mallios....
> No CRED*et* deu lo nostre creator [1].

Plusieurs verbes romans dérivés des verbes latins de la seconde et troisième conjugaison en ERE, et sur-tout des verbes de la quatrième conjugaison en IRE, firent leur prétérit simple en

I, IST I, IM, ITS, IREN OU IRON.

> No t SERV*i* be, no la m VOLGU*ist* laisar....
> Cil li FAL*iren* qu'el solient ajudar [2].

PRÉTÉRIT COMPOSÉ. Il fut formé par le présent du verbe AVER, mis au-devant du participe passé.

> Quant be se dreca, lo cel A PERTUSAT....
> Zo sun bon omne qui AN REDEMS lor peccat [3].

PLUS-QUE-PARFAIT. D'après l'analogie, on employa l'imparfait du verbe AVER devant le même participe.

FUTUR SIMPLE. A la fin du présent de l'infinitif roman fut placé le présent du verbe AVOIR, ou en entier ou par aphérèse,

---

(1) Que tant AIMA Torquator Mallius....
 Il ne CRUT Dieu le nôtre créateur.
(2) Je ne te SERVIS bien, tu ne la me VOULUS laisser....
 Ceux-là lui FAILLIRENT qui avaient coutume de l'aider.
(3) Quand bien se dresse, le ciel elle A PERCÉ....
 Ce sont bons hommes qui ONT RACHETÉ leurs péchés.
 POEME sur Boece.

AMAR AI[1], AS, A, *av*EM, *av*ETS, AN.

SING. 1re p. : Si salvar*ai* eo.... prindr*ai*[2]....
  Ved*arai*... auc*irai*... d*arai*... tolr*ai*... far*ai*[3]...
  2e   Dar*as*[4]... far*as*... comonr*as*... absolver*as*[5]...
  3e   Decebr*a*.... devedar*a*.... tolr*a*... asalir*a*.... recreir*a*[6]....
PL. 1re   Dar*em*.... tolr*em*.... enquerr*em*.... vedar*em*.... ser*em*[7]....
  2e   Commonir*ez*[8]....
  3e   Decebr*an*, ser*an*, torner*an*, tolr*an*, absolver*an*[9].

FUTUR COMPOSÉ. Il fut formé en plaçant le futur simple du verbe AVER devant le participe passé des verbes.

(1) Quelquefois AI se changeait en EI ou E, selon la différence des prononciations.

(2) « Ainsi sauverai-je.... Je prendrai.... » SERMENT de 842. »

(3) « Empêcherai.... Occirai.... Donnerai.... Oterai.... Fairai. » ACTES de 960, MS. de Colbert.

(4) « Tu donneras *. »

(5) « Tu fairas, tu avertiras, tu dispenseras.... »

(6) « Il trompera, prohibera, ôtera, assaillira, lassera.... »

(7) « Nous donnerons, ôterons, enquerrons, prohiberons, serons....

(8) « Vous avertirez. »

(9) « Ils tromperont, seront, retourneront, ôteront, dispenseront. »
ACTES de 960, MS. de Colbert.

(*) Augustus efficitur Justinianus ; qui, nihil moratus, collecto exercitu contra barbaros est profectus, et commissâ pugnâ, fugatisque hostibus, regem se eorum cepisse gavisus est. Quem in solio regni juxtà se sedere fecit, et ut provincias quas Romanis eripuerat, sibi restitueret imperavit. Cui ille, non inquit, dabo. Ad hæc Justinianus responait DARAS. Pro cujus novitate sermonis civitas eo loci constructa est cui DARAS nomen est. AIMOIN, lib. 2, c. 5.

CONDITIONNEL.

Présent. La désinence de l'imparfait du verbe aver fut ajoutée au présent de l'infinitif des verbes.

amar ia, ias, ia, iam, iats, ian, ou ion, ien.

No comprari' om ab mil livras d'argent [1].

« Tolrian ni t'en tolrian [2]. »

Per lui aurien trastus redemcio [3].

La langue romane forma aussi son conditionnel avec le plus-que-parfait latin, et

d' am*a*veram, am*a*veras, am*a*verat, etc.

vinrent amera, ameras, amera, etc.

Futur. Le conditionnel présent du verbe aver, placé devant le participe passé des autres verbes, forma le futur de leur conditionnel.

IMPÉRATIF.

Soit que la seconde personne de l'impératif des Latins eût été formée en retranchant la terminaison re du présent de l'infinitif, soit que ce présent eût été formé lui-même par l'adjonction de re à cette seconde personne, la langue romane, imitant toujours la langue latine, employa assez généralement, pour cette personne de l'impératif, la suppression de l'n final de son infinitif.

---

[1] « N'acheterait on pas avec mille livres d'argent. » Poeme de Boece.
[2] « Oteraient ni t'en ôteraient. » Actes de 960, ms. de Colbert.
[3] « Par lui auraient trèstous redemption. » Poeme sur Boece.

Quelquefois elle retrancha l's final de la seconde personne du présent de l'indicatif.

Les Latins avaient de plus la terminaison ATO, ETO, ITO, pour désigner la seconde personne de l'impératif, et ils n'employaient que cette désinence pour la troisième personne.

Cet exemple dirigea probablement la nouvelle langue, quand elle attribua à cette troisième personne la terminaison de la seconde.

Les trois personnes du pluriel subirent les modifications intérieures ou finales qu'exigeait l'analogie.

SUBJONCTIF.

D'après les mêmes règles, le subjonctif des verbes en AR offrit AM E, ES, E, EM, ETS, EN ou ON, venant d'AM E *m*, ES, E*t*, EM *us*, ET*is*, EN *t*.

3ᵉ PERS. DU PL. De part Boeci, lor manda tal raczo
   Que PASSEN mar garnit de contenco [1].

Celui des verbes en ER ou en IR fut de même formé en A et IA, etc. venant d'A *m*, IA *m*, etc.

1ᵉʳᵉ PERS. Que zo esperen que FAZA a lor talen....
   Non ai que PRENGA ne no posg re donar....
3ᵉ PERS. No potden tan e lor cor cobeetar [2].

(1) De la part de Boece, il leur mande telle raison
   Qu'ils PASSENT la mer munis de guerre.
        POEME sur Boece.

(2) Que cela ils espèrent que je FASSE à leur volonté....
   Je n'ai rien que je PRENNE ni ne puis rien donner....
   Ils ne peuvent tant en leurs cœurs convoiter
        POEME sur Boece.

Qu'ella de tot no vea lor pessar [1].

La formation de l'imparfait du subjonctif offre une circonstance qui mérite d'être remarquée.

L'emploi auxiliaire de l'imparfait de l'indicatif du verbe AVER, placé devant le participe passé, composait le plus-que-parfait de l'indicatif roman.

Le plus-que-parfait latin, modifié à la manière accoutumée, avait servi au conditionnel; d'AMA*v*ERA*m* était venu AMERA, AMERIA, etc.

De semblables moyens furent mis en usage pour le subjonctif.

Le parfait et le plus-que-parfait ayant été formés par l'emploi auxiliaire du présent et de l'imparfait du subjonctif du verbe AVER, placé devant le participe passé, la nouvelle langue fit son imparfait en modifiant le plus-que-parfait latin dont elle ne se servait pas.

L'-AVI du prétérit simple latin avait produit EI; cet EI fut changé en E quand il ne fut plus la finale caractéristique du prétérit simple; cette modification autorisée par la prononciation, avait déja été pratiquée dans les autres personnes du prétérit de l'indicatif.

L'imparfait roman fut ainsi modifié du plus-que-parfait latin.

Lat. AMA*v*IS*sem*, AMA*v*ISSES, AMA*v*IS*set*.
Rom. AMES, AMESSES, AMES.
Lat. AMA*v*ISSEM*us*, AMA*v*ISSET*is*, AMA*v*ISSEN*t*.
Rom. AMESSEM, AMESSETS, AMESSEN ou ESSON.

(1) « Qu'elle de tout ne voie leurs pensers. » Poeme sur Boece.

DE LA LANGUE ROMANE. 75

Les verbes en AR et en ER ou RE firent à l'imparfait du subjonctif ES, ESSES, etc., et les verbes en IR firent IS, ISSES, etc.

2ᵉ PERS.   « Tolre VOLGUESSES 1. »
3ᵉ PERS.   Hanc no fo om ta grant vertut AGUES
            Que sapiencia compenre POGUES....
3ᵉ PERS. PL. CREESSEN Deu qui sostenc passio 2.
3ᵉ PERS.   Hanc no vist omne, ta gran onor AGUES....
            Sos corps ni s'amna miga per ren GUARIS 3.

MODES ET TEMPS DU PASSIF.

Pour former les passifs, la langue romane combina les divers temps et les divers modes des verbes ESSER et ESTAR avec le participe passé de l'autre verbe.

Ce participe, employé comme adjectif verbal, resta soumis aux règles imposées aux autres adjectifs.

Qual sun li auzil qui SUN al T MONTAT?....
D'una donzella FO lainz VISITAZ 4.

---

(1) « Oter tu VOULUSSES. » ACTES de 960, MS. de Colbert.
(2) Oncques ne fut homme, tant grande vertu il EUT
    Qui la sagesse comprendre FUT....
    Qu'ils CRUSSENT Dieu qui soutint passion.
(3) Oncques ne vites homme, tant grande dignité il EUT....
    Que son corps ni son âme mie pour rien GUÉRIT.
(4) Quels sont les oiseaux qui SONT jusqu'au T MONTÉS?....
    D'une demoiselle il FUT là dedans VISITÉ.
                                POEME sur Boece.

On aura remarqué avec un juste étonnnement que les diverses modifications imposées aux temps et aux modes des verbes latins, furent déterminées par des principes non moins réguliers, non moins constants, quoique plus compliqués en apparence, que les modifications caractéristiques des noms substantifs et adjectifs.

Mais peut-on ne pas admirer cette ressource aussi simple qu'ingénieuse, que la langue romane a trouvée et perfectionnée tout-à-coup, cet emploi habile et heureux des deux verbes auxiliaires AVOIR et ÊTRE?

Avec le premier, elle conjugua la plupart des temps de l'actif.

Avec le second, elle conjugua tous ceux du passif.

VERBES AUXILIAIRES AVER, ET ESSER OU ESTAR.

AVER, DU LATIN HABERE.

Ce verbe AVER offre dans la langue romane quelques modifications inusitées.

Je crois nécessaire d'expliquer les plus remarquables.

Tandis qu'HABEM*us*, HABET*is* ont produit AVEM, AVETS, on peut s'étonner que HABEO, HABES, HABET, aient été remplacés par AI, AS, A, et HABUI par AIG, etc., et que la consonne G ait dominé dans plusieurs temps, et notamment dans le participe passé AGUT.

Pour expliquer ces anomalies, j'observerai que les

Goths avaient deux manières d'exprimer AVOIR; c'étaient les verbes HABAN et AIGAN[1].

Le verbe AIGAN faisait au participe présent AIGANDS[2].

La première personne du présent de l'indicatif était au singulier AIH[3], et au pluriel AIGUM[4].

Il est vraisemblable que ces formes du verbe gothique AIGAN ont introduit dans la langue romane, et le présent de l'indicatif AI, AS, A, et les autres temps où le G domine, tels que le parfait de l'indicatif AIG, etc., l'imparfait du subjonctif AGUES, etc., et le participe passé AGUT.

EXEMPLES DE L'EMPLOI ANCIEN DU VERBE AVER, SOIT COMME VERBE ACTIF, SOIT COMME AUXILIAIRE.

INFINITIF. Del fiel Deu no volg AVER amig[5].

---

(1) Dans la langue gothique, le substantif AIGINS signifie L'AVOIR, LA PROPRIÉTÉ :
  Saei ni afquithith allamma AIGINA seinamma.
  Qui non renunciat omni PROPRIO suo
    ULFILAS. LUC, cap. 14, v. 33.
(2) Thanuh naunthanuh ainana sunu AIGANDS liubana sis.
  Tunc adhuc unum filium HABENS carum sibi.
    ULFILAS. MARC. cap. 12, v. 6.
(3) Jah anthara lamba AIH.
  Et alias oves HABEO.
    ULFILAS. JOH. cap. 10, v. 16.
(4) Attan AIGUM Abraham.
  Patrem HABEMUS Abraham.
    ULFILAS. LUC, cap. 3, v. 8.
(5) « Du vrai Dieu il ne voulut AVOIR l'ami. » POEME sur Boece.

Le participe AVENT d'*ha*BENT*em* se trouve dans un passage latin d'un titre de 816 :

« AVENT in longo pertigas quatordice. »
MURATORI, Dissert. 32.

INDICAT. Non AI que prenga ne no posg re donar....
Ab la donzella pois AN molt gran amor....
Quant e la carcer AVIA 'l cor dolent....
De tota Roma l'emperi AIG a mandar....
Coms fo de Roma e AC ta gran valor....
O es eferms o A afan AGUT [1].

« Non AUREI [2].... Non AURA [3].... Non AURAN [4].

CONDIT. Per lui AVRIEN trastut redemcio....
SUBJ. Hanc no fo om ta gran vertut AGUES [5].

ESSER ou ESTAR, D'ESSE ET DE STARE.

Ce verbe ÊTRE si utile, qui, dans toutes les langues, sert de lien pour attacher aux noms leurs qualités ou leurs modifications, qui, lors même qu'il n'est pas ex-

---

(1) Je n'AI que je prenne ni ne puis rien donner....
Avec la demoiselle puis ONT très grande amour....
Quant en la prison il AVAIT le cœur triste....
De toute Rome l'empire j'EUS à commander....
Comte fut de Rome, et il EUT tant grande valeur....
Ou il est infirme, ou il A chagrin EU.
POEME sur Boece.

(2) « Je n'AURAI. » ACTES de 960, MS. de Colbert.
(3) « Il n'AURA. » An 985. HIST. de Languedoc, preuves, t. 2.
(4) « Ils n'AURONT. » ACTES de 960, MS. de Colbert.
(5) Par lui ils AURAIENT trèstous redemption.
Oncques ne fut homme tant grande vertu il EUT.
POEME sur Boece.

primé, n'en est pas moins sous-entendu entre tout substantif et tout adjectif qui se rapportent l'un à l'autre; enfin, ce verbe qui a été nommé le verbe SUBSTANTIF, le verbe PAR EXCELLENCE, parce qu'il pourrait suppléer à l'absence de tous les autres, est lui-même très-irrégulier, ou, pour mieux dire, il n'existe que dans certains temps.

Sans chercher des exemples dans les langues antérieures à la langue latine, et notamment dans la langue grecque, où le verbe εἶναι est irrégulier, examinons la langue latine.

D'abord, il est remarquable que ESSE n'ait point de participe passé.

Si l'on peut regarder SUM, première personne, et ES, seconde personne, comme appartenant originairement au même verbe, et ayant produit ERAM, imparfait, et ERO, futur, il est incontestable que FUI et tous les temps qui se composent de l'adjonction d'ERAM et d'ERO, ont FU pour racine, et qu'ils appartiennent à un verbe de toute autre origine, au verbe latin FUO, emprunté du grec φύω, et servant à désigner l'existence, la naissance, la croissance.

Quand la langue romane a conservé de la latine l'auxiliaire ESSE, elle y a ajouté l'R qui marque le présent de tous les infinitifs romans, soit comme final, soit comme pénultième; caractère qui existait dans les verbes de la langue latine, hors le verbe ESSE et ses composés, et un petit nombre d'autres verbes irréguliers, et qui est général et invariable dans la langue romane, et dans celles qui en ont été la continuation.

Le verbe latin ESSE ne fournissant point de participe passé à la langue romane, celle-ci eut recours à un autre verbe.

De STARE, infinitif latin, elle forma ESTAR, d'où elle tira le participe passé ESTAT.

La langue romane employa concurremment les deux verbes auxiliaires ESSER et ESTAR.

Les divers modes et les divers temps d'ESTAR furent réguliers.

Ceux d'ESSER furent pareillement formés d'après l'analogie, à quelques exceptions près. La plus remarquable fut qu'en formant le futur par l'adjonction du présent de l'indicatif au présent de l'infinitif, ce présent *es*SER perdit les initiales ES, ce qui produisit SER AI, SER AS, SER A.

EXEMPLES DU VERBE ESSER OU ESTAR.

INFINIT.   Tu m fezist e gran riqueza STAR....
INDICAT.   O ES eferms o a afan agut....
             E cum ES velz, donc ESTAI bonament....
             Nos jove omne quandius que nos ESTAM....
             Eps li Satan SON en so mandament....
             Eps li omne qui SUN ultra la mar....
             En cui merce tuit peccador ESTANT[1]....

---

(1) Tu me fis en grande puissance ÊTRE....
     Ou il EST infirme ou il a chagrin eu....
     Et comme il EST vieux, alors il EST bonnement....
     Nous jeunes hommes si long-temps que nous SOMMES....
     Mêmes les Satans SONT en son commandement....
     Mêmes les hommes qui SONT outre la mer....
     En de qui merci tous pécheurs SONT....
                    POEME sur Boece.

DE LA LANGUE ROMANE. 81

INDICAT.   El ERA 'l meler de tota la onor....
De sapiencia no FO trop nuallos....
Enfans, en dies FOREN ome fello.....
Lai FO Boecis e FOREN i soi par [1].

« Vos en SEREI.... Recredent non SERA.... Vos en SEREM.... Lor en SERAN [2]. »

SUBJ.   « En SIA, en SIAN [3].... »
Ja no es obs fox i SSIA alumnaz....
Que el zo pensa vel SIEN amosit [4].

« Que en FOSSEZ [5]. »

L'emploi continu et obligé de ces deux verbes auxiliaires rend très-faciles les conjugaisons de la langue romane. Ils suffisaient à la formation de presque tous les temps ; et, dans ceux mêmes qui semblent conjugués sans leur secours, on peut aisément les discerner encore.

J'ai précédemment observé que le futur de l'indicatif et le présent du conditionnel avaient été formés par l'adjonction du présent de l'indicatif du verbe AVER, ou de la finale de son imparfait, au présent de l'infinitif des verbes.

---

(1) Il ÉTAIT le meilleur de toute la dignité....
De sagesse ne FUT trop négligent....
Enfans, en temps FURENT hommes fellons....
Là FUT Boece, et FURENT y ses pairs.
  POEME sur Boece.

(2) « Je vous en SERAI.... Abandonnant ne SERA.... Vous en SERONS.... Leur en SERONT.... » An 960. Ms. de Colbert.

(3) « En SOIT, en SOIENT.... » An 985. HIST. du Languedoc, PR. t. 2

(4) Jamais n'est besoin que le feu y soit allumé....
Que il cela pense que les voiles SOIENT peints.
  POEME sur Boece.

(5) « Que vous en FUSSIEZ. » ACTES de 960, MS. de Colbert.

6

Cette manière très-remarquable de composer ces temps offre une circonstance qui l'est également, et qui constate toujours plus évidemment l'identité de la langue romane et des autres langues de l'Europe latine.

Dans toutes ces langues, le futur de l'indicatif est formé comme dans la langue romane, ainsi que le démontre le tableau suivant :

FRANÇAIS.	ESPAGNOL.	PORTUGAIS.	ITALIEN.
Aimer ai	amar é	amar ei	amer [1] o
as	as	as	ai
a	a	a	a
av ons	emos	*hav* emos	*habbi* emo
av ez	*hab* eis	*hav* eis	*hav* ete
ont	an	ano	anno

En appliquant le même procédé au verbe ESSER, dont la langue romane et les autres n'ont pris que SER, elles offrent pareillement :

ROMAN.	FRANÇAIS.	ESPAGNOL.	PORTUGAIS.	ITALIEN.
Ser ai	ser ai	ser é	ser ei	sar o
as	as	as	as	ai
a	a	a	a	a
em	ons	emos	emos	emo
ets	ez	eis	eis	ete
an	ont	an	ano	anno

Enfin le verbe HAVER lui-même, dans les cinq langues, compose son futur par ce rapprochement de son infinitif avec le présent de son indicatif :

---

(1) L'ancien italien disait AMAR O et SER O.

ROMAN.	FRANÇAIS.	ESPAGNOL.	PORTUGAIS.	ITALIEN.
Aur ai	aur ai	habr é	haver ei	avr o
as	as	as	as	ai
a	a	a	a	a
em	ons	emos	emos	emo
ets	ez	eis	eis	ete
an	ont	an	ano	anno

On demandera peut-être si l'exemple de quelque langue plus ancienne ne fournit pas à la langue romane le moyen facile d'abréger et de simplifier les règles des conjugaisons, par cet emploi des verbes auxiliaires ÊTRE et AVOIR.

Je répondrai que les langues du nord de l'Europe, dont il nous est parvenu des monuments plus anciens que ceux que nous possédons de l'idiôme roman, faisaient usage d'auxiliaires, soit pour l'actif, soit pour le passif de leurs verbes ordinaires.

Mais plusieurs considérations permettent de douter que l'exemple de ces langues ait influé directement sur l'emploi des auxiliaires AVER et ESSER dans l'idiôme roman.

1° ÊTRE et AVOIR n'étaient pas les seuls auxiliaires dont ces langues se servissent; elles avaient aussi DEVENIR, POUVOIR, VOULOIR, DEVOIR, etc., et quelquefois elles combinaient ensemble deux et même trois de ces auxiliaires; complication de moyens très-éloignée de la simplicité de ceux qu'employa la nouvelle langue.

2° La manière ingénieuse dont elle combina l'emploi de son verbe AVER, pour agir sur les autres verbes et sur lui-même, offre, dans cet auxiliaire, un caractère particulier, qui distingue essentiellement l'usage qu'elle en fit, de l'usage qu'en faisaient les anciennes langues du nord.

3° Enfin nous savons que la langue latine indiquait à la nouvelle langue l'emploi du verbe HABERE comme auxiliaire.

Il est vraisemblable que les exemples de la langue latine suffirent à la nouvelle langue :

EXEMPLES DU VERBE HABERE, EMPLOYÉ COMME AUXILIAIRE DANS LA LANGUE LATINE.

« DOMITAS HABERE libidines. »
Cic. de Orat. I, cap. 43.

« Cum DESTINATUM HABERET mutare testamentum. »
L. TRES TUTORES. D. de Adm. et per. tut.

« De Cæsare satis hoc tempore DICTUM HABEBO. »
Cic. 5 Philip. 28.

« Si HABES jam STATUTUM quid tibi agendum putes. »
Cic. Fam. 4, ep. 2.

Quo pacto me HABUERIS
PRAEPOSITUM amori tuo.
Ter. Hec. act. 4, sc. 2, v. 7.

« Aut nondum eum satis HABES COGNITUM. »
Cic. Fam 13, ep. 17.

.....Quæ nos nostramque adolescentiam
HABENT DESPICATAM.
Ter. Eun. act. 2, sc. 3, v. 91.

« Nimium sæpe EXPERTUM HABEMUS. »
Planc. ad Cic. fam. 10, ep. 24.

Etc. etc.

L'époque de la basse latinité fournit aussi des exemples[1].

(1) Peut-être la plupart de ces locutions étaient-elles en usage,

Quant à l'auxiliaire ESSER, il est évident que la nouvelle langue fut redevable de cette forme grammaticale à la langue latine, qui l'employait dans plusieurs des temps de son passif.

Si les anciennes langues du nord ont aussi fait usage du verbe ÊTRE pour conjuguer leur passif, je remarque qu'elles ont eu une autre manière d'indiquer des modes et des temps de ce passif, sans le secours d'aucun auxiliaire.

Tout permet donc de croire qu'en adoptant les deux verbes AVER et ESSER, pour les employer, comme auxiliaires, à simplifier ses conjugaisons, l'idiôme roman ne fit que s'approprier et rendre plus générales deux formes particulières de la langue latine, qui lui en avait déja fourni tant d'autres.

DU VERBE ANAR EMPLOYÉ AUXILIAIREMENT.

La langue romane fit usage de ce verbe comme auxiliaire, et elle plaça ou devant le participe indécliné en AN dans la langue latine corrompue, par l'effet de la réaction de la langue romane vulgaire sur la langue latine elle-même.

» Te per voluntate parentum tuorum HABUI DESPONSATAM.... Si te DESPON-SATAM HABUISSEM. » FORMUL. MARCULF. lib. 2, n° 16.

« Omnes res quas ipsi monachi HABEBANT cum ipsis chartis DEPORTATAS. » DIPL. Clot. III.

« Multi se complangunt legem non HABERE CONSERVATAM. » An 793. CAPIT. Pipini,

« Ipso theloneo.... Et quomodo suprà memorati reges et imperatores in luminaribus ecclesiæ sancti Victoris vel ei servientibus COLLATUM HABEBANT. » GALL. CHRIST. Eccl. Massil. t. IV, p. 107.

ou en EN, formé par la suppression de la terminaison DO caractéristique de l'un des gérondifs latins, ou devant l'infinitif.

> Cum el es velz, vai s'onors DESCAPTAN....
> Trastota dia vai la mort RECLAMAN....
> Qui tota ora sempre vai CHADEN....
> La mi' amor tta mal van DEPERDEN [1].

DU QUE ENTRE LES VERBES.

La langue grecque, par son ὅτι, avait donné l'exemple d'employer un relatif indéclinable, pour transporter l'action d'un verbe à un autre verbe.

La langue latine employa quelquefois, de la même manière, ses QUOD et QUIA.

Les Goths avaient THATEI[2], et les Francs DHAZS et THAT[3].

---

(1) Comme il est vieux, va son honneur EN DIMINUANT....
  Trèstout le jour il va la mort EN RÉCLAMANT....
  Qui toute heure toujours va EN TOMBANT....
  La mienne amour si mal ils vont EN PERDANT.
          POEME sur Boece.

(2) Quethun THATEI sa ist bi sunjai praufetus.
  Dixerunt QUOD hic est in veritate propheta.
          ULFILAS JOH. cap. 6, v. 14.

(3) Dhanne ist nu chichundit DHAZS fona dhemu almahtigin fater dhurah
  Tunc est nunc probatum QUOD ab illo omnipotente patre ab
  inam ist al unordan.
  illo est omne factum.
    Frag. de TRAD. en francique d'ISID. de Séville. LITT. des Francs, p. 109.
  Than uuitum liudio barn THAT than is san aftar thiu sumer.
  Tunc sciunt hominum filii QUOD tunc est statim post illa æstas.
      PARAPH. FRANCIQ. des Évangil. c. 41. LITT. des Francs, p. 181.

Le QUE indéclinable de la langue romane servit au même usage :

> No cuid QU'e Roma om de so saber fos....
> Que zo esperen QUE faza a lor talen [1].

Et elle le plaçait après les adjectifs employés neutralement avec le verbe ESSER :

> Drez es e bes QUE l'om e Deu s'esper,
> Mas non es bes QUE s fi' e son aver [2].

Quelquefois même ce QUE fut sous-entendu :

> No cuid.... aprob altre dols li demor [3].

Et même avec les noms joints au verbe ESSER :

> Ja no es obs.... fox i ssia alumnaz [4].

PRÉPOSITIONS, ADVERBES, CONJONCTIONS.

La langue romane leur appliqua des modifications semblables à celles qui avaient été appliquées aux autres parties du discours.

Elle plaça quelquefois AD, A, DE, au-devant des prépositions et des adverbes qu'elle empruntait de la langue latine.

Le même mot devint tour-à-tour préposition, adverbe,

---

(1) Je ne pense QUE en Rome homme de son savoir fut....
Qui cela espèrent QUE je fasse à leur volonté.
(2) Droit est et bien QUE l'homme en Dieu se espère,
Mais n'est bien QUE il se fie en son avoir.
(3) Je ne pense qu'auprès autre douleur lui demeure.
(4) Jamais n'est besoin QUE feu y soit alumé.
POEME sur Boece.

ou conjonction, selon qu'il était employé avec un régime, ou d'une manière absolue, ou qu'il était suivi d'un QUE.

PRÉPOSITIONS TROUVÉES DANS LES FRAGMENTS ANTÉRIEURS A L'AN 1000.

A venant d'A*d*, et ayant la même signification :
« T'o atendrai tot A te.... Que A dreit aure ov A merce [1]. »

AB signifiant AVEC :
« AB Ludher nul plaid nunquam prindrai [2]. »
« AB ti et senes ti [3]. »

Ella AB Boeci parlet ta dolzament [4].

PROP*e* produisit PROB, près, APROB, APRÈS :
APROB Mallio lo rei emperador [5].
« Sed ponent illum APRES de Alcaide. »
An 734. ORD. d'Alboacem.

DE signifiant DE, DÈS :
« D'ist di in avant.... DE suo part [6]. »
« Adjutor t'en sere e DE l'adjutor no t'engenare [7]. »
Zo sun tuit omne qui DE joven sun bo [8].

---

(1) « Je te le maintiendrai tout A toi.... Que A droit j'aurai ou A merci. »
Actes de 960, MS. de Colbert.

(2) « AVEC Lothaire aucun traité ne oncques prendrai. » SERMENT de 842.

(3) « AVEC toi et sans toi. » ACTES de 960, MS. de Colbert.

(4) Elle AVEC Boece parla tant doucement.

(5) AUPRÈS de Mallius le roi empereur.
POEME sur Boece.

(6) « DE ce jour en avant.... DE sa part. » SERMENT de 842.

(7) « Aide je t'en serai et DE l'aide je ne te tromperai. » ACTES de 960, MS. de Colbert.

(8) Ce sont tous hommes qui DÈS jeunesse sont bons.
POEME sur Boece.

DAVAN, DEVANT vinrent de DE AB ANTE :

Davan so vis nulz om no s pot celar....
No s pot rascundre nuls om devant so vis [1].

In fournit d'abord sans changement IN, et ensuite EN, et, par la suppression de l'N final, E :

« Et in adjudha et in cadhuna cosa [2]. »

Ki l mort et vius tot a in jutjament....
Fe vos Boeci cadegut en afan....
E te m soli' eu a toz dias fiar [3].

ENTRE dérivé d'INTER :

Ta bo essemple en laiset entre nos [4].

PER signifia PAR et POUR :

PAR : Per lui aurien trastut redemcio....
Anz per eveia lo mesdren e preiso.

POUR : Per zo no 'l volg Boecis a senor [5].

SINES, SENES, SENS, SES, vinrent de SINE :

« Ab ti et senes ti.... E vos atendrei tot senes engan [6]. »

Ses Deu licencia ja no faran torment [7].

---

(1) Devant son regard nul homme ne se peut celer....
Ne se peut cacher nul homme devant son regard.
POEME sur Boece.

(2) « Et en aide et en chacune chose. » SERMENT de 842.

(3) Qui les morts et les vivants tout a en jugement....
Voici Boece tombé en chagrin....
En toi me avais-je coutume à tous jours fier.

(4) Tant bon exemple en laissa entre nous.

(5) Par lui auraient trèstous redemption....
Mais par envie le mirent en prison....
Pour cela ne le voulut Boece à seigneur.
POEME sur Boece.

(6) « Avec toi et sans toi.... Et vous maintiendrai tout sans fraude. » ACTES de 960, MS. de Colbert.

(7) « Sans de Dieu la licence jamais ne fairont tourment. » POEME sur Boece.

SOBRE de SUPER :
>   SOBRE la schapla escrit avia un tei grezesc[1].

ULTRA conserva sa latinité sans modification :
>   Ne eps li omne qui sun ULTRA la mar....
>   Qu'el trametia los breus ULTRA la mar[2].

VERSUS, VERS, en VERS, VAS :
>   Pur l'una fremna qui VERT la terra pent....
>   Et EVERS Deu era tot sos afix....
>   Et EVERS Deu no torna so talant[3].

Dans un titre de 960, on lit :
>   « DE VAS meridie, DE VAS oriente[4]. »

ADVERBES.

Les adverbes furent soumis à deux formes principales :

Par la première, on supprimait les finales des adverbes latins, et quelquefois des lettres et sur-tout des voyelles intérieures :

APROB de PROPE, en y joignant la préposition A :
>   No cuid APROB altre dols li demor[5].

ALTRESI d'ALTER et de SIC, autre même, pareillement :
« In o quid il mi ALTRESI fazet[6]. »

---

(1) SUR le manteau écrit avait un T grec.
(2) Ni même les hommes qui sont OUTRE la mer....
    Qu'il transmettait les lettres OUTRE de la mer.
(3) Pourtant une frange qui VERS la terre pend....
    Et ENVERS Dieu était tout son attachement....
    Et ENVERS Dieu ne tourne sa volonté.
                                POEME sur Boece.
(4) « DEVERS midi, DEVERS orient. » GALL. CHRIST. t. I.
(5) « Je ne pense qu'AUPRÈS une autre douleur lui demeure. » POEME sur Boece.
(6) « En cela que il me PAREILLEMENT faira. » SERM. de 842.

AVAL, de VAL*lis*, vallée, bas :

   Alquant s'en tornen AVAL arrenso [1].

AVANT d'AB ANT*e* :

« D'ist di en AVANT [2]. »

Une charte de 632 porte :

« Quidquid ibidem ABANTEA possidemus. »
DIPL. Chart. t. I, p. 141.

BEN de BEN*e* :

   Qui e la scala ta BEN an lor degras [3].

DEREER vint de RE*t*RO en ajoutant la préposition DE :

   Qui lui laudaven DEREER euz dias antix [4].

DUNC, DONC, de TUNC, par le changement du T en D :

   E DUNC apel la mort ta dolzament....

   E cum es velz, DONC estai bonament [5].

FORS de FOR*i*S :

« FORS quant tu m'en absolveras [6]. »

FORT de FORT*è* :

   Molt FORT blasmava Boecis sos amigs [7].

I d'*i*B*i* fut adverbe de lieu, et devint adverbe pronominal, en y joignant LA et SA d'*il*LA IBI, d'*ip*SA IBI :

   LAI fo Boecis e foren I soi par [8].

---

(1) Quelques-uns s'en retournent A BAS en arrière. POEME sur Boece.
(2) « De ce jour en AVANT. » SERMENT de 842.
(3) Qui en l'échelle tant BIEN ont leurs degrés.
(4) Qui lui louaient DERRIÈRE aux jours antiques.
(5) Et ALORS il appelle la mort si doucement....
   Et lorsqu'il est vieux, ALORS est bonement.
POEME sur Boece.
(6) « HORS quant tu m'en dispenseras. » ACTES de 960, MS. de Colbert.
(7) Beaucoup FORTEMENT blâmait Boece ses amis.
(8) LA fut Boece et furent Y ses pairs.
POEME sur Boece.

Lai o solien las altras leis jutjar,
Lai veng lo reis sa felnia menar [1].

Quelquefois il perdit l'i final :

Aquel qui la non estai fermament [2].

Le pronom démonstratif AQUO, changeant son o en i, devint aussi adverbe pronominal, et signifia ICI, LA :

Per aqui monten cent miri auzello [3].

Inz d'INTus, LA INZ d'illa INTus :

Lo mas o intra inz es gran claritat....
D'una donzella fo la inz visitaz [4].

Ja de jam, avec la négation, signifia NON BIENTÔT, JAMAIS :

Cel no quatra ja per negun torment [5].

Mal de male :

La mi' amor tta mal van deperden [6].

Menz de minus :

Quant menz s'en guarda, no sap mot quant lo sprent [7].

Molt de multùm :

Molt val lo bes que l'om fai e jovent [8].

---

(1) La où ils avaient coutume les autres causes juger,
La vint le roi sa félonie mener.
(2) Celui qui la n'est fermement.
(3) Par ici montent cent mille oisillons.
(4) La demeure où elle entre, au dedans est grande clarté....
D'une demoiselle il fut la dedans visité.
(5) Celui-là ne tombera bientôt par aucun tourment.
(6) La mienne amour tant mal vont en perdant.
(7) Quand moins s'en garde, il ne sait mot quand il le surprend.
(8) Beaucoup vaut le bien que l'homme fait en jeunesse.

Poeme sur Boece.

A ora, à l'heure, à présent :
> Mal ome foren, A ORA sunt pejor [1].

Plus de plus :
> Ella se fez, anz avia PLUS de mil [2].

Pos, pois, de post signifia puis, après :
> Ab la donzella pois an molt gran amor [3].

Satz de satis, et, avec la préposition A, asatz :
> Qual ora s vol, petita s fai ASAT [4].

Sempre, par la transposition d'une lettre, vint de semper :
> Que tota ora SEMPRE vai chaden [5].

Si de sic, ainsi, devint un adverbe d'affirmation, et signifia ASSURÉMENT, CERTAINEMENT :
> « Si o tenra.... Si o tenrai e o atendrai [6]. »
> Fez sos mes segre, si 'ls fez metre en preso [7].

Il signifia aussi PAREILLEMENT, DE MÊME :
> Si cum la nibles cobre 'l jorn lo be ma,
> Si cobre avers lo cor al xristia [8].

---

(1) Mauvais hommes furent, A PRÉSENT ils sont pires.
(2) Elle se fit, mais avait PLUS de mille.
(3) Avec la demoiselle PUIS ils ont très grande amour.
(4) A quelle heure elle veut, petite se fait ASSEZ.
(5) Qui à toute heure TOUJOURS va en tombant.
    POEME sur Boece.
(6) « ASSURÉMENT cela il tiendra.... Oui, cela je tiendrai, et cela j'exécuterai. » ACTES de 960, ms. de Colbert.
(7) Il fit ses messagers suivre, ASSURÉMENT il les fit mettre en prison.
(8) Ainsi comme le brouillard couvre le jour au bon matin,
    DE MÊME couvre richesse le cœur au chrétien.
    POEME sur Boece.

L'adjonction de la préposition A produisit ASI, AISI, AESI :

> No s'es AESI cum anaven dicent [1].

SOZ, DESOZ, vinrent de SUBT*us* :

> DESOZ avia escript un pei grezesc [2].

TAN, TANT de TANT*ùm*, signifia TANT, SI, TELLEMENT :

> TA bo essemple en laiset entre nos....
> Eu lo chastia TA be ab so sermo [3].

Il prend quelquefois le QUE après lui :

> TANT en retenc QUE de tot no fo blos [4].

NE TAN NE QUAM, locution adverbiale, NULLEMENT, RIEN :

> Quant se reguarda, non a NE TAN NE QUANT [5].

TROP, dérivé peut-être de TROP*pus*, mot de la basse latinité, signifiant TROUPEAU, GRANDE QUANTITÉ, TROUPE :

> De sapiencia no fo TROP nuallos [6].

U, o, d'U*bi*, adverbe de lieu, OU :

> Lai o solien las altras leis jutjar [7].

UNQUA, NUNQUA, ANC, furent dérivés de UNQUA*m*, NUNQUA*m* :

> Dis que la bresa, mica NONQUA la te [8]....

---

(1) Non il est AINSI comme ils allaient disant.
(2) DESSOUS avait écrit un P grec.
(3) TANT bon exemple il en laissa entre nous....
    Il l'enseigne TANT bien avec son discours.
(4) TANT il en retint QUE de tout il ne fut dépouillé.
(5) Quand il se regarde, il n'a RIEN.
(6) De sagesse il ne fut pas BEAUCOUP négligent.
(7) Là OU ils avaient coutume les autres causes juger.
(8) Il dit qu'il la prise, mie JAMAIS la tient.

POEME sur Boece.

Pero Boeci ANC no venc e pesat....

HANC no fo om, ta gran vertut agues [1].

La seconde manière de former les adverbes fut très-ingénieuse.

Les Latins employaient, en locution adverbiale, l'ablatif absolu MENTE, qu'ils joignaient à l'adjectif.

Cette locution se trouve dans la plupart des bons auteurs.

« BONA MENTE factum, ideoque palam : MALA, ideoque ex insidiis. »
> QUINTIL. Inst. orat. lib. V, cap. 10.

....Ut longi tœdia belli
MENTE ferant PLACIDA.
> OVID. Met. 13, v. 214.

Tum vero mœstam TOTA Miletida MENTE
Defecisse ferunt.
> OVID. Met. 9, v. 634.

Quale id sit, quod amas, CELERI circumspice MENTE.
> OVID. Remed. amor. 89.

Ultro quin etiam DEVOTA MENTE tuentur.
> CLAUD. de Laud. Stil. lib. I, v. 232.

Etc. etc.

Cette forme grammaticale s'était conservée dans la basse latinité.

« Monasterium puellarum DEVOTA MENTE decrevi fundare... Carmina DEVOTA MENTE canuntur. »
> An 670. DIPL. chart., etc. t. 1.

« Concupiscit INIQUA MENTE. »
> GREG. TUR. de Mir. S. Jul. c. 20.

La langue romane adoptant cette locution adverbiale,

---

[1] Pourtant à Boece ONC ne vint en pensée....
Onc ne fut homme, tant grande vertu il eût.
> POEME sur Boece.

forma la plupart de ses adverbes, en ajoutant à l'adjectif la finale MENT.

EXEMPLES DES ADVERBES ROMANS EN MENT.

« Ne lo l'en decebra ne MALAMENT[1]. »

Le poëme sur Boece offre les adverbes suivants :

BONAMENT, DOLZAMENT, EPSAMENT, FERMAMENT, FOR-MENT, MALAMENT, PERFEITAMENT.

C'est un phénomène grammatical très-remarquable que la manière dont la langue romane opéra, lorsqu'elle eut plusieurs adverbes en MENT à la suite les uns des autres.

Cette finale MENT, au lieu de s'attacher à chaque adjectif, pour lui imprimer le caractère adverbial, ne se place qu'après le dernier, et quelquefois même qu'après le premier.

Et cette forme originale existe non-seulement dans la langue romane, mais encore dans toutes celles qui en ont été la continuation; il est même remarquable que, dans une charte de l'an 651, on trouve :

« VIVA MENTE et SANA et corpore et voluntate liberâ donamus domino. »

DIPL. CHART. n° 127, t. I.

LANGUE ROMANE.

« Parlem abdui planaMEN e suav[2]. »

RAMBAUD DE VAQUEIRAS. Non puesc saber.

« E dix li que, de so que elh disia, mentia aulhMENT e falsa e delialh per la gola[3]. »

---

[1] « Ne le lui en trompera ni MÉCHAMMENT. » ACTE de 960, MS. de Colbert.

[2] « Parlons tous deux francheMENT et douce....

[3] « Et lui dit que, de ce qu'il disait, il mentait vileMENT et fausse.... et déloyale.... Par la gorge. » PHILOMENA, p. 118.

DE LA LANGUE ROMANE.

« Aymo fe o largaMENT et allegra [1]...: Pregar humilMENT e devota [2].... »

LANGUE FRANÇAISE.

Cil chantent hauteMENT e cler.
FABLIAU de la Court de Paradis.

Garins apelle lou paien en plorant;
Il li ait dit souef e belleMENT.
ROMAN de Guillaume au court nez.

Que vos faciez cest jugement
Bien et adroit et leauMENT.
FABLIAU du Bouchier d'Abeville.

LANGUE ESPAGNOLE.

Al rumor que sonava
Del agua que passava,
Se quexava tan dulce y blandaMENTE.
GARCIL. DE VEGA, egloga. I.

« Dorotea que vio quan corta y sutilMENTE estava vestido. »
D. QUIXOT. p. 1, lib. 4, ch. 35.

LANGUE PORTUGAISE.

Alma gentil, que a firme eternidade
Subiste clara e valerosaMENTE.
CAMOENS, Rhythmas, part. I, 229.

« Pelejarão tão valente e denodadaMENTE.
DE SOUZA. Vida de D. Fr. B. dos Martyres, liv. 2, ch. 11.

LANGUE ITALIENNE.

Une lettre de l'académie de LA CRUSCA, adressée à Gilles Ménage, atteste et cette forme grammaticale, et son application à la langue italienne :

(1) « Aymon fit cela généreuseMENT et joyeuse..... » PHILOMENA, p. 66.
(2) « ......MENT et dévote.... » PHILOMENA, p. 132.

« Lo cavaliere fece la demanda sua ad Alessandro umile e dolcemente. »

Novelle Antiche, n° 3.

Cette forme est remarquable lorsque des traducteurs s'en servent pour rendre plusieurs adjectifs de la langue originale. Ainsi La Casa, dans sa traduction des Offices de Cicéron, rend ce passage :

« Placidè tranquillèque fruerentur »

Cic. de Off. lib. 3.

par ces mots :

« Tranquilla e pacifica mente godere. »

CONJONCTIONS ET NÉGATIONS.

D'et latin vinrent et, e romans.

Cette suppression du t se trouve dans des monuments très-anciens.

Alboacem, fils de Mahomet Alhamar, fils de Tarif, régnait à Coimbre en l'an 734 : il publia en latin une ordonnance dans laquelle se trouvent plusieurs indices de la langue romane, et, entre autres, l'e pour l'et.

« Quoniam nos constituit Allah Illalah super gentem Nazarat e fecit me dominatorem Colimb.... Monasterium de Montanis qui dicitur Laurbano non peche nullo pesante, quoniam bona intentione monstrant mihi loca de suis venatis, e faciunt Sarracenis bona acolhenza. »

Historias de Idacio, p. 88 et 89.

« Vos o tendrei e vos o atendrei tot senes engan.... Tu m'en comonras e del comoniment no m'en vedarei.... E si o tendrai e si o atendrai a ti 1. »

---

(1) « Vous le tiendrai et vous le maintiendrai tout sans tromperie... Tu m'en

DE LA LANGUE ROMANE.

E cum sun vell, esdevenen fello
E fan perjuris E grans traicios [1].

D'AU*t* latin, par la suppression du T final, vint AU, que la nouvelle langue écrivit O, OU :

« Qui la l tolra o la l devedara, li tolran o la l devedaran.... Qui las te tod ou las te tola [2]. »

L'om ve u ome quaitiu e dolent ;
O es malaptes o altre pres lo ten,
O es eferms o a afan agut [3].

NON, NEC, fournirent NON, NUN, NO, NE, NI :

« Si jo returnar NON l'int pois, NE jo NE neuls cui eo returnar int pois, in nulla ajudha contra Lodhuwig NUN li iver [4].

« No'l vos tolrem NI vos en tolrem.... No l'en tolra NE no las li devedara, NE no l'en decebra.... NON aure NE NON tenre [5].

---

avertiras ET de l'avertissement je ne me défendrai.... ET assurément je le tiendrai, ET assurément je le maintiendrai à toi. » ACTES de 960, MS. de Colbert.

(1) ET lorsqu'ils sont vieux, ils deviennent fellons
Et font parjures ET grandes trahisons.
POEME sur Boece.

(2) « Qui la lui ôtera ou la lui défendra ; lui ôteront ou la lui défendront.... Qui te les ôte ou te les veuille ôter. » ACTES de 960, MS. de Colbert.

(3) L'on voit un homme chétif et dolent ;
Ou il est malade ou autre chose pris le tient,
Ou il est infirme ou il a chagrin eu.
POEME sur Boece.

(4) « Si je détourner NE l'en puis, NI moi NI aucun que je détourner en puisse, en nulle aide contre Louis NON lui irai. » SERMENT de 842.

(5) « NON le vous ôterons NI vous en ôterons.... NON l'en ôtera NI NE les lui prohibera, NI NE l'en trompera.... NON aurai NI NE tiendrai. » ACTES de 960, MS. de Colbert.

Que tant i pessa qu'el al no fara ja....
Non a aver ni amic ni parent¹.

Aux négations ordinaires, la langue romane joignit des négations explétives. Voici celles qui se trouvent dans les pièces de l'époque qui fournit mes exemples.

Mica, miga, mia, du latin mica, en français mie :

L'om l'a al ma, miga no l'a al ser....
Quant o fait, mica no s'en repent².

Gens, ges du latin gens, dans le sens de personne, de quelqu'un.

Ni gens de lui no volg tenir s'onor....
D'aur no sun ges, mas nuallor no sun³.

Res, ren, du latin res, rem, signifiant quelque chose :

Quan se reguarda, pero res no l rema⁴.

On verra, dans la suite de cet ouvrage, les autres négations explétives dont la langue romane fit usage.

Mais, mas, mes, vinrent de magis latin, en ôtant le g et l'i, ou seulement le g :

Dres es e bes que l'om e deu s'esper,
Mas no es bes que s fi' e son aver⁵....

---

(1) Que tant y pense que lui autre chose ne faira jamais....
Non a avoir ni ami ni parent.

(2) L'on l'a au matin, mie ne l'a au soir....
Quand cela il fait, mie ne s'en repent.

(3) Ni nullement de lui ne voulut tenir sa dignité....
D'or ne sont nullement, mais moins valants ne sont.

(4) Quant il se regarde pourtant rien ne lui reste.

(5) Droit est et bien que l'homme en Dieu espère,
Mais non est bien qu'il se fie en son avoir.

Poeme sur Boece.

MAS quan es joves et a onor molt grant....
MAS d'una causa u nom avia gensor 1.

ANZ, que le français rendit par AINZ, dans le sens de MAIS, vint d'ANTE, signifiant AU CONTRAIRE :

ANZ per eveia lo mesdren e preiso 2.

QUANT, QUAN furent dérivés de QUANDO :

« E t'o atendrei tot, fors QUANT tu m'en absolveras 3. »

QUANT be se dreca, lo cel a pertusat....
QUAN ve a l'ora qu'el corps li vai franen 4.

De CUM latin, CUM, COM fut employé quelquefois sans changement dans le sens de LORSQUE :

Molt val lo bes que l'om fai e jovent,
COM el es vels, qui pois lo soste...
E CUM es velz, donc estai bonament 5.

CUM, dans la langue romane, eut aussi l'acception de COMME, et il fut vraisemblablement dérivé de QUOModo.

La inz contava del temporal CUM es,
De sol e luna, cel e terra, mar, CUM es....
No s' es aesi CUM anaven dicent 6.

(1) MAIS quand il est jeune et a honneur très-grand....
MAIS, par une raison, un nom il avait plus agréable.
(2) AINZ par envie le mirent en prison.
POEME sur Boece.
(3) « Et je te le acquitterai tout, hors QUAND tu m'en dispenseras. » ACTES de 960, MS. de Colbert.
(4) QUAND elle bien se dresse, le ciel elle a percé.
QUAND il vient à l'heure que le corps lui va en se brisant.
(5) Beaucoup vaut le bien que l'homme fait en jeunesse,
(QUAND il est vieux) qui puis le soutient.
Et QUAND il est vieux, alors il est bonement.
(6) Là dedans il contait du temporel COMME il est,
Du soleil et de la lune, du ciel et de la terre, mer, COMME est....
Non il est ainsi COMME ils allaient disant.
POEME sur Boece.

De sic quomodo ou de sicut vint sicum, pour de même que :

« Sicum om per dreit son fradre salvar dist [1]. »
Sicum la nibles cobr' el jorn lo be ma [2].

Tanquan de tantum quantum, ou de tanquam, signifia tant que, etc.

Qui nos soste tanquan per terra annam [3].

Si, se de si latin :

« Si jo returnar no l'int pois [4]. »
Que us non o preza si s trada son parent [5].

Pero signifia pour cela, pourtant :
Pero Boecis trastuz los en desment [6].

Pur tan que fut aussi employé dans le sens de pourvu que :

Per cui salves m'esper, pur tan qu'ell clamam [7].

Quand je rassemble les principales formes qui déjà constituaient la langue romane à l'époque reculée dont j'emprunte mes exemples, je ne dois pas omettre l'usage des élisions écrites; c'est l'un des caractères de la langue romane que de marquer, comme les Grecs, par la sup-

---

(1) « Ainsi que on, par droit, son frère sauver doit. » Serment de 842.
(2) De même que le brouillard couvre le jour le bon matin....
(3) Qui nous soutient tant que par terre nous allons.
       Poème sur Boece.
(4) « Si je détourner ne l'en puis. » Serment de 842.
(5) Que l'un ne cela prise s'il livre son parent.
(6) Pourtant Boece trèstous les en dément.
(7) Par qui sauvé m'espère pourvu que lui nous appelons.
       Poème sur Boece.

pression des voyelles, les élisions qu'elles subissaient les unes avec les autres.

Quand l'élision porte sur la voyelle qui termine le mot, elle s'appelle APOCOPE.

Quand elle porte sur la voyelle qui le commence, elle s'appelle APHÉRESE.

On trouve l'apocope dans le serment de 842 :

D'ist di	est employé pour	DE ist di
Retornar l'int,		LO int.

Dans les actes de 960 :

M'en commonras,	ME en.
T'en sere.... ni t'en tolrei,	TI en.... TE en.

Dans le poeme sur Boece :

D'aur non sun,	DE aur.
Vai s'onors,	SA onors.
Etc. etc.	

L'aphérèse se trouve dans les titres de 960 :

No 'L vos tolrem, no 'L te vedarei,	pour	NO EL VOS, NO EL te.
No 'LS tolran,		NO ELS tolran.

Dans le poeme sur Boece :

L'om no 'l laiset,	NO EL.
Bella 's la domna ;	bella ES.

Quelquefois la voyelle finale disparaît, sans qu'il y ait élision, le mot suivant commençant par une consonne :

ACTES DE 960.	Qui la L devedara,	pour	LI.
POEME SUR BOECE.	Tu M fezist,		ME.
	Que s fi' e son aver,		SE.
	Etc. etc.		

Enfin, par syncope, la langue romane supprima souvent des consonnes finales ou intérieures, sur-tout les N.

Le poème sur Boece en offre beaucoup d'exemples :

E la carcer,	pour	EN,
Anc no vist U,		UN.
Per NEGU torment,		NEGUN.
TA mala fe,		TAN.
EVERS Deu, EFERMS,		ENVERS, ENFERMS.

Je pourrais rassembler encore quelques formes, quelques locutions de la langue romane, éparses dans les monuments qui ont fourni mes observations et les exemples cités[1]. Mais je renvoie ces détails à la grammaire même de la langue.

J'ai indiqué ses principaux caractères, ses formes essentielles. Je suis loin de croire que le nouvel idiôme ait été produit, dégrossi, et régularisé tout-à-coup. En présentant cet ensemble grammatical, j'ai rapproché et réuni, sous un seul point de vue, les résultats progressifs du long usage des peuples.

J'ose dire que l'esprit philosophique, consulté sur le choix des moyens qui devaient épargner à l'ignorance beaucoup d'études pénibles et fastidieuses, n'eût pas été aussi heureux que l'ignorance elle-même ; il est vrai qu'elle avait deux grands maîtres : la NÉCESSITÉ et le TEMPS.

La langue romane est peut-être la seule à la formation de laquelle il soit permis de remonter ainsi, pour décou-

---

[1] Telles que les signes de comparaison, les verbes employés d'une manière impersonnelle, les doubles négations, etc.

vrir et expliquer le secret de son industrieux mécanisme : J'ai mis à cette recherche autant de patience que de franchise ; et, dans le cours de mes investigations grammaticales, j'ai eu souvent occasion de reconnaître la vérité de l'axiôme : Non, quia difficilia sunt, non audemus ; sed, quia non audemus, difficilia sunt.

En considérant à quelle époque d'ignorance et de barbarie s'est formé et perfectionné ce nouvel idiôme, d'après des principes indiqués seulement par l'analogie et l'euphonie, on se dira peut-être, comme je me le suis dit : L'homme porte en soi-même les principes d'une logique naturelle, d'un instinct régulateur, que nous admirons quelquefois dans les enfants. Oui, la providence nous a dotés de la faculté indestructible et des moyens ingénieux d'exprimer, de communiquer, d'éterniser par la parole, et par les signes permanents où elle se reproduit, cette pensée qui est l'un de nos plus beaux attributs, et qui nous distingue si éminemment et si avantageusement dans l'ordre de la création.

FIN DES RECHERCHES SUR L'ORIGINE ET LA FORMATION
DE LA LANGUE ROMANE.

GRAMMAIRE
DE
LA LANGUE ROMANE.

GRAMMAIRE

DE

LA LANGUE ROMANE.

Les règles de la grammaire romane sont classées dans l'ordre établi pour en présenter les éléments. Il serait donc superflu de répéter la plupart des observations déja faites.

D'ailleurs j'expose les principes de cette langue, non pour instruire des personnes qui auraient à la parler, mais pour faciliter l'intelligence des ouvrages romans à celles qui voudront les étudier et les comprendre.

Les connaissances que je dois supposer à ces personnes me dispensent de leur rappeler les definitions et les préceptes qui se trouvent dans toutes les grammaires.

Des exemples justifieront constamment l'indication des règles.

Ces exemples seront pris ordinairement dans les écrits, soit en prose, soit en vers, dont les auteurs auront vécu avant la fin du XIIe siècle.

CHAPITRE PREMIER.

ARTICLES.

MASCULIN.		FÉMININ.	
SING. el, elh, lo,	*le*,	la, il, ill, ilh,	*la*
del, de lo,	*du*,	de la,	*de la*
al, el, a lo,	*au*	a la	*à la*
PLUR. els, elhs, los, li, il, ill,	*les*,	las,	*les*
dels, des, de los, de li,	*des*,	de las,	*des*
als, as, a los, a li,	*aux*,	a las,	*aux*

Voici des exemples de l'emploi de ces différents articles, soit comme sujets, soit comme régimes directs ou indirects.

Sing. masc. EL, ELH, LO, *le*, sujet.

EL pan fo cautz, EL vin fon bos [1].
COMTE DE POITIERS : En Alvernhe.

« ELH diable gardec lo de mort [2]. »
PHILOMENA, fol. 60.

Tot LO joy del mon es nostre,
Dompna, s'amduy nos amam [3].
COMTE DE POITIERS : Farai chansoneta.

---

(1) LE pain fut chaud, LE vin fut bon.
(2) « LE diable le sauva de la mort. »
(3) Tout LE bonheur du monde est nôtre,
    Dame, si tous les deux nous nous aimons.

Sing. masc. EL, LO, *le*, régimes directs.

Peire, LO dormir e 'L sojorn
Am mais qu'EL rossignol auzir [1].
BERNARD DE VENTADOUR : Amics.

Sing. masc. DEL, DE LO, *du*, AL, EL, A LO, *au*,
régimes indirects.

Chantars no pot gaire valer,
Si d'ins DEL cor no mov lo chans;
Ni chans no pot DEL cor mover,
Si no y es fin amors coraus [2].
BERN. DE VENTADOUR : Chantars.

Juli Cesar conquis la senhoria
DE tot LO mon, tan cum ten ni garanda [3].
ARNAUD DE MARUEIL : Aissi com cel.

« Lo creator DE tot LO mon [4]. »
PHILOMENA, fol. 94.

EL capitoli, lendema AL dia clar [5].
POEME SUR BOECE.

Metge querrai AL mieu albir [6].
COMTE DE POITIERS : Farai.

---

(1)   Pierre, LE dormir et LE repos
      J'aime plus que LE rossignol ouïr.
(2)   Chanter ne peut gueres valoir,
      Si de dedans DU cœur ne meut le chant;
      Et chant ne peut DU cœur mouvoir,
      Si n'y est délicat amour affectueux.
(3)   Jules César conquit la seigneurie
      De tout LE monde, autant comme il tient et renferme.
(4)   « Le créateur DE tout LE monde. »
(5)   Au Capitole, le lendemain AU jour clair.
(6)   Médecin je chercherai AU mien chagrin.

Amicx, ben leu deman morras ;
E doncx, pos seras mes EL vas,
Aver pueis que te faria [1] ?
>> RAMBAUD D'ORANGE : Nueg e jorn.

Qu'A tot LO mon s'en fez, qui 'n vol ver dir,
Als us doptar, et als altres grazir [2].
>> GAUCELM FAIDIT : Forz chausa.

Plur. masc. ELS, ELHS, LOS, LI, ILL, IL, *les*, sujets.

ELS riu son clar de sobre los sablos [3].
>> BERN. DE VENTADOUR : Belh Monruel.

« ELHS Sarrasis fugiro tota la nueyt [4]. »
>> PHILOMENA, fol. 54.

Vers es que LOS cors son essems
E ja no s partiran nulh temps [5].
>> ARNAUD DE MARUEIL : Dona sel que.

« Quascuna de las parts partic se, LOS crestias gausens,
ELHS Sarrasis dolens [6]. »
>> PHILOMENA, fol. 74.

Car LI ris e LI joc
An lur temps e lur loc [7].
>> ARNAUD DE MARUEIL : Rasos es.

---

(1) Ami, peut-être demain tu mourras ;
Et donc, après que tu seras mis AU tombeau,
Richesse puis que te fairait ?

(2) Qu'A tout LE monde il s'en fit, qui en veut vrai dire,
AUX uns craindre et AUX autres agréer.

(3) LES ruisseaux sont clairs sur le sable.

(4) « LES Sarrasins fuirent toute la nuit. »

(5) Vrai est que LES cœurs sont ensemble
Et jamais ne se sépareront en nul temps.

(6) « Chacune des parties sépara soi, LES chrétiens contents, LES Sarrasins dolents. »

(7) Car LES ris et LES jeux
Ont leur temps et leur lieu.

ARTICLES.

Aras non sai cum s'anara de me,
Tant son LI mal gran e petit LI be [1].
    CADENET: Ben volgra.

E ILL ram son cubert de fuoilha [2].
    BERN. DE VENTADOUR: Bel m'es quan.

Abans que IL blanc puoi sion vert [3].
    P. D'AUVERGNE: Abans que.

Plur. masc. ELS, LOS, ILL, LI, *les*, régimes directs.

C'aissi s conven c'om los essai
Ab ira 'LS us, autres ab jai,
Ab mal LOS mals, ab be LOS bos [4].
    PIERRE ROGIERS: Senher Raimbaut.

« Vedia que tolt LOS sujets [5]. »
    ACTE DE 1025. HIST. du Languedoc, PR. t. 2.

E mantenrai LOS frevols contra 'LS fortz [6].
    RAMBAUD DE VAQUEIRAS: Ges sitot.

ILL crozat vau reptan [7].
    BERTRAND DE BORN: Ara sai.

Paguesan LI fameiant e LI errant endreycesan [8].
    LA NOBLA LEYCON.

---

(1) Maintenant je ne sais comme il s'en ira de moi,
 Tant sont LES maux grands et petits LES biens.
(2) Et LES rameaux sont couverts de feuille.
(3) Avant que LES blancs sommets soient verts.
(4) Qu'ainsi il convient qu'on les éprouve
 Avec tristesse LES uns, autres avec joie,
 Avec mal LES mauvais, avec bien LES bons.
(5) « Empêche que enlève LES sujets. »
(6) Et je maintiendrai LES faibles contre LES forts.
(7) LES croisés je vais accusant.
(8) Nourrissent LES affamés et LES errants dirigeassent.

Plur. masc. DELS, DES, DE LOS, DE LI, *des*, rég. indir.
ALS, AS, A LOS, A LI, *aux*.

> L'esser e la maniera
> DELS avols e DELS bos,
> DELS malvatz e DELS pros [1].
>> ARNAUD DE MARUEIL: Rasos es.

> El dolz chanz DES ausels per broill
> M'adolza lo cor e m reve [2].
>> BERN. DE VENTADOUR: Quan par la flors.

> E m platz quan la treva es fraicha
> DES Esterlis e DELS Tornes [3].
>> BERTRAND DE BORN: Guerra e treball.

> Doncs sai eu ben que mi dons ten las claus
> DE totz LOS bes qu'ieu aten ni esper [4].
>> BERENGER DE PALASOL: Tan m'abelis.

> E aurian la victoria DE LI nostre enemics [5].
>> LA NOBLA LEYÇON.

> Lausenjador fan encombriers
> ALS cortes et ALS dreituriers [6].
>> RAMBAUD D'ORANGE: Als durs.

---

(1) L'être et la manière
  DES vils et DES bons,
  DES mauvais et DES preux.

(2) Le doux chant DES oiseaux par bois
  M'adoucit le cœur et me ranime.

(3) Et me plait quand la treve est rompue
  DES Sterlings et DES Tournois.

(4) Donc sai je bien que ma dame tient les clefs
  DE tous LES biens que j'attends et espère.

(5) Et aurions la victoire DE LES nôtres ennemis.

(6) Medisants font obstacles
  AUX courtois et AUX sincères.

ARTICLES.

A vos volgra mostrar lo mal qu'ieu sen
E AS autres celar et escondire 1.
>   FOLQUET DE MARSEILLE : Amors merces.

Na Johana d'Est agensa
A tos LOS pros ses falhensa 2.
>   BERN. DE VENTADOUR : En aquest.

E en Orient aparec una stella A LI trei baron...
E dis A LI apostol que bategesan la gent 3.
>   LA NOBLA LEYÇON.

Singulier fém. LA, IL, ILH, ILL, *la*, sujet.

Qu'eissament trembli de paor
Com fa LA fuelha contra 'l ven 4.
>   BERN. DE VENTADOUR : Non es meraveilla.

Domna, IL genser de las gensors 5.
>   BLACASSET : Ben volgra.

S'ILH voluntatz non es engaus 6.
>   BERN. DE VENTADOUR : Chantars no pot.

Apodera, domna, vostra beutatz
E LA valor, e 'l prez, e ILL cortesia,
Al meu semblan, totas cellas del mon 7.
>   GAUCELM FAIDIT : Tot atressi.

(1)   A vous je voudrais montrer le mal que je sens
      Et AUX autres celer et cacher.
(2)   Dame Jeanne d'Est plaît
      A tous LES preux sans manquement.
(3)   Et en Orient apparut une étoile A LES trois princes....
      Et dit A LES apôtres qu'ils baptisassent la gent.
(4)   Que pareillement je tremble de peur
      Comme fait LA feuille contre le vent.
(5)   Dame, LA plus gente des plus gentes.
(6)   Si LA volonté n'est égale.
(7)   Surpasse, Dame, votre beauté
      Et LA valeur, et LE prix, et LA courtoisie,
      Au mien avis, toutes celles du monde.

8.

Singulier féminin : LA, *la*, régime direct.

E am del mon LA bellazor
Domna, e LA plus prezada [1].
RAMBAUD D'ORANGE : Mon chant.

Am LA meillor dona qu'ieu sai
E LA plus bela qu'anc dieus fe [2].
PONS DE LA GARDE : Ben es dreitz.

Sing. fém. DE LA, *de la*, A LA, *à la*, rég. indirects.

Tant soi aprochatz DE LA fi [3].
COMTE DE POITIERS : Pus de chantar.

Chanso, vai t'en A LA melhor [4].
ARNAUD DE MARUEIL : A guiza.

A LA mort no s pot escremir
Reis, ni coms, ni ducx, ni marqis [5].
P. D'AUVERGNE : Cui bon vers.

Pluriel féminin. LAS, *les*, sujet.

LAS donas eyssamens
An pretz diversamens;
LAS unas de beleza,
LAS autras de proeza [6].
ARNAUD DE MARUEIL : Rasos es.

(1) Et j'aime du monde LA plus belle
     Dame, et LA plus prisée.
(2) J'aime LA meilleure dame que je sache
     Et LA plus belle qu'oncques Dieu fit.
(3) Tant suis approché DE LA fin.
(4) Chanson va-t'en A LA meilleure.
(5) A LA mort ne se peut dérober
     Roi, ni comte, ni duc, ni marquis.
(6) LES dames pareillement

ARTICLES.

Pluriel féminin : LAS, *les*, régime direct.

Si sen d'amor LAS trebalhas ni 'ls maus [1].
>ARNAUD DE MARUEIL : La cortezia.

Qui fai LAS flors espandir per la planha [2].
>PONS DE CAPDUEIL : Leials amors.

Plur. fém. DE LAS, *des*, A LAS, *aux*, rég. indirects.

Dona, no us puesc lo sente dir
De las penas ne del martir [3].
>ARNAUD DE MARUEIL : Dona genser.

DE LAS donas me desesper;
Jamais en lor no m fiarai [4].
>BERN. DE VENTADOUR : Quan vei la laudeta.

Belha domna, de cor y entendia
Dieus, quan formet vostre cors amoros;
E par y be A LAS belhas faissos [5].
>GIRAUD LE ROUX : Ara sabrai.

« La tenc A LAS fons e fo son payri [6]. »
>PHILOMENA, fol. 103.

Ont prix diversement;
Les unes de beauté
Les autres de vertu.

(1) S'il sent d'amour LES angoisses et LES maux.
(2) Qui fait LES fleurs épanouir par la plaine.
(3) Dame, je ne vous puis le centième dire
Des peines ni du martyre.
(4) Des dames je désespère;
Jamais en elles ne me fierai.
(5) Belle dame, de cœur s'y appliquait
Dieu, quand il forma votre corps amoureux;
Et paraît y bien AUX belles formes.
(6) « Il la tint AUX fonts et fut son parrain. »

Les noms propres ne prennent point l'article.

> Per zo no 'l volg Boecis a senor [1].
> POEME sur Boece.

« E Karles Maines dix : Adonques aissi sia, si a Thomas platz et a totz [2]. »
PHILOMENA, fol. 5.

> Eissamen m'es per semblansa
> Com de Peleus la lansa,
> Que del seu colp no podi' hom garir,
> Si autra vez no s'en fezes ferir [3].
> BERN. DE VENTADOUR : Ab joi.

Souvent l'article n'est pas mis devant les substantifs romans.

« E Karles, quant o hac ausit, fe gracias a Dieu e lauzors [4]. »
PHILOMENA, fol. 19.

Et sur-tout en poésie :

> Ieu conosc ben sen e folhor
> E conosc anta et honor
> Et ai ardimen e paor [5].
> COMTE DE POITIERS : Ben vuelh.

---

(1) Pour cela ne le voulut Boece à seigneur.

(2) « Et Charlemagne dit : Donc ainsi soit, si à Thomas plait et à tous. »

(3) Pareillement il m'est par similitude
Ainsi que d'Achille la lance,
Car de son coup ne pouvait homme guérir,
Si une autre fois ne s'en faisait férir.

(4) « Et Charles, quand cela eut oui, rendit graces à Dieu et louanges. »

(5) Je connais bien sens et folie
Et connais honte et honneur
Et ai audace et peur.

> Pros domna conoissens,
> En cui es pretz e sens
> E beutatz fin' e pura
> Que natura y mes [1].
>
> ARNAUD DE MARUEIL: Franquez' e noirimens.

Parfois la suppression de l'article a pareillement lieu après les prépositions.

> Paratge d'auta gen,
> Poder d'aur ni d'argen
> No us daran ja bon pretz,
> Si ric cor non avetz [2].
>
> ARNAUD DE MARUEIL: Rasos es.

> Si no m baiza 'n cambr' o sotz ram [3].
>
> COMTE DE POITIERS: Farai chansoñetta.

L'article qui précède la plupart des noms substantifs est aussi placé au-devant de la plupart des autres noms qui sont employés substantivement.

Il sert ordinairement à distinguer les genres, les nombres, et quelquefois le sujet, le régime.

Quelquefois, devant plusieurs substantifs exprimant des noms propres, génériques, qualificatifs, etc., la langue romane, au lieu d'indiquer par l'article DEL, DE LA, etc.,

---

(1)   Généreuse dame savante,
       En qui est prix et sens
       Et beauté fine et pure
       Que nature y mit.

(2)   Parenté de haute gent,
       Pouvoir d'or ni d'argent
       Ne vous donneront jamais bon prix,
       Si noble cœur vous n'avez.

(3)   Si elle ne m'embrasse en chambre ou sous feuillage.

un rapport de génitif, supprima non seulement le signe de l'article, mais encore la préposition DE.

> Morrai pel cap.... Sanh Gregori [1].
> COMTE DE POITIERS : Farai chansoneta.

> Lo servici.... nostre seignor [2].
> P. D'AUVERGNE : Bella m'es.

Cette forme, qui n'est qu'une exception à la règle générale, se trouve dans le serment de 842 : PRO.... DEO AMUR [3], et l'inversion qui, dans cet exemple, place le génitif DEO ou DEU avant le substantif qui le gouverne, est restée en usage dans la langue romane.

> Pro.... Deu amor, ben savez veramen [4].
> FOLQUET DE MARSEILLE : Pro Deu amor.

La plupart des voyelles finales ou initiales des articles s'élident souvent; comme :

l'	pour	lo, la
'l, 'lh, 'll	pour	el, elh, il, ilh, ill
'ls, 'lhs	pour	els, elhs, etc. etc.

L'H ajouté aux articles ou aux pronoms personnels et démonstratifs ne change en rien leur nature. Ainsi on trouve :

elh, elhs, ilh, elha, elhas pour el, els, il, ela, elas.
etc.   etc.

Et de même avec les prépositions DE et AD.

(1)   Je mourrai par le chef (DE) saint Grégoire.
(2)   Le service (DE) notre Seigneur.
(3)   « Pour (DE) Dieu l'amour. »
(4)   Pour (DE) Dieu l'amour, bien savez vraiement.

CHAPITRE II.

SUBSTANTIFS.

Les noms doivent être considérés sous les rapports du genre, du nombre, et du cas.

La langue romane admet seulement les GENRES masculin et féminin, que l'article, la terminaison, font ordinairement reconnaître.

Elle admet deux NOMBRES : le singulier et le pluriel ; ils sont de même indiqués ordinairement par l'article, par la terminaison.

Le CAS fut ainsi nommé à cause du signe final distinguant les sujets et les régimes dans les langues qui terminent leurs noms par une variété de désinences ou chûtes, CAS*us*. Quelques grammairiens ont prétendu que, dans les langues modernes qui n'attachent point à leurs noms cette variété de désinences caractéristiques soit des sujets soit des régimes, il n'existait point de cas.

Quoique je préfère d'employer les expressions de SUJET et de RÉGIME DIRECT OU INDIRECT, je me conforme quelquefois à l'usage, en me servant du mot de CAS, pour rendre mes idées plus sensibles, sur-tout quand j'établis des rapports avec les cas des langues qui ont des désinences caractéristiques.

Presque tous les substantifs romans ayant été formés par la suppression de ces désinences qui marquaient les cas des substantifs latins, il serait aussi long que fastidieux de présenter ici le tableau de toutes les terminaisons des différents substantifs romans, soit masculins, soit féminins. Ces détails minutieux et compliqués appartiennent au dictionnaire de la langue : il contiendra la classification des désinences très-nombreuses et très-variées qui indiquent les noms substantifs ou adjectifs; ces noms sont faciles à reconnaître soit à l'article ou aux prépositions qui les précèdent, soit au signe qui, dans la langue romane, distingue les sujets des régimes.

On a vu précédemment de quelle manière se faisait cette distinction caractéristique; de nouvelles observations et de nouveaux exemples confirmeront la règle, et offriront quelques détails nécessaires.

Au singulier, l's final attaché à tous les substantifs masculins et à la plupart des substantifs féminins qui ne se terminent point en A, désigne qu'ils sont employés comme sujets, c'est-à-dire qu'ils remplissent la fonction du nominatif ou du vocatif; et l'absence de l's désigne le régime direct ou indirect, c'est-à-dire que ces noms remplissent une fonction de génitif, de datif, d'accusatif, ou d'ablatif.

Au pluriel, les nominatifs et les vocatifs de ces noms, c'est-à-dire les sujets, ne reçoivent pas l's; mais il s'attache aux génitifs, datifs, accusatifs, et ablatifs, c'est-à-dire aux régimes directs ou indirects.

Les régimes indirects sont facilement distingués, soit au singulier, soit au pluriel, par les prépositions DE et A, ou autres, qui précèdent les génitifs, datifs et ablatifs; et les régimes directs, par l'absence de ces prépositions, lesquelles ne sont jamais placées entre des verbes et un nom qui devient leur régime direct.

Les noms féminins en A, sujets ou régimes, ne reçoivent, dans aucun cas du singulier, l's final, qu'ils gardent à tous les cas du pluriel.

Les substantifs qui originairement se terminent en s, le conservent dans tous les cas, soit au singulier, soit au pluriel.

Pour offrir des exemples de l'emploi de l's, désignant au singulier les noms masculins comme SUJETS, je choisis un couplet entier :

>Valer m degra MOS PRETZ e MOS PARATGES
>E ma BEUTATZ e plus MOS FINS CORATGES;
>Per qu'ieu vos man, lai on es vostre ESTATGES,
>Esta chanson, que me sia MESSATGES,
>E voill saber, lo MIEUS BELS AMICS GENS,
>Per que m'etz vos tan FERS e tan SALVATGES;
>No sai si s'es ORGUELHS O MALS TALENS [1].
>   COMTESSE DE DIE : A chantar.

(1) Valoir me devrait mon prix et mon parage
Et ma beauté et plus mon tendre attachement;
C'est pourquoi je vous mande, là où est votre demeure,
Cette chanson, qui me soit message,
Et je veux savoir, ô le mien bel ami gent,
Pourquoi m'êtes vous tant cruel et tant sauvage;
Ne sais si c'est orgueil ou mauvaise volonté.

Je donne de même un couplet entier pour les exemples de l'absence de l's, désignant au singulier les noms masculins comme régimes directs ou indirects :

> Seinher Conrat, tot per vostr' AMOR chan,
> Ni ges no i gart AMI ni ENNEMI;
> Mas per so 'l fatz qu'ill crozat vauc reptan
> Del PASSATGE qu'an si mes en OBLI :
> Non cuidon qu'a DEU enoia
> Qu'ill se paisson e se van sojornan;
> E vos enduratz FAM, SET, et ill stan [1].
> BERTRAND DE BORN : Ara sai.

L'observation de cette règle et son utilité sont frappantes dans les phrases où le même nom est successivement employé et comme sujet et comme régime :

> Qe mais mi notz A DEU SIAZ
> Que DEUS vos SAL no m'ajuda [2].
> CADENET : Amors e cum er.

Parmi les citations que je pourrais faire de la prose

---

(1) Seigneur Conrad, tout pour votre amour je chante,
Et aucunement n'y regarde ami ou ennemi;
Mais pour ce le fais que les croisés vais accusant
Du passage qu'ils ont ainsi mis en oubli :
Ils ne pensent pas qu'à Dieu il déplaise
Qu'ils se repaissent et se vont séjournant;
Et vous endurez faim, soif, et eux restent.

(2) Parce que plus me nuit A DIEU SOYEZ
Que DIEU VOUS SAUVE ne m'aide.

Pour l'intelligence de ces locutions, je dois avertir que la première correspond à ADIEU, et signifie donc l'instant de la séparation; et que la seconde correspond à BON JOUR, et signifie celui de l'arrivée.

romane, je préfère ce passage qui commence l'ouvrage intitulé : LEYS D'AMORS :

« Segon que dis lo PHILOSOPHS, tut li home del mon desiron aver sciensa, de la qual nais SABERS, de SABER conoyssensa, de connoyssensa SENS, de SEN be far, de be far VALORS, de VALOR LAUZORS, de LAUZOR HONORS, d'HONOR pretz, de pretz PLAZERS, et de PLASER gaug e ALEGRIERS [1]. »

Il me reste à donner, pour le pluriel, des exemples de l'absence de l's désignant les sujets, et de la présence de l's désignant les régimes :

PLUR. SUJET. De fin' amor son tuit MEI PENSAMEN
E MEI DESIR e MEI MEILLOR JORNAL [2].
P. RAIMOND DE TOULOUSE : De fin' amor.

En vos son pauzat MIEI VOLER,
E MIEI TALAN e MIEI DESIR [3].
ELIAS DE BARJOLS : Pus la bella.

PLUR. RÉGIME. En abril, quan vei verdeiar
Los PRATZ VERTZ, e 'ls VERDIERS florir [4].
BERN. DE VENTADOUR : En abril.

Lo temps vai, e ven, e vire
Per JORNS e per MES e per ANS [5].
BERN. DE VENTADOUR : Lo temps.

---

(1) « Selon que dit le philosophe, tous les hommes du monde desirent avoir science, de laquelle naît savoir, de savoir connaissance, de connaissance sens, de sens bien faire, de bien faire valeur, de valeur louange, de louange honneur, d'honneur prix, de prix plaisir, et de plaisir joie et allégresse. »

(2) De pur amour sont tous mes pensers
Et mes desirs et mes meilleures journées.

(3) En vous sont placés mes vouloirs,
Et mes souhaits et mes desirs.

(4) En avril, quant je vois verdoyer
Les prés verts, et les vergers fleurir.

(5) Le temps va, et vient, et tourne
Par jours et par mois et par ans.

PLUR. RÉGIME. Car qui be vol baissar e frevolir
Sos ENNEMICS, BOS AMICS deu chausir [1].
BERNARD ARNAUD DE MONTCUC: Anc mais.

Pro ai del chan ESSENHADORS
Entorn mi et ENSENHAIRITZ,
PRATZ e VERGIERS, ARBRES e FLORS,
Voutas d'AUZELHS e LAIS e CRITZ [2].
GEOFFROI RUDEL: Pro ai del chan.

Voici des exemples des substantifs féminins en A au singulier, et en AS au pluriel.

SING. SUJET. Que fara la vostr'AMIA?
Amicx, cum la voletz laissar [3]!
BERN. DE VENTADOUR: En abril.

GUERRA m platz, sitot guerra m fan
Amors e ma DOMNA tot l'an [4].
BERTRAND DE BORN: Guerra.

SING. RÉGIME. Farai CHANSONETA NUEVA [5].
COMTE DE POITIERS: Farai.

Lanquan vei la FUELHA
Jos dels arbres cazer [6].
BERN. DE VENTADOUR: Lanquan vei.

(1) Car qui bien veut abaisser et affaiblir
Ses ennemis, bons amis doit choisir.

(2) Assez j'ai du chant instituteurs
Autour de moi et institutrices,
Prés et vergers, arbres et fleurs,
Cadences d'oiseaux et lais et ramages.

(3) Que fera la votre amie?
Ami, comment la voulez-vous laisser!

(4) Guerre me plait, quoique guerre me font
Amour et ma dame toute l'année.

(5) Je ferai chansonnette nouvelle.

(6) Quand je vois la feuille
En bas des arbres tomber.

SUBSTANTIFS.

SING. RÉGIME. Mielz no fa 'l venz de la RAM*a*,
Q'en aissi vau leis seguen,
Com la fuelha sec lo ven¹.
    BERN. DE VENTADOUR : Amors enquera.

PLUR. SUJET. Las DON*as* eyssamens
An pretz diversamens....
Las UN*as* son plazens,
Las AUTR*as* conoissens².
    ARNAUD DE MARUEIL : Rasos es.

PLUR. RÉGIME. E vey las AIGU*as* esclarzir³.
    BERN. DE VENTADOUR : En abril.

Anc Persavals, quant en la cort d'Artus
Tolc las ARM*as* al cavalier vermelh,
Non ac tal joy 4.
    RAMBAUD DE VAQUEIRAS : Era m requier.

De las DOMN*as* me desesper :
Jamais en lor no m fiarai 5.
    BERN. DE VENTADOUR : Quan vei la laudeta.

J'ai dit que les substantifs terminés en s le gardaient à tous les cas du singulier et du pluriel, soit qu'ils fussent employés comme sujets, soit qu'ils le fussent comme

(1) Mieux ne fait le vent de la ramée,
  Vu qu'ainsi je vais elle en suivant,
  Comme la feuille suit le vent.

(2) Les dames également
  Ont prix diversement....
  Les unes sont agréables,
  Les autres savantes.

(3) Et je vois les eaux éclaircir.

(4) Oncques Perseval, quant en la cour d'Artus
  Il enleva les armes au chevalier vermeil,
  N'eut telle joie.

(5) Des dames me désespère :
  Jamais en elles ne me fierai.

régimes; je choisis pour exemples les noms TEMPS, temps; VERS, vers; OPS, besoin, avantage.

SUJETS. Lo gens TEMPS m'abellis e m platz [1].
ARNAUD DE MARUEIL: Lo gens temps.

Qu'entr' els lurs gabs passa segurs mos VERS [2].
ARNAUD DE MARUEIL: L'ensenhamentz.

Ab fina joia comensa
Lo VERS qui be 'ls motz assona [3].
PIERRE D'AUVERGNE: Ab fina.

Car mot l'es OPS sacha sofrir
Que vol a gran honor venir [4].
ARNAUD DE MARUEIL: Totas bonas.

RÉGIMES. Totz TEMPS vos amaria,
Si totz TEMPS vivia [5].
ARNAUD DE MARUEIL: Sabers.

Per joi qu'ai dels e d'el TEMPS [6].
ARNAUD DANIEL: Autet e bas.

Estat ai dos ans
Qu'ieu no fi VERS ni chanso [7].
BERNARD DE VENTADOUR: Estat ai.

Dirai un VERS que m'ai pensat [8].
RAMBAUD D'ORANGE: Als durs.

(1) Le gentil temps me charme et me plait.
(2) Qu'entre leurs plaisanteries passe assuré mon vers.
(3) Avec pure joie commence
Le vers qui bien les mots accorde.
(4) Car beaucoup lui est besoin que sache souffrir
Qui veut à grand honneur venir.
(5) En tous temps je vous aimerais
Si en tous temps je vivais.
(6) Par joie que j'ai d'eux et du temps.
(7) Été j'ai deux ans
Que je ne fis vers ni chanson.
(8) Je dirai un vers que j'ai pensé.

SUBSTANTIFS.

Rég.   E chanta sos VERS raucament.[1].
>   LE MOINE DE MONTAUDON : Pus Peire.

Ben vuelh que sapchon li plusor
D'est VERS, si 's de bona color [2].
>   COMTE DE POITIERS : Farai un vers.

Lai on m'agra ops que fos saubuz mos vers [3].
>   FOLQUET DE MARSEILLE : Chantan volgra.

Qu'a vos soi fis e a mos ops trayre [4].
>   FOLQUET DE MARSEILLE : Tan m'abellis.

Concurremment avec la règle qui désigne par l's final le sujet au singulier, la langue romane usa d'une forme spéciale pour quelques substantifs masculins, dont le nominatif au singulier se termina différemment des autres cas du singulier et de tous ceux du pluriel.

Ces substantifs reçurent la finale AIRE, EIRE, IRE, comme sujets au singulier, et la finale ADOR, EDOR, IDOR, comme régimes directs ou indirects au singulier, et comme sujets ou régimes au pluriel.

AIRE : suj.   « Pistoleta si fo CANTaire d'En Arnaud de Marueil, e fo de Proensa, e pois venc TROBaire, e fez cansos. [5] »
>   Vie manuscr. de PISTOLETA. Ms. roy. 7225, fol. 137.

C'anc no fui fals ni TRICHaire [6].
>   BERN. DE VENTADOUR : Lo rossignols.

---

(1)   Et chante ses vers rauquement.
(2)   Bien veux que sachent la plupart
      De ce vers, s'il est de bonne couleur.
(3)   Là où j'aurais besoin que fût su mon vers.
(4)   Qu'à vous je suis fidèle et à mes avantages traître.
(5)   « Pistoleta ainsi fut chanteur d'Arnaud de Marueil, et fut de Provence, et puis devint troubadour, et fit des chansons. »
(6)   Que jamais je ne fus faux ni tricheur.

AIRE : suj.   Qu'ieu chant gais e joios,
                Pois cil cui sui AMaire,
                Qu'es la gensor qu'anc fos,
                Vol mi e mas chansos 1.
                        GAUCELM FAIDIT : L'onrat jauzens.

ADOR : rég.   Vergiers ni flors ni pratz
                No m'an fait CANTador;
                Mas per vos cui ador,
                Domna, m sui alegratz 2.
                        PIERRE RAIMOND DE TOULOUSE : S'ieu fos.

                Cantarai d'aquest TROBadors
                Qui chantan de mantas colors 3.
                        PIERRE D'AUVERGNE : Cantarai.

                Amic ai de gran valor
                Que sobre totz seingnoreia
                E non a cor TRICHador 4.
                        AZALAIS DE PORCAIRAGUE : Ar em al freg.

                Vos am e no m recre
                Per mal ni per dolor;
                Tan vos ai cor de lial AMador 5 !
                        GAUCELM FAIDIT : Razon.

(1)   Que je chante gai et joyeux,
        Puisque celle dont je suis l'amant,
        Qui est la plus gentille qui onc fut,
        Veut moi et mes chansons.

(2)   Verger, ni fleur, ni pré
        Ne m'ont fait chanteur;
        Mais par vous que j'adore,
        Dame, je suis inspiré.

(3)   Je chanterai de ces troubadours
        Qui chantent de maintes couleurs.

(4)   Ami j'ai de grande valeur
        Qui sur tous domine
        Et n'a pas cœur tricheur.

(5)   Je vous aime et ne me lasse

SUBSTANTIFS.

Eire : suj.   E s'anc fuy gays ENTENDeire ni drutz¹.
     RAMBAUD DE VAQUEIRAS : D'amor no m lau.

Edor : rég.   D'una dona qu'a dos ENTENDedors².
     RAMBAUD DE VAQUEIRAS : Seigner.

Ire : suj.   E ill serai hom et amicx e SERVire³.
     BERN. DE VENTADOUR : Ben m'an.

    Doncs, belha, membransa
    N'aiatz qu'ieu no us sui MENTire⁴.
     GAUCELM FAIDIT : Coras que m.

Idor : rég.   Bona dompna, plus no us deman
    Mais que m prendaz a SERVidor⁵.
     BERN. DE VENTADOUR : Non es meraveilla.

    Car del tornar ai paor
    Que me tegna per MENTidor⁶.
     GAUCELM FAIDIT : D'un dolz bel.

Quand j'indique les principales règles qui, dans la langue romane, servent à distinguer les sujets et les régimes, je ne dois pas omettre que cette langue possède plusieurs substantifs qui, par leur double terminaison masculine et féminine, pouvaient être employés tour-à-tour dans le genre qui convenait aux auteurs.

Ces mots sont en grand nombre; le dictionnaire roman

    Par mal ni par douleur;
    Tant pour vous j'ai cœur de loyal amant.
(1) Et si onques je fus gai poursuivant et galant.
(2) D'une dame qui a deux poursuivants.
(3) Et lui serai homme-lige, et ami et serviteur.
(4) Donc, belle, souvenir
    En ayez que je ne vous suis menteur.
(5) Bonne dame, plus ne vous demande
    Si non que me preniez à serviteur.
(6) Car du retour j'ai peur
    Qu'elle me tienne pour menteur.

les indiquera; je me borne à donner les exemples de FUELH et FUELHA, de JOY et JOYA.

> Lo FUELHS e 'l flors e 'l frugz madurs [1].
> PIERRE D'AUVERGNE: Lo fuelhs.
>
> Quan la vert FUELHA s'espan
> E par flors blanqu' el ramel [2].
> BERN. DE VENTADOUR: Quan la vert.
>
> Tos temps sec JOI ir' e dolors,
> E tos temps ira JOIS e bes [3].
> BERN. DE VENTADOUR: Ja mos chantars.
>
> No sai JOYA plus valen [4].
> GEOFFROI RUDEL: Quan lo.

Le substantif DONS est employé dans le même sens que le substantif DOMNA, mais alors le pronom possessif qui y est joint est MI, TI, SI:

SUJET: E MI DONS ri m tan doussamens [5].
> RAMBAUD D'ORANGE: Ab nov joi.

RÉGIME.   Amicx, quan se vol partir
> De SI DONS, fai gran enfansa [6].
> GAUCELM FAIDIT: Sitot ai.
>
> Pois a MI DONS no pot valer
> Dieus ni merces ni 'l dreich qu'ieu ai [7].
> BERN. DE VENTADOUR: Quan vei la laudeta.

---

(1)   La feuille et la fleur et le fruit mûr.
(2)   Quand la verte feuille s'épand
       Et paraît la fleur blanche au rameau.
(3)   En tous temps suivent joye la tristesse et la douleur,
       Et en tous temps tristesse la joye et le bien.
(4)   Je ne sais joye plus précieuse.
(5)   Et ma dame rit à moi si doucement.
(6)   Un ami, quand il veut se séparer
       De sa dame, fait grand enfantillage.
(7)   Puisqu'à ma dame ne peut valoir
       Dieu ni merci ni le droit que j'ai.

SUBSTANTIFS. 133

Enfin la langue romane employa quelquefois un signe particulier pour précéder et faire reconnaître les noms propres des personnes qualifiées.

EN désigna les noms propres masculins.

NA désigna les noms propres féminins [1].

> Trobey la molher d'EN Guari
> E d'EN Bernart [2].
>> COMTE DE POITIERS: En Alvernhe.

> E fa tota la linhada
> Que pres d'EN Adam naissensa [3].
>> GAVAUDAN LE VIEUX: Un vers.

> NA Beatrix, Dieus qu'es ples de merce
> Vos accompanh' ab sa mair' et ab se [4].
>> AIMERI DE PEGUILLAN: De tot en tot.

NA subissait quelquefois l'élision devant les noms qui commençaient par des voyelles:

> So dis N'Agnes, e N'Ermessen:
> Trobat avem qu'anam queren [5].
>> COMTE DE POITIERS: En Alvernhe.

EN et NA furent placés même devant les sobriquets ou

---

(1) On conçoit que NA a pu venir de *dom*NA, par la suppression de DOM, mais il est plus difficile d'expliquer d'où dérive EN. M. de Marca a proposé ses conjectures à ce sujet dans le MARCA HISPANICA, liv. 3, c. 9.

(2)   Je trouvai la femme de Guarin
    Et de Bernard.

(3)   Et fait toute la lignée
    Qui prit d'Adam naissance.

(4)   Dame Béatrix, Dieu qui est plein de merci
    Vous place avec sa mère et avec soi.

(5)   Ce dit dame Agnès, et dame Ermessen:
    Trouvé avons ce que nous allons cherchant.

les noms fictifs qui étaient donnés à ces personnes qualifiées.

Ainsi Bertrand de Born, qui donne au roi Richard le sobriquet d'OC E NO, OUI ET NON, dit de lui :

> En oc e no vol guerra mais
> Que no fai negus dels Alguais [1].
>> BERTRAND DE BORN : Al dous nov.

Bernard de Ventadour, donnant à la dame qu'il chantait le nom de FIN' AMORS, PUR AMOUR, s'exprime ainsi :

> Na fin' amors, fons de bontatz,
> Merce ti clam, lai no m'acus [2].
>> BERN. DE VENTADOUR : Pus mos coratges.

Et Arnaud de Marueil appelant sa dame SES MERCE, SANS MERCI :

> Na ses merce, trop s'afortis
> Vostre durs cors encontra mey [3].
>> ARNAUD DE MARUEIL : Cui que fin' amors.

VERBES EMPLOYÉS SUBSTANTIVEMENT.

A l'exemple de la langue grecque et de la langue latine, les présents des infinitifs furent souvent employés substantivement.

---

(1) Seigneur oui et non veut la guerre plus
     Que ne fait aucun des Alguais *.

(2) Dame pur amour, fontaine de bontés,
     Merci je te demande, las! ne m'accuse.

(3) Dame sans merci, trop se renforce
     Votre dur cœur contre moi.

(*) Noms de fameux brigands qui étaient quatre frères.

Comme sujets, ils prirent ordinairement l's final, mais ils ne le prirent pas toujours.

Comme régimes, ils rejetèrent l's final.

Les régimes indirects furent précédés des prépositions qui les désignent.

Quelquefois l'article fut joint à ces verbes, soit sujets, soit régimes; quelquefois ils furent employés sans articles, ainsi qu'on le pratiquait à l'égard des substantifs mêmes.

Voici des exemples de l'infinitif des verbes romans employés substantivement.

Sujets sans articles.
CHANTAR*s* me torna ad afan,
Quan mi soven d'En Barral [1].
FOLQUET DE MARSEILLE : Chantars.

El dieus d'amor m'a nafrat de tal lansa
Que no m ten pro SOJORNAR*s* ni JAZER*s* [2].
FOLQUET DE MARSEILLE : Chantan.

Que VIURE*s* m'es marrimen*s* et esglais,
Pus morta es ma dona N'Azalais [3].
PONS DE CAPDUEIL : De totz caitius.

Sujets avec articles.
Pus LO PARTIR*s* m'es aitan grieus
Del seignoratge de Peytieus [4].
COMTE DE POITIERS : Pus de chantar.

---

(1) Chanter me tourne à chagrin,
Quand il me souvient de Barral.

(2) Le dieu d'amour m'a blessé de telle lance
Que ne me tient profit le reposer ni le coucher.

(3) Que vivre m'est chagrin et effroi,
Depuis que morte est ma dame Azalais.

(4) Puisque le séparer m'est si pénible
De la seigneurie de Poitou.

SUJETS
AVEC ARTICLE.

Val lo bon cor e 'l GEN PARLARS
E 'l merces e l' HUMILIARS
Mais que riquezas ni poders [1].
   ARNAUD DE MARUEIL : Si que vos.

Granz affars es LO CONQUERERS,
Mais LO GARDAR es maestria [2].
   GAUCELM FAIDIT : Chascun deu.

Lanquan la vei, me te 'L VEZERS jauzen [3].
   PONS DE CAPDUEIL : Aissi m'es pres.

SUJETS
AU PLURIEL.

Ben sai qu'a sels seria fer
Que m blasmon quar tan soven chan,
Si lur costavon MEI CHANTAR [4].
   RAMBAUD D'ORANGE : Ben sai.

Soffrissetz qu'a vostr' onransa
Fosson mais TUICH MEI CHANTAR [5].
   GAUCELM FAIDIT : Al semblan.

RÉG. DIRECT. En mon cor ai UN NOVELET CANTAR
PLANET e LEU e qu'el fai bon auzir
A totz aisselhs qu'en joy volon estar [6].
   ARNAUD DE MARUEIL : En mon cor.

(1) Vaut le bon cœur et le gentil parler
  Et la merci et le condescendre
  Plus que richesse ni pouvoir.

(2) Grande affaire est le conquérir,
  Mais le garder est science.

(3) Quand je la vois, me tient le voir jouissant.

(4) Bien je sais qu'à ceux serait dur
  Qui me blâment parce que si souvent je chante,
  Si leur coûtaient mes chanters.

(5) Souffrissiez qu'à votre honneur
  Fussent désormais tous mes chanters.

(6) En mon cœur j'ai un nouveau chanter
  Simple et léger et qu'il fait bon ouir
  A tous ceux qui en joie veulent être.

SUBSTANTIFS.

RÉG. IND. SANS ARTICLE.
AB CELAR et AB SOFFRIR
Li serai hom e servire 1.
    P. RAIMOND DE TOULOUSE : Altressi.

E tal es EN GRAN POIAR
Cui la rod' EN BREU VIRAR
Fai SON POIAR e DESCENDRE 2.
    GIRAUD DE BORNEIL : Honratz es hom.

RÉG. IND. AVEC ARTICLE.
Messatgier, vai, e no m'en prezes meinhs,
S'ieu DE L' ANAR vas mi dons sui temens 3.
    BERN. DE VENTADOUR : Quant erba.

Ma dompna m fo, AL COMENSAR,
Francha e de bella conpaigna 4.
    BERN. DE VENTADOUR : Estat ai.

Aux verbes employés substantivement s'attachent, comme aux véritables substantifs, les pronoms possessifs, démonstratifs, etc., et tous les différents adjectifs; en un mot, ces verbes remplissent entièrement les fonctions des substantifs ordinaires.

La langue romane emploie aussi substantivement les adjectifs, quand elle s'en sert d'une manière impersonnelle; j'en donnerai des exemples dans le chapitre suivant.

(1) Avec celer et avec souffrir
  Je lui serai homme-lige et serviteur.
(2) Et tel est en grand monter
  A qui la roue en brief tourner
  Fait son monter et descendre.
(3) Messager, va, et ne m'en prise moins,
  Si moi de l'aller vers ma dame suis craintif.
(4) Ma dame me fut, au commencer,
  Franche et de belle société.

CHAPITRE III.

ADJECTIFS.

L'ADJECTIF roman doit s'accorder en genre et en nombre avec le substantif auquel il se rapporte.

L'A final ajouté à l'adjectif masculin caractérise le genre féminin.

Voici des exemples où le même adjectif est tour-à-tour employé comme masculin et comme féminin.

Us GUAIs conortz me fai guayamen far
GUAIa chanso, GUAI fait e GUAI semblan [1].
Pons de Capdueil: Us guais.

Que m fezessetz, contra 'l maltrag, aver
De ma BELla domna un BEL plazer [2].
Elias de Barjols: Amors que.

Aman viu et aman morrai,
C'ab BON cor et ab BONa fe
Am la meillor dona qu'ieu sai
E la plus bela qu'anc Dieus fe [3].
Pons de la Garde: Ben es dreitz.

(1) Un gai encouragement me fait gaiement faire
Gaie chanson, gai fait et gai semblant.

(2) Que vous me fissiez, contre le mauvais traitement, avoir
De ma belle dame un beau plaisir.

(3) En aimant je vis et en aimant je mourrai,
Vu qu'avec bon cœur et avec bonne foi
J'aime la meilleure dame que je sache
Et la plus belle que oncques Dieu fit.

ADJECTIFS.

Si 'l cors es PRES, la lenga non es PRESA [1].
RAMBAUD D'ORANGE: Si 'l cors.

Selon que le substantif est sujet ou régime, au singulier ou au pluriel, l'adjectif masculin admet ou rejette l's final, à l'exemple du substantif, d'après les mêmes règles et les mêmes exceptions.

SING. SUJ.   Tant er gen SERVIZ per me
              Sos FELS cors DURS e IRATZ,
              Tro del tot s'er ADOLZATZ [2].
                      BERNARD DE VENTADOUR: Conort era.

              Per so lur serai FIS e CARS,
              HUMILS e SIMPLES e LIAUS,
              DOUS, AMOROS, FIS, e CORAUS [3].
                      RAMBAUD D'ORANGE: Assatz sai.

              SAVIS e FOLS, HUMILS et ORGOILLOS,
              COBES e LARCX, e VOLPILS et ARDITZ
              Sui, quan s'eschai, e JAUSENZ e MARRITZ;
              E sai esser PLAZENS et ENOIOS
              E VILS e CARS, e VILAS e CORTES,
              AVOLS e PROS, e conosc MALS e BES [4].
                      RAMBAUD DE VAQUEIRAS: Savis.

(1)   Si le cœur est pris, la langue n'est pas prise.
(2)   Tant sera gentillement servi par moi
      Son cruel cœur sévère et courroucé,
      Jusqu'à ce que du tout il sera adouci.
(3)   Pour cela je leur serai fidèle et cher,
      Indulgent et simple et loyal;
      Doux, amoureux, pur, et cordial.
(4)   Sage et fol, humble et orgueilleux,
      Avare et prodigue, et timide et hardi
      Je suis, quand il échoit, et joyeux et marri;
      Et je sais être plaisant et ennuyeux,
      Et vil et cher, et impoli et courtois,
      Lâche et preux, et je connais maux et biens.

Sing. rég. Un sirventes farai NOVELH, PLAZEN [1].
     Bertrand de Born : Un sirventes.

Plur. suj. Abans que il BLANC puoi sion VERT [2].
     P. d'Auvergne : Abans.

Plur. rég. Quar, per vostres faitz VILAS,
    Mensongiers e soteiras,
    Vos mesprendon tut li pro [3].
     Elias de Barjols : Amors be.

    Als durs, crus, cozens lauzengiers,
    Enuios, vilans, mals parliers,
    Dirai un vers que m'ai pensat [4].
     Rambaud d'Orange : Als durs.

Il y a des adjectifs communs aux deux genres. Ces adjectifs ne prennent point la terminaison A, quand ils sont joints à un nom féminin.

La plupart sont en AL, AN, E, EN, ERT, EU, IL, OLS, ORT, etc. etc.

Ils reçoivent au singulier les signes de sujets ou de régimes, quoiqu'ils se rapportent à ce nom féminin.

Mais au pluriel, soit sujets, soit régimes, ils prennent l's ; la raison qu'on peut en donner, c'est que la plupart

---

(1) Un sirvente je ferai nouveau, plaisant.
(2) Avant que les blancs sommets soient verts.
(3) Car pour vos faits grossiers,
  Mensongers et souterrains,
  Vous déprisent tous les preux.
(4) Aux durs, grossiers, cuisants médisants,
  Ennuyeux, vilains, mal parlants,
  Je dirai un vers que j'ai pensé.

des substantifs féminins étant en A, et ayant conséquemment l's final comme régime et sujet, le communiquent à leurs adjectifs.

L'os final bref prend l'A, et l'os long ne le prend pas. Je donnerai l'exemple de l'adjectif GRAN, grand, pour le singulier et pour le pluriel.

SING. SUJ.   Hai! com GRANS enveia m'en ve [1].
BERN. DE VENTADOUR : Quan vei.

Tant es GRANS la rancura
Per qu'ieu en sui iratz [2].
PONS DE CAPDUEIL : Ben es fols.

SING. RÉG. Per qu'ieu n'en ai GRAN pena e GRAN trebailha [3].
BERN. DE VENTADOUR : Per mielhs cobrir.

Flors es de pretz e frug de GRAN valensa [4].
GIRAUD LE ROUX : A lei de bon.

Le voici tour-à-tour sujet et régime :

Ben GRAN meravilla n'ai,
Quar GRANS meravilla es [5].
BERNARD DE TOT LO MON : Mals fregz.

PLUR. SUJ. Que sei solatz son GRANS copas d'argen [6].
GAUCELM FAIDIT : Manens fora.

PLUR. RÉG.   Per far GRANS honors [7].
BERTRAND DE BORN : Mon chant.

(1) Ah! comme grande envie m'en vient.
(2) Tant est grande la tristesse
Par quoi j'en suis chagrin.
(3) Pour quoi j'en ai grand peine et grand travail.
(4) Fleur est de prix et fruit de grand valeur.
(5) Bien grande merveille en ai,
Car grande merveille est.
(6) Que ses plaisirs sont grandes coupes d'argent.
(7) Pour faire grands honneurs.

Voici des exemples de quelques autres adjectifs communs.

SING. SUJ.   Ieu sui tan corteza guaita
              Que no vuelh sia defaita
              LEIALS amors adreit faita [1].
                    CADENET: S'anc fui bella.

              Ai! bona domna BENESTANS [2]!
                    ARNAUD DE MARUEIL: Dona genser.

              Tant es ferms mos talens
              En vos, dômna VALENS [3].
                    ARNAUD DE MARUEIL: Franquez' e noirimen.

              Et es JOVES dona, quan be s capdelh [4].
                    BERTRAND DE BORN: Bel m'es quan.

              Quant erba VERTZ e fuelha par [5].
                    BERN. DE VENTADOUR: Quant erba.

              Que tant es la dolor qu'el sen
              E la pena GREUS per sofrir [6].
                    ARNAUD DE MARUEIL: Dona sel que.

              Leis qu'es gaia, cortes', e gen PARLANS,
              Franqu' e HUMILS ab totz faitz benestans [7].
                    RAMBAUD DE VAQUEIRAS: Era m requier.

---

(1)   Je suis, si courtoise guette
      Que je ne veux que soit défaite
      Loyale amour adroitement faite.
(2)   Ah! bonne dame bien étant.
(3)   Tant est ferme ma volonté
      En vous, dame prisée.
(4)   Et est jeune la dame, quand bien elle se gouverne.
(5)   Quand herbe verte et feuille paraît.
(6)   Que telle est la douleur qu'il sent
      E la peine grière pour souffrir.
(7)   Elle qui est gaie, courtoise, et agréablement diseuse,
      Franche et indulgente avec tous faits convenables.

ADJECTIFS.

Sing. suj.   Tant es sotils c'om no la pot vezer¹.
      Gaucelm Faidit : A lieis cui am.

Qu'avols vida val pauc, e qui mor gen
Auci sa mort, e pueis viu ses turmen².
      Pons de Capdueil : Er no sia.

Fortz chausa es que tot lo maior dan...
M'aven a dir, en chantan, e retraire³.
      Gaucelm Faidit : Fortz chausa.

Si m preges ara la pros comtessa⁴.
      Albertet : En amor truep.

Pros donna conoissens,
En vos es pretz e sens⁵.
      Giraud le Roux : Tant es ferms.

Sing. rég.   Lo metge sai ben qui es
Qu'en pot sols salut donar,
Mas que m val, s'ieu demonstrar
Ja no l'aus ma mortal playa⁶!
      P. Raimond de Toulouse : Ar ai ben.

Quan dui s'amen finamen
Per leyal drudaria⁷.
      Peyrols : Camjat m'a.

---

(1)   Tant elle est subtile qu'on ne la peut voir.

(2)   Que lâche vie vaut peu, et qui meurt généreusement
   Occit sa mort, et puis vit sans tourment.

(3)   Forte chose est que tout le plus grand dommage
   M'avient à dire, en chantant, et à retracer.

(4)   Si me priait à-présent la généreuse comtesse.

(5)   Généreuse dame savante,
   En vous est prix et sens.

(6)   Le médecin je sais bien qui est
   Qui en peut seul salut donner;
   Mais que me sert, si moi montrer
   Jamais je ne lui ose ma mortelle plaie!

(7)   Quand deux s'aiment purement
   Par loyale tendresse.

Sing. rég. Et ieu vuoill mais. PLASEN mensoigna auzir
Que TAL vertat de que totz temps sospir 1.

GIRAUD LE ROUX : Nulhs hom no saup.

Amics, ab gran cossirier
Sui per vos e en GREU pena 2.

RAMBAUD D'ORANGE : Amics, ab gran.

Ai! com trac GREU penedensa 3 !

ELIAS DE BARJOLS : Amors ben m'avetz.

Franc, fizel, d'UMIL semblansa 4.

GAUCELM FAIDIT : Jauzens en gran.

Avol, vida e piez de mort auran 5.

GAUCELM FAIDIT : Fortz chausa.

D'amor no chan ni vuelh aver amia
Belha ni PROS, ni ab gran cortezia 6.

ALBERTET : En amor truep.

Plur. suj. Las unas son CABALS,
E las autras VENALS....
Las unas ben PARLANS,
Las autras ben ESTANS,
Las unas son PLAZENS,
Las autras CONOISSENS 7.

ARNAUD DE MARUEIL : Rasos es.

(1) Et je veux plus plaisant mensonge ouir
Que telle vérité de quoi tout temps je soupire.
(2) Ami, avec grand souci
Je suis pour vous, et en griève peine.
(3) Ah ! comme je traîne griève pénitence !
(4) Franc, fidèle, d'humble apparence.
(5) Honteuse vie et pire que mort ils auront.
(6) D'amour ne chante ni veux avoir amie
Belle ni généreuse, ni avec grande courtoisie.
(7) Les unes sont principales,
Et les autres vénales.....
Les unes bien parlant,
Les autres bien étant,

ADJECTIFS.

L'adregz solatz e l'avinens companha,
E 'lh gent parlar, e las HUMILs faissos
Mi fan chantar [1]....
Pons de Capdueil : L'adregz.

PLUR. RÉG. Car comprei vostras beutatz
E vostras PLAZENs faisos [2].
Elias de Barjols : Car comprei.

E braus respos a mas HUMILs chansos [3].
Folquet de Marseille : Per deu amor.

E per AVOLs gens
Proeza forsjutjada [4].
Arnaud de Marueil : Rasos es.

Les adjectifs qui se terminent originairement en s le conservent au singulier et au pluriel, soit qu'on les emploie comme sujets, soit qu'on les emploie comme régimes.

Quelquefois le féminin ajoute son signe final A.

Les adjectifs romans remplissent parfois les fonctions de substantifs :

Si voletz al segle plazer,
En locs siatz fols ab los FATZ [5];

Les unes sont agréables,
Les autres savantes.

(1) Le gracieux plaisir et l'avenante société,
Le gent parler, et les indulgentes manières
Me font chanter.

(2) Cher j'achetai vos beautés
Et vos agréables manières.

(3) Et dures réponses à mes humbles chansons.

(4) Et par lâches gens
Prouesse condamnée.

(5) Si voulez au siècle plaire,
En lieux soyez fol avec les fous;

E aqui mezeis vos sapchatz
Gent ab los SAVIS mantener,
C'aissi s coven c'om los essai
Ab ira 'ls us, autres ab jai,
Ab mal los MALS, ab be los BOS 1.
Pierre Rogiers : Senher Raimbaut.

Les adjectifs sont souvent employés impersonnellement avec le verbe ESSER :

Viure m'es GREU, ni morir no m sap bo.
Que farai doncs? Amarai ma enemia 2 ?
Rambaud d'Orange : Si de trobar.

BEL m'es quan lo ven m'alena
En abril, ans qu'intre mais 3.
Arnaud de Marueil : Bel m'es quan.

RÉGIMES DES ADJECTIFS.

Dans la langue romane, les adjectifs ont souvent des régimes, tels que A, DE, etc.

E mas no ilh play, farai hueimais mon chan
Leu A chantar, e D'auzir agradan,
Clar D'entendre 4.
Blacas : Bel m'es ab motz.

(1) Et là même vous sachez
Bien avec les sages maintenir.
Car ainsi il convient qu'on les éprouve,
Avec tristesse les uns, les autres avec joie;
Avec mal les méchants, avec bien les bons.

(2) Vivre m'est grief, et mourir ne me sais bon.
Que ferai-je donc? Aimerai-je mon ennemie?

(3) Beau m'est quand le vent m'haleine
En avril, avant qu'entre mai.

(4) Et puisqu'il ne lui plaît, je ferai désormais mon chant
Facile à chanter, et d'ouïr agréable,
Clair d'entendre.

DEGRÉS DE COMPARAISON.

La fassa fresca DE colors,
Blanca, vermelha pus que flors [1].
ARNAUD DE MARUEIL: Doua genser.

D'autras vezer sui secs, et d'auzir sortz,
Qu'en sola lieis vei, et aug, et esgar [2].
ARNAUD DANIEL: Sols sui que.

Bel m'es ab motz leugiers A far
Chanson plazen et ab gai so [3].
BLACAS: Bel m'es ab motz.

Anar a pe, a lei de croy joglar
Paubre D'aver e malastrucx D'amia [4].
ALBERT MARQUIS: Ara m diatz.

Autet et bas, entr' els prims fuelhs,
Son nov DE flors [5].
ARNAUD DANIEL: Autet et bas.

DEGRÉS DE COMPARAISON.

Les différents degrés de comparaison s'expriment ordinairement par les adverbes de quantité PLUS, MAIS, MENS, MIELHS, AITANT, etc.

Quand ils ne sont précédés ni de l'article, ni d'un pronom possessif, ils désignent le comparatif; ils se placent

---

(1) La face fraîche de couleurs,
Blanche, vermeille plus que fleur.
(2) De autres voir je suis aveugle, et d'ouïr sourd,
Vu qu'en seule elle je vois, et j'entends, et je regarde.
(3) Beau m'est avec mots légers à faire
Chanson agréable et avec gai son.
(4) Aller à pied, à manière de vil jongleur
Pauvre d'avoir et malheureux d'amie.
(5) Hauts et bas, entre les premières feuilles,
Ils sont neufs de fleurs.

devant les adjectifs auxquels ils se rapportent, et ces adjectifs sont suivis du QUE.

Pus blanca es QUE Elena [1].

ARNAUD DE MARUEIL: Bel m'es quan.

Pus bela QUE bel jorn de mai [2].

ARNAUD DE MARUEIL: Dona genser.

Emperador avem de tal manera
Que non a sen ni saber ni menbranza:
PLUS ibriacs no s'asec en chadera;
Ni PLUS volpils no porta escut ni lansa;
Ni PLUS avols no chausa esperos;
Ni PLUS malvatz no fai vers ni chansos [3].

LANZA: Emperador avem.

Que mil aitanz soi MEILL vostre QUE meu [4].

FOLQUET DE ROMANS: Ma bella.

Quan m'auretz dat so don m'avetz dig d'oc,
Serai PLUS ricx QU'el senher de Marroc [5].

AUGIER: Per vos belha.

Outre cette forme générale, il est, dans la langue romane, plusieurs adjectifs qui, pour exprimer l'idée de PLUS, ont conservé ou imité la terminaison OR des comparatifs latins.

(1) Plus blanche est qu'Hélène.
(2) Plus belle que beau jour de mai.
(3) Un empereur nous avons de telle manière
Qu'il n'a sens ni savoir ni mémoire:
Plus ivrogne ne s'assit en chaire;
Ni plus lâche ne porte écu ni lance;
Ni plus vil ne chausse éperons;
Ni plus mauvais ne fait vers ni chansons.
(4) Que mille fois autant je suis mieux vôtre que mien.
(5) Quand m'aurez donné ce dont m'avez dit d'oui,
Serai plus puissant que le seigneur de Maroc.

DEGRÉS DE COMPARAISON.

Quand ils sont employés comme sujets au singulier, ils se terminent ordinairement en ER, et les autres cas du singulier et tous ceux du pluriel se terminent en OR.

SING. SUJ.   Si que mos MAIers pessamens,
     Bella dona, doss' e valens,
     Es tot per far vostre plazer [1].
        ARNAUD DE MARUEIL : Dona sel que.

     Dona GENSer que non sai dir,
     Per que soven plan e sospir [2].
        ARNAUD DE MARUEIL : Dona genser.

     Qu'ades m'agr' ops, sitot s'es bos,
     Mos chans fos MIELHers que non es [3].
        BERN. DE VENTADOUR : Ja mos chantars.

SING. RÉG.   Qu'ades on plus mos poders creis,
     N'ai MAIor ir' ab me mezeis [4].
        RAMBAUD DE VAQUEIRAS : No m'agrada.

     Ja de vos no m partray,
     Que MAIor honor ay
     Sol el vostre deman,
     Que s'autra m des bayzan
     Tot quan de vos volria [5].
        BLACAS : Lo belhs dous temps.

(1) Tellement que mon plus grand souci,
   Belle dame, douce et prisée
   Est tout pour faire votre plaisir.

(2) Dame plus gente que ne sais dire,
   Par quoi souvent plains et soupire.

(3) Car à-présent m'aurait besoin, quoiqu'il soit bon,
   Mon chant qu'il fût meilleur qu'il n'est.

(4) Qu'à-présent où plus mon pouvoir croît,
   En ai plus grande tristesse avec moi-même.

(5) Jamais de vous ne me séparerai,
   Vu que plus grand honneur ai
   Seulement à votre refus.

PLUR. SUJ.   En Gaucelms Faidits, ie us deman
             Qual vos par que sion MAIor
             O li ben o li mal d'amor [1].
                    ALBERT MARQUIS : En Gaucelms.

PLUR. RÉG.   Que cavaliers ai vist e trobadors
             Que de bassez fez auz, e d'auz AUSors [2].
                    AIMERI : Toz hom que so.

Après les termes de comparaison, le QUE est souvent sous-entendu dans les poésies des troubadours.

         Ans am vos mais... no fetz Seguis Valensa [3].
              COMTESSE DE DIE : A chantar.

         Quar plus m'en sui abellida
         .... No fis Floris de Blancaflor [4].
              COMTESSE DE DIE : Estat ai.

         Qu'anc no saup ren tro fui en miei la flama
         Que m'art plus fort... no feira fuec de forn [5].
              BERN. DE VENTADOUR : Ben m'an perdut.

         E am la mais... no faz cozin ni oncle [6].
              ARNAUD DANIEL : Lo ferm voler.

        Que si une autre me donnait en m'embrassant
        Tout autant que de vous je voudrais.

(1)   Sieur Gaucelm Faidit, je vous demande
        Quels vous paraît que soient plus grands
        Ou les biens ou les maux d'amour.

(2)   Que chevaliers j'ai vu et troubadours
        Que de bas elle fit hauts, et de hauts plus hauts.

(3)   Mais je vous aime plus QUE ne fit Seguin Valence.

(4)   Car plus j'en suis charmée
        QUE ne fit Floris de Blanchefleur.

(5)   Qu'oncques ne sus rien jusqu'à ce que je fus au milieu de la flamme
        Qui me brûle plus fort QUE ne ferait feu de four.

(6)   Et j'aime la plus QUE ne fais cousin ni oncle.

E mas en vueill aver d'umelitatz
.... No ac lo leo, quan fon issitz del lacz 1.
Gaucelm Faidit : Trop malamen.

A l'imitation de la langue grecque, la langue romane employa souvent après le comparatif le signe du génitif de à la place du que.

Que flors de roser, quan nais,
Non es plus fresca de lei 2.
Raimond de Miraval : Bel m'es qu'eu.

Pero no sai dompneiador
Que mielhs de mi s'i entenda 3.
Bern. de Ventadour : No es meraveilla.

Qu'ome de mi no vey plus ric 4.
Bern. de Ventadour : Lanquan fuelhon.

Que si 'lh lo tenia un an,
Qu'ieu lo tengues mas de cen 5.
Comte de Poitiers : Companho.

Le superlatif s'exprime ordinairement en plaçant l'article ou le pronom possessif devant le comparatif ou devant l'adverbe de comparaison.

Sujet.   Dona 'l genser que sia 6.
Arnaud de Marueil : Sabers.

---

(1) Et plus j'en veux avoir d'indulgence
    Que n'eut le lion, quand il fut sorti du lacs.

(2) Que fleur de rosier, quand elle naît,
    N'est plus fraîche que elle.

(3) Pourtant ne sais galant
    Qui mieux que moi s'y entende.

(4) Qu'homme que moi ne vois plus puissant.

(5) Que s'il le tenait un an
    Que je le tinsse plus de cent.

(6) Dame la plus gente qui soit.

SUJET.
  Pois cill cui sui amaire,
  Qu'es LA GENSer qu'anc fos,
  Vol mi e mas chansos [1].
    GAUCELM FAIDIT : L'onratz.

  Merce, dona LA PLUS genta
  Que anc natz de maire vis [2].
    GIRAUD LE ROUX : Amors.

  Donx si com es LA GENSer qu'anc fos visa [3].
    ARNAUD DE MARUEIL : Tot quant.

RÉGIME.
  Blacas, d'aquest partimen
  Sai ieu chauzir LO MEILLOr [4].
    BLACAS : En Raimbaut.

  Quar am ni desire
  Del mon LA BELLAsor [5].
    BERN. DE VENTADOUR : Lanqu'an vei.

  Per bona fe e ses engan
  Am LA PLUS bella e LA MEILLOr [6].
    BERN. DE VENTADOUR : Non es meraveilla.

  Et ai m'amor messa, en mon joven,
  En la MELHor et en LA PLUS valen [7].
    BLACAS : Peire Vidals.

(1) Paisque celle dont je suis l'amant,
  Qui est la plus gente qui oncques fut,
  Veut moi et mes chansons.

(2) Merci, dame la plus gente
  Que oncques né de mère vit.

(3) Donc comme elle est la plus gente qui oncques fut vue.

(4) Blacas, de ce jeu-parti
  Sais je choisir le meilleur.

(5) Car j'aime et desire
  Du monde la plus belle.

(6) Par bonne foi et sans tromperie
  J'aime la plus belle et la meilleure.

(7) Et j'ai mon amour mise, en ma jeunesse,
  En la meilleure et en la plus prisée.

DEGRÉS DE COMPARAISON.

RÉGIME. De l'aigua que dels huels plor
Escriu salutz mai de cen
Que tramet A LA GENSor
E A LA PLUS avinen [1].

BERN. DE VENTADOUR : Era m.

Tan com la mars avirona,
N'ay triat, ses dig baduelh,
LA GENSor e LA PUS bona
C'oncas vezeson miey huelh [2].

PIERRE RAIMOND DE TOULOUSE : Pos lo prims.

PLUR. SUJ. Li port amor tan fin' e natural
Que tuit son fals ves mi LI PLUS leial [3].

BERN. DE VENTADOUR : Quan par la flors.

PLUR. RÉG. Dona genser DE LAS GENSors [4].

BLACASSET : Ben volgra.

Bella dompna, meiller DE LAS MEILLors [5].

GUILLAUME FIGUIERAS : En pessamen.

E sa beutaz es entre LAS GENSors
Genser aisi com entre foillas flors [6].

AIMERI : Totz hom que so.

(1)   De l'eau que des yeux je pleure
      J'écris saluts plus de cent
      Que je transmets à la plus gente
      Et à la plus avenante.

(2)   Tant comme la mer environne,
      J'en ai trié, sans dire hésitant,
      La plus gente et la plus bonne
      Qu'oncques vissent mes yeux.

(3)   Lui porte amour tant pure et naturelle
      Que tous sont faux auprès de moi les plus loyaux.

(4)   Dame plus gente que les plus gentes.

(5)   Belle dame, meilleure que les meilleures.

(6)   Et sa beauté est entre les plus gentes
      Plus gente ainsi comme entre feuilles la fleur.

Plur. rég. Car vos valetz LAS MEILL*ors* cen ¹.
RAMBAUD D'ORANGE : Mon chant.

C'una 'n sai qu'es DE LAS MELH*ors*
La meilher qu'anc dieus fezes ².
BERN. DE VENTADOUR : Ja mos chantars.

Quelquefois l'ER final, qui au singulier caractérise le sujet des termes de comparaison, se change en AIRE.

Car es del mon la BELL*aire* ³.
RAMBAUD D'ORANGE : Mon chant.

La meiller etz del mon e la BEL*aire* ⁴.
PERDIGON : Aissi cum selh.

Rarement le superlatif fut emprunté de la finale latine ISSIM*us*, mais il s'en trouve des exemples :

E fora genser la razos
Que s coitesso d'el loc cobrar
On per Melchior e Gaspar
Fon adoratz l'ALTISME tos ⁵.
PIERRE DU VILLAR : Sendatz.

(1) Car vous valez les meilleures cent.
(2) Qu'une j'en sai qui est des meilleures
La meilleure que jamais Dieu fit.
(3) Car elle est du monde la plus belle.
(4) La meilleure êtes du monde et la plus belle.
(5) Et serait plus convenable la raison
Qu'ils s'empressassent de le lieu recouvrer
Où par Melchior et Gaspar
Fut adoré le très-haut enfant.

CHAPITRE IV.

PRONOMS.

PRONOMS PERSONNELS.

1ere PERS.

	SINGULIER.		PLURIEL.
SUJET.	Ieu, eu, me, mi,	*je, moi,*	nos, *nous.*
RÉG. DIR.	Me, mi,	*moi,*	nos, *nous.*
RÉG. INDIR.	De me, de mi,	*de moi,*	de nos, *de nous.*
	A me, a mi, me, mi,	*à moi,*	a nos, *à nous.*

IEU, EU, ME, MI, *je, moi,* sujet.

> IEU conosc ben sen e folhor
> E conosc anta e honor [1].
> > COMTE DE POITIERS : Ben vuelh.

> Pois me preiatz, senhor,
> Qu'IEU chant, IEU chantarai [2].
> > BERN. DE VENTADOUR : Pos me preiatz.

> Et empero anc re non amiei tan;
> Mas, en dreg vos, EU non aus far semblan [3].
> > ARNAUD DE MARUEIL : Aissi cum selh.

---

(1) Je connais bien sens et folie
Et connais honte et honneur.

(2) Puisque me priez, Seigneur,
Que je chante, je chanterai.

(3) Et cependant oncques rien n'aimai tant;
Mais, envers vous, je n'ose faire apparence.

E s'auzes dire quar ME fos
Un ser, lai on se devestis [1].
>> ARNAUD DE MARUEIL : Bel m'es lo dos.

E veus sui al vostre plazer
MI e mos chans e mas tors [2].
>> BERTRAND DE BORN : S'abrils.

ME, MI, *moi*, régimes directs.

Saluderon ME francamen [3].
>> COMTE DE POITIERS : En Alvernhe.

Si MI ten pres s' amors e m'aliama [4].
>> BERN. DE VENTADOUR : Ben m'an.

Ar cum MI saup gent esgardar [5] !
>> BLACAS : Ar cum.

DE ME, DE MI, *de moi*, A ME, A MI, ME, MI, *à moi*,
régimes indirects.

Auiatz la derreira chanso
Que jamais auziretz DE ME [6].
>> GIRAUD le ROUX : Auiatz.

Dona, que cuiatz faire
DE MI que us am tan [7] ?
>> BERN. DE VENTADOUR : Can la doss' aura.

(1) Et si oyez dire pourquoi je fus
Un soir, là où elle se deshabille.
(2) E voici suis à votre plaisir
Moi et mon chant et mes tours.
(3) Saluèrent moi franchement.
(4) Ainsi me tient pris son amour et m'enlace.
(5) Alors comme me sut gentement regarder !
(6) Oyez la dernière chanson
Que jamais ouirez de moi.
(7) Dame, que cuidez faire
De moi qui vous aime tant ?

PRONOMS PERSONNELS.

Doncx, per que us metetz amaire,
Pus A ME laissatz tot lo mal?
Quar abdui no 'l partem egual [1]?
      RAMBAUD D'ORANGE : Amicx ab gran.

E, malgrat de malas genz,
Aus pensar so c'A MI plai [2].
      GIRAUD LE ROUX : A la mia.

A manjar ME deron capos [3].
      COMTE DE POITIERS : En Alvernhe.

Qu'el mon non ai amic que tan MI vailla [4].
      BERN. DE VENTADOUR : Per mielhs.

Respondetz MI; per cal razon
Reman que non avetz chantat [5]?
      BERN. DE VENTADOUR : Peyrols.

NOS, *nous*, sujet; NOS, *nous*, régime direct.

Domna, NOS trei, vos et ieu et amors [6].
      ARNAUD DE MARUEIL : L'ensenhamentz.

Volc NOS rezemer del sieu sanc [7].
      GAVAUDAN LE VIEUX : Patz.

---

(1) Donc, pour quoi vous mettez amant,
    Puisque à moi laissez tout le mal?
    Pourquoi tous deux ne le partageons égal?

(2) Et malgré de mauvaises gens
    J'ose penser ce qui à moi plait.

(3) A manger me donnèrent chapons.

(4) Qu'au monde n'ai ami qui tant à moi vaille.

(5) Répondez moi; pour quelle raison
    Reste-t-il que n'avez chanté?

(6) Dame, nous trois, vous et moi et l'amour.

(7) Voulut nous racheter du sien sang.

DE NOS, *de nous*, a nos, nos, *à nous*, rég. ind.

Malvestatz el mon tan gayssa,
Per que patz DE NOS s'avanta [1].
   BERN. ALAHAN DE NARBONNE : No puesc.

Mout hi fes gran A NOS amor
Dieus, quan venc en lieys humilmen
Per delir nostre faillimen [2].
   BERNARD D'AURIAC : Be volria.

Que dieus NOS dona tal conort
Qu'el segle fals, faillit et mort,
Nos traga patz per sa doussor [3].
   GAVAUDAN LE VIEUX : Patz.

2ᵉ PERS.	SINGULIER.		PLURIEL.	
SUJET.	Tu,	*toi*,	vos,	*vous.*
RÉG. DIR.	Tu, te, ti,	*toi*,	vos,	*vous.*
RÉG. INDIR.	De tu, de te, de ti,	*de toi*,	de vos,	*de vous.*
	A tu, a te, a ti, te, ti,	*à toi*,	a vos, vos,	*à vous.*

TU, *toi*, sujet.

Aital merce, com TU agest
De totz aquels que pendutz as,
TU, atretal la trobaras [4].
   ROMAN DE JAUFRE.

(1) Méchanceté le monde tant moleste,
 C'est pourquoi paix de nous s'éloigne.

(2) Beaucoup y fit grand à nous amour
 Dieu, quand vint en elle humblement
 Pour effacer notre faute.

(3) Que Dieu nous donne tel encouragement
 Qu'au siècle faux, déchu et mort,
 Nous amène paix par sa douceur.

(4) Telle merci, comme tu eus

PRONOMS PERSONNELS.

E poira 'l dir senes faidia
Qui moira : TU morist per me,
Vers dieus, et ieu soi mortz per te[1].
Pierre d'Auvergne : Lo senher.

TU, TE, TI, *toi*, régimes directs.

Amors, faras ja ren al mieu voler?
Per so, TE prec, TU c'o as en poder,
C'un pauc vas mi lo sieu coratge vires[2].
Arnaud de Marueil : Bel m'es lo dous.

Qu'eu no vei ren mas TU venir[3].
Roman de Jaufre.

« Ni non TI decebrai del castel de Drap[4]. »
Acte de 1075. Papon, Hist. de Provence, t. II, p. 459.

DE TU, DE TE, DE TI, *de toi*, régimes indirects.

Vas Malespina vai, chans,
Al pro Guillem qu'es prezans;
Qu'el aprenda DE TU los motz e 'l so[5].
Aimeri de Peguillan : Mantas ves.

De tous ceux que pendus as,
Toi, telle la trouveras.

(1) Et pourra lui dire sans tort
Celui qui mourra : tu mourus pour moi,
Vrai dieu, et je suis mort pour toi.

(2) Amour, feras-tu jamais rien au mien vouloir?
Pour cela, te prie, toi qui ce as en pouvoir,
Qu'un peu vers moi le sien cœur tournes.

(3) Que je ne vois rien que toi venir.

(4) « Et je ne te tromperai du château de Drap. »

(5) Vers Malespine va, chanson,
Au preux Guillaume qui est prisé;
Qu'il apprenne de toi les mots et le son.

Oc volentiers, so dis Jaufre,
Antz que m parta DE TE, l'auras 1.
ROMAN DE JAUFRE.

Qu'ar faza DE TI prezen
A leis don chant a presen 2.
BARTHELEMI ZORGI : Totz hom.

A TU, A TE, A TI, TE, TI, *à toi*, régimes indirects.

« Juram A TU Roger, fil d'Estephania 3. »
ACTE de 1137. Hist. du Languedoc, PR. t. II, col. 450.

« Jur A TE Guillelm de Montpesler 4. »
ACTE de 1122. Hist. du Languedoc, PR. t. II, col. 422.

« E aisi t'o tenrai A TI 5. »
ACTE de 1103. Hist. du Languedoc, PR. t. II, col. 363.

« A TI Raymun lo tolc 6. »
ACTE de 1075. PAPON, Hist. de Provence, t. II, p. 459.

E per que ? ai TE ren forfait 7 ?
ROMAN DE JAUFRE.

Na, fin' amors, fons de bontatz,
Merce TI clam, lai, no m'acus 8.
BERN. DE VENTADOUR : Pus mos coratges.

(1) Oui, volontiers, ce dit Jaufre,
Avant que je me sépare de toi, tu l'auras.
(2) Que maintenant fasse de toi présent
A elle dont je chante à-présent.
(3) « Jurons à toi Roger, fils de Stéphanie. »
(4) « Je jure à toi Guillaume de Montpellier. »
(5) « Et ainsi te le tiendrai à toi. »
(6) « A toi Raimond l'enlève. »
(7) Et pourquoi ? ai-je à toi rien forfait ?
(8) Dame, pur amour, fontaine de bontés,
Merci je te crie, hélas ! ne m'accuse pas.

vos, *vous*, sujet; vos, *vous*, régime direct.

> E vos es lo meus joys premiers
> E si seretz vos lo derriers 1.
> >BERN. DE VENTADOUR : Pel dos chan.
>
> E vos, amors, que m'avetz promes tan
> Vostre secors, ara us en sovengues 2.
> >GAUCELM FAIDIT : Anc no m parti.
>
> Dona, si no us vezon mei huelh,
> Ben sapchatz que mos cors vos ve 3.
> >BERN. DE VENTADOUR : Quan par.
>
> D'aisso m conort car anc no fis falhensa,
> Amics, vas vos, per nuilla captenensa;
> Ans vos am mais no fets Seguis Valensa 4.
> >COMTESSE DE DIE : A chantar.

DE VOS, *de vous*; A VOS, *à vous*, régimes indirects.

> Aisi pren DE VOS comjat 5.
> >COMINAL : Comtor d'Apchier.

---

(1) Et vous êtes le mien bonheur premier.
    Et si serez vous le dernier.

(2) Et vous, amour, qui m'avez promis tant
    Votre secours, à-présent vous en souvenez.

(3) Dame, si ne vous voient mes yeux,
    Bien sachez que mon cœur vous voit.

(4) De cela je m'encourage que oncques ne fis faute,
    Ami, vers vous, par aucune démarche;
    Mais vous aime plus que ne fit Seguin Valence.

(5) Ainsi je prends de vous congé.

Car DE vos sai, dona, que m ve
Tot cant ieu fas ni dic de be ¹.

ARNAUD DE MARUEIL : Dona genser.

E m dig en rizen :
Amicx, A vos mi ren ².

GAUCELM FAIDIT : Be m platz.

Mand e tramet salut A vos ³.

ARNAUD DE MARUEIL : Dona genser.

Qual vos par que sion maior
O li ben o li mal d'amor 4 ?

ALBERT MARQUIS : En Gaucelms.

Presque toujours la langue romane emploie vos, *vous*, en parlant à une seule personne.

3ᵉ PERS.   SINGULIER.   PLURIEL.
                         MASCULIN.

	SINGULIER		PLURIEL	
Suj.	el, elh, il,	*il*,	els, elhs, il, ill, ilh,	*eux, ils.*
R. DIR.	el, elh, lo, lui,	*le, lui*,	els, elhs, los, li,	*eux, les.*
R. IND.	d'el, d'elh, de lo, de li, de lui,	*de lui*,	d'els, d'elhs, de lor,	*d'eux.*
	a el, a elh⁵, li, lui, a li, a lui, il, ill,	*à lui, lui*,	els, a els, a elhs, a li, à lor, lor,	*à eux, leur.*

(1)   Car de vous je sais, dame, que me vient
      Tout autant que je fais et dis de bien.

(2)   Et me dit en riant :
      Ami, à vous me rends.

(3)   Je mande et transmets salut à vous.

(4)   Quels à vous parait que soient plus grands
      Ou les biens ou les maux d'amour ?

(5) A devant une voyelle reprend souvent le D originaire; ainsi on dit AD EL, AD ELLA. Quelquefois l'euphonie remplace le D par

PRONOMS PERSONNELS.

3ᵉ PERS.   SINGULIER.   PLURIEL.
                    FÉMININ.

SUJ.   ela, elha, ella, il, lei,   elas, elhas,
           leys,   *elle*,   ellas,   *elles*.
R. DIR. la, lei, leis, lieys, *la, elle,*   las,   *les.*
R. IND. d'ela, d'elha, d'ella, de   d'ellas, de
         li, de lei, d'ellei, de   lor,   *d'elles.*
         leys, d'elleis, de lieys, *d'elle,*
         a ella, a li, a lei,   a ellas, a lor,
           a leys,   *à elle,*   lor,   *à elles, leur.*

SE, SI, s'emploient au singulier et au pluriel soit comme sujets, soit comme régimes, et avec les prépositions DE et A.

EL, ELH, IL, *il*, sujet.

Qu'EL dona grantz dons volontiers
A joglars e a cavaliers ¹.
                    ROMAN DE JAUFRE.

Quar mos amics es lo plus gais,
Per qu'ieu sui coindeta e gaia ;
E pois ieu li sui veraia,
Be i s taing qu'EL me sia verais ².
              COMTESSE DE DIE : Ab joi.

un z ; ainsi, dans le roman de Jaufre, dont on a deux manuscrits, on lit dans l'un,

El pres enan AD anar.

Et dans l'autre,   AZ anar.

(1)   Qu'il donne grands dons volontiers
      A jongleurs et à chevaliers.
(2)   Car mon ami est le plus gai,
      Pour quoi je suis gentille et gaie;
      Et puisque je lui suis vraie,
      Bien à lui se convient qu'il me soit vrai.

11.

E ieu, dis EL, me defendrai [1].
ROMAN DE JAUFRE.

De czo que era a venir EL lor vay annunciar
Cossi EL devia morir e pois rexucitar [2].
LA NOBLA LEYÇON.

El nom de Dieu qu'es paire omnipotens,
Que s volc, per nos gandir, a mort livrar,
Fas sirventes, e prec li qu'EL m'ampar,
Si quon ELH es guitz e capdellamens,
Que no m nogon clercx ab fals mots forbitz [3].
GUILLAUME ANELIER : El nom de dieu.

Quar ELH era en tan ric loc pausatz
Qu'anc no nasquet tan desastrux de maire
Que lai no fos astrux totas sazos...
Mas ELH era sobre totz elegit [4].
GIRAUD DE CALANSON : Bel senher dieus.

Ni com IL es mal moilleratz [5].
GAUCELM FAIDIT : Perdigon.

Ab aitan IL gira la testa
Del bon destrier, vas cella part [6].
ROMAN DE JAUFRE.

(1) Et moi, dit-il, me défendrai.
(2) De ce qui était à venir il leur va annoncer,
Comment il devait mourir et puis ressusciter.
(3) Au nom de Dieu qui est père tout puissant,
Qui se voulut, pour nous sauver, à mort livrer,
Je fais sirvente, et prie le qu'il me défende,
Comme il est guide et chef,
Que ne me nuisent clercs avec de faux mots polis.
(4) Car il était en si puissant lieu placé
Que jamais ne naquit si malheureux de mère
Qui là ne fût heureux en toutes saisons....
Mais il était sur tous élu.
(5) Ni comme il est mal marié.
(6) Aussitôt il tourne la tête
Du bon dextrier, vers cette part.

EL, ELH, LO, LUI, *le*, régimes directs.

Mal li faran tug li plusor
Qu'EL veyran jovenet meschi [1].
Comte de Poitiers : Pus de chantar.

E Jaufre venc ves lui corrent
E troba 'L jasen estendut [2].
Roman de Jaufre.

Si Falco d'Angieus no 'LH secor [3].
Comte de Poitiers : Pus de chantar.

« Karles partiç se de sa compaynha, e anec ferir lo rei de Tudelha, aissi que ELH e 'lh caval fendec per mieg [4].
Philomena, fol. 59.

Alberguem LO tot plan e gen [5].
Comte de Poitiers : En Alvernhe.

« E tug cels qui auzian LUI, se meravilhavan sobre la savieza e sobre lo respost de lui [6]. »
Trad. du Nouv. Test. Luc, c. 2, v. 47.

---

(1)   Mal lui feront tous les plusieurs
  Qui le verront jouvencel mesquin.

(2)   Et Jaufre vint vers lui courant
  Et trouva lui gissant étendu.

(3)   Si Foulque d'Anjou ne le secourt.

(4) « Charles sépara soi de sa compagnie, et alla frapper le roi de Tudèle, de manière que LUI et le cheval il fendit par le milieu. »

(5)   Hébergeons le tout uniment et gentement.

(6) « Et tous ceux qui entendaient lui s'émerveillaient sur la sagesse et sur la réponse de lui. »

D'EL, D'ELH, DE LO, DE LI, DE LUI, *de lui*, rég. ind.
A EL, A ELH, LI, LUI, A LI, A LUI, IL, ILL, *à lui*, rég. ind.

E Estout es se D'EL lonjatz[1].
ROMAN DE JAUFRE.

« Lo message D'ELH s'en torriec[2]. »
PHILOMENA, fol. 43.

« Que non vendesson ad altre se a son fil oc que DE LO teniun[3]. »
ACTE de 1168. HIST. du Languedoc, PR. t. II, col. 607.

E la ley DE LI mot fort deguessan gardar[4].
LA NOBLA LEYÇON.

« Lo vescomte Frotard li recognog lo castel d'Eysena qu'el tenia DE LUI[5]. »
ACTE de 1135. Bosc, Mém. pour l'HIST. du Rouergue, t. III.

Sels que non an DE LUI temor[6].
BERNARD DE TOT LO MON : Be m'agrada.

Ja nuill marit non cal temer
De LUI, ni sa moiller gardar[7].
GARIN D'APCHIER : Mos Comunals.

« Tos temps lo rey de Fransa amatz, et AD ELH respondetz, et en apres a l'apostoli de Roma[8]. »
PHILOMENA, fol. 33.

---

(1) Et Estout est soi de lui éloigné.
(2) « Le messager de lui s'en retourna. »
(3) » Que ne vendissent à autre si non à son fils cela que de lui tenaient. »
(4) Et la loi de lui très-fort dussent garder.
(5) « Le vicomte Frotard lui reconnait le château d'Eysene qu'il tenait de lui. »
(6) Ceux qui n'ont de lui crainte.
(7) Jamais nul mari ne daigne craindre
De lui, ni sa femme garder.
(8) « En tous temps le roi de France aimez, et à lui obéissez, et après ce à l'apôtre de Rome. »

« Et adonc Karles querelec se ad ᴇʟʜ delh abbat de Sorese et del abbat de Galhac et de trops d'autres, quar no ʟɪ eran vengutz a secors al seti de Narbona 1. »

Philomena, fol. 66.

« Pres se a clamar e baysar los pes de Karle, contan ᴀᴅ ᴇʟʜ co 'l abbat e 'lh prior claustrier ʟɪ avian tout elh moli 2. »

Philomena, fol. 41.

Merce quier a mon companho;
S' anc ʟɪ fi tort, que lo m perdo 3.

Comte de Poitiers : Pus de chantar.

Obediensa deu portar
A motas gens, qui vol amar;
E conven ʟɪ que sapcha far
Faigs avinens 4.

Comte de Poitiers : Pus vezem.

Lor segnor habandoneron, non donant ᴀ ʟɪ honor 5.

La nobla Leyçon.

Del vescomte mo senhor mi desplay
De Brunequelh tot so qu'ᴀ ʟᴜɪ non play 6.

Bernard de tot lo mon : Be m'agrada.

---

(1) « Et alors Charles plaignit soi à lui de l'abbé de Sorese et de l'abbé de Galhac et de plusieurs autres, parce qu'ils ne lui étaient venus à secours au siége de Narbonne.

(2) « Prit soi à crier et baiser les pieds de Charles, contant à lui comment l'abbé et le prieur cloîtrier lui avaient ôté le moulin. »

(3) Merci demande à mon compagnon;
Si oncques lui fit tort, qu'il le me pardonne.

(4) Obéissance doit porter
A plusieurs gens, qui veut aimer;
Et convient à lui que sache faire
Faits avenants.

(5) Leur seigneur abandonnèrent, ne donnant à lui honneur.

(6) Du vicomte de Brunequel mon seigneur, me déplait
De Brunequel tout ce qui à lui ne plait.

Mortz eravam tug, si Dieus no muris,
Per qu'A LUY plac son cors en crotz estendre 1.
BERN. D'AURIAC: Be volria.

Col parpaillos q'a tan folla natura
Que s met el fuoc per la clardat que IL lutz 2.
FOLQUET DE MARSEILLE: Sitot me soi.

Mas cel que pert no ILL par joia 3.
BERTRAND DE BORN: Arai sai eu.

Al semblan del rei Ties,
Quan l'ac vencut l'emperaire,
E ILL fetz tirar, quan l'ac pres,
Sa carret' e son arnes 4.
GAUCELM FAIDIT: Al semblan.

E fols qui trop es guardaire
D'aisso que no ILL taing n'ILL cove 5.
ELIAS DE BARJOLS: Ben deu hom.

ELS, ELHS, IL, ILL, ILH, *eux, ils*, sujets.

Aissi 'ls gart dieus de mal e de pezansa,
Com ELS non an ni erguelh ni bobansa 6.
BERTRAND CARBONEL: Per espassar.

(1) Morts étions tous, si Dieu ne fût mort,
Pour quoi à lui plut son corps en croix étendre.

(2) Comme le papillon qui a tant folle nature
Qu'il se met au feu par la clarté qui lui luit.

(3) Mais celui qui perd ne lui paraît joie.

(4) A la similitude du roi Thyois,
Quand l'eut vaincu l'empereur,
Et lui fit tirer, quand il l'eut pris,
Son char et son harnois.

(5) Et fol qui trop est gardien
De cela qui ne lui importe ni lui convient.

(6) Ainsi les garde Dieu de mal et de chagrin,
Comme ils n'ont ni orgueil ni luxe.

De foras ELS lo van menar,
Comenson a lo lapidar [1].
PLANCH DE SANT ESTEVE.

E prezicon la gens, la nueg e 'l dia,
Que non aion enveya ni talen
De nulla ren, mas ges ELHS non an sen,
E devedon renou e raubaria,
E ELHS fan lo, e d'elhs pren hom la via [2].
PONS DE LA GARDE : D'un sirventes.

IL van disen qu'amors torna en biais [3].
BERN. DE VENTADOUR : Quant la fuelha.

Qu'ILL se paisson e se van sejornan,
E vos enduratz fam, set, et ILL stan [4].
BERTRAND DE BORN : Ara sai eu.

Ma cant ILH peccavan e faczian malament,
ILH eran mort e destruit e pres de l'autra gent [5].
LA NOBLA LEYÇON.

ELS, ELHS, LOS, LI, *eux*, *les*, régimes directs.

E no 'LS puesc tener amdos,
Que l'us l'autre no cossen [6].
COMTE DE POITIERS : Companho.

(1) Dehors ils le vont mener,
Commencent à le lapider.

(2) Et prêchent la gent, la nuit et le jour,
Que n'aient envie ni desir
De nulle chose, mais point ils n'ont sens,
Et défendent reniement et volerie,
Et eux font le, et d'eux prend on la voie.

(3) Ils vont disant qu'amour tourne en biais.

(4) Qu'eux se repaissent et se vont reposant,
Et vous endurez faim, soif, et eux restent.

(5) Mais quand ils péchaient et faisaient méchamment,
Ils étaient tués et détruits et pris de l'autre gent.

(6) Et ne les puis tenir tous deux,
Vu que l'un l'autre ne consent.

Amicx, mostra m'isnelement
Los cavaliers, car ieu sai son
Per ELS desliurar de preison [1].
ROMAN DE JAUFRE.

E perdon Dieu qu'ELS ten totz en bailia [2].
PONS DE LA GARDE : D'un sirventes.

E d'autrui joi LOS vei devinadors [3].
BERN. DE VENTADOUR : Quant la fuelha.

Doncx, dis Jaufre, totz LOS veirai,
E poisas desliurar LOS ai;
Car no s taing que vos LOS tengatz [4].
ROMAN DE JAUFRE.

Que lo rey de Babelonia LI met en sa prison [5].
LA NOBLA LEYÇON.

D'ELS, D'ELHS, DE LOR, *d'eux*; ELS, A ELS, A ELHS, LOR, A LOR, *à eux, leur*, régimes indirects.

Per so devetz, senher dieus, per dreitura,
A quasqun D'ELS esser vers perdonans [6].
AIMERI DE PEGUILLAN : S'ieu anc chantei.

Pois part se D'ELS coichosament [7].
ROMAN DE JAUFRE.

(1) Ami, montre moi promptement
Les chevaliers, car je ici suis
Pour eux délivrer de prison.

(2) Et perdent Dieu qui les tient tous en puissance.

(3) Et d'autrui joie les vois calomniateurs.

(4) Alors, dit Jaufre, tous les verrai,
Et puis délivrerai eux;
Car non il convient que vous les teniez.

(5) Que le roi de Babylone les met en sa prison.

(6) Pour cela devez, seigneur dieu, par justice,
A chacun d'eux être vrai pardonnant.

(7) Puis sépare soi d'eux hâtivement.

Qu'estiers nuls D'ELS no s'en poiran defendre[1].
BERTRAND DE BORN : Ar ven la.

« Avetz fayt aitalh vengament D'ELHS[2]. »
PHILOMENA, fol. 44.

Ni d'autra part no vazan entenden
Qu'aiso diga per doptansa DE LOR[3].
BERTRAND CARBONEL : Per espassar.

E selhs qu'auran de mi tort e peccat,
Ses falhimen, que no 'LS er perdonat,
Cayran lains el foc d'ifern arden[4].
FOLQUET DE ROMANS : Quan lo dous temps.

« Comtec a Karle en quina manieyra avian faytas lurs fassendas, ni co 'LS era endevengut[5].
PHILOMENA, fol. 79.

Car ma perda es razos qu'A ELS dueilla[6].
BONIFACE CALVO : S'ieu ai perdut.

E qui per els s'esmaya
Ni, a son tort, AD ELS fugir s'asaya,
S'ieu no l'aussisc, jamais no jassa be[7].
BONIFACE DE CASTELLANE : Sitot no m'es.

---

(1) Que même nul d'eux ne s'en pourront défendre.

(2) Avez fait telle vengeance d'eux.

(3) Et d'autre part n'aillent entendant
Que ceci je dise par crainte d'eux.

(4) Et ceux qui auront de moi tort et péché,
Sans manquement, vu que non à eux sera pardonné,
Tomberont léans au feu d'enfer ardent.

(5) « Il conta à Charles en quelle manière ils avaient fait leurs affaires, et comme leur était arrivé. »

(6) Car ma perte est raison qu'à eux peine.

(7) Et qui par eux s'effraye,
Et, à son tort, à eux fuir s'essaye,
Si je ne l'occis, que jamais je ne gisse bien.

« E l'arssevesque Turpi dix a Karle : Seynher, se a vos platz, ieu hi irey AD ELHS¹.
PHILOMENA, fol. 18.

Qu'A LOR non platz donars ni messios,
Ni LOR platz res que taigna a cortesia,
Mas A LOR platz quand ajoston l'argen².
BERTRAND DU PUGET : De Sirventes.

Lo mal qu'els fan perdona LOR³.
PLANCH DE SANT ESTEVE.

En Proenza tramet joi e salutz,
E mais de ben qu'ieu no vos sap retraire,
E fatz esfortz, miraclas e vertutz;
Car ieu LOR man de so don non ai gaire⁴.
BERN. DE VENTADOUR : Ben m'an perdut.

ELA, ELLA, ELHA, IL, ILH, ILL, LEI, LIEIS, LIEYS, *elle*, sujet.

Ieu am la plus debonaire
Del mon, mais que nulla re;
Mas ELA no m'ama gaire⁵.
BERN. DE VENTADOUR : Amors que vos.

(1) « Et l'archevêque Turpin dit à Charles : Seigneur, si à vous plait, je là irai à eux. »
(2) Qu'à eux ne plait donner ni largesse,
     Ni leur plait rien qui convienne à courtoisie,
     Mais à eux plait quand amassent l'argent.
(3) Le mal qu'ils font pardonne leur.
(4) En Provence je transmets joie et saluts,
     Et plus de bien que je ne vous en sais retracer,
     Et fais efforts, miracles et merveilles;
     Car je leur envoie de ce dont je n'ai gueres.
(5) J'aime la plus débonnaire
     Du monde, plus que nulle chose;
     Mais elle ne m'aime gueres.

Anc eu, ni autre, no il o dis,
Ni ELLA no saup mon talen [1].
    PIERRE ROGIERS : Per far esbaudir.

Seigner, per crist no us sai dir,
Dis ELLA, ni sai on se sia [2].
    ROMAN DE JAUFRE.

Mas un sol jorn volgra qu'ELHA sentis
Lo mal qu'ieu trai per lyeis sers e matis [3].
    PEYROLS : De ben soi.

IL m'encolpet de tal re
Don mi degra venir graz [4].
    BERN. DE VENTADOUR : Conortz.

Qu'en aissi sap d'avinen far e dir,
Ab pur plazer, tot so qu'IL ditz ni fai,
C'om no pot mal dire senes mentir [5].
    ARNAUD DE MARUEIL : Aissi col peis.

Ricx hom sui s'ILH me ten en gaug,
Mas ieu no sai per que m viva
S'ILH enten e pueys non a sonh [6].
    RAMBAUD D'ORANGE : Un vers farai.

(1) Oncques je, ni autre, ne lui cela dis,
     Et elle ne sut mon desir.
(2) Seigneur, par le Christ ne vous sais dire,
     Dit elle, ni ne sais où elle soit.
(3) Mais un seul jour voudrais qu'elle sentît
     Le mal que j'éprouve par elle soirs et matins.
(4) Elle m'inculpa de telle chose
     Dont me devrait venir gré.
(5) Qu'ainsi sait agréablement faire et dire,
     Avec pur plaisir, tout ce qu'elle dit et fait,
     Qu'on ne peut mal dire sans mentir.
(6) Puissant homme suis si elle me tient en joie,
     Mais je ne sais pour quoi je vivrais
     Si elle entend et puis n'a soin.

Tan atendrai aman
Tro morrai merceyan,
Pus ILH vol qu'aissi sia [1].

BLACAS : Lo bel dous.

Car am la bellasor,
Et ILL me, qu'ieu o sai [2].

BERN. DE VENTADOUR : Pos me preiatz.

E farai ho, al mieu viven,
Que d'al re no sui amaire;
Car ieu cre qu'ILL a bon talen
Ves mi, segon mon veiaire [3].

RAMBAUD D'ORANGE : Mon chant.

Car so m veda don mi det aondansa
LEIS qu'es gaya, cortes', e gen parlans [4].

RAMBAUD DE VAQUEIRAS : Era m requier.

Com que mos chans sia bos,
O qui qu'el chan ni l'aprenha,
LIEYS de cui fas mas chansos
No fai semblan qu'en retenha [5].

GAUCELM FAIDIT : Com que.

(1) Tant attendrai en aimant
 Jusqu'à ce que je mourrai en criant merci,
 Puisqu'elle veut qu'ainsi soit.

(2) Car j'aime la plus belle,
 Et elle moi, vu que je le sais.

(3) Et ferai cela, à mon vivant,
 Vu que d'autre chose ne suis amant;
 Car je crois qu'elle a bonne volonté
 Envers moi, selon mon avis.

(4) Car cela me défend dont me donna abondance
 Elle qui est gaie, courtoise, et gentement parlant.

(5) Comme que mon chant soit bon,
 Ou quiconque le chante et l'apprenne,
 Elle de qui je fais mes chansons
 Ne fait semblant qu'elle en retienne.

PRONOMS PERSONNELS.

Comme sujets ou régimes, avec ou sans prépositions, l'on disait et l'on écrivait indifféremment :

>Ela, ella, elha.
>Il, ill, ilh.
>Lei, leis, lieis, lyeis, lieys.

En général, ces légères dissemblances provenaient du système d'orthographe que les copistes adoptaient, ou des variétés de la prononciation modifiée selon les pays.

LA, LEI, LEIS, LIEYS, *la, elle*, régime direct.

>Anc no LA vi et am LA fort[1].
>>COMTE DE POITIERS : Farai un vers.

>Cant ieu LA cug ades trair per amia,
>Adoncx LA truep pus salvatg' e peior[2].
>>ALBERTET : En amor truep.

>Ges no m recre d'amar LEIS tan ni quan[3].
>>GAUCELM FAIDIT : Ara cove que.

>En re non am mas LIEYS cui amar suelh,
>Ni ja nulh temps autra non amarai,
>E sai e-cre que lieys aman morrai[4].
>>PONS DE LA GARDE : Farai chanso.

---

(1)   Oncques ne la vis et aime la fort.
(2). Quant je la pense à-présent entraîner pour amie,
      Alors la trouve plus sauvage et pire.
(3)   Point ne me lasse d'aimer elle tant ni quant.
(4)   En rien je n'aime excepté elle que aimer ai coutume,
      Et jamais nul temps autre n'aimerai,
      Et sais et crois qu'elle en aimant mourrai.

D'ELA, D'ELHA, D'ELLA, DE LI, DE LEI, D'ELLEI, DE LEYS,
D'ELLEIS, DE LIEYS, *d'elle*, rég. indir.

A ELA, AD ELHA, A ELLA, ILL, ILH, LI, LEI, LIEIS,
A LEIS, A LIEIS, *à elle*, rég. indir.

Quar si us ditz oc, mielhs vos tenrez per fi;
E si us ditz no, tenetz vostre cami;
Qu'el cor D'ELA a tan prim e volven
Que non es hom, e sapchatz no us en men,
Que ja en pogues aver amor segura[1].

GUILLAUME CABESTAING: Assatz es dreitz.

« El restituiria tot so que avia avut D'ELHA[2]. »

PHILOMENA, fol 43.

Pero tan mi plai
Quan DE LI me sove[3].

BERN. DE VENTADOUR: Pos me.

E m meraveill DE LEI, on es honors,
Beltatz e sens, que no i sia amors[4].

GAUCELM FAIDIT: Tant ai sofert.

(1) Car si elle vous dit oui, mieux vous tiendrez pour assuré;
Et si elle vous dit non, tenez votre chemin;
Vu qu'au cœur d'elle y a tant léger et changeant
Que n'est homme, et sachez que ne vous en mens,
Qui jamais en pût avoir amour sûre.

(2) « Il restituerait tout ce que il avait eu d'elle. »

(3) Pourtant tant me plaît
Quand d'elle me souvient.

(4) Et je m'émerveille d'elle, où est honneur,
Beauté et sens, que ne y soit amour.

PRONOMS PERSONNELS.

  Ma rasos camja e vira,
  Mas ieu ges D'ELLEI no m vir [1].
     BERN. DE VENTADOUR : Bel m'es quan eu vei.

No posc mal dir DE LEIS, car no hi es [2].
     BERN. DE VENTADOUR : Ben m'an.

Qu'ieu D'ELLEIS no m loing ni m desvai;
  C'aissi fos il mia,
Com ieu l'am totz jorns miels e mai [3]!
     ELIAS DE BARJOLS : Una valenta.

No vuelh esser ni reis, ni emperaire,
Per que DE LIEIS partis mon pessamen;
No soi ben rix, s'ieu am ben finamen [4]!
     PEYROLS : Ben dei chantar.

  Razon e mandamen
  Ai DE LIEIS on m'aten
  De far gaia chanso [5].
     GAUCELM FAIDIT : Razon.

« Ditas que hac Karles sas paraulas AD ELHA, Orionda li va respondre [6]. »
     PHILOMENA, fol. 103.

---

(1) Ma raison change et tourne,
   Mais je point d'elle ne me tourne.
(2) Ne puis mal dire d'elle, parce qu'il n'y est.
(3) Que je d'elle ne m'éloigne ni me envais;
    Qu'ainsi fût elle mienne,
   Comme je l'aime tous jours mieux et plus !
(4) Ne veux être ni roi, ni empereur,
   Moyennant que d'elle séparasse ma pensée;
   Ne suis-je bien puissant, si j'aime bien tendrement !
(5) Raison et commandement
   J'ai d'elle où j'aspire
   De faire gaie chanson.
(6) « Dites que eut Charles ces paroles à elle, Orionde lui va répondre.

E gart lo ben e gen, quar AD ELHA s'eschai
Que, sitot ilh val pro, tos temps en valra mai[1].
    BERTRAND D'ALAMANON : Molt m'es grev.

Sueffra que ILL serf a rescos humilmen[2].
    PONS DE CAPDUEIL : Ges per la.

E tan la dopt e la reblan,
Que de re no l'auze preyàr,
Ni re no 'LH dic ni no 'LH deman[3].
    BERN. DE VENTADOUR : Quant erba,

Gran talen ai qu'un baisar
Li pogues tolre o emblar :
E si pueis s'en iraissia,
Volentiers lo LI rendria[4].
    PEYROLS : Del seu tort.

Amor blasmon, per non saber,
Fola gens, mas lei non es dans[5].
    BERN. DE VENTADOUR : Chantars no pot.

Un gai descort tramet LIEIS cui dezir[6].
    PONS DE CAPDUEIL : Un gai descort.

---

(1)   Et garde le bien et gentement, car à elle il échoit
   Que, quoique lui vaille assez, tous temps en vaudra davantage.

(2)   Souffre que je lui serve à cachette humblement.

(3)   Et tant la crains et la flatte,
   Que de rien ne l'ose prier,
   Ni rien ne lui dis ni ne lui demande.

(4)   Grand desir j'ai qu'un baiser
   Lui pusse prendre ou voler :
   E si puis elle s'en fâchait,
   Volontiers le lui rendrais.

(5)   Amour blâment, par non savoir,
   Fole gent, mais à elle n'est dommage.

(6)   Un gai descort je transmets à elle que je desire.

PRONOMS PERSONNELS.

« Per aquest do deu far om son aniversari A LEIS [1]. »
ACTE de 1090. HIST. du Languedoc, PR. t. II, col. 285.

Sos homs plevitz e juratz
Serai ades, s' A LEIS platz [2].
ALPHONSE II, ROI D'ARAGON : Per mantas.

Qu'ades ses lieis dic A LIEIS cochos mots;
Pois can la vei, no sai, tan l'am, que dire [3].
ARNAUD DANIEL : Sols sui que.

ELAS, ELHAS, ELLAS, *les*, sujet; LAS, régime direct.

Anz sostengra tan gran pena
Qu'ELAS nos feiran tan d'onor,
Qu'anz nos pregaran que nos lor [4].
BERN. DE VENTADOUR : Amicx Bernartz.

Las tres dompnas a cui eu te presen,
Car ELHAS tres valon ben d'autras cen [5].
FOLQUET DE MARSEILLE : Tan m'abellis.

E se ELLAS son en obeziensa,
Ieu sui sai fors qui 'n trac penedenza [6].
BLACASSET : S' el mals d'amor.

(1) « Pour ce don doit faire on son anniversaire à elle. »
(2)   Son homme pleige et juré
    Serai toujours, si à elle plaît.
(3)   Que toujours sans elle dis à elle rapides mots;
    Puis quand la vois, ne sais, tant l'aime, que dire.
(4)   Mais supporterais si grande peine
    Qu'elles nous feraient tant d'honneur,
    Qu'avant à nous prieraient que nous à elles.
(5)   Les trois dames à qui je te présente,
    Car elles trois valent bien d'autres cent.
(6)   Et si elles sont en obédience,
    Je suis ça dehors qui en traîne pénitence.

C'aissi com LAS suelh captener
En aissi LAS descaptenrai [1].

BERN. DE VENTADOUR: Quan vei la laudeta.

DE LOR, LOR, *d'elles, leur;* A LOR, LOR, *à elles,*
régimes indirects.

Per qu'ieu serai a las donas salvatge,
E no cug hom que jamais chan DE LOR [2].

ALBERTET: En amor truep.

Bernartz, so es desavinen
Que dompnas preguen; anz cove
Qu'om las prec e LOR clam merce [3].

BERN. DE VENTADOUR: Amicx Bernartz.

SE, *il, lui, elle, ils, eux, elles, se, soi,* sujets;
SE, SI, *se, soi,* régimes directs; DE SE, DE SI, *de soi;*
A SE, A SI, *à soi,* régimes indirects.

SING. SUJ. Mas ja nulh temps, si vivia mil ans,
No lo y dirai, si no 'l SE vol entendre [4].

PONS DE LA GARDE: Sitot no m'ai.

PLUR. SUJ. Totas las dopt e las mescre,
Que ben sai qu'atretals SE son [5].

BERN. DE VENTADOUR: Quan vei la laudeta.

(1) Qu'ainsi comme les ai coutume obéir
De même les désobéirai.

(2) Pour quoi je serai aux dames sauvage,
Et ne cuide on que jamais je chante d'elles.

(3) Bernard, c'est inconvenant
Que dames prient; au contraire convient
Qu'on les prie et leur crie merci.

(4) Mais jamais en aucun temps, si je vivais mille ans,
Ne le y dirai, si ne le elle veut entendre.

(5) Toutes les crains et les mécrois
Vu que bien sais que semblables elles sont.

PRONOMS PERSONNELS.

S. RÉG. DIR. Ben es fols qui en vos SE fia [1].
    BERN. DE VENTADOUR : Tuit selhs.

 Que qui autrui vol encolpar
 Dregs es que SI sapcha guardar [2].
    BERN. DE VENTADOUR : Pus mos coratges.

 Pero tan fort si fai temer
 Qu'ieu no l'aus vezer ni auzir [3].
    GAUCELM FAIDIT : Ben a amors.

RÉG. IND. El serventz l'estrein e l'enbrassa
 Si que non a DE SE poder [4].
    ROMAN DE JAUFRE.

 Mas dieus vos a mandatz A SE venir [5].
    AIMERI DE BELLINOI : Ailas ! per que.

 Que quant vei la bella
 Que m soli' acuelhir,
 Aras no m'apella
 Ni m fai A SI venir [6].
    BERN. DE VENTADOUR : Lanquan vei la fuelha.

P. RÉG. DIR. Per cui si salvon peccador [7].
    BERNARD D'AURIAC : Be volria.

---

(1) Bien est fou qui en vous se fie.
(2) Que qui autrui veut inculper
  Droit est que se sache garder.
(3) Pourtant si fort se fait craindre
  Que je ne l'ose voir ni ouir.
(4) Le servant l'étreint et l'embrasse
  Tellement que n'a de soi pouvoir.
(5) Mais Dieu vous a mandés à soi venir.
(6) Que quant vois la belle
  Qui me avait coutume accueillir,
  Maintenant ne m'apelle
  Ni me fait à soi venir.
(7) Par qui se sauvent les pécheurs.

>Et quan totz despoillatz SE son....
>E son SE mes de genoillos [1].
>>ROMAN DE JAUFRE.

SE est quelquefois employé pour A SE en régime indirect.

>Que tuit rompon s lor vestiduras [2].
>>ROMAN DE JAUFRE.

Souvent il est pris dans un sens neutre et impersonnel avec les verbes.

>Queque m comandetz a faire
>Farai qu'en aissi SE cove [3].
>>BERN. DE VENTADOUR: Amors, que vos es.

« Endevenc SE que Thomas ajustet un jor sos compaynhos [4]. »   PHILOMENA, fol. 38.

Quelquefois il signifie ON; j'en donnerai des exemples, quand je traiterai de ce pronom indéfini.

>EN, NE, *de lui, d'eux, d'elle, d'elles, en:*
>I, Y, HI, *à lui, à eux, à elle, à elles, y.*

Quoique EN et NE dérivés d'INDE, et I, Y, ou HI, dérivés d'IBI, ne dussent remplacer le pronom qu'autant qu'ils désigneraient les choses inanimées, la langue romane en fait pourtant usage au singulier et au pluriel, au masculin

---

(1) Et quand tous dépouillés se sont....
Et sont soi mis à genoux.

(2) Que tous déchirent à soi leurs vêtements.

(3) Quoique me commandiez à faire,
Ferai vu qu'ainsi il convient.

(4) « Arriva il que Thomas assembla un jour ses compagnons. »

PRONOMS PERSONNELS. 183

et au féminin, pour désigner les personnes; et ils tiennent lieu des pronoms mêmes.

EN, NE, 'N, N', *en*.

SING.   E mos cor li perdona;
Car tan la sai belh' e bona
Que-tut li mal m'EN son bon¹.
BERN. DE VENTADOUR : Bes m'es quan eu vei.

Mon coratge no s pot partir de vos;
Ans en durmen me vir mantas sazos,
Qu'ieu joc e ri ab vos, e 'N sui jauzire².
ARNAUD DE MARUEIL : Aissi com selh.

E m dig en rizen :
« Amicx, a vos mi ren,
« E faitz EN so que us plaia³.
GAUCELM FAIDIT : Be m platz.

Quecx cuiatz bon' amig' aver,
Sol so qu'EN veiretz ne crezetz;
Que cuiars fa 'l savi cazer,
Si sens no lo declara⁴.
GAVAUDAN LE VIEUX : Ieu no sui.

(1) Et mon cœur lui pardonne;
Car tant la sais belle et bonne
Que tous les maux m'en sont bons.

(2) Mon cœur ne se peut séparer de vous;
Ains en dormant me tourne maintes fois,
Vu que je joue et ris avec vous, et en suis jouissant.

(3) Et me dit en riant :
« Ami, à vous me rends,
« Et faites en ce qui vous plaît.

(4) Quiconque croyez bonne amie avoir,
Seulement ce qu'en verrez en croyez;
Vu que imaginer fait le sage tomber,
Si sens ne le déclare.

PLUR.   Per merce prec als amadors
        Chascus per si cossir e pes
        Del segle, com es enveios,
        E quan pauc n'i a de cortes [1].
            BERN. DE VENTADOUR : Ja mos chantars.

        Qu'una 'N sai qu'es de las melhors
        La meiller qu'anc dieus fezes [2].
            BERN. DE VENTADOUR : Ja mos chantars.

        E per domnas ai ja vist ieu
        A manht hom despendre lo sieu;
        E ai NE vist amat ses dar,
        E mal volgut ab molt donar [3].
            GUILLAUME ADHEMAR : Ieu ai ja.

« Cant los ausiro aissi cridar ni plorar, pres lor NE pietat [4]. »
                            PHILOMENA, fol. 6.

I, Y, HI, *à lui, à elle,* etc.

SING.   E pois ieu li sui veraia,
        Be i s taing q' el me sia verais [5].
            COMTESSE DE DIE : Ab joi et ab joven.

(1) Par merci je prie les amants
    Que chacun par soi considère et pense
    Du siècle, comme il est envieux,
    Et combien peu en y a de courtois.
(2) Qu'une en sais qui est des meilleures
    La meilleure que jamais Dieu fît.
(3) Et pour dames ai deja vu moi
    A maint homme dépenser le sien;
    Et j'en ai vu aimé sans donner,
    Et mal voulu avec beaucoup donner.
(4) « Quand les ouirent ainsi crier et pleurer, prit leur en pitié. »
(5) Et puisque je lui suis vraie,
    Bien à lui il convient qu'il me soit vrai.

SING. « Matran.... va li transmetre message que li retes sa molher, e Karles va li respondre que elh no la Y avia touta, per que no la Y retria, mais lo creator del mon la Y avia touta, que li donec voluntat e cor e sen de bateyar, et elh la Y avia donada, per que no la Y retria [1]. »

PHILOMENA, fol. 94.

Pos.... a lei non ven a plazer
Qu'ieu l'am, jamais no lo Y dirai [2].

BERN. DE VENTADOUR : Quan vei la laudeta.

Domna, no puesc de vos lauzar mentir,
Que tot lo bes HI es qu'en puesc hom dir [3].

BERENGER DE PALASOL : Aital dona.

PLUR. Per qu'ieu serai a las donas salvatge....
Et ai aussat lur pretz e lur valor;
Aras no Y truep mas destric e dampnatge;
Gardatz si dei hueimay chantar d'amor [3].

ALBERTET : En amor truep.

Quelquefois les pronoms personnels reçoivent l'adjonction d'autres pronoms, tels que EIS, MEZEYS, etc., ALTRES,

---

(1) « Matran.... va lui transmettre message pourquoi lui retenait sa femme, et Charles va lui répondre que il ne la lui avait prise, c'est pourquoi ne la lui rendrait, mais le créateur du monde la lui avait prise, qui lui donna volonté et cœur et sens du baptiser, et il la lui avait donnée, c'est pourquoi ne la lui rendrait.

(2)   Puisque.... à elle ne vient à plaisir
      Que je l'aime, jamais ne le lui dirai.

(3)   Dame, ne puis de vous louer mentir,
      Vu que tout le bien y est qu'en peut on dire.

(4)   C'est pourquoi serai aux dames sauvage....
      Et ai haussé leur prix et leur valeur;
      Ores n'y trouve que chagrin et dommage;
      Regardez si je dois désormais chanter d'amour.

même, *autres;* et l'effet de ces pronoms adjoints est de communiquer aux pronoms personnels une force explétive qui ajoute à l'affirmation individuelle.

Sing.   M'enfoletis e m tolh si mon albir
Qu'aver non puesc de MI EYS retenensa 1.
GIRAUD LE ROUX : A lei de bon.

Qu'ELH EIS dieus, senes fallida,
La fetz de sa eissa beutatz 2.
GUILLAUME DE CABESTAING : Aissi com cel.

C'om coill maintas vetz los balais
Ab qu'EL MEZEIS se balaya 3.
COMTESSE DE DIE : Ab joi.

De SE MEZEIS nos fe do,
Quan venc nostres tortz delir 4.
FOLQUET DE MARSEILLE : Hueimais.

Plur.   Vill ves ELHS EYS, vil ves segle e ves Dieu 5.
DURAND DE CARPENTRAS : Un sirventes.

E son ves ELS MEZEIS trachor
Li ric malvat, per qu'els azir 6.
FOLQUET DE ROMANS : Tornat es.

(1) Elle m'affole et m'ôte tellement ma pensée
Qu'avoir ne puis de moi-même retenue.

(2) Que lui-même Dieu, sans manquement,
La fit de sa propre beauté.

(3) Qu'homme cueille maintes fois les verges
Avec quoi lui-même se fouette.

(4) De soi-même nous fit don,
Quand vint nos torts effacer.

(5) Vils envers eux-mêmes, vils envers le siècle et envers Dieu.

(6) Et sont envers eux-mêmes traîtres
Les puissants méchants, c'est pourquoi les hais.

Le pronom indéterminé ALTRE, se joint seulement aux pronoms personnels NOS et VOS.

« Et afermi que mays valh Mahomet que ton Xrist loqual VOS AUTRES adoratz [1]. »   PHILOMENA, fol. 83.

« La regina va lor dir : Qui etz ni qualhs VOS AUTRES [2]? »
PHILOMENA, fol. 64.

Tels sont les pronoms personnels de la langue romane; mais ce que j'en ai dit serait imparfait, si je ne faisais connaître que plusieurs de ces pronoms deviennent souvent affixes, c'est-à-dire qu'ils perdent leur voyelle finale ou intérieure, et qu'après cette apocope ou cette contraction, ils sont attachés, FIXÉS au mot qui les précède, et qui presque toujours est terminé par une voyelle, de manière qu'on doit les confondre dans la prononciation.

Ainsi, M, T, S, NS, US, représentent ME, MI, TE, TI, SE, SI, NOS, VOS.

M.   No sai en qual guiza M fui natz [3].
   COMTE DE POITIERS : Farai un vers.

Si M destreignetz, domna, vos et amors,
Qu'amar no us aus ni no m'en puesc estraire...
Donc ben sui fols, quar no M recre
D'amar lieys, quar be M par folhors [4],

---

(1) « Et affirme que plus vaut Mahomet que ton Christ lequel vous autres adorez. »

(2) « La reine va leur dire : Qui êtes et quels vous autres ? »

(3)   Je ne sais en quelle guise je fus né.

(4)   Ainsi me pressez, dame, vous et amour,
Qu'aimer ne vous ose ni ne m'en puis détacher....
Donc bien suis fol, puisque ne me lasse
D'aimer elle, car bien me paraît folie,

M.   Pus autre bes no M n'esdeve 1.

ARNAUD DE MARUEIL : Si m destreignetz.

No M meravill de s'amor, si M ten pres 2.

BERNARD DE VENTADOUR : Ben m'an perdut.

T.   D'amar no T defes 3.

ARNAUD DE MARUEIL : En mon cor.

Per aisso T tem, amors, que tu m'enjans 4.

GAUCELM FAIDIT : Pel messatgier.

« Be m plaseria mays, si T volias batheyar 5. »

PHILOMENA, fol. 83.

Que ges lai,
Per nuill plai,
Ab si no T retenha 6.

PIERRE D'AUVERGNE : Rossinhols.

Se servant du T comme affixe, et jouant sur l'usage qu'il en faisait, le troubadour Cadenet fit des vers très-agréables.

Tres letras de l'ABC
Aprendetz, plus no us deman :
A, M, T; car atretan
Volon dire com AM TE 7.

CADENET : Amors e cum er.

(1)   Puisque autre bien ne me en revient.
(2)   Ne m'émerveille de son amour, tellement me tient pris.
(3)   D'aimer ne te défends.
(4)   Pour ceci te crains, amour, que tu me engeignes.
(5)   « Bien me plairait plus, si te voulais baptiser. »
(6)   Que nullement là,
Par aucun traité,
Avec soi ne te retienne.
(7)   Trois lettres de l'A B C
Apprenez, plus ne vous demande :
A, M, T; car autant
Veulent dire comme J'AIME TOI.

PRONOMS PERSONNELS.

S.   Bona domna, tan vos am finamen,
Mos coratges no s pot partir de vos [1].

   ARNAUD DE MARUEIL : Aissi com selh.

Mas amors qu'es en mi enclausa
No s pot cobrir ne celar [2].

   BERN. DE VENTADOUR : Amors que vos es.

Per far esbaudir mos vezis
Que s fan irat car ieu chan,
Non mudarai deserenan [3].

   PIERRE ROGIERS : Per far esbaudir.

NS. Lo jorn que NS ac amor amdos eletz [4].

   RAMBAUD DE VAQUEIRAS : Non puesc saber.

So NS retrazon li auctor [5].

   GAVAUDAN LE VIEUX : Un vers.

US. « Ni US en vedarem [6]. »

   ACTES DE 960. Ms. de Colbert.

Per que US vulhetz metre monja [7]?

   COMTE DE POITIERS : Farai chansoneta.

Aissi US fetz dieus avinen e ses par
Que res no US falh que US deia ben estar [8].

   PISTOLETA : Ar agues.

---

(1) Bonne dame, tant vous aime purement,
  Que mon cœur ne se peut séparer de vous.

(2) Mais l'amour qui est en moi enclose
  Ne se peut couvrir ni celer.

(3) Pour faire esbaudir mes voisins
  Qui se font tristes parce que je chante,
  Ne changerai dorenavant.

(4) Le jour que nous eut amour tous deux élus.

(5) Ceci nous retracent les auteurs.

(6) « Ni vous en empêcherons. »

(7) Pourquoi vous voulez mettre nonne?

(8) Tellement vous fit Dieu agréable et sans pareille
  Que rien ne vous faut qui vous doive bien être.

> Tolre no m podetz que no us am,
> Neys s'ieu e yos o voliam 1.
>
> ARNAUD DE MARUEIL : Totas bonas.
>
> Amors, merce us prec que us prenga
> De me que us am e us servis 2.
>
> GIRAUD LE ROUX : Amors mi.

Quelques langues ont des pronoms affixes, mais ils ne sont pas de la même nature. Ces pronoms affixes, formés par des contractions ou des apocopes de pronoms personnels, et s'attachant aux substantifs, y transportent l'effet du pronom possessif; au lieu que les pronoms affixes de la langue romane ne perdent jamais le caractère de la personnalité.

Les manuscrits romans offrent ordinairement les pronoms affixes confondus avec le mot qui les précède; j'ai pensé toutefois que, dans les citations imprimées, il était convenable de les détacher : en effet, les confondre dans l'impression comme ils doivent l'être dans la prononciation, ce serait donner aux lecteurs un embarras inutile, et sur-tout ce serait beaucoup nuire à la clarté; car quelquefois ces pronoms affixes se rencontrent avec des élisions ou contractions d'autres mots, et si on ne séparait pas tous ces mots qui ont subi des altérations, il deviendrait presque impossible de les discerner.

---

(1) Oter ne me pouvez que ne vous aime,
Même si moi et vous le voulions.

(2) Amour, merci vous prie que vous prenne
De moi qui vous aime et vous sers.

Ainsi pour :
> Sieus play rendetz m salut.
> S'aisi finamen coyeus am.

J'ai dû écrire :
> S'ie'us play rendetz m salut [1].
> S'aisi finamen co ye us am [2].

Signifiant :
> Si ieu vos play rendetz mi salut.
> Arnaud de Marueil : Dona genser.
> Si aisi finamen com ieu vos am.
> Arnaud de Marueil : Dona sel que.

Parmi les pronoms affixes, j'aurais dû comprendre peut-être les pronoms personnels qui se trouvent quelquefois confondus avec no, etc. comme nol, nols, en admettant que nol et nols représentent no lo, no los, mais comme il est plus vraisemblable qu'ils représentent no el et no els au moyen de la seule aphérèse, j'ai cru inutile d'expliquer, par le systême des pronoms affixes, ce qui pouvait être expliqué par un systême plus simple.

N est quelquefois affixe pour ne, en.

---

(1) Si je vous plais rendez moi salut.
(2) Si aussi purement comme je vous aime.

PRONOMS POSSESSIFS.

Quand les pronoms possessifs sont placés devant le substantif auquel ils se rapportent, sans être précédés ni de l'article ni de tout autre signe démonstratif, il faut les traduire par

   Mon, ton, son, etc.
   Ma, ta, sa, etc.

Au contraire, s'ils sont précédés de l'article ou de tout autre signe démonstratif, comme CE, UN, etc., ils signifient :

  Le mien, ce tien, un sien, etc.
  La mienne, cette tienne, une sienne, etc.

Parfois ils sont simples adjectifs, et on les traduit :

   Mien, tien, sien, etc.
   Mienne, tienne, sienne, etc.

1ere PERS.   MASCULIN.   FÉMININ.

SINGULIER.

Suj. Mos, mieus, meus,   ma, mieua, mia.
   Nostres,   nostra.
Rég. Mon, mieu, meu,   ma, mieua, mia.
   Nostre,   nostra.

PLURIEL.

Suj. Miei, mei, mieu, meu,   mas, mieuas, mias.
   Nostre,   nostras.
Rég. Mos, mieus, meus,   mas, mieuas, mias.
   Nostres,   nostras.

PRONOMS POSSESSIFS.

MOS, MIEUS, MEUS, *mon*; NOSTRES, *nôtre*, suj.

SING. SUJ.   Qu'en vos es totz MOS cors joinhs et aders....
              Donc, s'aissi muer, que m val MOS bos espers 1 ?
                    ARNAUD DE MARUEIL : L'ensenhamentz.
              Anc non agui de mi poder,
              Ni no fui MIEUS deslor en sai 2.
                    BERN. DE VENTADOUR : Quan vei la laudeta.
              Car lo MEUS dans vostres er eisamen 3.
                    FOLQUET DE MARSEILLE : Tan m'abellis.
              E ja per el NOSTRE secret
              Non er saubut 4.
                    COMTE DE POITIERS : En Alvernhe.

MON, MIEU, MEU, *mon*; NOSTRE, *nôtre*, rég.

SING. RÉG.   Si de MON joi me vai queren,
              Qu'ens en MON cor no l'azire 5.
                    BERN. DE VENTADOUR : Lonc temps a.
              Metge querrai al MIEU albir 6.
                    COMTE DE POITIERS : Farai un vers.
              Et al MEU dan vezon trop soptilmen 7.
                    FOLQUET DE MARSEILLE : Tan m'abellis.

(1)   Qu'en vous est tout mon cœur joint et adhérent...
      Donc, si ainsi je meurs, que me vaut mon bon espoir ?
(2)   Oncques n'eus de moi pouvoir,
      Ni ne fus mien d'alors en çà.
(3)   Car le mien dommage vôtre sera également.
(4)   Et jamais par lui notre secret
      Ne sera su.
(5)   Si de ma joie il me va enquérant,
      Qu'au-dedans en mon cœur je ne le haïsse.
(6)   Médecin chercherai au mien chagrin.
(7)   Et à mon dommage voient trop subtilement.

Sing. rég.   Que per lo NOSTRE salvamen
             Prezes en cros mort e dolor¹.
                              Pierre d'Auvergne : Bella m'es.

MIEI, MEI, MIEU, MEU, *mes* ; NOSTRE, *nôtres*, suj.

Plur. suj. De fin' amor son tuit MEI pessamen
            E MEI desir e MEI meillor jornal².
                              P. Raimond de Toulouse : De fin' amor.

            Or sachon ben MIEY hom e MIEY baron,
            Engles, Norman, Pyectavin, e Gascon³.
                              Richard Iᵉʳ, roi d'Angleterre : Ja nuls hom.

« Si 'l mieus regnes fos d'aquest mont, certas li MIEU ministre combatessan 4. »
                              Trad. du Nouv. Testament : Johan. c. 18, v. 36.

            Qu'irem aventura cercar,
            Pus ves qu'en esta cort non venon ;
            Que NOSTRE cavalier so tienon
            A mal, car lor es tant tardatz⁵.
                              Roman de Jaufre.

(1)   Qui pour le notre sauvement
      Pris en croix mort et douleur.

(2)   De pure amour sont tous mes pensers
      Et mes desirs et mes meilleures journées.

(3)   Maintenant sachent bien mes hommes et mes barons,
      Anglais, Normands, Poitevins, et Gascons.

(4) « Si le mien regne fût de ce monde, certes les miens ministres combattraient. »

(5)   Que nous irons aventure chercher,
      Puis que vois qu'en cette cour ne viennent ;
      Vu que nos chevaliers cela tiennent
      A mal, parce que leur est tant tardé.

MOS, MIEUS, MEUS, *mes;* NOSTRES, *nôtres*, rég.

PLUR. RÉG.   Ab pauc no m rompei MOS corretz
E MOS arnetz [1].
COMTE DE POITIERS : En Alvernhe.

Ne non es dreiz de MOS amics me plangna,
C'a mon secors vei MOS parens venir [2].
FRÉDÉRIC III, ROI DE SICILE : Ges per guerra.

E no y esgart los MEUS neletz,
E retorna m'als camis dretz [3].
FOLQUET DE MARSEILLE : Senher Dieu.

Senhors, per los NOSTRES peccatz
Creis la forsa dels Sarrasis [4].
GAVAUDAN LE VIEUX : Senhors per los.

MA, MIEUA, MIA, *ma;* NOSTRA, *nôtre*, sujets.

FÉM. SUJ.   Guerra m platz, sitot guerra m fan
Amors e MA domna tot l'an [5].
BERTRAND DE BORN : Guerra m platz.

« Donc la MIEUA ma non fes totas aquestas causas [6]. »
TRAD. DES ACTES DES APÔTRES.

(1)   A peu ne me rompis mes courroies
Et mes harnois.
(2)   Ni n'est droit que de mes amis me plaigne,
Vu qu'à mon secours vois mes parents venir.
(3)   Et n'y regarde les miens péchés,
Et retourne moi aux chemins droits.
(4)   Seigneur, par les notres péchés
Croît la force des Sarrasins.
(5)   Guerre me plaît, quoique guerre me font
Amour et ma dame toute l'année.
(6)   « Donc la mienne main ne fit toutes ces choses ? »

Fém. suj. C'aissi fos il MIA,
Com ieu l'am totz jorns miels e mai [1] !
Elias de Barjols : Una valenta.

« E la heretat sera NOSTRA [2]. »
Trad. du Nouv. Testament : Luc, c. 20, v. 14.

MA, MIEUA, MIA, *ma* ; NOSTRA, *nôtre*, régime.

Fém. rég. S'ieu MA bona dompna am [3].
Comte de Poitiers : Farai chansonetta.

« Neguns d'aycels que eran apellat no tastaran la MIEUA cena [4]. »
Trad. du Nouv Testament : Luc, c. 14, v. 24.

Quant ieu mi don sobrepren
De la MIA forfaitura [5].
Bern. de Ventadour : Conort.

« Quant aurem ausida NOSTRA messa [6]. »
Philomena, fol. 5.

MAS, MIEUAS, MIAS, *mes* ; NOSTRAS, *nôtres*, suj.

Plur. suj. E MAS cansos me semblo sirventes [7].
Rambaud de Vaqueiras : D'amor no m lau.

« Las MIEUAS fedas auzon la mieua votz [8]. »
Trad. du Nouv. Testament : Johan. c. 10, v. 27.

(1) Qu'ainsi fût elle mienne,
Comme je l'aime tous jours mieux et plus !
(2) « Et l'hérédité sera nôtre. »
(3) Si je ma bonne dame aime.
(4) « Aucun d'iceux qui étaient appelés ne goûteront le mien repas. »
(5) Quand je ma dame surprends
De la mienne forfaiture.
(6) « Quand aurons ouï notre messe. »
(7) Et mes chansons me semblent sirventes.
(8) « Les miennes brebis oyent la mienne voix. »

PRONOMS POSSESSIFS.

PLUR. SUJ.   E MIAS sion tals amors [1].
                    GEOFFROI RUDEL: Pro ai del.

No sai quora mais la veyrai,
Que tan son NOSTRAS terras luenh [2].
                    GEOFFROI RUDEL: Lanquan li jorn.

MAS, MIEUAS, MIAS, *mes*; NOSTRAS, *nôtres*, rég.

PLUR. RÉG.   Leys de cui fas MAS chansos
No fai semblan qu'en retenha [3].
                  GAUCELM FAIDIT: Com que mos chans.

Quar denha sufrir ni 'l plai
Qu'ieu la laus en MAS chansos;
Del sobre gran gaug qu'en ai,
M'es complitz lo guazardos [4].
                BÉRENGER DE PALASOL: Aital dona.

« En cal maniera creires las MIEUAS paraulas [5]. »
                TRAD. DU NOUV. TESTAMENT: JOHAN. c. 5, v. 47.

« A zo que tratten las NOSTRAS fazendas per concili general [6]. »
                DOCTRINE DES VAUDOIS.

---

(1)   Et miennes soient telles amours.
(2)   Je ne sais quand plus la verrai,
      Vu que tant sont nos terres loin.
(3)   Elle de qui je fais mes chansons
      Ne fait semblant qu'elle en retienne.
(4)   Car elle daigne souffrir et il lui plaît
      Que je la loue en mes chansons;
      Du très-grand plaisir que j'en ai,
      A moi est accomplie la récompense.
(5)   « En quelle manière vous croirez les miennes paroles. »
(6)   « A ce que nous traitions les notres affaires par concile général. »

2ᵉ PERS.   MASCULIN.   FÉMININ.

SINGULIER.

SUJ.   Tos, tieus, teus,   ta, tieua, tua.
       Vostres,   vostra.
RÉG.   Ton, tieu, teu,   ta, tieua, tua.
       Vostre,   vostra.

PLURIEL.

SUJ.   Tiei, tei, tieu, teu,   tas, tieuas, tuas.
       Vostre,   vostras.
RÉG.   Tos, tieus, teus,   tas, tieuas, tuas.
       Vostres,   vostras.

TOS, TIEUS, TEUS, *ton, tien*; VOSTRES, *vôtre*, sujets.

SING. SUJ.   Ieu soi TOS filhs, e tu mos paire [1].
             FOLQUET DE MARSEILLE : Senher Dieu.

             A nos venha lo TEUS regnatz [2].
             ORAISON DOMINICALE.

             Dona, genser que no sai dir,
             Per que soven planh e sospir
             Est VOSTRE amicx bos e corals;
             Assatz podctz entendre cals [3].
             ARNAUD DE MARUEIL : Dona genser.

(1)   Je suis ton fils, et toi mon père.
(2)   A nous advienne le tien règne.
(3)   Dame, plus gente que je ne sais dire,
      Pour qui souvent plaint et soupire
      Ce votre ami bon et sensible;
      Assez pouvez entendre quel.

PRONOMS POSSESSIFS.

SING. SUJ.   E si us play m retener,
              Sui VOSTRES, senes engan,
              E VOSTRES, si no us plazia [1].
                    BÉRENGER DE PALASOL : Totz temeros.

TON, TIEU, TEU, *ton, tien* ; VOSTRE, *vôtre*, rég.

SING. RÉG.   E conta li de TON seignor [2].
                    ROMAN DE JAUFRE.
              E retorna m' al TIEU servici [3].
                    FOLQUET DE-MARSEILLE : Senher Dieu.
              E soi plus freg que neu ni glas,
              Quan me parti del TEU solas [4].
                    FOLQUET DE MARSEILLE : Senher Dieu.
              Amicx, be vos dic e vos man
              Qu'ieu farai VOSTRE coman [5].
                    ALBERT MARQUIS : Dona a vos.

TIEI, TEI, TIEU, TEU, *tes, tiens* ; VOSTRE, *vôtres*, suj.

PLUR. SUJ.   Can TIEY jorn foron acabat,
              Can ab gaug el sel t'en pogiest [6]

---

(1)   Et s'il vous plaît me retenir,
        Suis vôtre, sans tromperie,
        Et vôtre, s'il ne vous plait.
(2)   Et conte lui de ton seigneur.
(3)   Et retourne moi au tien service.
(4)   Et suis plus froid que neige et glace,
        Quand je me sépare du tien agrément.
(5)   Ami, bien vous dis et vous mande
        Que je ferai votre commandement.
(6)   Quand tes jours furent achevés,
        Quand avec joie au ciel tu t'en montas

Pl. suj.   On as tot so que deziriest....
    Car can vist l'aigua e 'l sanc issir,
    Ai! cal foron li TIEY sospir [1]!
                LA PASSIO DE NOSTRA DONA SANCTA MARIA.

    No vos vulh dar cosselh ja d'ome bric,
    Que pues digo TEI home ni TEI amic
    Que t'aga mes en guerra ni en destric [2].
                ROMAN DE GÉRARD DE ROUSSILLON.

« E dit ad ella : Li TIEU peccat ti son perdonat [3]. »
                TRAD. DU NOUV. TESTAMENT : LUC, c. 7, v. 48.

    Ges totz retraire no s poiran
    Li TIEU gaug que tot jorn creissiran [4].
                GUI FOLQUET : Escrig trop.

« Li VOSTRE filh e las vostras filhas prophetiaran, e li VOSTRE jovencel veyran las visions [5]. »
                TRAD. DES ACTES DES APÔTRES.

    E VOSTRE pastor
    Son fals e trachor [6].
                GUILLAUME FIGUIÈRES : Sirventes.

(1)   Où as tout ce que desiras....
    Car quand tu vis l'eau et le sang sortir,
    Ah! quels furent les tiens soupirs!
(2)   Ne vous veux donner conseil jamais d'homme insensé,
    De sorte que puis disent tes hommes et tes amis
    Que t'aie mis en guerre et en chagrin.
(3) « Et dit à elle : Les tiens péchés te sont pardonnés. »
(4)   Nullement toutes retracer ne se pourront
    Les tiennes joies qui toujours croîtront.
(5) « Les votres fils et les votres filles prophétiseront, et les votres jouvenceaux verront les visions. »
(6)   Et vos pasteurs
    Sont faux et traîtres.

TOS, TIEUS, TEUS, *tes, tiens;* VOSTRES, *vôtres,* rég.

PL. RÉG. « Leva te sobre TOS pes, el nom del senhor Jhesu Crist; et levet se, et annet [1]. »
TRAD. DES ACTES DES APÔTRES.

E reconosca 'ls TIEUS sendiers [2].
FOLQUET DE MARSEILLE : Senher Dieu.

« Yeu sui Dieus dels TIEUS paires [3].
TRAD. DES ACTES DES APÔTRES.

Quar per VOSTRES faitz vilas,
Mensongiers e soteiras,
Vos mesprendon tut li pro [4].
ELIAS DE BARJOLS : Amors be.

TA, TIEUA, TUA, *ta, tienne;* VOSTRA, *vôtre,* suj.

SING. SUJ. « E quant l'auras fait, esta y TA moler [5]. »
PHILOMENA, fol. 36.

« Non sia facha la mieua voluntat, mas la TIEUA [6]. »
TRAD. DU NOUV. TESTAMENT : LUC, c. 22, v. 42.

« E dix a Thomas : Exaucida es la TUA pregaria davant Dieu [7]. »
PHILOMENA, fol. 6.

---

(1) « Leve toi sur tes pieds, au nom du seigneur Jésus-Christ; et il se leva, et alla. »
(2) Et reconnaisse les tiens sentiers.
(3) « Je suis Dieu de tes pères. »
(4) Car par vos faits vilains,
Mensongers et souterrains,
Vous déprisent tous les preux.
(5) « Et quand l'auras fait, reste y ta femme. »
(6) « Ne soit pas faite la mienne volonté, mais la tienne. »
(7) « Et dit à Thomas : Exaucée est la tienne prière devant Dieu. »

Sing. suj.   Que 'lh VOSTRA pietatz
Lor perdon lor peccatz [1].

Folquet de Marseille: Senher Dieu.

TA, TIEUA, TUA, *ta, tienne;* VOSTRA, *vôtre,* rég.

Sing. rég.   « E va li dir : Femna, sanada iest de TA enfermetat [2]. »

Trad. du Nouv. Testament : Luc, c. 13, v. 12.

« Onra ton paire e TA maire [3]. »

Trad. du Nouv. Testament : Luc, c. 18, v. 20.

« Que aparelhara la TIEUA via davant tu [4]. »

Trad. du Nouv. Testament : Luc, c. 7, v. 27.

« Aras laissas lo tieu sers en pas, segon la TIEUA paraula [5]. »

Trad. du Nouv. Testament : Luc, c. 2, v. 29.

« Tu, m dona victoria, ad honor de la TUA mayre [6]. »

Philomena, fol 28.

« La enveia de la TUA mayzo manjet mi [7]. »

Trad. du Nouv. Testament : Johan. c. 2, v. 17.

Far mi podetz o ben o mau;
En la VOSTRA merce sia [8]. »

Bern. de Ventadour : Ges de chantar.

---

(1)   Que la votre pitié
Leur pardonne leurs péchés.
(2) « Et va lui dire : Femme, guérie es de ton infirmité. »
(3) « Honore ton père et ta mère. »
(4) « Qui apprêtera la tienne voie devant toi. »
(5) « Maintenant laisses le tien serviteur en paix, selon la tienne parole. »
(6) « Toi, me donne victoire, à l'honneur de la tienne mère. »
(7) « Le zèle de la tienne maison dévora moi. »
(8)   Faire me pouvez ou bien ou mal;
En la votre merci soit.

TAS, TIEUAS, TUAS, *tes, tiennes*; VOSTRAS, *vôtres*,
sujets.

PL. RÉG.   Coms, vetsi TAS mainadas veno a tei [1].
ROMAN DE GÉRARD DE ROUSSILLON.

« O Corneli, las TIEUAS oracions son auzidas davant Dieu, e las TIEUAS almornas y son nombradas [2]. »
TRAD. DES ACTES DES APÔTRES.

« E totas mas causas son TIEUAS [3]. »
TRAD. DU NOUV. TESTAMENT : LUC, c. 15, v. 31.

« E VOSTRAS menassas, Borrelh, que fasiatz en comessament, ara per ma fe son tornadas e nient [4]. »
PHILOMENA, fol. 64.

TAS, TIEUAS, TUAS, *tes, tiennes*; VOSTRAS, *vôtres*,
régimes.

PL. RÉG.   « Amaras ton senhor Dieu de tot ton cor, et de tota t'arma, e de totas TAS forsas [5]. »
TRAD. DU NOUV. TESTAMENT : LUC, c. 10, v. 27.

« Ieu sai las TIEUAS obras e 'lh tieu trebalh e la tieua pasciencia [6]. »   TRAD. DE L'APOCALYPSE.

---

(1)   Comte, voici tes gens viennent à toi.

(2) « O Corneille, les tiennes oraisons sont ouïes devant Dieu, et les tiennes aumônes y sont nombrées. »

(3) « Et toutes mes choses sont tiennes. »

(4) « Et vos menaces, Borrel, que faisiez en commencement, maintenant par ma foi sont tournées en néant. »

(5) « Aimeras ton seigneur Dieu de tout ton cœur, et de toute ton âme, et de toutes tes forces. »

(6) « Je sais les tiennes œuvres, et le tien travail, et la tienne patience. »

PL. RÉG.   Las TUAS lagremas mostraras [1].
           LA PASSIO DE NOSTRA DONA SANCTA MARIA.

Car comprei VOSTRAS beutatz
E VOSTRAS plazens faisos [2].
           ELIAS DE BARJOLS : Car comprei.

3ᵉ PERS.   MASCULIN.   FÉMININ.
                      SINGULIER.

SUJ.   Sos, sieus, seus,   sa, sieua, sua.
       Lor,   lor.
RÉG.   Son, sieu, seu,   sa, sieua, sua.
       Lor,   lor.

                       PLURIEL.

SUJ.   Siei, sei, sieu, seu,   sas, sieuas, suas.
       Lor,   lor.
RÉG.   Sos, sieus, seus,   sas, sieuas, suas.
       Lor,   lor.

SOS, SIEUS, SEUS, *son, sien;* LOR, *leur,* sujets.

SING. SUJ.   Si lo joi que m presenta
             Sos esgartz e 'l clar vis [3].
                BERN. DE VENTADOUR : Quan la doss' aura.

             Tant es sobr' els aussors fuelhs
             Lo SIEUS pretz, e senhorya [4].
                ARNAUD DE MARUEIL : Us guays amoros.

(1) Les tiennes larmes montreras.
(2) Cher achetai vos beautés
    Et vos agréables façons.
(3) Tant la joie que me présente
    Son regard et le clair visage.
(4) Tant est sur les plus hauts feuillages
    Le sien prix, et domine.

PRONOMS POSSESSIFS. 205

SING. SUJ.   Et ieu sui guais, quar sui SIEUS finamen [1].
PONS DE CAPDUEIL: Us guays conort.

« El drax se combatian e li angel d'el, e non pogron;
car LUR loc non fon plus trobat al cel [2]. »
TRAD. DE L'APOCALYPSE.

SON, SIEU, SEU, *son, sien;* LOR, *leur,* rég.

SING. RÉG.   Per SON joy pot malautz sanar [3].
COMTE DE POITIERS: Mout Jauzens.

D'En Blacas no m tuelh ni m vire,
Ni de SON pretz enantir [4].
ELIAS DE BARJOLS: Car comprei.

E per domna ai ja vist ieu
A manth hom despendre lo SIEU [5].
GUILLAUME ADHÉMAR: Ieu ai ja.

E domna, si merce non a
Del SIEU, doncas de que l'aura [6] ?
PISTOLETA: Manta gen.

Eu farai ma penedensa [7],

---

(1)   Et je suis gai, car suis sien purement.
(2)   « Et les dragons se combattaient et les anges de lui, et ne purent; car leur lieu ne fut plus trouvé au ciel. »
(3)   Par sa joie peut malades guérir.
(4)   De Blacas ne m'ôte ni me détourne,
      Ni de son prix célébrer.
(5)   Et pour dame ai déja vu moi
      A maint homme dépenser le sien.
(6)   Et dame, si merci n'a
      Du sien, donc de qui l'aura?
(7)   Je ferai ma pénitence,

SING. RÉG.	Sai entre mar e Durenza,
Apres del SEU repaire [1].
RICHARD : En chantan.

Seigner Coines, jois e pretz et amors
Vos commandon que jujatz un lor plai [2].
RAMBAUD DE VAQUEIRAS : Seigner Coines.

SIEI, SEI, SIEU, SEU, *ses, siens;* LOR, *leur*, suj.

PL. SUJ.	Bons drutz no deu creire autors,
Ni so que veiran SIEI huelh [3].
PIERRE ROGIERS : Al pareissen.

Mais dieus, per la sua dossor,
Nos do, com siam SIEI obrier,
Qu'el nos cuelha en resplandor
On li SIEU sans son eritier [4].
PIERRE D'AUVERGNE : De Dieu no us.

« E li parent SIEU anavan cascu an en Jherusalem [5]. »
TRAD. DU NOUV. TESTAMENT : LUC, c. 2, v. 41.

Li SIEU belh huel traidor
Que m' esgardavon tan gen [6].
BERN. DE VENTADOUR : Era m conseillatz.

(1) Ici entre mer et Durance,
Auprès de sa demeure.

(2) Seigneur comte, joie et prix et amour
Vous commandent que vous jugiez un leur procès.

(3) Bon amant ne doit croire témoins,
Ni ce que verront ses yeux.

(4) Mais Dieu, par la sienne douceur,
Nous donne, comme sommes ses ouvriers,
Qu'il nous accueille en splendeur
Où les siens saints sont héritiers.

(5) « Et les parents siens allaient chaque an à Jérusalem. »

(6) Les siens beaux yeux traîtres
Qui me regardaient si gentiment.

PRONOMS POSSESSIFS.

Pl. suj.   A mancar li comenczan tuit li seu sentiment [1].
La Barca.

Quar lur fol deport
E lur malvat veiaire
Los fan totz cazer [2].

Germonde de Montpellier : Greu m'es.

sos, sieus, seus, *ses, siens;* lor, *leur,* rég.

Pl. rég.   Mas a sos digz mi par qu'aisso s cambia [3].
Blacas : Bel m'es.

« E confessarai lo sieu nom davant los angels sieus [4]. »
Trad. de l'Apocalypse.

Sitot son greu e perillos li fais
Que fai als seus soven amor soffrir [5].

P. Raimond de Toulouse : De fin' amor.

Que meton sellas als destriers,
E tragon lor garnimentz fors [6].

Roman de Jaufre.

sa, sieua, sua, *sa, sienne;* lor, *leur,* suj.

Sing. suj.   Si m ten pres s'amors e m'aliama [7].
Bern. de Ventadour : Ben m'an perdut.

(1)   A manquer à lui commencent tous les siens sentiments.
(2)   Car leurs fols déportements
   Et leurs mauvais semblants
   Les font tous choir.
(3)   Mais à ses dits me paraît que ceci se change.
(4)   « Et confesserai le sien nom devant les anges siens. »
(5)   Quoique sont griefs et périlleux les faix
   Que fait aux siens souvent amour souffrir.
(6)   Que mettent selles aux chevaux,
   Et tirent leurs harnois dehors.
(7)   Ainsi me tient pris son amour et me lie.

GRAMMAIRE ROMANE,

Sing. suj.   « Pus que dieus e la SIEUA maire beneseyta amo tant aquest loc¹. »   Philomena, fol. 131.

« La SUA arma sera davant Dieu². »
Philomena, fol. 14.

Qui que aya valor perduda,
La SUA creys e mellura³.
Bern. de Ventadour : Ai! quantas.

Tant es grans LUR cobeytatz,
Que dreytura n'es a jos⁴.
Guillaume Anelier : Ara farai.

SA, SIEUA, SUA, *sa, sienne;* LOR, *leur,* rég.

Sing. rég.   Quecx auzel, en son lengatge,
Per la frescor del mati,
Van menan joy d'agradatge,
Cum quecx ab SA par s'aizi⁵.
Arnaud de Marueil : Bel m'es quan.

Totz temps volrai SA honor e sos bes⁶.
Bern. de Ventadour : Ben m'an perdut.

« Car la humilitat della SIEUA sirventa a regardat⁷. »
Trad. du Nouv. Testament : Luc, c. 1, v. 48.

(1) « Puisque Dieu et la sienne mère bénite aiment tant ce lieu. »

(2) « La sienne âme sera devant Dieu. »

(3)   Quiconque ait valeur perdue,
La sienne croît et s'améliore.

(4)   Tant est grande leur convoitise,
Que droiture en est à bas.

(5)   Chacuns oisels, en son langage,
Par la fraîcheur du matin,
Vont en menant joie de plaisance,
Lorsque chacun avec sa compagne s'arrange.

(6)   Tous temps voudrai son honneur et ses biens.

(7) « Parce que l'humilité de la sienne servante a regardé. »

SING. RÉG.   « Car nos a visitatz de la sua resplendor¹. »
PHILOMENA, fol. 7.

Si com li peis an en l'aiga LOR vida,
L'ai eu en joi e toz temps la i aurai².
ARNAUD DE MARUEIL : Si com li peis.

SAS, SIEUAS, SUAS, *ses, siennes;* LOR, *leurs,* suj.

PL. SUJ.   « Et el en bec e li sieu filh e sas bestias³. »
TRAD. DU NOUV. TESTAMENT : JOHAN. c. 4, v. 12.

« E talamen a fait lo dit comte jove e sas gens que lo camp lor es demorat⁴. »
GUERRE DES ALBIGEOIS. PR. de l'Hist. de Langued. t. III, col. 98.

« No se vezo ni se conoysso lur defalhimens ni LURS colpas⁵. »
LO LIBRE DE VICIS E DE VERTUTZ.

SAS, SIEUAS, SUAS, *ses, siennes;* LOR, *leurs,* rég.

PL. RÉG.   Per qu'es mos jois renovellatz,
Quan mi remembre sas beutatz⁶.
GAVAUDAN LE VIEUX : Dezemparatz.

----

(1) « Car nous a visités de la sienne splendeur. »
(2)   Ainsi comme les poissons ont en l'eau leur vie,
         L'ai je en joie et tous temps la y aurai.
(3) « Et il en but et les siens fils et ses bêtes. »
(4) « Et tellement a fait le dit comte jeune et ses gens que le champ leur est resté. »
(5) « Ne se voyent ni se connaissent leur manquement et leurs fautes. »
(6)   Pourquoi est ma joie renouvelée,
         Quand me rappelle ses beautés.

Pl. rég.   Quan vei la laudeta mover
             De joi sas alas contra 'l rai [1].
                    Bern. de Ventadour : Quan vei la laudeta.

             Pois que fas de tot a sas voluntatz [2].
                    Rambaud d'Orange : Si de trobar.

« E las cadenas cazegron de las sieuas mans [3]. »
                    Trad. des Actes des Apôtres.

« En Elias s'enamoret de la comtessa ma dompna Garsenda moiller del comte, quant el fo mortz en Cesilia, e fez d'elleis suas cansos [4]. »
                    Vie d'Élias de Barjols. Ms. 7225 de la Bibl. roy. fol 130, v°.

             A donzellas mi sui donatz,
             Per far e dir lur voluntatz [5].
                    Bernard de tot lo mon : Los plazers quals.

PRONOMS POSSESSIFS EMPLOYÉS SUBSTANTIVEMENT.

Les pronoms possessifs firent souvent la fonction de substantifs dans la langue romane.

Dans les citations précédentes on a pu en remarquer des exemples ; en voici quelques autres.

---

(1)   Quand vois l'alouette mouvoir
      De joie ses ailes contre le rayon.

(2)   Puisque je fais de tout à ses volontés.

(3)   « Et les chaînes tombèrent de les siennes mains. »

(4)   « Sieur Élias s'éprit de la comtesse ma dame Garsende femme du comte, quand il fut mort en Sicile, et fit d'elle ses chansons. »

(5)   A demoiselles me suis donné,
      Pour faire et dire leurs volontés.

PRONOMS POSSESSIFS.

E non es benestan
Qu'hom eys los SIEUS aucia [1].
BLACAS : Lo bel dous temps.

« Vos e 'lhs VOSTRES foratz totz mortz [2]. »
PHILOMENA, fol. 61.

Ai! seigner Dieus, cui non platz
Mortz de negun peccador;
Ans per aucire la LOR,
Sofritz vos la VOSTRA en patz [3].
FOLQUET DE MARSEILLE : Si cum sel qu'es.

De moilleratz non es pas gen
Que s fasson drut ni amador,
C' ab las autrui van aprenden
Engeing ab que gardon las LOR [4].
PIERRE D'AUVERGNE : Belha m'es la flors.

La langue romane employa indifféremment, soit en laissant, soit en supprimant l'I intérieur,

MIEUS, etc.	ou	MEUS, etc.
TIEUS, etc.		TEUS, etc.
MIEI, etc.		MEI, etc.

(1) Et n'est pas bien-étant
Qu'homme même les siens occise.

(2) « Vous et les vôtres seriez tous morts. »

(3) Ah! seigneur Dieu, à qui ne plaît
Mort d'aucun pécheur;
Mais pour occire la leur,
Souffrîtes vous la vôtre en paix.

(4) Aux maris n'est pas convenable
Qu'ils se fassent galants ni amants,
Vu qu'avec celles d'autrui vont apprenant
Engin avec lequel gardent les leurs.

Quelquefois,

> TOA, TIA   est pour   TUA.
> SOA, SIA, etc.   SUA, etc.

J'ai dit précédemment que ces différentes manières d'écrire les mêmes mots proviennent vraisemblablement ou des copistes, ou de la prononciation locale.

On trouve aussi MON, TON, SON, NOSTRE, VOSTRE, sujets au singulier, et MOS, TOS, SOS, sujets au pluriel, quoique la règle générale leur assigne la seule qualité de régimes.

Il est vrai que cette sorte de licence ou cette exception se rencontre rarement dans les pièces tirées des meilleurs et plus anciens monuments.

Enfin MA, TA, SA, subirent souvent l'apocope devant les noms qui commencent par une voyelle.

> No l'aus M'amor fort assemblar [1].
> COMTE DE POITIERS: Mout jauzens.

Au lieu de « MA amor ».

> Quan li quer s'amanza [2].
> BERN. DE VENTADOUR: Lanquan vei.

Pour « SA amanza ».

---

(1)   Ne lui ose mon amour beaucoup exprimer.
(2)   Quand lui demande son amour.

PRONOMS DÉMONSTRATIFS.

Les pronoms démonstratifs romans sont,

Cel, est.
Aicel, cest.
Aquel, aquest.

La règle de l's qui distingue les sujets et les régimes fut quelquefois appliquée aux pronoms démonstratifs masculins.

Les pronoms féminins prirent ordinairement l'A final au singulier, et l'AS au pluriel.

Mais aussi d'IL, pronom personnel féminin, furent dérivés par analogie CIL, AICIL, etc. pour caractériser le pronom démonstratif féminin au singulier, quand ce pronom était sujet.

Par la même raison, LEIS, féminin du pronom personnel, fournit les pronoms démonstratifs féminins CELLEIS, SELEYS, etc.

De LUI masculin au singulier, vint CELUI, etc.

Et d'IL masculin sujet au pluriel, furent formés CIL, AQUIL, etc.

Ces pronoms démonstratifs sont quelquefois seuls, et alors, dans leurs fonctions de relatifs, ils sont employés substantivement, ainsi que les pronoms personnels.

Plus souvent ils sont joints à un nom, et ne remplissent que la fonction d'adjectifs.

Ces pronoms démonstratifs s'appliquent aux objets animés et inanimés. Plusieurs se modifient de manière à être employés neutralement.

PRONOM DÉMONSTRATIF CEL, ET SES DÉRIVÉS.

	MASCULIN.	FÉMININ.
	SINGULIER.	
Suj.	Cel, selh, celui,	cella, cilh.
	Aicel,	aicella, aicil.
	Aquel,	aquella, aquil.
Rég.	Cel, celui,	cella, celleïs.
	Aicel,	aicela.
	Aquel,	aquella, aquelleis.
	PLURIEL.	
Suj.	Cil, cels,	cellas.
	Aicil, aicels,	aicellas.
	Aquil, aquels,	aquellas.
Rég.	Els, los,	las.
	Cels,	cellas.
	Aicels,	aicellas.
	Aquels,	aquellas.

Les différentes prépositions qui précèdent ces pronoms ou les substantifs auxquels ils se rapportent, font reconnaître les régimes indirects.

Pour éviter des détails qui seraient sans aucune utilité, je choisirai les exemples de ces divers pronoms masculins ou féminins, sujets ou régimes, soit au singulier, soit au pluriel, de manière que leur réunion offre le tableau entier.

Je répète l'observation que la langue romane écrivait indifféremment,

CEL, ou CELH, CELL, SEL, SELH, SELL, etc.
AICEL, AISEL, AISELH : CIL, SILH, etc. etc.

CEL, CELUI, AICEL, AQUEL, *celui, ce, celui-là*, suj.

SING. SUJ.   Astrucx es SELHS cui amors ten joyos[1].
           PONS DE CAPDUEIL : Astrucx es.

   Car miels gasaigna e plus gen
   Qui dona qu'AICEL qui pren[2].
           FOLQUET DE MARSEILLE : Greu feira.

   Lo vers es fis e naturaus;
   E boz CELUI qui be l'enten[3].
           BERN. DE VENTADOUR : Chantars no pot.

CEL, AICEL, CELUI, AQUEL, *celui, ce, celui-là*, rég.

SING. RÉG.   Ieu conosc ben SELH qui be m di,
   E SELH qui m vol mal atressi;
   E conosc be SELHUY qui m ri,
   E selhs qui s'azauton de mi
       Conosc assatz[4].
           COMTE DE POITIERS : Ben vuelh que.

   Qu'ieu port d'AICELH mestier la flor[5].
           COMTE DE POITIERS : Ben vuelh que.

---

(1)   Heureux est celui que amour tient joyeux.
(2)   Car mieux gagne et plus gentement
      Qui donne que celui qui prend.
(3)   Le vers est fin et naturel;
      Et bon celui qui bien l'entend.
(4)   Je connais bien celui qui bien me dit,
      Et celui qui me veut mal aussi;
      Et connais bien celui qui me rit,
      Et ceux qui se prévalent de moi
      Connais assez.
(5)   Que je porte de ce métier la fleur.

CELS, CIL, AICELS, AICIL, AQUELS, AQUIL, *ceux*, *ces*, *ceux-là*, suj.

Pl. suj.
Tuit SELS que m pregan qu'ieu chan,
Volgra 'n saubesson lo ver,
S'ieu n'ai aize ni lezer 1.
BERN. DE VENTADOUR : Tuit sels que.

Car tug SILH que pretz an
Non l'an ges d'un semblan 2.
ARNAUD DE MARUEIL : Rasos es.

A vos mi clam, senhor,
De mi dons e d'amor,
Qu'AISIL dui traidor....
Me fan viure ab dolor 3.
BERN. DE VENTADOUR : Lo gens temps.

Car AQUELS que son remazut
Apenrion una foleza,
Plus volontiers c' una proesa 4.
ROMAN DE JAUFRE.

Pauc foron AQUILH que la ley ben garderon 5.
LA NOBLA LEYÇON.

(1) Tous ceux qui me prient que je chante,
Voudrais qu'en sussent le vrai,
Si j'en ai aise et loisir.

(2) Car tous ceux qui prix ont
Ne l'ont aucunement de même semblant.

(3) A vous me réclame, seigneur,
De ma dame et de l'amour,
Vu que ces deux traîtres....
Me font vivre avec douleur.

(4) Car ceux qui sont restés
Apprendraient une folie,
Plus volontiers qu'une prouesse.

(5) Peu furent ceux qui la loi bien gardèrent.

PRONOMS DÉMONSTRATIFS.

CELS, AICELS, AQUELS, *ceux, ces, ceux-là*, rég.

PL. RÉG.
Totz hom cui fai velhez' o malautia
Remaner sai, deu donar son argen
A SELHS qu'iran; que ben fai qui envia [1].
Pons de Capdueil : Ar nos sia.

En mon cor ai un novellet cantar
Planet e leu, e qu'el fai bon auzir
A totz AISSELHS qu'en joy volon estar [2].
Arnaud de Marueil : En mon cor ai.

Ai Dieus! can bona fora amors
De dos amics, s'esser pogues
Que ja us d'AQUELS envios
Lor amistat no cognogues [3] !
Bern. de Ventadour : Ja mos chantars.

CELLA, CIL, AICELLA, AICIL, AQUELLA, AQUIL,
celle, cette, celle-là, suj.

SING. SUJ.
E ilh belha cui sui aclis,
CELLA m platz mas que chansos [4],

---

(1) Tout homme que fait vieillesse ou maladie
Demeurer çà, doit donner son argent
A ceux qui iront ; vu que bien fait qui envoie.

(2) En mon cœur ai un nouveau chanter
Simple et léger, et qu'il fait bon ouïr
A tous ceux qui en joie veulent être.

(3) Ah Dieu ! Combien bonne serait amour
De deux amants, si être pût
Que jamais un de ces envieux
Leur amitié ne connût !

(4) Et la belle à qui suis soumis,
Celle me plaît plus que chanson,

Sing. suj.   Volta ni lais de Bretainha [1].
FOLQUET DE MARSEILLE : Ja no volgra.

Pois CILL cui sui amaire,
Qu'es la genser qu'anc fos,
Vol mi e mas chansos [2].
GAUCELM FAIDIT : L' ourat janzens.

Vos es AISELA res
Que, sobre can qu'el segle es,
Me plazetz e m'atalentatz [3].
ARNAUD DE MARUEIL : Dona genser.

C'un nantz, que fon mot petitz,
Torneiet al fuec un singlar
Don AQUELLA gent deu sopar [4].
ROMAN DE JAUFRE.

Qu'ieu fora mortz, s'AQUILH honors no fos,
E 'l bon respieg que mi reverdezis [5].
BERN. DE VENTADOUR : Belh Monruelh.

(1)   Roulade ni lai de Bretagne.
(2)   Puisque celle dont je suis amant,
      Qui est la plus gente qui jamais fût,
      Veut moi et mes chansons.
(3)   Vous êtes celle chose
      Qui, sur tout ce qui au siècle est,
      Me plaisez et m'animez.
(4)   Qu'un nain, qui fut fort petit,
      Tourna au feu un sanglier
      Dont celle gent doit souper.
(5)   Que je serais mort, si cet honneur ne fût,
      Et le bon répit qui me reverdit.

PRONOMS DÉMONSTRATIFS.

CELLA, CELLEIS, AICELLA, AQUELLA, *celle, cette, celle-là*, rég.

SING. RÉG.
Si m fos grazitz
Mos chantars ni ben acuilhitz
Per CELLA que m'a en desdeing [1].
RAMBAUD D'ORANGE : Braus chans.

C'amat aurai
En perdos lonjamen
SELEYS on ja merce non trobarai [2].
ARNAUD DE MARUEIL : Bel m'es qu'ieu chan.

Molt m'es greu que ja reblanda
SELIEYS que ves mi s'erguelha [3].
BERN. DE VENTADOUR : Lanquan vei per.

CELLAS, AICELLAS, AQUELLAS, *celles, ces, celles-là*, suj.

PL. SUJ.
E CELLAS que verges se tenon,
Es vers que gran honor retenon [4].
LOS VII GAUG DE MARIA.

(1) Si me fût agréé
Mon chanter et bien accueilli
Par celle qui m'a en dédain.

(2) Qu'aimé aurai
En perte longuement
Celle où jamais merci ne trouverai.

(3) Fort m'est grief que jamais je flatte
Celle qui vers moi s'enorgueillit.

(4) Et celles qui vierges se tiennent,
Est vrai que grand honneur retiennent.

PL. SUJ.   « Benaurada iest tu que crezes quar AYCELLAS causas seran faichas que son dichas a tu del senhor [1]. »   TRAD. DU NOUV. TESTAMENT : LUC, c. 1, v. 45.

Quals son AQUELLAS [2] ?
DOCTRINE DES VAUDOIS.

CELLAS, AICELLAS, AQUELLAS, *celles, ces, celles-là*, rég.

PL. RÉG.   Lausenjador fan encombriers
Als cortes et als dreituriers
Et a CELLAS qu'an cor auzat [3].
RAMBAUD D'ORANGE : Als durs crus.

Apodera, domna, vostra beutatz....
Al meu semblan, totas CELLAS del mon [4].
GAUCELM FAIDIT : Tot atressi.

« Esgarda AYCELLAS causas que son escrichas en el [5]. »
TRAD. DE L'APOCALYPSE.

S'ieu en volgues dire lo ver,
Ieu sai be de cui mov l'enjans;
D'AQUELLAS qu'amon per aver [6].
BERN. DE VENTADOUR : Chantars no pot.

---

(1) « Bienheureuse es toi qui crus que ces choses seront faites qui sont dites à toi du seigneur. »

(2)   Quelles sont celles-là ?

(3)   Médisants font encombres
Aux courtois et aux droits
Et à celles qui ont le cœur élevé.

(4)   Surpasse, dame, votre beauté....
A mon avis, toutes celles du monde.

(5) « Regarde ces choses qui sont écrites en lui. »

(6)   Si je en voulusse dire le vrai,
Je sais bien de qui vient la fraude ;
De celles qui aiment pour avoir.

PRONOM DÉMONSTRATIF EST, ET SES DÉRIVÉS.

	MASCULIN.	FÉMININ.
	SINGULIER.	
Suj.	Est,	esta, ist.
	Cest,	cesta, cist.
	Aquest,	aquesta, aquist.
Rég.	Est,	esta.
	Cest,	cesta.
	Aquest,	aquesta.
	PLURIEL.	
Suj.	Ist, est,	estas.
	Cist, cest,	cestas.
	Aquist, aquest,	aquestas.
Rég.	Ests,	estas.
	Cests,	cestas.
	Aquests,	aquestas.

EST, CEST, AQUEST, *celui, ce, celui-ci*, suj.

SING. SUJ.
Dona, genser que no sai dir,
Per que soven planch e sospir
EST vostre amicx bos e corals [1].
ARNAUD DE MARUEIL: Dona genser.

Pilatz respon a los juzieus :
CEST est trayst per eys los sieus [1].
LA PASSIO DE JHESU CRIST.

(1) Dame, plus gente que ne sais dire,
Pour qui souvent plaint et soupire
Ce votre ami bon et cordial.

(1) Pilate répond aux Juifs :
Celui-ci est trahi par mêmes les siens.

Sing. suj.   Aquestz romans es acabatz;
               Nostre senher en sia lauzatz [1].
                              La Passio de nostra dona sancta Maria.

               Pensan vos bais e us manei e us embras:
               Aquest domneis m'es dolz e cars e bos;
               E non m' el pot vedar neguns gelos [2].
                              Arnaud de Marueil: Aissi col peis.

Est, cest, aquest, *celui, ce, celui-ci*, rég.

Sing. rég.   Est cosselh m'a donat amors
               A cui deman tot jorn secors [3].
                              Arnaud de Marueil: Dona genser.

               Sel que ses vos non pot aver,
               En est segle, joy ni plazer [4].
                              Arnaud de Marueil: Si que vos.

               En aquest guai sonet leugier
               Me vuelh, en cantan, esbaudir [5].
                              Bern. de Ventadour: En aquest.

(1)   Ce roman est achevé;
      Notre seigneur en soit loué.

(2)   Pensant je vous accolle et vous touche et vous embrasse;
      Ce charme m'est doux et cher et bon;
      Et ne me le peut défendre aucun jaloux.

(3)   Ce conseil m'a donné amour
      A qui demande tout jour secours.

(4)   Celui qui sans vous ne peut avoir,
      En ce siècle, joie ni plaisir.

(5)   En ce gai sonnet facile
      Me veux, en chantant, esbaudir.

EST, IST; CEST, CIST; AQUEST, AQUIST; *ceux, ces, ceux-ci*, suj.

Pl. suj.   Domna, quar yst lauzengier,
              Que m'an tout sen et alena,
              Son vostr' angoissos guerrier [1].
                        Rambaud d'Orange : Amicx ab gran.

              Quist son d'atretal semblan,
              Cum lo nivol que s'espan
              Qu'el solel en pert sa raia [2].
                        Comtesse de Die : Fin joi.

« Et aquest signe segran aquels que i creiran [3]. »
              Trad. du Nouv. Testament : Marc, c. 16, v. 17.

              Tuit aquist foron a la cort [4].
                        Roman de Jaufre.

ESTS, CESTS, AQUESTS, *ceux, ces, ceux-ci*, rég.

« Mas quant receupron lui, donet ad els poder esser fach filh de Dieu ad aquestz que crezon el nom de lui [5]. »
              Trad. du Nouv. Testament : Johan. c. 1, v. 12.

---

(1)   Dame, car ces médisants,
        Qui m'ont ôté sens et haleine,
        Sont vos angoisseux ennemis.
(2)   Ceux-ci sont de tel semblant,
        Comme le nuage qui s'épand
        Que le soleil en perd son rayon.
(3) « Et ces signes suivront ceux qui y croiront. »
(4)   Tous ceux-ci furent à la cour.
(5) « Mais tous ceux qui reçurent lui, donna à eux pouvoir d'être faits fils de Dieu à ceux qui croient au nom de lui. »

Pl. rég.   Ben serai fols, s' ieu non pren
               D'aquestz dos mals lo menor [1].
                              Bern. de Ventadour : Era m conseillatz.

ESTA, IST ; CESTA, CIST ; AQUESTA, AQUIST ; *celle,
cette, celle-ci,* suj.

Sing. suj.   Esta chansons vuelh que tot dreg repaire
               En Arago, al rei cui Deus aiut [2].
                              Pierre Raimond de Toulouse : No m puesc.

               Gran fo cesta humilitat [3].
                              La Vida de san Alexi.

               Aquest' amors me fier tan gen
               Al cor d'una dolza sabor ;
               Cen vetz mor lo jorn de dolor,
               E reviu de joi altras cen [4].
                              Bern. de Ventadour : Non es meraveilla.

« Saben quals es aquist canczons [5]. »
                              Vie de Sainte Foi d'Agen.

(1)   Bien serai fol, si je ne prends
      De ces deux maux le moindre.

(2)   Cette chanson veux que tout droit loge
      En Aragon, au roi que Dieu aide.

(3)   Grande fut cette humilité.

(4)   Cette amour me frappe si gentiment
      Au cœur d'une douce saveur ;
      Cent fois meurs le jour de douleur,
      Et revis de joie autres cent.

(5)   « Savons quelle est cette chanson. »

PRONOMS DÉMONSTRATIFS.

ESTA, CESTA, AQUESTA, *cette*, *celle-ci*, rég.

SING. RÉG. Pus ves qu'en ESTA cort non venon [1].
ROMAN DE JAUFRE.

Per qu'ieu vos man, lai on es vostre estatges,
ESTA chanson, que me sia messatges [2].
COMTESSE DE DIE : A chantar.

Ab AQUESTA domna domney,
E l'am tan cum puesc ni sai;
E muer quar s'amor non ai [3].
ARNAUD DE MARUEIL : Cui que fin' amors.

ESTAS, CESTAS, AICESTAS, AQUESTAS, *ces*, *celles-là*, suj.

PL. SUJ. « Et es uey lo ters jorn que son fachas AQUESTAS causas.... E va lur dir : Quals son AQUESTAS paraulas [4] ? »
TRAD. DU NOUV. TESTAMENT : LUC, c. 24, v. 21 et 17.

« Verament vos dic que aquesta generacion non trespassara entro que sian fachas totas AQUESTAS causas [5]. »
TRAD. DU NOUV. TESTAMENT : MARC, c. 13, v. 30.

---

(1) Puis vois qu'en cette cour ne viennent.
(2) C'est pourquoi je vous mande, là où est votre demeure,
Cette chanson, qui me soit message.
(3) Avec cette dame je courtise,
Et l'aime tant comme puis et sais;
Et meurs parce que son amour n'ai.
(4) « Et est aujourd'hui le tiers jour que sont faites ces choses.... Et va leur dire : Quelles sont ces paroles ? »
(5) « Vraiment vous dis que cette génération ne passera jusqu'à ce que soient faites toutes ces choses. »

ESTAS, CESTAS, AQUESTAS, *ces, celles-ci*, rég.

Pl. rég.
>Cestas joyas prec que tengas
>Aytan quan a Dieu plazera [1].
>><small>La Vida de san Alexi.</small>

>D'aquestas mas fo culhitz lo bastos
>Ab que m'aucis la plus belha qu'anc fos [2].
>><small>Bern. de Ventadour: Belh Monruelh.</small>

PRONOMS DÉMONSTRATIFS EMPLOYÉS NEUTRALEMENT.

So, aisso, aco, aquo, *ce, ceci, cela*, dérivés de pronoms démonstratifs ordinaires auxquels s'attache la terminaison neutre o, furent employés neutralement.

>De so fai ben femna parer
>Ma dompna, per qu'ieu lo retrai,
>Que so c'om vol non vol voler,
>E so c'om li deveda fai [3].
>><small>Bern. de Ventadour: Quan vei la laudeta.</small>

>Totz hom que so blasma que deu lauzar,
>Lauz' atressi aco que dec blasmar [4].
>><small>Aimeri: Totz hom que so.</small>

(1) Ces joyaux prie que tiennes
 Autant que à Dieu plaira.

(2) De ces mains fut cueilli le bâton
 Avec qui m'occit la plus belle qui jamais fût.

(3) De cela fait bien femme paraître
 Ma dame, c'est pourquoi je le retrace,
 Vu que ce qu'on veut ne veut vouloir,
 Et ce qu'on lui défend fait.

(4) Tout homme qui cela blâme que doit louer,
 Loue pareillement ce qu'il dut blâmer.

PRONOMS RELATIFS.

Qu'anc d'AQUO qu'amiey non jauzi [1].
COMTE DE POITIERS : Pus vezem.

D'Aïsso m conort car anc no fis faillensa,
Amics, vas vos en lunha captenensa [2].
COMTESSE DE DIE : A chantar.

Il est à remarquer que ce pronom démonstratif indéclinable se place avec le verbe ESSER au singulier et au pluriel.

Nuls hom no saup que s'es gran benanansa,
S'enans no saup cals es d'amor l'afans [3].
GIRAUD LE ROUX : Nuls hom.

Zo sun bon omne qui an redems lor peccat [4].
POEME sur Boece.

PRONOMS RELATIFS.

El, lo, ella, la, etc.   En, ne, y, etc.
Qui, que, don, on, etc.   Loqual, qual, tal, etc.

Voici des exemples de ces différentes sortes de pronoms appelés relatifs.

EL, LO, ELLA, LA, LOR, etc., *il, elle, les, eux,* etc.

Lorsque ces sortes de pronoms désignent des objets

---

(1) Que jamais de ce que j'aimai ne jouis.
(2) De cela m'encourage que jamais ne fis faute,
Ami, vers vous en longue domination.
(3) Nul homme ne sut ce que c'est grand bien être,
Si avant ne sut quel est d'amour le souci.
(4) Ce sont bons hommes qui ont racheté leur péché.

non animés ou non personnifiés, ils deviennent pronoms relatifs.

Sing.   Aissi com mov mon lais, LO finerai [1].
         FOLQUET DE MARSEILLE : S'al cor plagues.

Bona domna, be degratz esguardar
Lo cor qu'ieu ai, mas ges no LO us puesc dir;
Mais be 'L potetz conoisser al pensar [2].
         ARNAUD DE MARUEIL : En mon cor ai.

« Uns hom avia plantat en sa vinha una figuiera, e venc querre en ELLA fruc, e no LO trobec [3]. »
         TRAD. DU NOUV. TESTAMENT : LUC, c. 13, v. 6.

Ja non aura proeza
Qui no fug avoleza,
E non LA pot fugir
Qui no LA saup chauzir [4].
         ARNAUD DE MARUEIL : Quan vei la flor.

Plur.   Mais nul poder non an
         Huels d'esgardar gen, si 'l cor no 'LS envia [5].
         BLACAS : Bel m'es ab mots.

(1)   Ainsi comme je commence mon lai, je le finirai.

(2)   Bonne dame, bien devriez regarder
      Le sentiment que j'ai, mais aucunement ne le vous puis dire;
      Mais bien le pouvez connaître au penser.

(3) « Un homme avait planté en sa vigne un figuier, et vint chercher en lui fruit, et ne le trouva. »

(4)   Jamais n'aura prouesse
      Qui ne fuit lâcheté,
      Et ne la peut fuir
      Qui ne la sut discerner.

(5)   Mais nul pouvoir n'ont
      Yeux de regarder gentiment, si le cœur ne les envoie.

PLUR. Premieirament mos ditz,
Si com LOS ai escritz 1.
ARNAUD DE MARUEIL : Rasos es.
Las tuas lagremas mostraras;
Al tieu sirven LAS laissaras;
Car per ELLAS conogra pla
L'amaror del dol sobeira 2.
LA PASSIO DE NOSTRA DONA SANCTA MARIA.

O, LO sont employés neutralement comme relatifs.

S'ilh es folha, ja ieu no o serai 3.
GAUCELM FAIDIT : Ab nov cor.
Non es fis drutz cel que s camja soven,
Ni bona domna cella qui LO cossen 4.
BLACAS : Peire Vidals.

EN, NE, *en, de cela*, indéclinables.

Ben la volgra sola trobar
Que dormis o 'N fezes semblan;
Per qu'ieu l'embles un dous baisar,
Pus no valh, tan que lo 'lh deman 5.
BERN. DE VENTADOUR : Qua nt erba vertz.

(1) Premièrement mes dits,
Comme les ai écrits.
(2) Les tiennes larmes montreras;
A ton serviteur les laisseras;
Car par elles connaîtra facilement
L'amertume du deuil souverain.
(3) Si elle est folle, jamais je ne le serai.
(4) N'est pas pur galant celui qui se change souvent,
Ni bonne dame celle qui le consent.
(5) Bien la voudrais seule trouver
Qui dormît ou en fît semblant;
Pour que je lui volasse un doux baiser,
Puis que ne vaut, lorsque le lui demande.

E toletz vos EN de son querre,
Que re no i podetz conquerre;
Bel seiner, e tornatz vos NE [1].
Roman de Jaufre.

Y, I, HI, *y*, indéclinables.

Companho, farai un vers covinen;
E aura I mais de foudatz no Y a de sen [2].
Comte de Poitiers : Companho.

Mas aras vey e pes e sen
Que passat ai aquelh turmen,
E non HI vuelh tornar jamais [3].
Geoffroi Rudel : Belhs m'es.

Hom ditz que gaug non es senes amor;
Mas ieu no Y truep mas enueg e pesansa [4].
Arnaud de Marueil : Hom ditz.

QUI, QUE, etc. pronoms relatifs.

Suj.	Qui, que, che,	*qui.*
Rég. dir.	Que, che, cui,	*que.*
Rég. ind.	De qui, de cui, cui, de que, don,	*de qui*, etc. *de quoi, dont.*
Rég. ind.	A qui, a cui, cui, a qui, a que,	*à qui*, etc., *à quoi.*

(1) Et ôtez vous en de son chercher,
Vu que rien ne·y pouvez conquérir,
Beau seigneur, et retournez vous en.

(2) Compagnon, ferai un vers convenable,
Et aura y plus de folies que n'y aura de sens.

(3) Mais à l'heure vois et pense et sens
Que passé ai ce tourment,
Et n'y veux retourner jamais.

(4) On dit que joie n'est sans amour;
Mais je n'y trouve que ennui et chagrin.

PRONOMS RELATIFS.

Qui masculin ou féminin fait, au singulier et au pluriel, la fonction de sujet.

On ne le trouve pas avec les pronoms démonstratifs employés neutralement, auxquels s'adjoint QUE.

QUI, CUI, sont quelquefois régimes directs, mais plus souvent régimes indirects, et ordinairement CUI est précédé d'une préposition.

QUE sert au singulier et au pluriel, au masculin et au féminin, et après les mots employés neutralement : il est également sujet ou régime, et régime direct ou indirect ; mais, comme régime indirect, il est précédé de la préposition.

DON, *dont*, exprime la relation des mots latins CUJUS, A QUO, etc. et de l'adverbe DE UNDE.

ON, *où, auquel, en qui*, fait fonction de pronom relatif lorsqu'il se rapporte aux personnes ou aux objets personnifiés.

La langue romane forma un autre pronom relatif de QUAL*is*, QUAL; placé après l'article, il remplit la fonction du QUI, du QUE, du CUI, et du DON.

L'article de ce relatif QUAL reçut les modifications usitées pour les genres, les temps, et les régimes ; et QUAL reçut celles qui étaient établies pour les adjectifs communs.

Les manuscrits offrent indifféremment :

QI, KI, QUI, QUE, CHE, QUE, QE, KE, QU', CH', K', Q', C', etc.

Et QUAL ou CAL.

QUI, QUE, *qui*, suj. masc. et fém.

SING. SUJ.   Ieu conosc be selh QUI be m di,
E selh QUI m vol mal atresi [1].
COMTE DE POITIERS : Mout jauzens.

Quar ves lei no soi tornat,
Per foldat QUI m'en rete [2].
BERN. DE VENTADOUR : Conort era.

Mas eu soi cel QUE temen muor aman [3].
ARNAUD DE MARUEIL : Aissi com cel.

Qan remir la bella
Que m soli' acuelhir [4].
BERN. DE VENTADOUR : Lanquan vei la fuelha.

E donc s'ieu fauc so QUE s cove,
Be m'en deu eschazer honors [5].
ARNAUD DE MARUEIL : Ab pauc ieu.

PL. SUJ.   Et ab los pros de Proenza
Qui renhan ab conoissensa
Et ab belha captenensa [6].
BERN. DE VENTADOUR : En aquest :

---

(1)   Je connais bien celui qui bien me dit,
Et celui qui me veut mal aussi.

(2)   Parce que vers elle ne suis retourné,
Par folie qui m'en retient.

(3)   Mais je suis celui qui en craignant meurs en aimant.

(4)   Quand je vois la belle
Qui me avait coutume accueillir.

(5)   Et donc si je fais ce qui se convient,
Bien m'en doit échoir honneur.

(6)   Et avec les preux de Provence
Qui règnent avec connaissance
Et avec belle domination.

PRONOMS RELATIFS. 233

PL. SUJ. Tuit sels QUE m pregan qu'ieu chan,
Volgra 'n saubesson lo ver 1.
BERN. DE VENTADOUR : Tuit sels.

Ma aquilh QUE feron ben lo plazer del Segnor
Hereteron la terra d'enpromession 2.
LA NOBLA LEYCON.

QUI, QUE, CUI, *que*, rég. dir.

SING. RÉG. De vos, domna, CUI desir e ten car,
E dopt, e blan part las meillors 3.
BERTRAND DE BORN : Quan vei lo temps.

Aisso QUE vos dirai no us pes 4.
ARNAUD DE MARUEIL : Totas bonas.

Quar sai qu'ieu am e sui amatz
Per la gensor QUE anc Dieus fey 5.
BERN. DE VENTADOUR : Lanquan fuelhon.

PL. RÉG. Escriu salutz mai de cen
QUE tramet a la gensor 6.
BERN. DE VENTADOUR : Era m conseillatz.

(1) Tous ceux qui me prient que je chante,
Voudrais qu'en sussent le vrai.

(2) Mais ceux qui firent bien le plaisir du Seigneur
Héritèrent la terre de promission.

(3) De vous, dame, que je desire et tiens chère,
Et crains, et flatte parmi les meilleures.

(4) Ceci que vous dirai ne vous pèse.

(5) Car sais que j'aime et suis aimé
Par la plus gente que oncques Dieu fit.

(6) J'écris saluts plus de cent
Que transmets à la plus gente.

CUI, DE QUI, *de qui*; DON, DE QUE, *dont*:
A CUI, A QUI, ON, *à qui*, *où*, rég. ind.

SING. RÉG.   Per totz nos peccadors preiatz
              Vostre dous filh e vostre paire
              DE CUI vos es e filha e maire [1].
                    PONS DE CAPDUEIL : En honor del.

E ma domna DON lo mons es honratz [2].
                    ARNAUD DE MARUEIL : La cortezia.

Bona dompna, on es granz beutatz,
Don par c' om sia enamoratz [3].
                    GAUCELM FAIDIT : Perdigon.

E s'agues mais DE QUE us fezes presen
De tot lo mon, o feira, si mieus fos [4].
                    PISTOLETA : Ar agues ieu.

D'aquestas mas fo culhitz lo bastos
Ab QUE m'aucis la plus belha qu'anc fos [5].
                    BERN. DE VENTADOUR : Belh Monruelh.

Car hom de so DON es forsatz
No deu esser occaizonatz [6].
                    ARNAUD DE MARUEIL : Si que vos.

---

(1)   Pour tous nous pécheurs priez
      Votre doux fils et votre père
      De qui vous êtes fille et mère.

(2)   Et ma dame dont le monde est honoré.

(3)   Bonne dame, où est grande beauté,
      Dont paraît qu'on soit amoureux.

(4)   Et si j'eusse plus de quoi vous fisse présent
      De tout le monde, le ferais, si mien fût.

(5)   De ces mains fut cueilli le bâton
      Avec lequel m'occit la plus belle qui jamais fût.

(6)   Car homme de ce dont est forcé
      Ne doit être accusé.

PRONOMS RELATIFS.

SING. RÉG.
Al rei CUI es Lerida,
CUI jois e jovenz guida 1.
ARNAUD DE MARUEIL : Rasos es.

Si mal l'en pren, A CUI darai lo tort 2 ?
BERTRAND DE BORN : Atornat.

Quar leis ON pretz e senz e beltatz regna 3.
GAUCELM FAIDIT : Chant e deport.

Qu'amar mi faitz en perdon loiaumen
Sella ON ja merse non trobarai 4.
GIRAUD DE BORNEUIL : Amors e cals.

PL. RÉG.
E sels CUI desplay jonglaria,
E selhs CUI desplay cortezia,
Et totz aquelhs A CUI ben far desplay 5.
BERNARD DE TOT LO MON : Be m'agrada.

Pauc n'i venon A QUI non don 6.
ROMAN DE JAUFRE.

Aquist gelos, ab CUI ai pres batalha,
Si son malvatz e descausit, no m cal 7.
GAUCELM FAIDIT : Pel Messatgier.

---

(1) Au roi à qui est Lérida,
Que joie et jeunesse guide.

(2) Si mal lui en prend, à qui donnerai le tort ?

(3) Car elle où prix et sens et beauté règne.

(4) Qu'aimer me fait en perte loyalement
Celle où jamais merci ne trouverai.

(5) Et ceux à qui déplaît jonglerie,
Et ceux à qui déplaît courtoisie,
Et tous ceux à qui bien faire déplaît.

(6) Peu n'y viennent à qui ne donne.

(7) Ces jaloux, avec qui ai pris bataille,
S'ils sont mauvais et grossiers, ne me chaut.

Pl. rég.   La gensor es c'om anc pogues chausir;
           O non vei clar des huelhs ab QUE us remir [1].
                                    Bern. de Ventadour: Ab joi mov.

QUE, *ce que*, *quoi*, pris dans un sens neutre.

Que, employé dans un sens neutre, remplit dans la langue romane la fonction du QUID latin.

Quelquefois il semble que le pronom démonstratif so *ce*, soit sous-entendu au-devant de ce relatif QUE:

     Et ieu lai! no say QUE dire [2].
              Bern. de Ventadour: Lo temps vai.

     No sai QUE m dic ni QUE m fai [3].
              Bern. de Ventadour: Be m cujei.

     Trobat avem qu'anam queren [4].
              Comte de Poitiers: En Alvernhe.

     E pois d'amor mais no m cal,
     Non sai don ni de QUE chan [5].
              Folquet de Marseille: Chantars.

LOQUAL, LAQUAL, etc. *lequel*, *laquelle*, etc. pron. rel.

Ce pronom relatif, selon qu'il est sujet ou régime, masculin ou féminin, se modifie tant au singulier qu'au pluriel, conformément aux règles établies pour l'article

(1)   La plus gente êtes qu'on jamais pût choisir;
      Où ne vois clair des yeux avec lesquels vous regarde.
(2)   Et moi, hélas! ne sais que dire.
(3)   Ne sais ce que je dis ni ce que je fais.
(4)   Trouvé avons ce que allons cherchant.
(5)   Et depuis que d'amour plus ne me chaut,
      Ne sais d'où ni de quoi chante.

qui précède QUAL, et à celles qui sont relatives à QUAL, adjectif commun.

Suj.   En Pelicer, chauzes de tres lairos
                Lo QUAL pres pietz per emblar menuder [1].
                                 BLACAS : En Pelicer.

« E lo drac istet devan la femna LA CAL devia enfantar [2]. »
                        TRAD. DE L'APOCALYPSE.

« Johans a las VII gleyzas LAS CALS son en Asia [3]. »
                        TRAD. DE L'APOCALYPSE.

Rég.   Atrobero gran multitut
                De paubra gen que segro tug,
                Entre LOS QUALS Alexi fo [4].
                      LA VIDA DE SAN ALEXI.

                E sabrem, quan l'aura joguat,
                DELS QUALS dels filhs er la terra [5].
                      BERTRAND DE BORN : Ieu chant.

Le pronom relatif QUI, etc. comme sujet, est quelquefois sous-entendu, sur-tout en poésie.

                Nuls hom no us ve.... no us si' amicx [6].
                   ARNAUD DE MARUEIL : Sel que vos es.

---

(1)   Seigneur Pelissier, choisissez de trois larrons
        Lequel prit pire pour voler menu.
(2) « Et le dragon resta devant la femme laquelle devait enfanter. »
(3) « Jean aux sept églises lesquelles sont en Asie. »
(4)   Trouvèrent grande multitude
        De pauvre gent qui suivirent tous,
        Entre lesquels Alexis fut.
(5)   Et saurons, quand l'aura joué,
        Desquels des fils sera la terre.
(6)   Nul homme ne vous voit (QUI) ne vous soit ami.

238 GRAMMAIRE ROMANE,

>Car anc no vi dona.... tan mi plagues [1].
>>GAUCELM FAIDIT : Anc no m parti.

>Que no y a ram.... no s'entressenh
>De belas flors e de vert fuelh [2].
>>ARNAUD DANIEL : Ab plasers.

Ce même pronom est aussi employé en supprimant le sujet ou le pronom démonstratif auquel il se rapporte soit expressément, soit tacitement.

SUJ.
>Adonc se deu ben alegrar
>.... Qui bon amor saup chausir [3].
>>BERN. DE VENTADOUR : Quan la vertz fuelha.

>Que .... QUI ben serf, bon guierdon aten [4].
>>ARNAUD DE MARUEIL : Aissi cum cel.

>.... QUI en gaug semena, plazer cuelh [5].
>>ARNAUD DANIEL : Ab plazers.

RÉG.
>Ben devria aucire
>.... Qui anc fez mirador;
>Quan ben m'o consire,
>Non ai guerrier peior [6].
>>BERN. DE VENTADOUR : Lanquan vei la fuelha.

QUI sujet est même placé après des verbes ou des

---

(1) Car jamais ne vis dame (QUI) tant me plût.
(2) Que n'y a rameau (QUI) ne s'entrelace
De belles fleurs et de vert feuillage.
(3) Alors se doit bien réjouir
(CELUI) qui bonne amour sut choisir.
(4) Que (CELUI) qui bien sert, bonne récompense attend.
(5) (CELUI) qui en joie sème, plaisir recueille.
(6) Bien devrais occire
(CELUI) qui jamais fit miroir;
Quand bien me le considère,
N'ai ennemi pire.

prépositions dont il ne devient pas le régime, parce que ce régime c'est le pronom démonstratif sous-entendu.

La premiera ley demostra a.... qui ha sen e raczon [1].
La nobla Leyçon.

On trouve la préposition et le régime sous-entendus à-la-fois.

Ai! cum par franch' e de bon aire
...... Qui l'au parlar o qui son gen cors ve [2].
Gaucelm Faidit : Ben a amors.

QUAL, CAL, *quel*.

Qual, cal, pronom relatif de la langue romane, fut appliqué aux personnes et aux choses.

Il se rapporte toujours à un substantif.

E que saupes dels baros
Quals es fals ne quals l'es fis [3].
Bertrand de Born : Be m platz car.

QUI, *qui*, QUE, *que*, QUAL, *quel*, QUE, *quoi*, interrogatifs.

Soit comme sujets, soit comme régimes, dans les différents genres et dans les différents nombres, les relatifs qui, que, qual, sont placés en forme interrogative.

E s'ieu chanti, qui m'auzira [4]?
Pistoleta : Manta gent.

---

(1) La première loi démontre à (celui) qui a sens et raison.
(2) Ah! comme paraît franche et débonnaire
    (A celui) qui l'entend parler ou qui son gent corps voit.
(3) Et que sût des barons
    Quel est trompeur et quel lui est fidèle.
(4) Et si je chante, qui m'ouïra?

Don es, ne QUI venetz querer [1]?
>> ROMAN DE JAUFRE.

Amors, e CALS honors vos es,
Ni CALS bes vo 'n pot eschazer,
S'aucizetz seluy c'avetz pres [2]?
>> ARNAUD DE MARUEIL: Bel m'es qu'ieu chan.

Ai! CAL vos vi, e CAL vos vei [3]?
>> BERN. DE VENTADOUR: Era non ai.

E QUE val viure ses amor [4]?
>> BERN. DE VENTADOUR: Non es meravcilla.

Amors, que vos es veiaire?
Trobatz vos fol mais que me [5]?
>> BERN. DE VENTADOUR: Amors que.

J'ai précédemment parlé des QUE employés après les termes de comparaison; je parlerai ailleurs des QUE conjonctifs, placés ordinairement entre deux verbes, pour transporter l'action de l'un sur l'autre, et des différents QUE régis par les adverbes ou prépositions, etc.

TAL, *tel*, et ses composés, pronoms relatifs.

SUBST. SUJ.   TALS tolh que devria donar;
                E TALS cuia dir ver que men [6];

---

(1) D'où êtes, et qui venez chercher?
(2) Amour, et quel honneur vous est,
     Et quel bien vous en peut échoir,
     Si tuez celui qu'avez pris?
(3) Ah! quel vous vis, et quel vous vois?
(4) Et que vaut vivre sans amour?
(5) Amour, que vous est semblant?
     Trouvez-vous fol plus que moi?
(6) Tel ôte qui devrait donner;
     Et tel pense dire vrai qui ment;

Subst. suj.   Tals cuia autrui enganar
     Que si meteys lassa e repren :
     E tals se fia en lendema
     Que ges no sap si 'l se veira [1].
        Pistoleta : Manta gent.

Subst. rég.   De tal sui homs que non a par
     De beutat ni d'ensenhamen [2].
        Pistoleta : Manta gent.

PRONOMS INDÉFINIS.

Ils sont employés, les uns comme substantifs ;

Les autres comme adjectifs ;

Et quelquefois ces pronoms remplissent tour-à-tour les deux fonctions.

Enfin il en est qu'on emploie neutralement.

Voici les principaux :

  Om, hom, se.
  Quecx, usquecs.
  Cascun, cadun, negun, degun, nul.
  Qualque, queque.
  Altre, altrui, al, l'un l'altre.
  Eis, meteis, mezeis.
  Maint, molt, tot, plusor, tant, quant.

---

(1) Tel pense autrui tromper
   Qui soi-même trompe et reprend :
   Et tel se fie au lendemain
   Qui nullement ne sait si le il verra.

(2) De telle suis homme-lige qui n'a pareille
   De beauté ni d'éducation.

HOM, OM, SE, *on*, *l'on*.

J'ai eu occasion d'indiquer comment HOM vient d'HOMO: les manuscrits ont souvent conservé à ce pronom l'H primitif.

E deu HOM mais cent ans durar [1].
COMTE DE POITIERS: Mout jauzens.

HOM ditz que gaug non es senes amor [2].
ARNAUD DE MARUEIL: Hom ditz.

En général, dans les manuscrits romans, ce pronom indéterminé est écrit sans l'H.

C'OM sia humils als bos,
Et als mals orgulhos [3].
ARNAUD DE MARUEIL: Rasos es.

La langue romane a usé, dans le même sens, du pronom personnel SE au-devant de la troisième personne du singulier des verbes.

Car genser cors no crei qu'el mon SE mire [4].
BERN. DE VENTADOUR: Ben m'an perdut.

Per la meillor que n'esta ni s' esmire [5].
PISTOLETA: Aitan sospir.

Sel que us amet pus anc no s vi [6].
ARNAUD DE MARUEIL: Si que vos.

(1)   Et doit on plus cent ans durer.
(2)   On dit que joie n'est sans amour.
(3)   Qu'on soit indulgent aux bons,
        Et aux méchants fier.
(4)   Car plus gent corps ne crois qu'au monde on voye.
(5)   Pour la meilleure qui en est et on admire.
(6)   Celui qui vous aima plus que jamais ne on vit.

QUECX, *quiconque, chaque;* USQUECS, *quiconque, un-chacun.*

Ces pronoms indéterminés furent dérivés du latin QUISQUE, UNUSQUISQUE.

Ils sont ordinairement substantifs.

> Quecx cuiatz bon' amig' aver,
> Sol so qu'en veiretz ne crezetz¹.
>   GAVAUDAN LE VIEUX : Ieu no sui.

Quecx cuiatz bon' amig' aver,
Sol so qu'en veiretz ne crezetz [1].
   GAVAUDAN LE VIEUX : Ieu no sui.

Dona, amors a tal mestier,
Pus dos amicx encadena,
Qu'el mal qu'an e l'alegrier
Senta QUECX a son veiaire [2].
   RAMBAUD D'ORANGE : Amicx ab gran.

Q'USQUECX desira so qu'ieu vuelh [3].
   GUILLAUME DE CABESTAING : Aissi cum cel.

Qu'en leis amar an pres conten
Mos ferms coratges e mos sens,
C'USQUECS cuid amar plus formen [4].
   FOLQUET DE MARSEILLE : Tan mov.

---

(1) Quiconque croyez bonne amie avoir,
   Seulement ce qu'en verrez en croyez.

(2) Dame, amour a telle nécessité,
   Lorsque deux amants enchaîne,
   Que le mal qu'ils ont et l'allégresse
   Sente chacun à sa manière.

(3) Que un chacun desire ce que je veux.

(4) Qu'en elle aimer ont pris émulation
   Mon ferme cœur et mon sens,
   Que un chacun pense aimer plus fortement.

Quelquefois il est adjectif.

> Quecx auzel, en son lengatge,
> Per la frescor del mati,
> Van menan joy d'agradatge [1].
>
> ARNAUD DE MARUEIL : Bel m'es quan.

CADUN, CASCUN, *chacun, chaque;* NEGUN, DEGUN, NULH, *non-aucun, nul.*

SUBST. SUJ.
> E no y ten mut bec ni gola
> Nuls auzels, ans bray e canta
> CADAUS
> En son us [2].
>
> ARNAUD DANIEL : Autet et bas.

> Volgra que celes e cobris
> Son cor QUASCUS dels amadors [3].
>
> ARNAUD DE MARUEIL : Bel m'es lo dos.

> CASCUNA creatura
> S'alegra per natura [4].
>
> BERN. DE VENTADOUR : Quan lo dous.

(1) Chacuns oiscls, en son langage,
Par la fraîcheur du matin,
Vont menant joie de plaisance.

(2) Et n'y tient muet bec ni gueule
Nul oiseau, mais braille et chante
Chacun
En son us.

(3) Voudrais que celât et couvrît
Son cœur chacun des amants.

(4) Chacune créature
Se réjouit par nature.

PRONOMS INDÉFINIS.

SUB. RÉG. Qu'al mieu semblan, qui en dos luecs s'aten,
Vas QUASCUN es enganaire e trahire [1].
ARNAUD DE MARUEIL : Aissi cum celh.

ADJ. SUJ. NEGUS vezers mon bel pensar no m val [2].
BERN. DE VENTADOUR : Quan par la.

E QUASCUS auzels quier sa par [3].
BERN. DE VENTADOUR : Quan lo boscatges.

NULS hom non pot ben chantar
Sens amar [4].
BERN. DE VENTADOUR : Estat ai dos.

ADJ. RÉG. Qu'ieu vey say e lay
CASCUN auzel ab son par
Domneyar [5].
BERN. DE VENTADOUR : Estat ai dos.

« Thomas dis a Karle que, per DEGUNA causa delh mon, non la peniria [6]. » PHILOMENA, fol. 27.

Que miels foren cavalguatz
De NULH home viven [7].
COMTE DE POITIERS : Companho.

---

(1) Qu'à mon avis, qui en deux lieux s'attache,
Envers chacun est trompeur et traître.

(2) Aucun voir mon beau penser ne me vaut.

(3) Et chacun oisel cherche sa compagne.

(4) Nul homme ne peut bien chanter
Sans aimer.

(5) Que je vois çà et là
Chacun oisel avec sa compagne
Courtiser.

(6) « Thomas dit à Charles que, pour aucune chose du monde, ne la prendrait. »

(7) Qui mieux furent chevauchés
De nul homme vivant.

On trouve parfois CAC, CAD.

> E maritz soi c'ieu no la vei CAC dia [1].
> GIRAUD LE ROUX : Ara sabrai.

> A Carduel, una pentecosta
> On CAD an gran pobels s'ajosta....
> CAD an, al jorn d'aquesta festa [2].
> ROMAN DE JAUFRE.

ALQUE, ALCUN, QUALQUE, *quelqu'un, quelque.*

SING. SUJ.   Que us am, CALSQUE dans m'en sia
Destinatz ni a venir [3].
BÉRENGER DE PALASOL : Dona si tos temps.

SING. RÉG.   Conoscatz donc que mal vos estaria
S'entre totz temps no trobava ab vos
QUALQUE be fag o QUALQUE bo respos [4].
GIRAUD LE ROUX : Ara sabrai.

Al res no y a mais de murir,
S'ALQUN joy no ai en breumen [5].
GEOFFROI RUDEL : Pro ai del chan.

---

(1) Et marri suis de ce que ne la vois chaque jour.
(2) A Carduel, une pentecôte
Où chaque an grand peuple s'assemble....
Chaque an, au jour de cette fête.
(3) Que je vous aime, quelque dommage m'en soit
Destiné et à venir.
(4) Connaissez donc que mal vous serait,
Si entre tous temps ne trouvais avec vous
Quelque bien fait ou quelque bonne réponse.
(5) Autre chose n'y a excepté de mourir,
Si aucune joie n'ai en bref.

PRONOMS INDÉFINIS.

On trouve en régime : QUALACUM, QUALAQUOM, etc.

SING. RÉG. Ayatz de mi QUALACUM jauzimen [1].
PONS DE CAPDUEIL : Sicom celui.

Qu'en vos trobes QUALAQUOM pietat [2].
ARNAUD DE MARUEIL : Si m destreignetz.

PLUR. Be 'n degri' ieu aver
Qualque avinen plazer,
Qu' els bes e 'ls mals, QUALSQU' ieu n'aia,
Sai sofrir, et ai saber
De far tot qu'a mi dons plaia [3].
PEYROLS : Si anc nuls hom.

ALTRE, ALTRA, AL, ALTRUI, *autre*, *autrui*.

SING. SUJ. Totz AUTRES joys fora petitz,
Vas que lo mieus joys fora grans [4].
BERN. DE VENTADOUR : Pel dos chans.

Nulh' AUTR' amors no m pot faire joyos,
Si m preyavon d'autras domnas cinc cens [5].
PONS DE CAPDUEIL : Humils e fis.

(1) Ayez de moi quelque égard.
(2) Qu'en vous trouvasse quelque pitié.
(3) Bien en devrais-je avoir
Quelque avenant plaisir,
Vu que les biens et les maux, quels que j'en aie,
Sais souffrir, et ai savoir
De faire tout ce qu'à ma dame plaise.
(4) Toute autre joie serait petite,
En comparaison que la mienne joie serait grande.
(5) Nulle autre amour ne me peut faire joyeux,
Si me priaient d'autres dames cinq cents.

Sing. suj.	Qu'ieu non soi alegres per al,
	Ni AL res no m fai viure [1].

PIERRE ROGIERS : Tant no plov.

Sing. rég.	D'AUTRA guiza e d'AUTRA razo
	M'aven a chantar que no sol [2].

ARNAUD DANIEL : D'autra guisa.

Qu'els falhimen d'AUTRUI taing c'om se mir,
Per so c'om gart se mezeis de faillir [3].

FOLQUET DE MARSEILLE : Ja no s cug.

Plur.	Quar mi plus qu'els AUTRES repren [4].

BERN. DE VENTADOUR : Pus mos coratges.

Sui plus cobes de lieis que m'a conques,
On plus remir las AUTRAS, tant es pros [5].

PONS DE CAPDUEIL : Astrucx.

AUTRUI, adjectif, est ordinairement commun aux deux genres.

Car nulhs non a doctrina
Ses AUTRUI dessiplina [6].

ARNAUD DE MARUEIL : Rasos es.

C'ab las AUTRUI van aprenden
Engeing ab que gardon las lor [7].

PIERRE D'AUVERGNE : Bellha m'es la flors.

(1) Que je ne suis alègre pour autre,
 Ni autre chose ne me fait vivre.
(2) D'autre guise et d'autre raison
 M'avient à chanter que n'ai coutume.
(3) Qu'aux fautes d'autrui convient qu'on se regarde,
 Pour ce qu'on garde soi-même de faillir.
(4) Car moi plus que les autres reprend.
(5) Suis plus desireux d'elle qui m'a conquis,
 Là où plus regarde les autres, tant elle est généreuse.
(6) Car nul n'a doctrine
 Sans d'autrui discipline.
(7) Qu'avec celles d'autrui vont apprenant
 Engin avec lequel gardent les leurs.

Il est employé substantivement :

> E 'l reis conquier l'AUTRUI, e 'l seu defen¹.
> BERTRAND DE BORN : Gent part.

L'UN, L'ALTRE, *l'un, l'autre.*

Quand UN, ALTRE, sont employés substantivement et en rapport réciproque, on les place aussi parmi les pronoms indéfinis.

SING.
> E no 'ls puesc amdos tener,
> Que l'US l'AUTRE no cossen².
> COMTE DE POITIERS : Companho.

PLUR.
> Li cavayer an pretz,
> Si cum l'auzir podetz :
> L'UN son bon cavayer,
> L'AUTRE son bon guerrier ;
> L'UN an pretz de servir,
> L'AUTRE de gent garnir³.
> ARNAUD DE MARUEIL : Rasos es.

> Las UNAS son plazens,
> Las ALTRAS conoissens⁴.
> ARNAUD DE MARUEIL : Rasos es.

---

(1) Et le roi conquiert l'autrui, et le sien défend.
(2) Ne les puis tous deux tenir,
Vu que l'un l'autre ne consent.
(3) Les chevaliers ont prix,
Comme l'ouïr pouvez :
Les uns sont bons chevaliers,
Les autres bons guerriers ;
Les uns ont prix de servir,
Les autres de gentement équiper ;
(4) Les unes sont agréables,
Les autres savantes.

PLUR.   Los us ten bas e 'ls AUTRES fai valer [1].
            GAUCELM FAIDIT : A lieis cui am.

UN signifie quelquefois *même, semblable.*

            Car tug silh que pretz an,
            No l'an ges d'UN semblan [2].
            ARNAUD DE MARUEIL : Rasos es.

En parlant des pronoms personnels, j'ai dit que le pronom indéterminé ALTRE s'attachait souvent aux premières et aux secondes personnes du pluriel de ces pronoms.

Voici d'autres exemples de cette forme explétive :

            Trames en terra lo sieu filh,
            Per Adam gitar de perilh
            E NOS AUTRES totz issament
            Que em sieu filh verayament;
            E'n receup nostra carn mortal
            Per que NOS AUTRES serem sal [3].
            LA PASSIO DE JHESU CRIST.

Blancatz, no sui eu ges d'aital faison
Com VOS ALTRE a cui amors non cal [4].
            BLACAS : Peire Vidal.

(1)   Les uns tient bas et les autres fait valoir.
(2)   Car tous ceux qui prix ont,
      Ne l'ont nullement de même manière.
(3)   Transmit en terre le sien fils,
      Pour Adam ôter de péril
      Et nous autres tous également
      Qui sommes ses fils vraiment;
      Et en reçut notre chair mortelle
      Par quoi nous autres serons saufs.
(4)   Blacas, ne suis moi nullement de telle façon
      Comme vous autres à qui amour ne chaut.

Vos AUTRES qu'el mon oblidatz [1].
LA VIDA DE SAN ALEXI.

EIS, METEIS, *même, le même;* EISSA, METEISSA, *même, la même.*

Ce pronom indéfini s'applique aux choses et aux personnes, et quelquefois il se joint à un adverbe.

E s'eu no m puesc cobrir, qui m'er cobrire?
Ni qui m'er fis, s'eu EIS mi soi traire [2]?
FOLQUET DE MARSEILLE: Amors merces.

Car EIS dieus, senes fallida,
La fetz de sa EISSA beutat [3].
GUILLAUME DE CABESTAING: Aissi cam selh.

Qu'en EYSA la semana,
Cant ieu parti de lai,
Me ditz en razo plana
Que mos chantars li plai [4].
BERN. DE VENTADOUR: Quan la doss' aura.

Tal paor ai qu'ades s'azir,
Ni ieu METEYS tan tem falhir [5]!
COMTE DE POITIERS: Mout jauzens.

(1) Vous autres qui le monde oubliez.
(2) Et si je ne me puis couvrir, qui me sera couvreur?
    Et qui me sera fidèle, si moi-même à moi suis traître?
(3) Car même dieu, sans faute,
    La fit de sa même beauté.
(4) Qu'en même la semaine,
    Quand je partis de là,
    Me dit en raison claire
    Que mon chanter lui plaît.
(5) Telle peur ai qu'à-présent se fâche,
    Et moi-même tant crains faillir!

D'un joy que m sofraing
Per mo MEZEIS follatge 1.
GAUCELM FAIDIT : Ab cossirier.

Altresi com la candela
Que si METEISSA destrui,
Per far clardat ad altrui 2.
PIERRE RAIMOND DE TOULOUSE : Altresi com.

E son ves els MEZEIS trachor
Li rich malvatz, perqu'els n'azir 3.
FOLQUET DE ROMANS : Tornatz es.

On trouve aussi MEDES, METES, MESSEIS, etc.

Quelquefois il est employé adverbialement étant joint à un autre adverbe.

Et aqui METEIS vos sapchatz
Ab los savis gen captener 4.
PIERRE ROGIERS : Senher Raimbaut.

TOTZ, *tout*, sing.; TUT, TUG, TUIT, TUICH, *tous*, plur.; TRASTOTZ, TRESTOTZ, *très-tout*; TRESTUIT, *très-tous*.

SING. SUJ.   Dona, si us platz, aiatz humilitat
De mi que sui TOTZ el vostre poder 5.
ARNAUD DE MARUEIL : Tot quant.

(1)   D'une joie qui me manque
Par ma propre folie.

(2)   Pareillement comme la chandelle
Qui soi-même détruit,
Pour faire clarté à autrui.

(3)   Et sont envers eux-mêmes traîtres
Les riches méchants, pourquoi les en hais.

(4)   Et là même vous sachiez
Avec les sages bien gouverner.

(5)   Dame, si vous plaît, ayez indulgence
De moi qui suis tout au votre pouvoir.

Sing. rég.   Alixandres, que TOT lo mon avia,
           No portet ren mas un drap solamen 1.
                    Pons de Capdueil : Ar nos sia.

           Anc ieu no l'aic, mas ela m'a
           Trastot en son poder amors 2.
                    Arnaud Daniel : Anc ieu no l'aic.

Pl. suj.   Aisso sabem tug que es vers 3.
                    Arnaud de Marueil : Sel que vos es.

           Bon son tut li mal que m dona 4.
                    Bern. de Ventadour : Bel m'es quan eu vei.

           Car s'ieu, lauzan vostre gen cors, dizia
           So que per ver faissonar en poiria,
           Sabrion tuich de cui sui fis amans,
           Per qu'ieu en sui de vos lauzar doptans 5.
                    Blacasset : Si m fai.

Pl. rég.   Ben saup chausir de totas la melhor 6.
                    Pons de Capdueil : Astrucx es.

           Astrucx es selhs cui amors ten joyos,
           Qu'amors es caps de trestotz autres bes 7.
                    Pons de Capdueil : Astrucx es.

(1) Alexandre, qui tout le monde avait,
    N'emporta rien excepté un drap seulement.
(2) Oncques je ne l'eus, mais elle m'a
    Trestout en son pouvoir amour.
(3) Ceci savons tous que est vrai.
(4) Bons sont tous les maux que me donne.
(5) Car si moi, louant votre gent corps, disais
    Ce que par vrai façonner en pourrais,
    Sauraient tous de qui suis fidèle amant,
    Pour quoi j'en suis de vous louer craintif.
(6) Bien sus choisir de toutes la meilleure.
(7) Heureux est celui qu'amour tient joyeux,
    Vu qu'amour est chef de trestous autres biens.

Pl. rég.   Que ben placz a TRESTOTAS gens 1.
                              ROMAN DE JAUFRE.

TOT est quelquefois employé comme substantif neutre.

Be fora ricx, si m volguessetz onrar,
Ans que del TOT m'acson mort li sospir 2.
                   ARNAUD DE MARUEIL : En mon cor ai.

MANT, MOLT, TROP, PLUSOR, *maint, plusieurs.*

SING.   MAINT mur e MAINTA tor desfaicha
          Veirem, e MAINTA testa fraicha,
          MAINT castel forsat e conques 3.
                    BERTRAND DE BORN : Guerra e trebalh.

          Mas aissi falh hom en MAINTA fazenda 4.
                    PONS DE LA GARDE : Sitot no mai.

PLUR.   Fugir enfern e 'l putnais fuec arden
          On MANH caitiu viuran tos temps dolen 5.
                    PONS DE CAPDUEIL : Ar nos sia.

          Mal li faran tug li PLUSOR
          Qu'el veyran jovenet meschi 6.
                    COMTE DE POITIERS : Pus de chantar.

(1)   Qui bien plaît à trestoutes gents.
(2)   Bien serais puissant, si me voulussiez honorer,
      Avant que du tout m'eussent tué les soupirs.
(3)   Maint mur et mainte tour défaite
      Verrons, et mainte tête brisée,
      Maint château forcé et conquis.
(4)   Mais ainsi manque-t-on en mainte affaire.
(5)   Fuir enfer et le puant feu ardent
      Où maints chétifs vivront tous temps dolents.
(6)   Mal lui feront tous les plusieurs
      Qui le verront jouvencel faible.

PLUR. « E MOTAS femnas eran aqui [1]. »
TRAD. DU NOUV. TESTAMENT: Marc, c. 15, v. 40.

Aqui veirem MANZ sirventz peceiatz,
MANZ cavals mortz, MANZ cavaliers nafratz [2].
BLACASSET: Guerra mi plai.

« E co en dos torneyhamens avia morts TROP Sarrasis [3]. »
PHILOMENA, fol. 80.

Per MANTAS guizas m'es datz
Jois e deport e solatz [4].
ALPHONSE II, ROI D'ARAGON: Per mantas.

Obedienza deu portar
A MOTAS gens qui vol amar [5].
COMTE DE POITIERS: Mout jauzens.

On ac gentz de MOLTAS manieras [6].
ROMAN DE JAUFRE.

« Pausec d'autra part TROPAS reliquias ad un trauc, et aitantost elh lo fe clauser [7]. »
PHILOMENA, fol. 24.

TANT, QUANT, *tant, combien.*

« Calhs ni CANS foro morts, nuls hom no lo poyria comtar [8]. »
PHILOMENA, fol 68.

---

(1) « Et plusieurs femmes étaient là. »
(2)   Là verrons maints servants dépecés,
       Maints chevaux tués, maints cavaliers navrés.
(3) « Et comme en deux combats avait tué plusieurs Sarrasins. »
(4)   Par maintes guises m'est donné
       Joie et plaisir et agrément.
(5)   Obéissance doit porter
       A plusieurs gens qui veut aimer.
(6)   Où eut gens de plusieurs manières.
(7) « Plaça d'autre part plusieurs reliques à un trou, et aussitôt il le fit clorre. »
(8) « Quels et combien furent morts, nul homme ne le pourrait compter. »

En Lemosi ont a trag mant cairel
En TANTA tor, tans murs, e TANT anvau
Frait e refrait, e fonduï TAN castel;
E TANT aver tolt, e donat, e mes;
E TAN colp dat, e receuput, e pres [1].
BERTRAND DE BORN: Quan la novella.

E Dieus com pot formar
TANTAS bellas faisos,
Lai on merces non fos [2]!
RAMBAUD DE VAQUEIRAS: Ja no cugei.

Dona, mon cor e mon castel vos ren,
E tot QUANT ai, quar etz bella e pros [3].
PISTOLETA: Ar agues ieu.

Ai! quantas bonas chansos
E quants bos vers aurai fag [4].
BERN. DE VENTADOUR: Ai! quantas.

Tous les adjectifs de quantité indéterminés peuvent être placés parmi ces pronoms.

---

(1) En Limousin où a tiré maint carreau
En tant tour, tant murs, et tant retranchement
Brisé et rebrisé, et effondré tant château;
Et tant avoir ôté, et donné, et mis;
Et tant coup donné, et reçu, et pris.

(2) Et Dieu comment put former
Tant belles façons,
Là où merci ne fût!

(3) Dame, mon cœur et mon château vous rends,
Et tout quant ai, parce que êtes belle et généreuse.

(4) Ah! quantes bonnes chansons
Et quants bons vers aurai fait.

CHAPITRE V.

NOMS DE NOMBRES

CARDINAUX.	ORDINAUX.	
	MASCULIN.	FÉMININ.
Un,	premier,	premiera.
Dos,	segon,	segonda.
Tres,	ters,	tersa.
Quatre,	quart,	quarta.
Cinq,	quint,	quinta.
Sei, sex,	seizen,	seizena.
Set,	seten,	setena.
Och, ot,	ochen,	ochena.
Nov,	noven,	novena.
Dex, deze,	dezen,	dezena.
Unze,	unzen,	unzena.
Doze,	dotzen,	dotzena.
Treze,	trezen,	trezena.
Quatorze,	quatorzen,	quatorzena.
Quinze,	quinzin,	quinzina.
Setze,	sezesme,	sezesma.
Vint,	vintesme,	ventesma.
Trenta,	trentesme,	trentesma.
Quaranta,	quarantesme,	quarantesma.
Cent,	cente,	centesma.
Mil,	mille,	millesma.

NOMBRES CARDINAUX.

La langue latine déclinait UNUS, DUO, TRES; la langue romane, fidèle à son systême d'imitation, distingua les sujets et les régimes dans UN, DOS, TRES.

UN, *un;* UNA, *une.*

UN eut son féminin UNA, et fut soumis à la règle de l's final.

SUJ.   Us joys d'amor s'es e mon cor enclaus [1].
                    ARNAUD DE MARUEIL : Us joys d'amor.

RÉG.   Gran talen ai qu'UN baisar
          Li pogues tolre o emblar [2].
                    PEYROLS : Del seu tort.

          Qu'UNA 'n sai qu'es de las melhors
          La meiller qu'anc Dieus fezes [3].
                    BERN. DE VENTADOUR : Ja mos chantars.

DOS, AMDOS, *deux;* DOAS, AMDOAS, *deux.*

Dos fut régime, et DUI fut sujet, AMDOS régime, et AMDUI sujet, au masculin.

Conformément à la règle générale, DOAS, AMDOAS, féminins, furent tour-à-tour sujets ou régimes.

---

(1)   Une joie d'amour s'est en mon cœur enclose.
(2)   Grand desir ai qu'un baiser
      Lui pusse prendre ou voler.
(3)   Qu'une en sais qui est des meilleures
      La meilleure qu'oncques Dieu fit.

NOMS DE NOMBRES.

AMS, AMBEDOS, AMBOS ont la même acception.

SUJ.
  E colombet, per gaug d'estieu,
  Mesclan lur amoros torney,
  E DUY e DUY fan lur domney [1].
     ARNAUD DANIEL : Ab plazers.

  Quan DUI amic s'acordon d'un voler,
  So que l'uns vol deu al altre plazer [2].
     GAUCELM FAIDIT : Tuit cilh que amon.

  Tot lo joys del mon es nostre,
  Dompna, s'AMDUI nos amam [3].
     COMTE DE POITIERS : Farai chansoneta.

  C'AMBEDUI me son jurat
  E plevit per sagramen [4].
     COMTE DE POITIERS : Companho.

RÉG.
  Que l'us perdet lo pe per DOS capos;
  E 'l segon fo pendutz per DOS deniers [5].
     BLACAS : En Pellicer.

  Dos jorns estem ses beure e ses manjar [6].
     RAMBAUD DE VAQUEIRAS : Honrat marques.

---

(1) Et pigeoneaux, par joie d'été,
Mêlent leur amoureux débat,
Et deux et deux font leur amour.

(2) Quand deux amants s'accordent d'un vouloir,
Ce que l'un veut doit à l'autre plaire.

(3) Toute la joie du monde est nôtre,
Dame, si tous deux nous aimons.

(4) Que tous deux me sont jurés
Et pleigés par serment.

(5) Que l'un perdit le pied pour deux chapons;
Et le second fut pendu pour deux deniers.

(6) Deux jours fûmes sans boire ni manger.

Rég.   C'amors no vol ren que esser non deia;
       Paubres e ricxs fai AMDOS d'un paratge 1.
              BERN. DE VENTADOUR : Quan vei la flor.

       E d'AMS mos bratz vos ressengua 2.
              RAMBAUD D'ORANGE : Estat ai.

       Que ben pot aver cavalcat
       DOAS legas a tot lo meintz 3.
              ROMAN DE JAUFRE.

       Aitant com pot ab AMBAS mans 4.
              ROMAN DE JAUFRE.

TRES, *trois.*

TREI fut sujet masculin : TRES, régime masculin, fut aussi sujet et régime féminin.

Suj.   E no sabran ja duy ni TREY
       Quals es celha que m'a conquis 5.
              ARNAUD DE MARUEIL : Cui que fin' amors.

Rég.   Mas non es, de mar en sai,
       Ni lai on es flum Jordans,
       Sarrazis ni Crestians
       Qu'ieu non venques TRES o dos 6.
              RAMBAUD D'ORANGE : Amors com er.

(1) Qu'amour ne veut rien qui être ne doive;
    Pauvres et riches fait les deux de même rang.
(2) Et de deux mes bras vous ceigne.
(3) Que bien peut avoir chevauché
    Deux lieues à tout le moins.
(4) Autant comme peut avec les deux mains.
(5) Et ne sauront jamais deux ni trois
    Quelle est celle qui m'a conquis.
(6) Mais n'est, de mer en çà,
    Ni là où est fleuve Jourdain,
    Sarrasin ni Chrétien
    Que je ne vainquisse trois ou deux.

Suj.   Las TRES dompnas a cui eu te presen,
        Car elhas TRES valon ben d'autras cen¹.
                FOLQUET DE MARSEILLE : Tan m'abellis.

Dans les autres noms de nombres cardinaux, la langue romane ne distingue pas les sujets et les régimes.

NOMBRES ORDINAUX.

Comme sujets, ils prennent souvent l's final.
Ceux qui finissent en N quittent souvent cet N :

       D'aisso m'er mal Peire Rogiers,
       Per que n'es encolpatz PREMIERS.
       El SEGONZ Guirautz de Bornelh
       Qui sembla drap sec al solelh.
       El TERTZ Bernatz del Ventadorn....
       El QUARTZ de Briva 'l Lemosis....
       EN Guillems de Ribas lo QUINZ².
                PIERRE D'AUVERGNE : Cantarai.

       El CINQUES es Gaucelms Faiditz....
       El SEIZES Guillems Azemars
       Qu'anc no fon pus malvatz joglars³.
                LE MOINE DE MONTAUDON : Pus Peire.

---

(1)   Les trois dames à qui je te présente,
       Car elles trois valent bien d'autres cent.

(2)   De ceci me sera mal Pierre Rogiers,
       Parce qu'en est inculpé le premier.
       Le second Giraud de Borneuil
       Qui semble drap sec au soleil.
       Le troisième Bernard de Ventadour....
       Le quatrième de Brive le Limousin....
       Sire Guillaume de Rives le cinquième.

(3)   Le cinquième est Gaucelm Faidit....
       Le sixième Guillaume Adhémar
       Qu'oncques ne fut plus mauvais jongleur.

> El ochen Bernartz de Sayssac....
> E lo noves es En Rambautz....
> En Ebles de Sagna 'l dezes,
> A cui anc d'amor no venc bes [1].
>
> Pierre d'Auvergne : Cantarai.

> El onzes es Guiraut lo Ros
> Que sol viure d'autrui cansos.
> E lo dotzes sera Folquetz
> De Marcelha us mercadairetz.
> E lo trezes es mo vezis....
> Guillem de Ribas lo quinzins....
> Ab lo sezesme n'i a pro [2].
>
> Le Moine de Montaudon : Pús Peire.

Plusieurs des noms de nombres ordinaux ont la double terminaison : en, ou esme, eisme.

Ils sont parfois employés substantivement :

> Sostenetz me lo ters o 'l cart
> Del desir que m destruy e m'art [3].
>
> Arnaud de Marueil : Dona sel que.

---

(1) Le huitième Bernard de Sayssac....
Et le neuvième est sire Rambaud....
Sire Ebles de Sagne le dixième,
A qui oncques d'amour ne vint bien.

(2) Le onzième est Giraud le Roux
Qui a coutume vivre d'autrui chansons....
Et le douzième sera Folquet
De Marseille un petit marchand.
Et le treizième est mon voisin....
Guillaume de Rives le quinzième....
Avec le seizième en y a assez.

(3) Maintenez moi le tiers ou le quart
Du desir qui me détruit et m'ard.

CHAPITRE VI.

VERBES.

Les verbes romans peuvent être classés en trois conjugaisons :

    AR,   ER OU RE,   IR OU IRE.

La langue romane a deux verbes auxiliaires :

    AVER,   *avoir.*
    ESSER OU ESTAR,   *être.*

L'auxiliaire AVER appartient à la seconde conjugaison.

Des deux verbes ESSER et ESTAR, dont l'autre verbe auxiliaire se compose, ESTAR appartient à la première conjugaison, et ESSER est à-la-fois irrégulier et défectif.

Les tableaux des différentes conjugaisons contiennent les règles ordinaires.

Voulant, selon la méthode que j'ai adoptée, justifier par des exemples ce que j'ai à dire des règles relatives aux modes, aux temps, et aux personnes, j'indique sommairement, dans d'autres tableaux, ou par des notes, les citations répandues dans cette grammaire, où l'on trouve des exemples applicables aux différents modes, temps, et personnes, des verbes de chaque conjugaison.

A la suite de ces tableaux seront les observations générales relatives aux verbes[1], et les observations spéciales

---

(1) Dans les éléments de la grammaire de la langue romane avant l'an 1000, j'ai expliqué la formation des verbes romans; j'ajouterai à-présent une remarque qui alors eût été prématurée.

Les troisièmes personnes des temps au singulier et au pluriel étant terminées par un T dans la langue latine, ce T final ne disparut que tard des mêmes personnes de la langue romane.

On a vu, dans les serments de 842, JURA*t*, CONSERVA*t*, etc.

Lorsque la langue romane eut pris définitivement les formes qui la caractérisent, on retrancha ce T final; mais ce fut toutefois la forme latine qui resta le plus long-temps empreinte dans le nouvel idiôme; ce T se montra de temps à autre, selon les pays et les copistes, même dans les poésies des troubadours.

Les actes de 960, et autres titres d'une date postérieure, qui se trouvent dans les manuscrits de Colbert, offrent plus d'un exemple de troisièmes personnes qui ont encore ce T final.

Dans le poëme sur Boëce, le copiste semble avoir indifféremment retranché ou conservé ce T, en écrivant AN*t* ou AN, SUN*t* ou SUN.

> Las mias musas qui AN*t* PERDUT lor cant....
> Contra felnia SUN*t* fait de gran bontat....
> Zo SUN bon omne qui AN redems lor peccat[1].
> POEME SUR BOECE.

Un poëme sur sainte Foi, imprimé par Catel dans son histoire des comtes de Tolose, offre plusieurs exemples, et entre autres :

> Chi AN*t* la soa majestat....
> Qui ERON*t* a Conquas presens[2].
> POEME SUR SAINTE FOI.

Je pourrais rapporter ici beaucoup d'exemples, mais je ne les

---

(1) Les miennes muses qui ont perdu leur chant....
Contre félonie sont faits de grande bonté....
Ce sont bons hommes qui ont racheté leur péché.

(2) Qui ont la sienne majesté....
Qui étaient à Conques présents.

VERBES AUXILIAIRES. 265

qui concernent et expliquent les exceptions, soit communes à plusieurs verbes, soit particulières à un seul.

Je place d'abord l'infinitif, parce qu'il serait impossible de se rendre raison des temps composés, si l'on n'avait déja connaissance du participe passé.

AUXILIAIRE AVER, *AVOIR*.

Je commence par ce verbe, qui, n'empruntant rien des autres verbes, dont il devient l'auxiliaire, se suffit à lui-même pour les temps composés.

crois pas nécessaires. Dans le manuscrit de la bibliothèque du Roi 7225, on lit autrement que dans les autres manuscrits :

> Li cavalier AN*t* pretz....
> Li un son*t* bon guerrier [1].
> ARNAUD DE MARUEIL : Rasos es.

Les manuscrits 7614 et 7698 offrent aussi dans les poésies de Pierre d'Auvergne :

> Adoncs vuoill novels mots lassar
> D'un vers QU'ENTENDAN*t* li meillor....
> Que lop son tornat li pastor
> Que DEGRAN*t* las fedas gardar [2].
> PIERRE D'AUVERGNE : Abans que.

Ce T final disparut cependant des écrits en langue romane, mais il désigna encore long-temps la plupart des troisièmes personnes de l'ancien idiôme français, ainsi que j'aurai occasion de le faire remarquer, lorsque j'expliquerai l'origine des formes grammaticales de la langue française; il est resté à toutes les troisièmes personnes du pluriel, et à quelques-unes du singulier.

(1) Les chevaliers ont prix....
Les uns sont bons guerriers.

(2) Maintenant veux nouveaux mots enlacer
D'un vers qu'entendent les meilleurs.
Que loups sont devenus les pasteurs
Qui devraient les brebis garder.

AVER *AVOIR*.

INFINITIF.

Présent.	Aver	*avoir*
Part. prés.	Avent	*ayant*
Gérondif.	Aven	*en ayant*
Part. passé.	Agut	*eu*
Prétérit.	Aver agut	*avoir eu*

INDICATIF.

PRÉSENT.

Ai	*j'ai*
As	*tu as*
A	*il a*
Avem	*nous avons*
Avetz	*vous avez*
An	*ils ont*

PARFAIT COMPOSÉ.

Ai agut	*j'ai eu*
As	*tu as*
A	*il a*
Avem agut	*nous avons eu*
Avetz	*vous avez*
An	*ils ont*

IMPARFAIT.

Av ia	*j'avais*
Av ias	*tu avais*
Av ia	*il avait*
Av iam	*nous avions*
Av iatz	*vous aviez*
Av ian, en, on	*ils avaient*

PLUS-QUE-PARFAIT.

Avia agut	*j'avais eu*
Avias	*tu avais*
Avia	*il avait*
Aviam agut	*nous avions eu*
Aviatz	*vous aviez*
Avian,	*ils avaient*

PARFAIT SIMPLE.

Aic, Agui	*j'eus*
Aguist, est	*tu eus*
Ac, Aguet	*il eut*
Aguem	*nous eûmes*
Aguetz	*vous eûtes*
Agueren, on	*ils eurent*

FUTUR.

Aur ai	*j'aurai*
Aur as	*tu auras*
Aur a	*il aura*
Aur em	*nous aurons*
Aur etz	*vous aurez*
Aur an,	*ils auront*

VERBES AUXILIAIRES.

CONDITIONNEL.		SUBJONCTIF.	
PRÉSENT.		**PRÉSENT.**	
Aur ia	j'aurais	Ai a	j'aye
Aur ias	tu aurais	Ai as	tu ayes
Aur ia	il aurait	Ai a	il ait
Aur iam	nous aurions	Ai am	nous ayons
Aur iatz	vous auriez	Ai atz	vous ayez
Aur ian, ion	ils auraient	Ai an, on	ils ayent
PARFAIT		**IMPARFAIT.**	
Auria agut	j'aurais eu	Agu es	j'eusse
Aurias	tu aurais	Agu esses	tu eusses
Auria	il aurait	Agu es	il eût
Auriam agut	nous aurions eu	Agu essem	nous eussions
Auriatz	vous auriez	Agu essetz	vous eussiez
Aurian	ils auraient	Agu essen, on	ils eussent
IMPÉRATIF.		**PARFAIT.**	
....	....	Aia agut	j'aye eu
Ai as	aye	Aias agut	tu ayes eu
Ai a	qu'il ait	etc.	etc.
Ai am, em	ayons	**PLUS-QUE-PARFAIT.**	
Ai atz	ayez	Agues agut	j'eusse eu
Ai an, on	qu'ils aient	etc.	etc.

Le verbe AVER et plusieurs autres ont un double conditionnel présent :

Agr a
as
a
am
atz
an, on.

Et, par analogie, un double conditionnel passé :

Agra agut, etc.

ESSER, ESTAR *ÊTRE.*

INFINITIF.

Présent.	Esser	Estar	*être*
Part. présent.	Essent	Estant	*étant*
Gérondif.	Essen	Estan	*en étant*
Part. passé.		Estat	*été*
Prétérit.		Aver estat	*avoir été*

INDICATIF.

Présent.	Sui, Soi, Son	Est ai, au	*je suis*
	Est, Iest	Est as	*tu es*
	Es	Est a, ai	*il est*
	Em, Sem	Est am	*nous sommes*
	Etz	Est atz	*vous êtes*
	Sun, Son	Est an, on	*ils sont*
Imparfait.	Era	Est ava	*j'étais*
	Eras	Est avas	*tu étais*
	Era, Er	Est ava	*il était*
	Eram	Est avam	*nous étions*
	Eratz	Est avatz	*vous étiez*
	Eran, on	Est avan, avon	*ils étaient*
Parfait simple.	Fui	Est ei	*je fus*
	Fust	Est est	*tu fus*
	Fo, Fon	Est et	*il fut*
	Fom	Est em	*nous fûmes*
	Fotz	Est etz	*vous fûtes*
	Foren, on	Est eren, eron	*ils furent*
Parf. composé.		Ai estat, etc.	*j'ai été*
Plus-que-parf.		Avia estat, etc.	*j'avais été*
Futur.	Ser ai, Er	Estar ai	*je serai*
	Ser as	Estar as	*tu seras*
	Ser a, Er	Estar a	*il sera*
	Ser em	Estar em	*nous serons*
	Ser etz	Estar etz	*vous serez*
	Ser an,	Estar an,	*ils seront*

VERBES AUXILIAIRES.

CONDITIONNEL.

PRÉSENT.	Ser ia*	Estar ia	Est era	*je serais*
	Ser ias	Estar ias	Est eras	*tu serais*
	Ser ia	Estar ia	Est era	*il serait*
	Ser iam	Estar iam	Est eram	*nous serions*
	Ser iatz	Estar iatz	Est eratz	*vous seriez*
	Ser ian, ion	Estar ian, ion	Est eran	*ils seraient*
PASSÉ.		Auria estat, etc.		*j'aurais été*

IMPÉRATIF.

PRÉSENT.	Si as	Est a	*sois*
	Si a	Est a	*soit*
	Si am	Est em	*soyons*
	Si atz	Est atz	*soyez*
	Si an, Sion	Est en, on	*soient*

SUBJONCTIF.

PRÉSENT.	Si a	Est e	*je sois*
	Si as	Est es	*tu sois*
	Si a	Est e	*il soit*
	Si am	Est em	*nous soyons*
	Si atz	Est etz	*vous soyez*
	Si an, Sion	Est en, on	*ils soient*
IMPARFAIT.	Fos	Est es	*je fusse*
	Fos ses	Est esses	*tu fusses*
	Fos	Est es	*il fût*
	Fos sem	Est essem	*nous fussions*
	Fos setz	Est essetz	*vous fussiez*
	Fos sen, on	Est essen, esson	*ils fussent*
PARFAIT.		Aia estat, etc.	*j'aye été*
PLUS-QUE-PARF.		Agues estat, etc.	*j'eusse été*

(*) Ou For a, as, a, am, atz, an en on.

Ainsi que je l'ai annoncé, je rassemble en tableaux* les exemples pour ces verbes auxiliaires, et je les prends

*INDICATION DES EXEMPLES RELATIFS AUX VERBES

		AVER		ESTAR		ESSER	
				INFINITIF.			
Présent.		Aver	p. 144.	Estar	p. 136.	Esser	p. 139.
Part. prés. Gérondif.		Avent	427.	Estans	144.	Essent	273.
Part. passé.		Agut	436.	Estat	128.		
				INDICATIF.			
Présent.	1	Ai	118.	Estai*	345.	Soi*	116.
	2	As	158.			Est	274.
	3	A	131.	Esta	242.	Es	159.
	1	Avem	133.			Em	275.
	2	Avetz	119.			Etz	154.
	3	Au	116.	Estan	124.	Son	125.
Imparfait.	1	Avia	355.			Era	352.
	2						
	3	Avia	176.	Estava	358.	Era	164.
	1						
	2	Aviatz	436.			Eratz	410.
	3	Avian	167.	Estavan	365.	Eran**	196.
Parf. simple.	1	Agui*	193.			Fui	131.
	2	Aguest	158.				
	3	Ac	127.	Estet	358.	Fon***	110.
	1	Aguem	329.	Estem	259.	Fom	367.
	2						
	3					Foron	200.
Parf. comp.				Ai estat	128.		
Futur.	1	Aurai	219.	Estarai	365.	Serai	131.
	2	Auras	160.			Seras	112.
	3	Aura	205.			Sera	196.
	1	Aurem	196.	Estarem	414.	Serem	348.
	2	Auretz	148.			Seretz	161.
	3	Auran	144.			Seran	371.

(*) Aic p. 253.   (*) Estau p. 278.   (*) Sui p. 130.
(**) Eron 264.
(***) Fo 259

VERBES AUXILIAIRES.

des différentes citations faites, dans le cours de cette grammaire, pour d'autres règles.

INDICATION DES EXEMPLES RELATIFS AUX VERBES

		AVER.		ESTAR.		ESSER.	
		CONDITIONNEL.					
	1	Auria	p. 342.			Fora	p. 218.
	2						
	3			Estaria	246.	Fora	247.
	1					Foram	407.
	2					Foratz	211.
	3	Aurian	114.			Foren	245.
		IMPÉRATIF.					
	2					Sias	355.
	3			Esta	201.	Sia	201.
	1	Aiam	371.				
	2	Ayatz	247.			Siatz	145.
	3					Sion	197.
		SUBJONCTIF.					
Présent.	1	Aia	247.	Estia	392.		
	2						
	3	Aya	208.	Estia	329.	Sia	123.
	1			Estiam	330.	Siam	206.
	2					Siatz	124.
	3	Aion	169.			Sian*	225.
Imparfait.	1	Agues	234.			Fos	156.
	2					Fosses	341.
	3	Agues	356.			Fos	129.
	1					Fossem	330.
	2	Aguessetz	381.	Estessetz	425.	Fossetz	410.
	3	Acson	254.			Fosson	136.
		SECOND CONDITIONNEL.					
	1	Agra	291.				
	2						
	3	Agra	149.			Seria	136.
	1			Esteram	422.		
	2						
	3	Agron	422.				

(*) Sion, p. 113.

OBSERVATIONS RELATIVES AU VERBE AVER.

Il arrive, mais rarement, qu'au lieu d'AI, la première personne du présent de l'indicatif est en EI.

> Que perdut EI pretz e valors [1].
> GAVAUDAN LE VIEUX: Crezens fis.

Et, par analogie, le futur AURAI devient AUREI [2].

On conçoit que cet EI s'est facilement changé en E [3].

Parfois, on trouve aussi dans l'imparfait du subjonctif, au lieu d'AGUESSETZ, d'AGUESSON, etc., ACSES, ACSON, etc.

Selon les localités, on prononce AURAI ou AVRAI. Dans quelques manuscrits, on rencontre l'H initial ou le B intérieur d'HABERE, primitif latin; et AVUT pour AGUT.

Le verbe AVER est quelquefois employé impersonnellement:

> Dona, loncx temps A qu'ieu consir [4].
> ARNAUD DE MARUEIL: Dona genser.

« Pero tres semmanas HA que nos em aissi [5]. »
PHILOMENA, fol. 8.

> Ben A cinq ans qu'anc d'un voler no s moc [6].
> AUGIER: Per vos belha.

---

(1)   Que perdu ai prix et valeur.

(2) On lit NON AUR*ei*, *je n'aurai*, dans un titre de 1015. PR. de l'Histoire de Languedoc, t. II, col. 170.

(3) Un titre de 1034 offre NON AUR*e*, *je n'aurai*. PR. de l'Hist. de Languedoc, t. II, col. 192.

(4)   Dame, long temps a que je pense.

(5) « Pourtant trois semaines a que nous sommes ici. »

(6)   Bien a cinq ans qu'ouc d'un vouloir ne se mut.

VERBES AUXILIAIRES.

OBSERVATIONS SUR LE VERBE ESSER.

INFINITIF.

Essent, *étant*, quoique formé régulièrement du verbe esser, est très-rare.

« Car el meseime essent la quarta bestia devant scripta per Daniel[1]. »
Doctrine des Vaudois.

« Essent trop tenre e frevol non poc obtenir[2]. »
Doctrine des Vaudois.

INDICATIF.

Présent. Pour la première personne du présent de l'indicatif on trouve presque indifféremment soi ou sui; la différence de l'o et de l'u provient de la prononciation locale ou des copistes.

Mais ce qu'il est essentiel de faire connaître, c'est que divers auteurs se sont servis de son.

> Puois aissi son encolpatz,
> Quan fatz avols motz o 'ls fatz[3].
> Rambaud d'Orange : A mon vers.

> Per aquest sen son ieu sors[4].
> Pierre Rogiers : Al pareissen.

---

(1) « Car lui-même étant la quatrième bête auparavant décrite par Daniel. »
(2) « Étant trop tendre et faible ne put obtenir. »
(3)   Puisque ainsi suis inculpé,
       Quand je fais bas mots ou les faits.
(4)   Pour ce sens suis je sourd.

Mas can se pot esdevenir
Qu'ieu vos vey, dona, ni us remir,
Son aisi que may res no m sen [1].

ARNAUD DE MARUEIL : Dona genser.

Son encantatz, qu'el colp, que t don,
No pot ton elme entamenar [2].

ROMAN DE JAUFRE.

Comtessa, yeu son santa Fe [3].

POEME SUR SAINTE FOI.

Ans son vostre trop mielz que no us sai dir [4].

GIRAUD LE ROUX : Nulhs hom no saup.

Les secondes personnes EST, ETZ, reçoivent parfois l'I au-devant de l'E.

E tu, senher d'umilitat,
Tu IEST fort aut et ieu trop bas [5].

FOLQUET DE MARSEILLE : Senher Dieu.

Qui us apellava paoruc,
Semblaria que vers non fos;
Car IEST grans e joves e ros [6].

BERTRAND DE BORN : Maitolin.

(1) Mais quand il peut arriver
Que je vous vois, dame, et vous regarde,
Suis ainsi que plus rien ne je sens.
(2) Je suis enchanté, de manière que le coup, que te donne,
Ne peut ton casque entamer.
(3) Comtesse, je suis sainte Foi.
(4) Mais suis vôtre beaucoup mieux que ne vous sais dire.
(5) Et toi, seigneur d'humilité,
Tu es fort haut et moi très bas.
(6) Qui vous appelait peureux,
Semblerait que vrai ne fût;
Car êtes grand et jeune et roux.

VERBES AUXILIAIRES.

> Car iest avols e semblas bos [1].
> > BERTRAND DE BORN : Maitolin.

La première personne du pluriel est EM ou SEM; l'un et l'autre sont rarement employés, sur-tout SEM.

> Que si non EM amic andui,
> D'altr' amor no m'es veiaire
> Que jamais mos cor s'esclaire [2].
> > BERN. DE VENTADOUR : Lo rossignols.

> E quant EM al novel temps clar [3].
> > RAMBAUD D'ORANGE : Ab nov cor.

> Vey que SEM aisi vengutz [4].
> > VIDAL DE BEZAUDUN : Abrils issia.

La seconde personne du pluriel ETZ se trouve ordinairement avec des sujets qui sont au singulier.

Quelquefois la prononciation locale, ou l'usage des copistes, a introduit ES au lieu d'ETZ ou d'EZ.

> O filhas de Jherusalem,
> De Nazareth, de Besleem,
> Verges castas et espozadas,
> Que de Dieu ES enamoradas [5].
> > LA PASSIO DE NOSTRA DONA SANCTA MARIA.

---

(1) Car es lâche et sembles bon.
(2) Que si ne sommes amis tous deux,
 D'autre amour ne m'est semblant
 Que jamais mon cœur s'éclaire.
(3) Et quand sommes au nouveau temps clair.
(4) Vois que sommes ici venus.
(5) O filles de Jérusalem,
 De Nazareth, de Bethléem,
 Vierges chastes et épousées,
 Qui de Dieu êtes amoureuses.

> E escrida : Qui ES baros
> Que d'aital ora us combatES?
> Puis no us puesc vezer, respondES [1].
>
> ROMAN DE JAUFRE.

Dans ces exemples, ES se rapportant à des sujets qui sont évidemment au pluriel, on ne peut former aucun doute sur l'exception que j'indique.

On trouve SIEST pour EST,
et SES ES.

> Ieu sai qui tu siest [2].
>
> TRAD. DU NOUV. TESTAMENT : LUC, c. 7, v. 48.

> E vuoill saber, lo mieus bel amics gens,
> Per que me SES tan fers ni tan salvatges [3].
>
> COMTESSE DE DIE : A chantar.

J'ai cité ces vers p. 123. La version est différente de celle-ci, que je trouve dans le ms. de la Bibl. du Roi 7225.

On rencontre des futurs terminés en EI au lieu d'AI, conformément à la modification observée pour le présent de l'indicatif du verbe HAVER.

> Tos temps SERei tortre ses par [4].
>
> GAVAUDAN LE VIEUX : Crezens fis.

---

(1) Et crie : Qui êtes barons
Qui de telle heure vous combattez ?
Puisque ne vous puis voir, répondez.

(2) Je sais qui tu es.

(3) Et veux savoir, le mien bel ami gentil,
Pourquoi me êtes tant cruel et tant sauvage.

(4) Tous temps serai tourtereau sans compagne.

FUTUR.

Le futur fut quelquefois emprunté d'ERO : ainsi on trouve à la première personne du singulier :

> Com plus la prec, pus m'es dura;
> Mas si 'n breu no si melhura,
> Vengut ER al partimen ¹.
>
> BERN. DE VENTADOUR : Lo temps vai.

Il est plus souvent employé à la troisième personne du singulier.

> Farai un vers de dreit nien;
> Non ER de mi ni d'autra gen,
> Non ER d'amor ni de joven ².
>
> COMTE DE POITIERS : Farai un vers.

> Car non es, ni ER, ni fo
> Genser de neguna leg ³.
>
> RAMBAUD DE VAQUEIRAS : Guerras ni platz.

> Mas no l'ER, segon mon albir,
> Apres me, nul amics tan sertz ⁴.
>
> ARNAUD DE MARUEIL : A guisa de fin.

---

(1) Comme plus la prie, plus m'est dure;
   Mais si en bref ne se améliore,
   Venu serai au partement.

(2) Ferai un vers de juste rien;
   Ne sera de moi ni d'autre gent,
   Ne sera d'amour ni de vaillance.

(3) Car ne est, ni sera, ni fut
   Plus gente d'aucune loi.

(4) Mais ne lui sera, selon mon avis,
   Après moi, nul ami autant certain.

Mas una res ER, se vos m'enjanatz;
Mos ER lo dans, e vostre ER lo peccat¹.
GAUCELM FAIDIT: Tot autressi.

Le verbe ESSER prend quelquefois EN venant d'INDe, et signifiant *de cela, de là.*

Ailas! qu'EN ER, si no m secor²?
ARNAUD DE MARUEIL: A guisa de fin.

Cet EN se place au-devant du verbe, et avec tous les différents temps et modes.

OBSERVATIONS SUR LE VERBE ESTAR.

Ce verbe offre quelques légères variétés.

1° Au présent de l'indicatif.

A la première personne du singulier, il fait ESTAI, ESTAU, ESTAUC:

Ab vos ESTAY on qu'ieu esteia³.
ARNAUD DE MARUEIL: Ab vos estay.

Perque m'ESTAU en bon esper⁴.
BERN. DE VENTADOUR: Ges de chantar.

Et à la troisième, ESTA et ESTAI.

2° Au présent du subjonctif, il fait, à la première et à la troisième personne du singulier, ESTIA et ESTEIA. Mais cette dernière désinence n'a peut-être été employée qu'à cause de la rime.

---

(1) Mais une chose sera, si vous me trompez;
   Mien sera le dommage, et vôtre sera le péché.
(2) Hélas! qu'en sera, si ne me secourt?
(3) Avec vous suis où que je sois.
(4) C'est pourquoi je suis en bon espoir.

VERBES ACTIFS.

CONJUGAISONS DES VERBES RÉGULIERS EN AR, ER ou RE, IR ou IRE.

Voici trois tableaux dont chacun offre l'une des trois conjugaisons auxquelles appartiennent les différents verbes de la langue romane.

Après ces tableaux, je présenterai les observations, soit générales, soit particulières, qu'exigent les temps, les modes, et les personnes de quelques verbes.

Ces tableaux n'offrent que les conjugaisons actives.

Quant aux conjugaisons que les grammairiens modernes appellent encore PASSIVES, comme la langue romane les forma en joignant le participe passé au verbe auxiliaire ESSER, il suffira d'en avertir, et de rapporter quelques exemples; les règles relatives à ces conjugaisons ne souffrent jamais d'exception.

La première conjugaison comprend les verbes en AR, qui sont les plus nombreux, et qui n'offrent jamais d'anomalies.

La seconde, les verbes en ER ou RE; ce sont ceux qui éprouvent le plus de modifications intérieures.

La troisième, les verbes en IR ou IRE; ces verbes ne sont pas nombreux, et ils offrent rarement des anomalies [1]; et, ce qui en fait une classe à part, c'est que ces verbes n'ont jamais qu'un conditionnel, tandis que les verbes des autres conjugaisons en ont régulièrement deux.

(1) Les verbes en IR, qui ont leur parfait simple de l'indicatif en GUI, gardent GU en quelques autres temps et modes, comme le font les verbes en ER, qui ont aussi leur parfait simple en GUI.

CONJUGAISON EN AR.

ACTIF.

AMAR *AIMER.*

INFINITIF.

PRÉSENT.	Am ar	*aimer*
PART. PRÉSENT.	Am ant	*aimant*
GÉRONDIF.	Am an	*en aimant*
PART. PASSÉ.	Am at	*aimé*
PRÉTÉRIT.	Aver amat	*avoir aimé*

INDICATIF.

PRÉSENT.		PARFAIT COMPOSÉ.		
Am, Ami	*j'aime*	Ai	amat	*j'ai aimé*
Am as, Am	*tu aimes*	As		*tu as*
a	*il aime*	A		*il a*
am	*nous aimons*	Avem		*nous avons*
atz	*vous aimez*	Avetz		*vous avez*
an, on, en	*ils aiment*	An		*ils ont*

IMPARFAIT.		PLUS-QUE-PARFAIT.		
Am ava	*j'aimais*	Avia	amat	*j'avais aimé*
avas	*tu aimais*	Avias		*tu avais*
ava	*il aimait*	Avia		*il avait*
avam	*nous aimions*	Aviam		*nous avions*
avatz	*vous aimiez*	Aviatz		*vous aviez*
avan, avon	*ils aimaient*	Avian		*ils avaient*

PARFAIT SIMPLE.		FUTUR SIMPLE.	
Am ei, iei	*j'aimai*	Amar ai	*j'aimerai*
est, iest	*tu aimas*	as	*tu aimeras*
et	*il aima*	a	*il aimera*
em	*nous aimâmes*	em	*nous aimerons*
etz	*vous aimâtes*	etz	*vous aimerez*
eren, eron	*ils aimèrent*	an	*ils aimeront*

VERBES ACTIFS.

INDICATIF.

FUTUR COMPOSÉ.

Aurai	amat	j'aurai	aimé
Auras		tu auras	
Aura		il aura	
Aurem		nous aurons	
Auretz		vous aurez	
Auran		ils auront	

CONDITIONNEL.

PRÉSENT.

Am aria,	era	j'aimerais	
arias,	eras	tu aimerais	
aria,	era	il aimerait	
ariam,	eram	nous aimerions	
ariatz,	eratz	vous aimeriez	
arian[1],	eran[2]	ils aimeraient	

PARFAIT.

Auria	amat	j'aurais	aimé
Aurias		tu aurais	
Auria		il aurait	
Auriam		nous aurions	
Auriatz		vous auriez	
Aurian		ils auraient	

IMPÉRATIF.

PRÉSENT OU FUTUR.

....		....
Am a,	Am	aime
	a	qu'il aime
	em	aimons
	atz	aimez
	en, on	qu'ils aiment

(1) *Ou* Amar ion. (2) *Ou* Amer ion.

SUBJONCTIF.

PRÉSENT.

Am e		que j'aime
es		tu aimes
e		il aime
em		nous aimions
etz		vous aimiez
en, on		ils aiment

IMPARFAIT.

Am es		que j'aimasse
esses		tu aimasses
es		il aimât
essem		nous aimassions
essetz		vous aimassiez
essen, son[3]		ils aimassent

PARFAIT.

Aia	amat	j'aye	aimé
Aias		tu ayes	
Aia		il ait	
Aiam		nous ayons	
Aiatz		vous ayez	
Aian		ils aient	

PLUS-QUE-PARFAIT.

Agues	amat	j'eusse	aimé
Aguesses		tu eusses	
Agues		il eût	
Aguessem		nous eussions	
Aguessetz		vous eussiez	
Aguesson		ils eussent	

(3) *Ou* Am essan.

CONJUGAISON EN ER OU RE.

ACTIF.

TEMER *CRAINDRE*,

INFINITIF.

Présent.	Tem er	*craindre*
Part. présent.	Tem ent	*craignant*
Gérondif.	Tem en	*en craignant*
Part. passé.	Tem ut, sut	*craint*
Prétérit.	Aver temut	*avoir craint*

INDICATIF.

PRÉSENT.		PARFAIT COMPOSÉ.	
Tem, Temi	*je crains*	Ai temut	*j'ai craint*
Tem es	*tu crains*	As	*tu as*
e, Tem	*il craint*	a	*il a*
em	*nous craignons*	avem	*nous avons*
etz	*vous craignez*	avetz	*vous avez*
en, on	*ils craignent*	an	*ils ont*

IMPARFAIT.		PLUS-QUE-PARFAIT.	
Tem ia	*je craignais*	Avia temut	*j'avais craint*
ias	*tu craignais*	Avias	*tu avais*
ia	*il craignait*	Avia	*il avait*
iam	*nous craignions*	Aviam	*nous avions*
iatz	*vous craigniez*	Aviatz	*vous aviez*
ian	*ils craignaient*	Avian	*ils avaient*

PARFAIT SIMPLE [1].		FUTUR SIMPLE.	
Tem i, ei	*je craignis*	Temer ai	*je craindrai*
ist, est	*tu craignis*	as	*tu craindras*
i, et	*il craignit*	a	*il craindra*
em, im	*nous craignîmes*	em	*nous craindrons*
etz, itz	*vous craignîtes*	etz	*vous craindrez*
eren, eron [2]	*ils craignirent*	an	*ils craindront*

[1] Des verbes en ER subissent une contraction : VEZ ER fait V I, V IM ; d'autres sont parfois modifiés intérieurement : PREND RE fait PRE S I, EM, ETZ, etc.; TEM ER peut faire TEM S I, etc.

[2] Iren, iron.

VERBES ACTIFS.

INDICATIF.			SUBJONCTIF.		
FUTUR COMPOSÉ.			**PRÉSENT.**		
Aurai	temut	j'aurai craint	Tem	a	que je craigne
Auras		tu auras		as	tu craignes
Aura		il aura		a	il craigne
Aurem		nous aurons		am	nous craignions
Auretz		vous aurez		atz	vous craigniez
Auran		ils auront		an	ils craignent

CONDITIONNEL.

PRÉSENT.			**IMPARFAIT.**		
Temer	ia, a	je craindrais	Tem	es	je craignisse
	ias, as	tu craindrais		esses	tu craignisses
	ia, a	il craindrait		es	il craignît
	iam, am	nous craindrions		essem	nous craignissions
	iatz, atz	vous craindriez		essetz	vous craignissiez
	ian, an	ils craindraient		essen	ils craignissent
PARFAIT.			**PARFAIT.**		
Auria	temut	j'aurais craint	Aia	temut	j'aye craint
Aurias		tu aurais	Aias		tu ayes
Auria		il aurait	Aia		il ait
Auriam		nous aurions	Aiam		nous ayons
Auriatz		vous auriez	Aiatz		vous ayez
Aurian		ils auraient	Aian		ils aient

IMPÉRATIF[1].

PRÉSENT OU FUTUR.			**PLUS-QUE-PARFAIT.**	
....	....		Agues temut	j'eusse craint
Tem	e	crains	Aguesses	tu eusses
	e, Tem	qu'il craigne	Agues	il eût
	em	craignons	Aguessem	nous eussions
	etz	craignez	Aguessetz	vous eussiez
	en, on	qu'ils craignent	Aguesson	ils eussent

(1) Souvent, et sur-tout dans les verbes en ER et RE, la langue romane employe le présent du subjonctif pour l'impératif: SARCHATZ, p. 146; VULHATZ, p. 339, etc. etc., forme qui vient du latin.

GRAMMAIRE ROMANE,

CONJUGAISONS EN IR ET IRE.

ACTIF.

SENTIR *SENTIR.*

INFINITIF.

Présent.	Sent ir, ire	*sentir*
Part. présent.	Sent ent	*sentant*
Gérondif.	Sent en	*en sentant*
Part. passé.	Sent it	*senti*
Prétérit.	Aver sentit	*avoir senti*

INDICATIF.

PRÉSENT.		PARFAIT COMPOSÉ.		
Sent, Senti	*je sens*	Ai sentit	*j'ai*	*senti*
Sent is	*tu sens*	As	*tu as*	
Sent, Senti	*il sent*	A	*il a*	
Sent em	*nous sentons*	Avem	*nous avons*	
Sent etz	*vous sentez*	Avetz	*vous avez*	
Sent en, on	*ils sentent*	An	*ils ont*	

IMPARFAIT.		PLUS-QUE-PARFAIT.		
Sent ia	*je sentais*	Avia sentit	*j'avais*	*senti*
ias	*tu sentais*	Avias	*tu avais*	
ia	*il sentait*	Avia	*il avait*	
iam	*nous sentions*	Aviam	*nous avions*	
iatz	*vous sentiez*	Aviatz	*vous aviez*	
ian	*ils sentaient*	Avian	*ils avaient*	

PARFAIT SIMPLE.		FUTUR SIMPLE.	
Sent i	*je sentis*	Sentir ai	*je sentirai*
ist	*tu sentis*	as	*tu sentiras*
i	*il sentit*	a	*il sentira*
im	*nous sentîmes*	am	*nous sentirons*
itz	*vous sentîtes*	atz	*vous sentirez*
iren, iron	*ils sentirent*	an	*ils sentiront*

VERBES ACTIFS.

INDICATIF.		SUBJONCTIF.	
FUTUR COMPOSÉ.		**PRÉSENT.**	
Aurai sentit	j'aurai senti	Sent a*	que je sente
Auras	tu auras	as	tu sentes
Aura	il aura	a	il sente
Aurem	nous aurons	am	nous sentions
Auretz	vous aurez	atz	vous sentiez
Auran	ils auront	an	ils sentent

CONDITIONNEL.			
PRÉSENT.		**IMPARFAIT.**	
Sentir ia	je sentirais	Sent is	que je sentisse
ias	tu sentirais	isses	tu sentisses
ia	il sentirait	is	il sentît
iam	nous sentirions	issem	nous sentissions
iatz	vous sentiriez	issetz	vous sentissiez
ian	ils sentiraient	issen, isson	ils sentissent

PARFAIT.		**PARFAIT.**	
Auria sentit	j'aurais senti	Aia sentit	que j'aye senti
Aurias	tu aurais	Aias	tu ayes
Auria	il aurait	Aia	il ait
Auriam	nous aurions	Aiam	nous ayons
Auriatz	vous auriez	Aiatz	vous ayez
Aurian	ils auraient	Aian, on	ils aient

IMPÉRATIF.			
PRÉSENT OU FUTUR.		**PLUS-QUE-PARFAIT**	
....	....	Agues sentit	j'eusse senti
Sent i, Sent	sens	Aguesses	tu eusses
i	qu'il sente	Agues	il eût
am	sentons	Aguessem	nous eussions
etz	sentez	Aguessetz	vous eussiez
an, on	qu'ils sentent	Aguesson	ils eussent

(*) Des verbes ont ce présent en IA, IAS, IA, IAM, IATZ, IAN-ION.

Dans les nombreuses citations que cette grammaire rassemble, il est aisé d'indiquer les exemples* qui peuvent

(*) EXEMPLES DES VERBES DES TROIS CONJUGAISONS EN

		AR		ER ou RE		IR ou IRE	
INFINITIF.
Présent.		Am ar p. 235.	Tem er p. 181.	Part ir p. 183.
Part. prés.		Don ant 167.	Tem ens 137.	
Gérondif.		Am an 174.	Tem en 232	Durm en 183.
Part. passé.		Am at 233.	Tem ut 425.	Part it 402.
INDICATIF.
Présent.	1	Am 116.	Tem 188.	Part* 403.
	2	Laiss as 202.		
	3	Am a 172.	Ten 173.	Part 170.
	1	Am am 259.	Sab em 253.	Part em 157.
	2	Endur atz 124.	Ten etz 176.	Part etz 330.
	3	Preg an* 216.	Paiss on 124.	Ven on 235.
Imparfait.	1	Trob ava 246.	Viv ia 128.	Sufr ia 383.
	2		Vol ias 188.	
	3	Preg ava 356.	Ten ia 151.	Ven ia 383.
	1			
	2	Deliur avatz 356.	Fas iatz 203.	
	3	An** avan 206.	Combat ian 205.	Auz ian 165.
Parf. simple.	1	Am ei 391.	V i 175.	Jauz i 227.
	2	Desir iest 200.	V ist 200.	Mor ist 159.
	3	Am et 242.	Nasqu et 164.	Part i 353.
	1		Prez em 328.	Auz im 184.
	2		Fez etz 363.	Sofr itz 211.
	3	Am eron 414.	Crez eron 370.	Auz iron 375.
Parf. comp.		Ai pensat 128.	Ai vist 184.	
Futur.	1	Amar ai 175.	Decebr ai 159.	Dir ai 233.
	2	Amar as 203.	Sabr as 432.	Ir as 323.
	3	Anar a 113.	Veir a 247.	Dir a 381.
	1	Vedar em 189.	Sabr em 237.	Ir em 194.
	2		Veir etz 243.	Auzir etz 156.
	3	Dar an 119.	Veyr an 165.	Ir an 323.

(*) Am on p. 220. Am en p. 143. (*) Part i p. 199.
(**) Cost avon p. 136. Laud aven p. 357.

VERBES ACTIFS.

justifier l'exactitude des tableaux des conjugaisons ordinaires des verbes réguliers.

EXEMPLES DES VERBES DES TROIS CONJUGAISONS EN

		AR			ER ou RE			IR ou IRE	

CONDITIONNEL.

	1	Amar	ia	p. 128.	Rendr	ia	p. 178..			
	2									
	3	Amar	ia	428.	Poir	ia	406.	Cossentr	ia	p. 350.
	1				Volr	iam	350.			
	2									
	3				Apenr	ion	216.			

IMPÉRATIF.

	2	Retorn	a	195.						
	3	Guart		339.						
	1	Albergu	em	165.				Dig	am	371.
	2	Am	atz	166.	Rend	etz	191.	Aui	atz	156.
	3									

SUBJONCTIF.

Prés.	1	Auz	e	178.	Jass	a	171.	Part	a	160.
	2	Vir	es	159.	Teng	as	226.	Dig	as	226.
	3	Intr	e	146.	Aprend	a	159.	Sueffr	a*	178.
	1	Guard	em	330.						
	2	Am	etz	316.	Entend	atz	339.			
	3	Pregu	en	180.	Fass	on	211.	Dig	on	200.
Imparf.	1	Am	es	290.	Plagu	es	382.	Part	is	177.
	2	Delivr	esscs	416.						
	3	Cel	es	244.	Pogu	es	236.	Dorm	is	229.
	1									
	2				Volgu	essetz	254.	Soffr	issetz	136.
	3	Coit	esson	144.	Vez	esson	153.			

SECOND CONDITIONNEL.

	1				Volgr	a	401.			
	2									
	3	Torn	era	330.	Degr	a	123.			
	1									
	2				Degr	atz	228.			
	3	Sembl	eran	361.	Degr	an	265.			

(*) Auc ia p. 211.

PASSIF DES VERBES ROMANS.

Je ne m'arrêterai pas sur le passif des verbes romans. Il me suffira d'indiquer quelques exemples choisis parmi les citations répandues dans cette grammaire *; ces exemples démontreront la règle invariable de ce passif : il se forme par le rapprochement des différents temps et modes du verbe ESSER avec le participe passé de chaque verbe.

La seule observation que je croie nécessaire, c'est que le présent d'ESSER avec le participe passé désigne quelquefois le passé plus voisin.

> Estout ES se d'el LONJAT [1].
> ROMAN DE JAUFRE.

FUI désigne un passé plus éloigné.

(*) INFIN. PRÉSENT.	Esser	occaizonatz	p. 234.	Esser	fach	p. 223.
INDIC. PRÉSENT	Es	houratz	234.	Son	fachas	225.
IMPARF.	Era	pausatz	164.	Era	elegit	164.
PARFAIT.	Fo	culhitz	226.	Foron	cavalgnatz	245.
PL.-Q.-PARF.						
FUTUR.	Er	adolzatz	139.	Er	servitz	139.
COND. PRÉSENT.						
PARFAIT.						
IMPÉRATIF.						
SUBJ. PRÉSENT.	Sia	destinatz	246.	Sian	fachas	225.
IMPARFAIT.	Fos	saubutz	129.	Fos	visa	152.
PARFAIT.						
PL.-Q.-PARF.						

(1) Estout est se de lui éloigné.

Me sui donat   p. 210.   Son remazut   p. 216.

OBSERVATIONS SUR LES VERBES ROMANS.

A ces tableaux des conjugaisons régulières, je joins diverses observations sur les exceptions ou anomalies communes à plusieurs verbes romans; le dictionnaire offrira des détails plus nombreux et plus spéciaux, surtout à l'égard des anomalies particulières.

Les modifications subies par les verbes romans, en diverses personnes de leurs divers temps, consistent ou dans les changements des désinences, ou dans les changements, additions, soustractions, de lettres intérieures.

Les terminaisons des verbes romans offrent peu d'anomalies: en général, ces anomalies se trouvent :

Aux participes passés,

Aux premières et aux troisièmes personnes du présent de l'indicatif,

Aux premières et aux troisièmes personnes du prétérit simple du même mode.

Il n'est pas impossible de reconnaître et de rassembler les principes généraux, les causes analogiques, qui expliquent suffisamment la plupart de ces exceptions.

Les modifications intérieures s'appliquent ordinairement aux mêmes temps des mêmes modes.

On peut aussi reconnaître un système spécial dans la plupart de ces modifications.

Je présenterai mes observations dans l'ordre des différents modes et de leurs différents temps; mais ce sera en rapprochant les exceptions relatives aux verbes de chaque conjugaison, parce que plus d'une fois la même explication servira aux verbes de différentes conjugaisons.

INFINITIFS.

PRÉSENT.

Dans quelques verbes romans en ER ou RE, en IR ou IRE, le présent de l'infinitif a plus d'une terminaison.

Ainsi :
Far et faire.
Querer querre, et leurs composés.
Seguir segre, et leurs composés.
Dir dire.
Etc. etc.

Il suffira de présenter quelques exemples [1].

> Ben sapchatz, s'ieu tan non l'ames,
> Ja non saupra FAR vers ni sos [2].
>   Pierre d'Auvergne : Chantarai pus.

> Dona, que cuiatz FAIRE
> De mi que us am tan [3] ?
>   Bern. de Ventadour : Can la doss' aura.

---

(1) Voyez : Far   p. 138, 147, 149, 155, 167, 179, 247, 252.
Faire   182, 247.
Querer   240.
Querre   228, 230.
Dir   149, 173, 177, 185, 198.
Dire   156, 173, 179, 188, 220, 236.

(2) Bien sachez, si je tant ne l'aimasse,
Que jamais ne saurais faire vers ni sons.

(3) Dame, que croyez faire
De moi qui vous aime tant ?

OBSERVATIONS SUR LES VERBES. 291

Ponha de sai los Moros CONQUERER [1].
RAMBAUD DE VAQUEIRAS : Aras pot hom.

De CONQUERRE fin pretz entier
Agra ieu talen e desir [2].
BERN. DE VENTADOUR : En aquest guai.

Ni ves on lo poirai SEGUIR [3].
ROMAN DE JAUFRE.

De ben amar sai SEGR' el dreit viatge [4].
PEYROLS : Si anc nuls hom.

Sap mais qui vol ses ditz SEGRE
Que Salomos ni Marcols [5].
RAMBAUD D'ORANGE : Apres mon vers.

D' EN Blacatz no m tuelh ni m vire,
Ni de son pretz enantir;
Que tan no puesc de ben DIR
Qu'ades mais no i truep a DIRE [6].
ELIAS DE BARJOLS : Car comprei.

Cette double terminaison qu'ont plusieurs verbes au présent de leur infinitif, n'embarrassera jamais les personnes qui étudieront les ouvrages écrits en langue

(1) Entreprenne de çà les Maures conquérir.
(2) De conquérir pur prix entier
 Aurais je volonté et desir.
(3) Ni vers où le pourrai suivre.
(4) De bien aimer sais suivre le droit chemin.
(5) Sait plus qui veut ses dits suivre
 Que Salomon ni Marculfe.
(6) De Sire Blacas ne m'ôte ni me détourne,
 Ni de son prix élever;
 Vu que tant ne puis de bien dire
 Que toujours plus n'y trouve à dire.

romane; c'est pourquoi je m'abstiens de présenter d'autres citations et d'autres rapprochements qui appartiennent spécialement au dictionnaire.

Si je me suis arrêté sur cette circonstance très-remarquable, c'est pour avoir le droit d'en tirer une conséquence que sans doute on ne me contestera point.

Sur ce fait reconnu de la double terminaison qu'offre le présent de l'infinitif de plusieurs verbes romans, j'établis la règle suivante :

Quand une anomalie s'expliquera par la conjecture très-vraisemblable que les verbes, où elle se trouve, variaient primitivement la terminaison de leur infinitif, cette explication ne doit pas être rejetée.

FAR, FAIRE, *faire*, sont très-vraisemblablement des modifications de l'infinitif primitif FAZER du latin FACER*e*; aussi FAR et FAIRE n'ont-ils qu'un même participe présent FAZENT, qu'un même gérondif FAZEN [1].

Et, dans l'hypothèse inverse, si des verbes romans, tels que VEZER, *voir*, PLAZER, *plaire*, etc. font au futur de l'indicatif VEIR*ai*, PLAIR*ai*, etc., n'admettrait-on pas que ces verbes ont eu une seconde terminaison au présent de

---

[1] Les écrits des Vaudois qui remontent à l'an 1100, offrent de ces terminaisons d'infinitifs, qui ne sont plus dans les écrits postérieurs.

La ley velha comanda COMBAT*er* li enemi e REND*er* mal per mal,
Ma la novella di : non te volhas venjar [*].

LA NOBLA LEYÇON.

[*] La loi vieille commande combattre les ennemis et rendre mal pour mal. Mais la nouvelle dit : ne te veuille venger.

leur infinitif, VE*ire*, PLA*ire*, quand même celle-ci ne se retrouverait pas dans les écrits qui nous sont parvenus?

Je pourrais donner à ces observations de nombreux développements que je réserve pour les circonstances qui me permettront d'en faire des applications particulières.

PARTICIPES PRÉSENTS, GÉRONDIFS, PARTICIPES PASSÉS.

Les participes présents et passés n'étant que des adjectifs verbaux, furent ordinairement soumis à la règle générale, qui ôtait à chaque adjectif latin la désinence caractéristique de ses cas [1].

Les gérondifs romans, formés en supprimant DO, finale caractéristique des gérondifs latins, demeurèrent indécli-

---

(1) Tous les participes présents dont la terminaison fut toujours ANT ou ENT, restèrent, comme adjectifs verbaux, soumis aux règles générales de l's final, qui étaient imposées aux adjectifs ordinaires; on peut en remarquer diverses preuves dans les citations que j'ai déjà faites.

SING. SUJ.	Benestans	p. 142.	Conoissens	p. 119.
	Doptans	253.	Jauzenz	139.
	Parlans	142, 174.	Plazens	139.
	Perdonans	170.	Temens	137.
	Presans	159.	Valens	149.
SING. RÉG.	Agradan	146.	Plazen	140, 144.
			Viven	245.
PLUR. SUJ.	Benestans	144.	Conoissens	127, 144.
	Parlans	144.	Plazens	127, 144.

nables dans la langue romane, comme ils l'étaient dans la langue latine[1].

Les participes latins, soit présents, soit passés, adaptés à la langue romane par la suppression de la désinence qui caractérisait leurs cas, paraissent quelquefois manquer d'analogie avec le présent de l'infinitif, quand ce présent a subi la modification souvent imposée au présent de plusieurs autres verbes.

Ainsi, de CREDENT*em* latin est venu le participe roman CREZENT; mais le présent de l'infinitif latin CREDER*e* ayant, par des modifications successives, produit le présent de l'infinitif roman CREIRE, on ne reconnaîtrait pas d'analogie entre les temps de l'infinitif :

CREIRE, présent de l'infinitif venant de CREDER*e*;
CREZEN, gérondif de CREDEN*do*;
CREZENT, participe présent de CREDENT*em*;
CREZUT, participe passé de CREDIT*um*.

Les participes passés présenteraient beaucoup de difficultés à celui qui rechercherait leurs rapports avec les

---

(1) AN ou EN fut la terminaison caractéristique de tous les gérondifs, qui, par leur nature, restèrent indéclinables. En voici des exemples :

AN.	Aman	p. 138, 174, 175.	EN.	Aprenden	p. 211, 248.
	Bayzan	149.		Disen	169.
	Cantan	143, 222.		Durmen	183.
	Menan	244.		Entenden	171.
	Merceyan	174.		Queren	193, 236.
	Pensan	222.		Rizen	162.
	Reptan	113.		Seguen	127.
	Sejornan	124.		Temen	232.

présents des infinitifs, s'il n'avait la certitude que la plupart de ces participes sont venus directement dans la langue romane par la suppression de la désinence du participe latin, quoique cette modification ne fût pas conforme à la modification subie par le présent de l'infinitif.

En effet, on s'étonnerait avec raison que le présent de l'infinitif NASCER, *naître*, eût produit le participe passé NAT, *né;* mais on reconnaît facilement que NAT a été dérivé directement de NAT*um*, et que l'infinitif latin NASCI, entrant dans la langue romane qui donne à tous ses infinitifs la terminaison ER ou RE, a pris la terminaison ER, et a produit NASCER.

Un très-grand nombre de verbes romans ont formé leurs infinitifs présents, leurs participes présents, leurs gérondifs, leurs participes passés, d'après des règles d'analogie aussi simples qu'invariables.

		Présent.	Part. prés.	Gérondif.	Part. passé.
AR.	ROM.	Amar	amant	aman	amat.
	LAT.	Amar*e*	amant*em*	aman*do*	amat*um*.

Les verbes en AR, qui sont les plus nombreux dans la langue romane, n'ont jamais d'anomalies.

Les verbes en ER et en RE sont ceux qui en présentent le plus souvent; du moins il est rare d'en trouver qui n'offrent quelque légère altération de la forme générale; la principale cause en est que la terminaison du participe passé en UT, terminaison qui caractérise presque tous les verbes de cette conjugaison, est très-rare dans la langue latine.

ER, RE. Rom. Plazer plazent plazen plazut.
　　　　Lat. Placere placentem placendo placitum.

IR, RE. Rom. Auzir auzent auzen auzit.
　　　　Lat. Audire audientem audiendo auditum¹.

Comme la langue romane a un assez grand nombre de participes passés qui s'éloignent plus ou moins de cette forme ordinaire, je ferai quatre classes des différentes exceptions.

La première comprendra les participes passés qui ont été conservés du latin, sans autre altération que la sup-

---

(1) Il serait inutile de donner ici des exemples de ces participes passés qui sont formés d'après l'analogie rigoureuse. Je me borne à indiquer les participes qui se trouvent dans les précédentes citations :

AT.	Sing. suj.	Acabatz	p. 222.	Honratz	p. 234.
		Adolzatz	139.	Inculpatz	273.
		Adoratz	154.	Iratz	139.
		Alegratz	130.	Juratz	179.
		Amatz	233.	Lauzatz	222.
		Datz	255.	Moilleratz	164.
		Donatz	210.	Occaisonatz	234.
		Enamoratz	234.	Pauzatz	164.
		Encantatz	274.	Renovellatz	209.
		Forsatz	234.	Tardatz.	194.
	Sing. rég.	Auzat	220.	Nafrat	135.
		Forsat	254.	Pensat	140.
	Plur. suj.	Acabat	199.	Perdonat	171.
		Jurat	259.	Tornat	265.
	Plur. rég.	Mandatz	181.	Nafratz	255.
		Moilleratz	211.	Visitatz	209.
UT.		Perdut	264, 272.	Perduda	208.
IT.		Auzit	118.	Issitz	151.

pression de la désinence, quoique le présent de l'infinitif ait subi une altération plus ou moins considérable.

La seconde comprendra les participes passés romans qui ont subi quelque altération particulière, soit que le présent de l'infinitif ait été formé ou non d'après la règle générale.

La troisième, ceux qui ont été formés extraordinairement, soit pour les verbes venant de verbes latins privés de supin et de participe passé, soit parce que, la langue romane rejetant le supin ou le participe du verbe latin défectif, leur formation a été soumise aux règles de l'analogie.

Enfin, la quatrième classe indiquera les participes passés des verbes romans qui, empruntés du latin par la nouvelle langue, ont pris au présent de l'infinitif la terminaison en AR, et ont alors conformé leurs participes et leurs gérondifs aux règles générales qui ne varient jamais dans cette conjugaison en AR.

Je me bornerai au nombre d'exemples qui me paraîtra nécessaire pour expliquer en général ces différentes anomalies.

PREMIÈRE CLASSE. J'indiquerai quelques-uns des participes romans[1] dérivés d'un supin ou participe passé latin,

---

(1) Voici les exemples qui se rencontrent dans les citations précédentes :

AT.	Nat	p. 152, 187.
AUS.	Enclaus	258, enclausa p. 189.
ERT.	Cubert	113.
ORT.	Mort	158, 159, 169, 210, 211, 218, 255.
	Morta	135.

sans aucune altération, quoique le présent de l'infinitif en ait subi une plus ou moins considérable.

	Part. rom.	Inf. rom.	Part. lat.	Inf. lat.
AT.	Irat[1]	irascer	irat*um*	irasci.
	Nat	nascer	nat*um*	nasci
ARS.	Ars	ardre	ars*um*	ardere.
AUS.	Claus	clorre	claus*um*	claudere.
ERT.	Ubert	ubrir	apert*um*	aperire.
IPT.	Escript	escriure	script*um*	scribere.
IS.	Auccis	auccir	occis*um*	occidere.
IT.	Fugit	fugir	fugit*um*	fugere.
ORS.	Cors	corre	curs*um*	currere.
ORT.	Mort	morir	mort*uum*	moriri.

DEUXIÈME CLASSE. La seconde classe se compose des participes passés romans qui, dans leur formation, offrent des modifications remarquables; en voici quelques-uns :

AT.	Tronat	tronar	toni*trum*	tonare.
ERS.	Aers	aerdre	adhæs*um*	adhærere.
ES.	Promes	promettre	promis*sum*	promittere
	Pres	prendre	pre*hen*s*um*	prehendere.
IST.	Quist	querre	quæsit*um*	quærere.
	Vist	vezer	vis*um*	videre.
IT.	Complit	complir	complet*um*	complere.
	Salit	salir	salt*um*	salire.
	Seguit	segre, seguir	secut*um*	sequi.
	Trahit	trahire	tradit*um*	tradere.
	Trait	traire	tract*um*	trahere.

(1) La langue romane a aussi le participe régulier IRAS*cut* :
  Sion entre lor IRAS*cut**.
   BERTRAND DE BORN : Lo coms m'a.

(*) Soient entre eux irrités.

OBSERVATIONS SUR LES VERBES.

	Part. rom.	Inf. rom.	Part. lat.	Inf. lat.
BUT.	Recebut	recebre	recept*um*	recipere.
CUT.	Viscut	viure	vict*um*	vivere.
DUT.	Mordut	mordre	mors*um*	mordere.
GUT.	Begut	beure	bibit*um*	bibere.
PUT.	Romput	rompre	rupt*um*	rumpere.
ZUT.	Cazut	cazer	cas*um*	cadere [1].

TROISIÈME CLASSE. La troisième classe offre les participes passés qui ont été formés par analogie avec les autres participes romans, ou avec le présent de l'infinitif, attendu que la langue latine n'avait pas un supin ou un participe d'où ils pussent être dérivés.

ERT.	Uffert	uffrir	offerre.
IT.	Florit	florir	florescere.
	Luzit	luzer	lucere.
OLT.	Tolt	tolre	tollere.
UT.	Batut	batre	batuere.
	Temut	temer	timere [2].

---

(1) Les citations précédentes offrent les exemples suivants :

ES.	Conques	p. 248, 254.			
	Mes	124, 182.	Messa	p. 152.
	Pres	168, 188, 240, 256.	Presa	139.
IT.	Destruit	169.		
	Elegit	164.	Faillit	158.
	Forbitz	164.	Plevitz	179.
IST.	Vist	184.		
UT.	Endevengut	171.	Estendut	165.
	Fondut	256.	Pendutz	158, 259.
	Saubut	129.		
	Remazut	216.	Vencut	168.
	Vengut	277.	Volgut	184.

(2) Tolt p. 256. Tout p. 223. Touta p. 185.

Quatrième classe. Cette dernière classe comprend les participes passés en AT des verbes romans qui, changeant la terminaison latine, ont passé dans la conjugaison en AR, quoique originairement ils appartinssent à une autre conjugaison latine.

	Part. rom.	Inf. rom.	Part. lat.	Inf. lat.
AT.	Adolzat	adolzar	dulci*tum*	dulcescere.
	Calfat	calfar	calefac*tum*	calefacere.
	Cobeitat	cobeitar	cupi*tum*	cupere.
	Oblidat	oblidar	obli*tum*	oblivisci.
	Tremblat	tremblar		tremere.
	Usat	usar	us*um*	uti [1].

J'ai lieu de croire que ces différentes indications fourniront les moyens d'expliquer les rapports plus ou moins directs des participes passés romans soit avec les infinitifs des verbes romans, soit avec les participes passés et les supins ou avec les infinitifs de la langue latine.

Quelques participes passés romans, dérivés directement des supins ou des participes passés de la langue latine, ont subi parfois des modifications si peu importantes, et si faciles à reconnaître, que je n'ai pas cru nécessaire d'en faire une classe à part.

Roman.		Latin.
Fach, fait,	de	fac*tum*.
Destruit,		destruc*tum*.
Escrich, escrit,		scrip*tum*.
Junh, joinh,		junc*tum*.
Etc.		etc. [2]

(1) On a vu précédemment ADOLZATZ, p. 139.
(2) Il suffira de citer quelques exemples répandus dans les

OBSERVATIONS SUR LES VERBES.

L'euphonie, et même seulement l'orthographe ou la prononciation, ont pu produire ces légères altérations, ainsi :

    CT, PT   ont été facilement changés en C, CH OU T.
    NCT, etc.   en NH, etc.

Quant à l'introduction de l'I, elle est si commune dans les autres mots que la langue romane a dérivés de la langue latine, qu'il n'est pas nécessaire de donner une nouvelle explication à cet égard.

On ne sera pas surpris si quelques verbes romans ont plus d'un participe passé, comme :

Conques, conquist,   de   Conquerre, conquerer.
Elet, elegit, elegut,   Eleger [1].

Pour expliquer ces variétés, je dirai que de ces participes, les uns ont été fournis directement par les participes latins, et que les autres ont été formés analogiquement

précédentes citations : je rapporterai, comme dans l'une des notes précédentes, les exemples masculins et féminins.

Destruit	p. 169.		
Escritz	229.	Escrichas	p. 220.
Ditas	177.	Dichas	220.
Fach	223.	Fait	130, 171, 201, 264.
Faichas	220.	Fachas	225.
Forfait	160.		
Fraich, refrait	256.	Fraicha, desfraicha	254.
Joinhs	193.		

(1) Voyez :   Conques   p. 248.   Conquis   p. 260.
                 Elet   189.   Elegit   164.

        Que tot lo mon vos avia elegut*.
             BERTRAND DE BORN : Mon chan.

(*) Que tout le monde vous avait élu.

d'après l'infinitif roman, ou d'après les infinitifs romans, quand le verbe en avait eu plus d'un.

Je terminerai mes observations sur les participes passés romans, par l'indication de la règle relative à leurs féminins.

La terminaison A au singulier, et la terminaison AS au pluriel, caractérisent ces adjectifs verbaux comme tous les autres, mais il est à observer que tous les participes qui au masculin se terminent en T précédé d'une voyelle, changent au féminin ce T final en D, qui reçoit l'A et l'AS caractéristiques du genre [1].

* Cette règle est sans exceptions.

AT, ADA. Am*A*d*A* us ai mais qu'Andrieus la reyna [2].
Rambaud de Vaqueiras : Non puesc saber.

UT, UDA. No siats ges esperdu*d*a;
Ja per mi non er saubu*d*a
L'amors, ben siatz segura [3].
Bern. de Ventadour : Ai! quantas.

Qu'una 'n vuelh e n'ai vol*g*u*d*a [4].
Bern. de Ventadour : Lo temps vai.

(1) ADA.　Sing. Donada　　p. 185.　　Prezada　p. 116.
　　　　　　　　 Forsjutjada　145.　　 Sanada　　202.
　　　　　Plur. Enamoradas　275.　　 Nombradas 203.
　　　　　　　　 Espozadas　　275.　　 Tornadas　203.
　　IDA.　　　　Abellida　　　150.　　 Auzida　　196, 229.
　　UDA.　　　　Perduda　　　208.

(2)　　　Aimée vous ai plus qu'Andrieux la reine.
(3)　　　Ne soyez aucunement éperdue;
　　　　　Jamais par moi ne sera sue
　　　　　L'amour, bien soyez assurée.
(4)　　　Qu'une en veux et en ai voulue.

IT., IDA.   Dona GRAZIDA,
            Quecs lauz' e crida
            Vostra valor
            Qu'es ABELIDA....
            Quar, per genser,
            Vos ai CHAUZIDA
            De pretz COMPLIDA [1].

                    RAMBAUD DE VAQUEIRAS, Kalenda maya.

INDICATIFS.

PRÉSENT.

Les trois conjugaisons forment ordinairement la première personne du présent de l'indicatif, en supprimant la finale caractéristique de l'infinitif.

    AM *ar*;   TEM *er*,   PART *ir*.

Je rapprocherai les principales modifications que subit la règle générale.

Cette première personne ajoute quelquefois un I, et plus rarement un E [2].

« E LAISSI mais a G. Peire davant dig, etc. [3] ».
    TEST. de R. de Trancavel. PR. de l'hist. du Langued. t. III, col. 115.

---

(1)   Dame gracieuse,
      Chacun loue et crie
      Votre valeur
      Qui est charmante....
      Car, pour plus gente,
      Vous ai choisie
      De prix accomplie.

(2)   Chant*i*   p. 239.   Trembl*i* p. 115.   Part*i*   p. 199.
      Auze   178.   Azire   193.   Remembre   209.

(3)   Et je laisse plus à G. Pierre devant dit.

NAD*i* contra suberna [1].

ARNAUD DANIEL: Ab guay so.

Pens, e repens, e pueys sospir,
E pueys me LEV*i* en sezen;
Apres RETORN*i* m'en jazen,
E COLGU*i* me sobr' el bras destre,
E pueys me VIR*e* el senestre;
DESCOBR*e* me soptozamen,
Pueys me RECOBR*e* belamen [2].

ARNAUD DE MARUEIL: Doua genser.

Il semble que parfois on ait employé indifféremment l'I ou l'E final, puisque nous trouvons I ou E, selon les manuscrits; et, pour en citer un exemple, je rapporterai ces vers de PONS DE CAPDUEIL:

De totz caitius sui ieu aisselh que plus
Ai gran dolor e SUEFR*i* greu turmen [3].

SUEFR*i*, MS. de la Biblioth. du Roi 3204 et 7225.
SUEFR*e*, MS. 7226 et 7614.

Quelques verbes en ER ou RE, retranchant la consonne

---

(1) Je nage contre le vent.

(2) Pense, et repense, et puis soupire,
Et puis me lève en m'asseyant;
Après retourne moi en m'étendant,
Et couche moi sur le bras droit,
Et puis me tourne au gauche;
Découvre moi subitement,
Puis me recouvre bellement.

(3) De tous chétifs suis je celui qui plus
Ai grand douleur et souffre grief tourment.

OBSERVATIONS SUR LES VERBES.

qui reste, après la suppression de la finale ER ou RE de l'infinitif, y substituent la voyelle I; ainsi,

Dev *er*	fait	DEU	et	DEI.
Sab *er*		SAP	et	SAI [1].

Per aisso DEY estar en bon esper [2].
    ARNAUD DE MARUEIL : En mon cor.

E mas de ben qu'ieu no vos SAP retraire [3].
    BERN. DE VENTADOUR : Ben m'an perdut.

« Saber t'o farai, si o SAI. [4] »
    TITRE de 1059. PR. de l'hist. de Langued. t. II, col. 231.

Lorsque, après la suppression de la finale caractéristique de l'infinitif, il restait deux consonnes, dont l'N était la pénultième, la dernière lettre fut ordinairement supprimée [5].

AR.	ER OU RE.	IR OU IRE.
Chan *t* ar.	Aten *d* re.	Blan *d* ir.
Man *d* ar.	Ren *d* re.	Sen *t* ir.

Quelques auteurs ont supprimé, mais très-rarement,

---

(1) DEI p. 185.
    SAI   114, 116, 123, 132, 138, etc. etc.
Je ne rapporte pas des exemples tels que CREI, qui vient de CREI*re*, d'après la règle ordinaire, etc.

(2)   Pour cela dois être en bon espoir.
(3)   Et plus de bien que je ne vous sais retracer.
(4)   Savoir te le ferai, si le sais.
(5) Aten *d* re p. 114.   Chan *t* ar p. 180.   Deman *d* ar p. 188.
    Esgar *d* ar   147.   Man *d* ar   123.   Pren *d* re   224.
    Presen *t* ar   261.   Reblan *d* ir   178.   Ren *d* re   162.

l'I final de la première personne du présent en EI, dans certains verbes tels que :

CREi, MESCREi, etc., ce qui a produit CRE, MESCRE, etc. 1.

D'autres ont retranché la consonne finale placée après AU; et alors,

   LAUZ *ar*, etc. a produit LAU, etc.
   AUZ *ir*, etc.   AU, etc.

   Deu en LAU e sanh Jolia 2.
     COMTE DE POITIERS : Ben vuelh.
   Del rei d'Aragon consir
   Que mantas gens l'AU lauzar 3.
     RAMBAUD DE VAQUEIRAS : D'amor no.

Souvent on changea des consonnes finales :

B en P.	TRO *b* AR	fit	TROP.
D en T.	GAR *d* AR		GART.
ID en G.	CU *id* AR		CUG.
Z en G ou S.	AU *z* IR		AUG, etc. 4.

Parfois des verbes conservèrent ou reprirent la consonne finale que fournissait le verbe latin, au lieu de celle qu'offrait le verbe roman :

	Roman.	Latin.
PREC	de PRE *g* AR	PRE *c* ARI 5.
SEC	SE *g* RE	SE *q* UI, etc.

---

(1) Cre p. 174, 175. Mescre p. 180. Recre p. 130, 175, 187.

(2) Dieu en lóue et saint Julien.

(3) Du roi d'Aragon je considère
   Que maintes gens l'entends louer.

(4) Cug p. 175, 180. Aug p. 147. Aus p. 157, 181.

(5) Prec p. 164, 184, 190, 226, 277. Joc p. 183.

OBSERVATIONS SUR LES VERBES. 307

Il y eut d'autres transmutations de consonnes finales ; on s'aperçoit facilement de ces légères variétés.

Quelques premières personnes du présent furent terminées en AUC[1].

> E ieu *vauc* m'en lai a celui
> On tug peccador trobon fi[2].
> COMTE DE POITIERS : Pus de chantar.

D'autres verbes prirent parfois un c après la consonne finale, et sc après la voyelle[3].

> El reys de cui ieu TENc m'onor[4].
> COMTE DE POITIERS : Pus de chantar.

> Ar non POSc plus soffrir lo fais[5].
> COMTE DE POITIERS : Pus de chantar.

> Er FENIsc mon no sai que es[6].
> RAMBAUD D'ORANGE : Escotatz.

> Aissi GUERPISc joy e deport[7].
> COMTE DE POITIERS : Pus de chantar.

Quelques-uns eurent une terminaison en S, Z, TS, comme FAS, FAZ, FATZ, de FAR, FAIRE[8].

---

(1) Fauc p. 232, 338.

(2)   Et je vais m'en là à celui
       Où tous pécheurs trouvent fin.

(3) Dic   p. 179, 199, 236.   Aussisc   p. 171.
    Conosc   215.

(4)   Le roi de qui je tiens ma dignité.
(5)   Ores ne puis plus souffrir le faix.
(6)   Ores finis mon ne sais quoi est.
(7)   Ainsi j'abandonne joie et amusement.
(8) Fas   p. 164, 174, 197, 210.   Fatz   p. 273.

L'euphonie ou la prononciation locale modifia souvent le son de l'o placé avant une consonne finale en UE, et parfois en EI, OI [1].

TROB *ar*,	TROP	fit	TRUEP.
SOL *er*,	SOL		SUELH.
TOL *re*,	TOL		TUELH.
VOL *er*,	VOL		VUELH.
MOR *ir*,	MOR		MUER.

Il me suffira d'indiquer de plus légères modifications, telles que VUOILL, VUEILL, pour VUELH, etc.

En général, c'est à la prononciation locale ou aux copistes qu'elles doivent être attribuées.

Assez souvent la première personne admet une modification intérieure, en recevant un I qui n'est point à l'infinitif.

De SEG*re* ou SEG*uir* vint SEG, et SEC qui a pris l'I intérieur.

E s*i*EC vos, quar m'es tan bo,
Quan remir vostra faisso [2].
COMTE DE POITIERS: En aissi.

---

(1) Muer p. 193, 225.   Muor p. 232.
     Puesc 117, 169, 185.   Posc 177.
     Suelh 175, 180.
     Truep 175, 230.
     Tuelh 205.
     Vuelh 129, 144, 177.   Vueill 151.
     Voill 123.   Vuoill 144, 265.

(2)   Et je suis vous, parce que m'est tant bon,
     Quand je considère votre façon.

De QUERRE ou QUERER vint QU*i*ER.

> Per qu'ieu vos QU*i*ER de mantenen,
> Si us platz, vostra mantenenza [1].
>
> COMTESSE DE DIE : Ab joi.

Telles sont les principales exceptions qu'offrent parfois les premières personnes du présent de l'indicatif au singulier. Il y en a encore quelques autres; mais je craindrais de pousser trop loin l'exactitude grammaticale, si j'indiquais des variétés qui sont à-la-fois et rares, et faciles à reconnaître ; je dois même dire que souvent, lorsqu'un manuscrit donne le mot avec l'une des légères modifications que j'indique, un autre manuscrit le donne conforme à la règle générale.

Les troisièmes personnes du présent au singulier étant ordinairement formées, comme les premières, par la suppression de la désinence caractéristique de l'infinitif, la plupart des exceptions des premières personnes s'appliquent aux troisièmes.

Ainsi on trouve à celles-ci les modifications suivantes :
E final [2] :

> E er SUEFR*e* qu'Espanha se vai perden [3].
>
> FOLQUET DE MARSEILLE : Hueimais.

Finale en AI [4] ;

—

(1) Pourquoi je vous demande de maintenant,
Si vous plaît, votre possession.

(2) Vire p. 125.

(3) Et maintenant il souffre qu'Espagne se va perdant.

(4) Vai p. 125.   Plai p. 167, 176, 199.
Desplay 167.   Eschai 178.

Changement de la consonne finale rude en consonne plus douce [1] ;

Suppression de consonne finale après la consonne N [2] ;

Suppression de l'I final, comme dans VEI, et de la consonne finale après AU, comme dans AUZ*ir* [3] ;

Terminaisons en C, S, TZ [4] ;

UE, OI, mis à la place de l'o dans l'intérieur du verbe, mais plus rarement qu'aux premières personnes [5] :

> Qu'autra no m platz, e ilh mi desacuelh [6].
> PONS DE CAPDUEIL : Leials amics.

> Que murrei s'ap se no m'acuelh [7].
> PONS DE CAPDUEIL : Ma dona.

I ajouté intérieurement [8] :

> Vol qu'om la s*i*erv' e ren non guazardona [9].
> RAMBAUD DE VAQUEIRAS : D'amor no m lau.

---

(1) Art *d'*ar *d* re   p. 262.   Gart *de* gar *d* ar   p. 168, 248.
    Pert *de* per *d* re   223.
    Sec *de* se *g* re   132.   Prec *de* pre *g* ar   180.

(2) Aten *d* re p. 238.   Enten *d* re p. 173.   Espan *d* ir p. 132.
    Chan *t* ar   174.   Repren *d* re   241.   Respon *d* re   221.
    Men *t* ir   240.   Sobrepren *d* re   196.   Sen *t* ir   117.

(3) Ve   p. 161, 237, 239.   Au   p. 239.

(4) Dis   p. 125.   Ditz   p. 176, 230.
    Faz   150.   Notz   124.   Platz   p. 128, 172, 195, 211.

(5) Puesc   p. 185.   Cuelh   p. 238.

(6)   Qu'autre ne me plaît, et elle me désaccueille.

(7)   Que je mourrai si avec soi ne m'accueille.

(8) Fier   p. 224.   Quier   p. 245.   Conquier   p. 249.

(9)   Veut qu'on la serve et rien ne récompense.

OBSERVATIONS SUR LES VERBES. 311

Une modification particulière à cette troisième personne, ce fut de prendre un s à la fin, soit en l'ajoutant, soit en le substituant à une autre consonne; mais cette modification n'a presque jamais lieu qu'aux verbes en IR [1].

Voici l's ajouté :

> Car vos ama de tan bon cor,
> Que desiran LANGUIS e mor [2].
> > ARNAUD DE MARUEIL : Cel que vos es.

> Cel que per vos LANGUIS e mor [3].
> > ARNAUD DE MARUEIL : Dona sel que.

> Ben FENIS qui mal comensa [4].
> > FOLQUET DE MARSEILLE : Grev feira.

> E 'l dolz parlar que m'AFOLIS lo sen [5].
> > FOLQUET DE MARSEILLE : Tan m'abellis.

Voici l's mis à la place d'une autre consonne :

> E vey qu'amors PARS e cauzis [6].
> > BERN. DE VENTADOUR : Pus mos coratges.

> Per una promessa genta
> Don mi SORS trebalhs e esglais [7].
> > BERN. DE VENTADOUR : Al dous.

---

(1) Abellis p. 138.   Afortis p. 134.   Enfoletis p. 186. Reverdezis 218.

(2) Car vous il aime de si bon cœur,
 Que en desirant il languit et meurt.

(3) Celui qui pour vous languit et meurt.

(4) Bien finit qui mal commence.

(5) Et le doux parler qui m'afolle le sens.

(6) Et vois qu'amour partage et choisit.

(7) Pour une promesse agréable
 Dont me surgit peine et effroi.

Cet s final s'attache à des troisièmes personnes de quelques verbes, qui l'ont rejeté de leurs premières, quoiqu'il pût y rester d'après la règle ordinaire [1].

> M'en NAIS orguelh e m CREIS humiltatz [2].
> ARNAUD DE MARUEIL: Aissi col peis.

Quelques verbes terminés en NHER, qui faisaient rarement ING à la première personne, eurent assez ordinairement la terminaison ING à la troisième [3].

> Tant fort me DESTREING e m venz
> Vostr' amors que m'es plazenz [4].!
> RAMBAUD DE VAQUEIRAS: Bella domna.

> Joves deu far guerra e cavalaria;
> E quant er veillz, TAING ben qu'en patz estia [5].
> RAMBAUD DE VAQUEIRAS: Del rei d'Aragon.

PARFAIT SIMPLE.

Les exceptions à la règle générale sont rares pour les premières personnes; mais les troisièmes offrent souvent des anomalies.

La première personne du singulier de la conjugaison

---

(1) Creis p. 149, 195.   Nais p. 151.
(2)   M'en naît orgueil et me croît indulgence.
(3)   Sofraing p. 252.   Taing p. 163, 168, 178, 184, 248.
(4).   Tant fortement me presse et me vainc
      Votre amour qui m'est agréable.
(5)   Jeune doit faire guerre et chevalerie;
      Et quand sera vieux, convient bien qu'en paix soit.

en AR, qui est ordinairement en EI, prend quelquefois un i intérieur, et est alors en *i*EI [1].

Et, par suite de cette modification, d'autres personnes que la première reçoivent aussi cet i intérieur [2].

Il y a des exemples, mais très-rares, de la terminaison en AI.

> Que anc re non AM*ai* tan [3].
> BERN. DE VENTADOUR : Amors que.

Les autres conjugaisons ont ordinairement la première personne de leur parfait simple en I au singulier, mais parfois l's final y est joint [4].

> Et anc no v*is* bellazor, mon escien [5].
> COMTE DE POITIERS : Companho farai.

> Mas que lur D*is* aital lati [6].
> COMTE DE POITIERS : En Alvernhe.

Parfois la première personne du parfait simple de la conjugaison en ER ou RE se termine en EI ou IEI au singulier.

On trouve des exemples de la terminaison en INC; comme dans RETENER, TENER, et VENIR, etc. :

> Si, m RETINC ieu tan de convenen [7].
> COMTE DE POITIERS : Companho farai.

---

(1) Amiei   p. 155.
(2) Pogiest   p. 199.   Desiriest   p. 200.
(3)   Que onc chose ne aimai tant.
(4)   Fis   p. 161.   Dis   p. 173.
(5)   Et oncques ne vis plus belle, à mon escient.
(6)   Mais que leur dis tel latin.
(7)   Si me retins je tant de convention.

Me TINC ab vos a ley de vassal bo....
En la batalha vos VINC en tal sazo
Que vos ferian pel pieitz e pel mento....
Pueys VINC ab vos guerreyar a bando [1].

    RAMBAUD DE VAQUEIRAS : Senher marques.

Les troisièmes personnes du singulier des verbes en ER ou RE, IR ou IRE, offrent des modifications si nombreuses et si variées, que je crois nécessaire de rassembler les principales dans un ordre alphabétique.

	3ᵉ PERS.	pag.	INFIN.	3ᵉ PERS.	pag.	INFIN.
Ac.	Ac	127	haver.	Plac	168	plazer.
Ais.	Plais		plazer.	Trais		traire.
Ars.	Ars		ardre.			
Aup.	Saup	156	saber.			
Aus.	Claus		claurre.			
Ec.	Cazec		cader.	Correc		corre.
	Sofrec		sofrir.			
	Bec	209	beure.	Sec		sezer.
	Dec	226	dever.	Tec		tener.
Eis.	Teis		tener.	Neis		nascer.
	Esteis		estendre.	Peis		penher.
Enc.	Venc	186	venir.	Sostenc		sostener.
Erc.	Uberc		ubrir.			
Ers.	Ters		terger.			
	Aers		aerdre.			
Es.	Mes	119	metre.	Pres	237	prendre.
	Ques		querre.			
Et.	Escondet		escondre.	Sufret		sufrir.
Eup.	Receup	250	recebre.			

---

(1) Me tins avec vous à loi de vassal bon....
  En la bataille à vous vins en tel temps
  Que vous frappaient par la poitrine et par le menton....
  Puis vins avec vous guerroyer en bande.

OBSERVATIONS SUR LES VERBES.

	3ᵉ PERS.	pag.	INFIN.	3ᵉ PERS.	pag.	INFIN.
Is.	Dis	115	dire.	Escris		escriure.
	Aucis	226	aucire.	Fis	150	faire.
	Enquis		enquerre.	Ris		rire.
Oc.	Moc		mover.	Noc		nocer.
	Ploc		placer.	Poc	273	poter.
	Conoc		conoscer.			
Ois.	Ois		oinher.	Pois		poinher.
Olc.	Dolc		doler.	Volc	157	volre.
	Tolc	127	toler.			
Ols.	Absols		absolvre.	Revols		revolvre.
	Sols		soler.			
Ors.	Tors		tordre.			
Os.	Apos		aponre.			
	Escos		escoter.			

Quelques verbes ont à-la-fois différentes anomalies aux mêmes temps.

J'en rapporterai un seul exemple qui me dispensera d'autres détails semblables; voici diverses modifications de la troisième personne du passé du verbe FAZER, FAIRE, FAR, *faire*.

Is. Quar plus m'en sui abellida
     No FIS Floris de Blancaflor [1].
                COMTESSE DE DIE : Estat ai.
Es. Cel que FES l'air e cel, terra e mar [2].
                RAMBAUD DE VAQUEIRAS : Coras pot hom.

Etz.	Fetz	p. 168, 186.
Ets ou ez.	Fez	161.
E	Fe	116, 118, 138, 186.

(1) Car plus j'en suis charmée
    Que ne fit Floris de Blanchefleur.
(2) Celui qui fit l'air et ciel, terre et mer.

On aura pu remarquer, dans les citations de plusieurs exemples, que, selon l'orthographe ou la prononciation, les auteurs avaient écrit EC final au lieu d'ET à la troisième personne [1].

Il y a même des exemples d'IC [2].

Je répète que la plupart des verbes romans, qui offraient ces exceptions à la règle commune, n'étaient pas anomaux, puisqu'ils formaient tour-à-tour leur prétérit ou d'après la règle commune, ou d'après l'exception particulière.

FUTUR.

Les futurs sont généralement restés conformes à la règle primitive de leur formation; les exceptions sont très-rares, ou s'expliquent facilement.

Ainsi, quelques verbes ont subi des soustractions d'une voyelle intérieure.

De TENER est venu TENRAI; etc. [3].

Et cette soustraction a eu lieu pour toutes les personnes du singulier et du pluriel [4].

L'euphonie ou la prononciation locale a quelquefois changé le futur ARAI en ERAI.

Ja no m'ametz, totz temps vos AMerai [5].
     ARNAUD DE MARUEIL: Aissi col peis.

---

(1) Anec p. 165. Donec p. 185. Fendec p. 165. Pausec p. 255.
(2) Partic p. 165.
(3) Tenrai *de* tener p. 160. Mantenrai *de* mantener p. 113.
  Partrai *de* partir 149. Volrai *de* voler 208.
(4) Sabran *de* saber 260. Valra *de* valer 178.
(5) Quoique ne m'aimiez, tous temps vous aimerai.

OBSERVATIONS SUR LES VERBES.

E si no us platz mos enans e mos pros,
Volrai m'en mal, don', e AMeRAI VOS [1].
ARNAUD DE MARUEIL : Us gais amoros.

J'ai eu occasion de faire remarquer de quelle manière avait été formé le futur de l'indicatif par l'adjonction du présent du verbe AVER à l'infinitif des autres verbes.

Quelquefois l'infinitif et le présent de ces verbes restèrent divisés :

« Et quant cobrat l'auran, TORNAR l'AN e so poder per fe e senes engan [2]. » ACTE de 1139. Ms. de Colbert. Titres de Foix.

E si li platz, ALBERGUAR m'A [3].
GEOFFROI RUDEL : No sap chantar.

E pos mon cor non aus dir a rescos,
PREGAR VOS AI, s'en aus, en ma chansos [4].
ARNAUD DE MARUEIL : La gran beutatz.

E s'a vos platz qu'en altra part me vire,
Ostatz de vos la beltat e 'l gen rire,
E 'l dolz parlar que m'afolis mon sen;
Pois PARTIR m'AI de vos, mon escien [5].
FOLQUET DE MARSEILLE : Tan m'abellis.

---

(1) Et si ne vous plaît mon avancement et mon profit,
Voudrai m'en mal, dame, et aimerai vous.

(2) « Et quant recouvré l'auront, TOURNER le ONT en son pouvoir par foi et sans tromperie. »

(3) Et si lui plaît, AUBERGER moi A.

(4) Et puisque mon desir je n'ose dire à cachette,
PRIER vous AI, si en ose, en ma chanson.

(5) Et si à vous plaît qu'en autre part me tourne,
Otez de vous la beauté et le gent rire,
Et le doux parler qui m'afolle mon sens;
Puis SÉPARER me AI de vous, à mon escient.

Amarai? oc; si li platz ni l'es gen;
E si no 'l platz, AMAR l'AI eissamen [1].
ELIAS DE BARJOLS : Pus la belha.

Pus tan privada etz de mi,
DIR vos EI mon privat cosselh [2].
GAVAUDAN LE VIEUX : L'autre dia.

E DIR vos AI perche [3].
RAMBAUD D'ORANGE : Escotatz.

Les verbes AVER et ESSER, avec la préposition A devant l'infinitif d'un autre verbe, servirent aussi à exprimer le futur :

Pus sap qu'ab lieys AI A GUERIR [4].
COMTE DE POITIERS : Mout jauzens.

« A l'advenement del qual tuit AN A RESSUSCITAR [5]. »
DOCTRINE DES VAUDOIS.

Et si per mi no us venz
Merces e chausimenz,
Tem que m'ER A MORIR [6].
ARNAUD DE MARUEIL : La franca captenensa.

(1) Aimerai-je ? oui ; si lui plaît et lui est gent ;
Et si ne lui plaît, AIMER la AI également.

(2) Puisque tant secrète êtes de moi,
DIRE vous AI mon secret avis.

(3) Et DIRE vous AI pourquoi.

(4) Puisque sais qu'avec elle ai à guérir.

(5) A l'avénement duquel tous ont à ressusciter.

(6) Et si pour moi ne vous vainc
Merci et préférence,
Crains que me sera à mourir.

CONDITIONNEL.

Tous les verbes ont leur conditionnel en IA, IAS, IA, etc., ajoutés à l'infinitif.

Les verbes en AR ont un double conditionnel.

AMAR IA, IAS, IA, etc.   AM ERA, ERAS, ERA, etc.

Plusieurs verbes en ER ou RE ont un second conditionnel en GRA, tels que :

INFIN.	DOUBLE CONDIT.			Pag.	PART. PASSÉ.
		Pag.			
Aver	avria	359	agra	149	agut
Beure	beuria		begra		begut.
Cogler	colria		colgra		colgut.
Conoscer	conoiria		conogra		conogut.
Dever	devria	238	degra	123	degut.
Mover	movria		mogra		mogut.
Nocer	noceria		nogra		nogut.
Plazer	plaseria	188	plagra	320	plagut.
Poter	poiria	253	pogra		pogut.
Segre	seigria		segra		segut.
Tener	tenria		tengra		tengut.
Valer	valria		valgra		valgut.
Voler	volria	149	volgra	173	volgut.

D'autres verbes, tels que VENIR, ont aussi ce double conditionnel :

VENIR   VENRIA   VENGRA   VENGUT.

Et d'autres, tels que SABER, ont A et IA : SAPRA, SAPRIA.

Les soustractions subies par le futur ont aussi lieu pour le conditionnel.

IMPÉRATIF ET SUBJONCTIF.

Il y a peu d'observations à faire sur ces deux modes.

Le verbe SAPER, *savoir*, prend le CH intérieur, et fait SAPCHATZ, SAPCHON, etc. [1].

Les verbes dont les prétérits simples ou les conditionnels ont été modifiés intérieurement par des soustractions ou par des additions, conservent, à l'imparfait du subjonctif, ces modifications; mais les différentes personnes gardent leurs désinences ordinaires.

Seulement quelques pays avaient adopté la désinence AN [2] à la troisième personne du pluriel; ce qui m'a autorisé à indiquer cette personne en ESS*en*, ESS*on*, ESS*an*.

> Mais que m plagra FEZESS*an* acordansa
> Dels reys que an guerr' e disacordansa,
> Si c'otra mar PASSESS*an* est autr' an [3].
>
> BERTRAND CARBONEL : Per espassar.

J'avertis de nouveau que souvent les modifications intérieures, indiquées spécialement soit pour un temps, soit pour un mode, se reproduisent ou dans un autre temps ou dans un autre mode.

Ainsi, quand le verbe SABER fait au subjonctif *saup*ES-

---

(1) Sapcha p. 128, 167, 181. Sapchatz p. 146, 161, 176, 252.
    Sapchon 129.

(2) Combatess*an* p. 194. Endreyces*an* p. 113. Pagues*an* p. 113.

(3) Mais que me plairait que fissent accord
    Des rois qui ont guerre et brouillerie,
    Tellement qu'outre mer passassent cet autre an.

sés, c'est qu'il a fait SAUP au prétérit simple de l'indicatif, et ainsi des autres.

DU VERBE DÉFECTIF ET IRRÉGULIER ANAR.

Il n'entre point dans mon plan d'expliquer les anomalies qui se rencontrent dans les conjugaisons d'un petit nombre de verbes romans défectifs ou irréguliers : ces détails appartiennent au dictionnaire, qui réunira les explications et les exemples.

Mais je crois convenable de présenter mes observations sur le verbe défectif et irrégulier ANAR, *aller*.

Je le considérerai d'abord dans sa conjugaison;

Et ensuite dans son emploi assez fréquent d'auxiliaire.

CONJUGAISON DU VERBE ANAR.

La conjugaison de ce verbe est évidemment formée de trois verbes différents :

    ANAR.
    IR   venant   d' IR*e*.
    VADER   VADER*e*.

La conjugaison d'ANAR, dans tous les temps et tous les modes que les monuments romans nous ont conservés, étant entièrement conforme aux règles générales des conjugaisons des verbes en AR, il suffit d'en faire l'observation; et je me borne à présenter le tableau de la conjugaison des temps connus des deux autres verbes.

INFINITIF.

IR, *aller.*

Prés.   Tan com los cavals podon IR 1.
ROMAN DE JAUFRE.

INDICATIF.

Prés. Sing. Vau p. 113.   Vauc p. 124   *je vais.*
             Vas   *tu vas.*

Sai est intratz; que vas queren 2 ?
ROMAN DE JAUFRE.

            Va   177.   Vai   164   *il va.*
Plur.   Van   124, 208.   *ils vont.*

Fut. Sing. Irai   172.   *j'irai.*

Qui que reman, ieu IRAI volentos 3.
PONS DE CAPDUEIL : So qu'hom.
            Iras   *tu iras.*

Tu t'en IRAS al leopart 4.
BERTRAND DE BORN : Pois als baros.
            Ira   *il ira.*

Que ja non IRA ses batailla 5.
ROMAN DE JAUFRE.
Plur.   Irem   194.   *nous irons.*
            Iretz   *vous irez.*

« Vos IRETZ aissi col senhor Papa 6. »
PHILOMENA, fol. 8.

---

(1)   Tant comme les chevaux peuvent aller.
(2)   Ici es entré; que vas cherchant?
(3)   Qui qui reste, j'irai voulant.
(4)   Tu t'en iras au léopard.
(5)   Que jamais n'ira sans bataille.
(6)   « Vous irez ainsi avec le seigneur Pape. »

OBSERVATIONS SUR LES VERBES. 323

Fut. Plur.   Iran   ils iront.

     Perque n'IRAN trastug a perdemen [1].
        Pons de la Garde : D'un sirventes.

CONDITIONNEL.

Sing.   Iria   irais.

     Que us IRIA contan [2].
        Peyrols : Un sonet vau.

IMPÉRATIF.

Sing.   Vai   p. 116, 137, 159,   vas,   va.

     Chanso, m'iras otra mar;
     E, per Dieu, VAI m'a mi dons dir
     Que non es jorns qu'ieu no sospir [3].
        Bern. de Ventadour : En abril.

     Bel Papiol, vas Savoia
     Ten ton camin, e VAS branditz brochan [4].
        Bertrand de Born : Ara sai eu.

Quelquefois on a dit VA.

     Chansoneta, VA de cors
     A mi dons dire que t reteigna,
     Pois mi retener no deigna [5].
        Peyrols : Del seu tort.

---

(1)   C'est pourquoi eu iront trèstous à damnation.
(2)   Que vous irais contant.
(3)   Chanson, tu m'iras outre mer;
       Et, par dieu, va moi à ma dame dire
       Que n'est jour que je ne soupire.
(4)   Beau Papiol, vers Savoie
       Tiens ton chemin, et va de bric et de broc.
(5)   Chansonette, va de course
       A ma dame dire que te retienne,
       Puisque me retenir ne daigne.

Je ne dois pas omettre la forme remarquable de la jonction du pronom personnel TU, T, avec l'adverbe EN, ce qui produit VAI T EN.

> Messagiers, VAI T EN, en via plana,
> A mon romieu, lai ves Viana;
> E digas li [1].
> BERN. DE VENTADOUR: Ja mos chantars.

SUBJONCTIF.

Sing.   VAZA   *j'aille.*

> Ar es ben dretz, pus ieu n'ai dich blasmor,
> Qu'el be qu'els fan laus' e VAZA dizen [2].
> BERTRAND CARBONEL: Per espassar.

Plur.   VAZAN   *aillent.*

> Ni d'autra part no VAZAN entenden
> Qu'aisso diga per doptansa de lor [3].
> BERTRAND CARBONEL: Per espassar.

ANAR CONSIDÉRÉ COMME AUXILIAIRE.

Ce verbe est auxiliaire de deux manières :

La première, lorsque ANAR précède un autre verbe placé au gérondif, c'est-à-dire un participe indécliné.

> Soven la VAU, entr' els meillors, BLASMAN [4].
> BERN. DE VENTADOUR: Quan la fuelha.

---

(1) Messager, va-t-en, en chemin facile,
    A mon pélerin, là vers Viane;
    Et dis lui.

(2) Ores est bien juste, puisque j'en ai dit blâme,
    Que le bien qu'ils font loue et aille disant.

(3) Ni d'autre part n'aillent entendant
    Que ceci je dise par crainte d'eux.

(4) Souvent la vais, entre les meilleurs, blâmant.

Il VAN DISEN c'amors torna en biais....
La genser am, ja no i ANES DOPTAN [1].
   BERN. DE VENTADOUR: Quan la fuelha.

De totz bos pretz VOS ANATZ MEILLORAN [2].
   ARNAUD DE MARUEIL: Aissi com cel.

La seconde manière joint le verbe ANAR au présent de l'infinitif du verbe qu'il régit [3].

Qu'el VAI TRAIRE li caucz encontra son segnor [4].
   LA NOBLA LEYÇON.

« Quan l'ac pro escotada, elh li VA DIR que mal o disia [5]. »
   PHILOMENA, fol. 59.

« Karles ANEC DIR ad Helias que disxes tot so que s volria, et Helias VA COMENSAR sas paraulas [6]. »
   PHILOMENA, fol 56.

On voit que cet auxiliaire, se confondant avec les infinitifs, leur communique le mode, le temps, et la personne, qui le modifient lui-même.

---

(1)   Ils vont disant qu'amour tourne en travers....
   La plus gente j'aime, jamais n'y allez doutant.

(2)   De tout bon prix vous allez améliorant.

(3) Va li transmettre p. 185.   Va li respondre p. 185.   Va lor dir p. 187.
 Va li dir   202.   Va lur dir   225.

(4)   Qu'il va tirer les attaques contre son seigneur.

(5) « Quand l'eut assez écoutée, il lui va dire que mal cela disait. »

(6) « Charles alla dire à Hélias que dit tout ce qu'il voudrait, et Hélias va commencer ses paroles. »

EMPLOI DES VERBES RÉGIS PAR DES PRÉPOSITIONS.

Les participes indéclinés, ou gérondifs, qui représentent les gérondifs latins, s'emploient sans préposition ou avec la préposition EN et même avec l'article.

>D'aquest' amor sui cossiros,
>VELLAN, e pueys SOMJAN, DORMEN [1].
>>GEOFFROI RUDEL: Quan lo rossignols.

>Mas de so c'ai apres,
>DEMANDAN e AUZEN,
>ESCOTAN e VEZEN [2].
>>ARNAUD DE MARUEIL: Rasos es.

>Tant atendrai AMAN,
>Tro morrai MERCEIAN,
>Pus ilh vol qu'aissi sia [3].
>>BLACAS: Lo bels douz temps.

>AMAN viu e AMAN morrai [4].
>>PONS DE LA GARDE: Ben es dreitz.

>EN PLORAN serai chantaire [5].
>>RAMBAUD D'ORANGE: Ar m'er.

(1) De cette amour je suis chagrin,
Veillant, et puis songeant, dormant.

(2) Mais de ce que j'ai appris,
Demandant et oyant,
Écoutant et voyant.

(3) Tant attendrai aimant,
Jusqu'à ce que mourrai implorant merci,
Puisqu'elle veut qu'ainsi soit.

(4) Aimant vis et aimant mourrai.

(5) En pleurant serai chanteur.

En chantan, m'aven a membrar
So qu'ieu cug chantan oblidar [1].
>> Folquet de Marseille: En chantan.

Me vuelh en cantan esbaudir [2].
>> Bern. de Ventadour: En aquest guai.

Soven m'aven, la nueg quan soi colgat,
Que soi ab vos, per semblan, en durmen [3].
>> Arnaud de Marueil: Aissi com cel.

Al pareissen de las flors [4].
>> Pierre Rogiers: Al pareissen.

PRÉSENTS DES INFINITIFS EMPLOYÉS AVEC DES PRÉPOSITIONS.

La plupart des prépositions peuvent être placées au-devant du présent de l'infinitif; je fournirai des exemples de l'emploi de quelques-unes.

E s'ieu en amar mespren [5].
>> Bern. de Ventadour: Conort era.

En agradar et en voler
Es l'amors de dos fis amans [6].
>> Bern. de Ventadour: Chantars no pot.

---

(1) En chantant, m'avient à remémorer
Ce que je crois chantant oublier.
(2) Me veux en chantant esbaudir.
(3) Souvent m'avient, la nuit quand suis couché,
Que suis avec vous, par semblant, en dormant.
(4) Au paraissant des fleurs.
(5) Et si je en aimer me méprends.
(6) En plaire et en vouloir
Est l'amour de deux purs amants.

Dels auzels qu'intran EN AMAR [1].
RAMBAUD D'ORANGE : Ab nov cor.

Per cal razon avetz sen tan venal
En mains afars que no us tornon a pro,
Et EN TROBAR avetz saber e sen [2]?
BLACAS : Peire Vidal.

Los joves faitz c'al prim prezem A FAR [3].
RAMBAUD DE VAQUEIRAS : Honrat marques.

Per qu'enseignarai AD AMAR
Los autres bos domneiadors [4].
RAMBAUD D'ORANGE : Assatz sai.

Quar d'aqui mov cortezia e solatz,
Enseignamenz e franqueza e mesura,
E cor D'AMAR e esforz DE SERVIR [5].
ARNAUD DE MARUEIL : A gran honor.

Il est même à remarquer que la préposition PER, précédant l'infinitif, a le même sens qu'avait en latin la préposition AD suivie du gérondif en DUM [6].

---

(1) Des oisels qui entrent en aimer.

(2) Pour quelle raison avez sens tant vénal
En maintes affaires qui ne vous tournent à profit,
Et en trouver avez savoir et sens ?

(3) Les vaillants faits que au commencement prîmes à faire.

(4) Pour quoi enseignerai à aimer
Les autres bons galants.

(5) Car de là meut courtoisie et plaisir,
Instruction et franchise et retenue,
Et volonté d'aimer et effort de servir.

(6) Per aucire   p. 211.   Per aver   p. 220.   Per emblar p. 237
    Per far   149, 210.   Per gandir 164.   Per soffrir   142

Car al savi cove
Que s'an' ades loinhan,
Per mielhs SAILLIR enan [1].
  Bern. de Ventadour: Pus mi preiatz.

VERBES EMPLOYÉS IMPERSONNELLEMENT.

L'emploi des verbes, sans leur donner un sujet apparent, est très-familier à la langue romane [2].

Le verbe employé impersonnellement est toujours à la troisième personne du singulier.

Respondez mi : Per cal razon
Reman que non avetz chantat [3] ?
  Bern. de Ventadour: Peirols.

S'aguem paor, no us o CAL demandar [4].
  Rambaud de Vaqueiras: Honrat marques.

Joves deu far guerra e cavalaria,
E, quant er veillz, TAING ben qu'en patz estia [5].
  Rambaud de Vaqueiras: Del rei.

---

(1)   Car au sage convient
      Qu'il s'aille présentement reculant,
      Pour mieux sauter en avant.

(2)   Aven   p. 248.   Cal   p. 235, 236.
      Taing   248.   Cove   146.
      Endevenc   182.   Play   146.

(3)   Répondez moi : Par quelle raison
      Reste que n'avez chanté?

(4)   Si eûmes peur, ne vous le chaut demander.

(5)   Jeune doit faire guerre et chevalerie,
      Et, quand il sera vieux, convient bien qu'en paix reste.

> Que, si nos fossem loyal,
> Tornera ns ad honor gran [1].
>
> FOLQUET DE MARSEILLE: Chantar mi.

« Nos cove qu'estiam saviament, e que nos guardem que no nos pusquan dessebre [2]. »   PHILOMENA, fol. 21.

SUPPRESSION DES PRONOMS PERSONNELS SUJETS DES VERBES.

A l'imitation de la langue latine, il arriva souvent que la langue romane n'exprima point les pronoms personnels qui étaient les sujets des verbes.

> El si... m partetz un juec d'amor,
> ... No sui tan fatz
> ... No sapcha triar lo melhor
> Entr' els malvatz [3].
>
> COMTE DE POITIERS: Ben vuelh.

Cette forme de la langue romane est si commune, qu'il suffira de renvoyer aux exemples qu'offrent les citations rapportées dans cette grammaire.

---

(1)   Que, si nous fussions loyaux,
Tournerait à nous à honneur grand.

(2) « Nous convient que soyons sagement, et que nous gardions que ne nous puissent décevoir. »

(3)   Et si (vous) me départez un jeu d'amour,
(JE) ne suis tant fol
Que (JE) ne sache trier le meilleur
Entre les mauvais.

OBSERVATIONS SUR LES VERBES.

J'en rassemble quelques-uns en les rangeant par personnes.

PREMIÈRES PERSONNES.

SINGULIER.

Tant ... vos ai cor.	— Tant JE vous ai cœur.	p. 130
Savis e fols ... sui.	— Sage et fol JE suis.	139
Per vos cui ... ador.	— Par vous que j' adore.	130
E ... vuoill saber.	—. Et JE veux savoir.	123
Per vostr' amor ... chan.	— Pour votre amour JE chante.	124
Plus ... no us deman.	— Plus JE ne vous demande.	131
E ... conosc mals e bes.	— Et JE connais maux et biens.	139
Totz temps ... no trobava.	— Tous temps JE ne trouvais.	246
Anc ... non agui.	— Jamais JE n'eus.	193
Estat ... ai dos ans.	— Été j'ai deux ans.	128
Ni ... no fui mieus.	— Ni JE ne fus mien.	193
...Trobei la molher.	— JE trouvai la femme.	133
D'aquo qu' ... amiey.	— De ce que j' aimai.	227
Car ... comprei.	— Cher j' achetai.	145
Anc ... no la vi.	— Oncques JE ne la vis.	175
S'anc ... li fi tort.	— Si oncques JE lui fis tort.	167
...Li serai hom.	— JE lui serai homme.	137
...Cantarai d'aquest.	— JE chanterai de ces.	130
...Dirai un vers.	— JE dirai un vers.	140
Un sirventes ... farai.	— Un sirvente JE ferai.	140
E ... mantenrai.	— Et JE maintiendrai.	113
Totz temps ... vos amaria.	— Tous temps JE vous aimerais.	128
Quant de vos ... volria.	— Quant de vous JE voudrais.	149
A vos ... volgra mostrar.	— A vous JE voudrais montrer.	115
Jamais ... no jassa be.	— Jamais JE ne repose bien.	171
E s' .... agues mais.	— Et si j' eusse davantage.	234
Qu'en vos ... trobes.	— Qu'en vous JE trouvasse.	247
De que ... us fezes presen.	— De quoi JE vous fisse présent.	234
Un baisar ... li pogues tolre.	— Un baiser JE lui pusse enlever.	178

PLURIEL.

Emperador ... avem.	— Empereur NOUS avons.	p. 148
Car si ... non em.	— Car si NOUS ne sommes.	275
Qu' ... anam queren.	— Ce que NOUS allons cherchant.	236
Dos jorns ... estem.	— Deux jours NOUS fumes.	259
Trobat ... avem.	— Trouvé NOUS avons.	133
Ni ... vedarem.	— Ni NOUS défendrons.	189
E ... sabrem quan.	— Et NOUS saurons quand.	237

SECONDES PERSONNES.

SINGULIER.

Aras ... laissas.	— Maintenant TU laisses.	202
Sanada ... iest.	— Guérie TU es.	202
Can ... vist l'aigua.	— Quand TU vis l'eau.	200
Quant ... l'auras.	— Quand TU l'auras.	201
...Amaras ton senhor.	— TU aimeras ton seigneur.	203

PLURIEL.

Si ... voletz al segle plazer.	— Si VOUS voulez au siècle plaire.	145
Per so ... devetz.	— Pour cela VOUS devez.	170
S' ... aucizetz selui.	— Si VOUS tuez celui.	240
Menassas que ... fasiatz.	— Menaces que VOUS faisiez.	203
So don ... m'avetz dit.	— Ce dont VOUS m'avez dit.	148
Qu' ... en veiretz.	— Ce que VOUS en verrez.	183
Quan ... m'auretz dat.	— Quand VOUS m'aurez donné.	148
Domna, be ... degratz.	— Dame, bien VOUS devriez.	228
Que que ... m comandetz.	— Quoi que VOUS me commandiez.	182
Que ... m prendatz.	— Que VOUS me preniez.	131
Que ... m fezessetz.	— Que VOUS me fissiez.	138

TROISIÈMES PERSONNES.

SINGULIER.

Pus blanca ... es.	— Plus blanche ELLE est	148
Meillers que ... non es.	— Meilleur qu'IL n'est.	149

OBSERVATIONS SUR LES VERBES.

Car so ... m veda.	— Car cela ELLE me défend.	p. 174
...No fai semblan.	— ELLE ne fait semblant.	174
Don ... mi det.	— Dont ELLE me donna.	174
Quan ... venc.	— Quand IL vint.	186
Quan ... l'ac pres.	— Quand IL l'eut pris.	168
Quan ... l'aura joguat.	— Quand IL l'aura joué.	237
...Non er de mi.	— IL ne sera de moi.	277
Que ... sapcha far.	— Qu'IL sache faire.	167

PLURIEL.

Quan ... ajoston.	— Quand ILS amassent.	172
...Comenson a lo lapidar.	— ILS commencent à le lapider.	169
Passatge qu' ... an si mes.	— Passage qu'ILS ont ainsi mis.	124
Avol vida ... auran.	— Lâche vie ILS auront.	144
Cobrat ... l'auran.	— Recouvré ILS l'auront.	317
Que ... non aion.	— Qu'ILS n'aient.	169
D'autra part ... no vazan.	— D'autre part ILS n'aillent.	171

PRÉSENT DE L'INFINITIF FAISANT LA FONCTION DE L'IMPÉRATIF.

Quelquefois le présent de l'infinitif remplaça la seconde personne de l'impératif, sur-tout quand le verbe était précédé d'une négation; mais cette forme se rencontre rarement.

> Enamps li dis : NON TEMER, Maria;
> Car lo sant sperit es en ta conpagnia [1].
> LA NOBLA LEYÇON.

---

(1) Aussitôt lui dit : Non craindre, Marie;
Car le saint esprit est en ta compagnie.

> La belha cui non aus preyar,
> Tan tem falhir al seu voler!
> Per qu'ie 'n planc e 'n sospire:
> Ai! amors, NO M'AUCIRE [1].
>
> PEYROLS: Tot mon engienh.

SECONDES PERSONNES DU PLURIEL A LA PLACE DES SECONDES PERSONNES DU SINGULIER.

On a vu précédemment que VOS était presque toujours employé au lieu de TU; par suite de cette règle, les verbes devant lesquels VOS se trouve placé, quoique ne désignant qu'une seule personne, prennent le pluriel.

Cependant les adjectifs qui se rapportent au pronom restent au singulier.

Je choisis pour exemple ces vers qui s'adressent évidemment à une seule personne:

> Peirols, com AVETZ tan estat
> Que non FEZEST vers ni chanson?
> RESPONDEZ mi: Per cal razon
> Reman que non AVETZ chantat [2]?
>
> BERN. DE VENTADOUR: Peirols com avetz.

Il y a même peu d'exemples de l'emploi de la seconde

---

(1) La belle que n'ose prier,
Tant crains faillir à son vouloir!
Pourquoi j'en plains et en soupire:
Ah! amour, ne me tuer.

(2) Peirols, comment avez tant été
Que ne fites vers ni chanson?
Répondez moi: Par quelle raison
Reste que n'avez chanté?

personne du singulier soit dans les poésies des troubadours, soit dans les autres écrits.

VERBES AU SINGULIER, QUOIQU'ILS AIENT PLUSIEURS SUJETS.

C'est un caractère particulier à la langue romane que de mettre assez souvent au singulier le verbe auquel s'attachent plusieurs sujets.

    Per que PREZ, e CORTESIA,
  E SOLAZ TORNA en non chaler [1].
        BERN. DE VENTADOUR: Ges de chantar.

  Lo bels douz TEMPS mi PLATZ,
  E la gaya SAZOS
  E 'l CHANS dels auzelos [2].
        BLACAS: Lo bels douz temps.

Dieus sal vos, en cui ES assis
Mos JOYS, mos DESPORTZ e mos RIS [3].
        ARNAUD DE MARUEIL: Dona sel que.

Per la bona comensansa
Mi VEN JOIS et ALEGRANSA [4].
        BERN. DE VENTADOUR: Ab joi mov.

---

(1)   Pour quoi prix, et courtoisie,
    Et plaisir tourne en non chaloir.

(2)   Le beau doux temps me plaît,
    Et la gaie saison
    Et le chant des oiselets.

(3)   Dieu sauve vous, en qui est placé
    Ma joie, mon contentement et mon rire!

(4)   Par le bon commencement
    Me vient joie et alégresse.

Tal y a qui an mais d'orguelh,
Can grans jois ni grans bes lor ve[1].
BERN. DE VENTADOUR: Quan par la flors.

VERBES AU PLURIEL, QUAND UN NOM COLLECTIF EST LE SUJET.

On trouve parfois au pluriel non seulement les verbes dont un nom collectif est le sujet, mais encore les pronoms personnels qui se rapportent à un nom collectif.

Amor BLASMON, per non saber,
Fola GENS, mais lei non es dans[2].
BERN. DE VENTADOUR: Chantars no pot.

La forme suivante est remarquable : AB, *avec*, est considéré comme conjonction :

E pueis lo REIS, AB SOS BAROS,
PUEION, e lor spazas ceinzon[3].
ROMAN DE JAUFRE.

Voici un exemple de pronoms personnels au pluriel, lorsqu'ils se rapportent à un nom collectif :

Ieu o dic per chastiamen
Al rei Johan, que pert sa GEN,
Que no LOR secor pres ni loing[4].
BERTRAND DE BORN: Quan vei lo temps.

(1) Tels y a qui ont plus d'orgueil,
Quand grande joie et grand bien leur vient.
(2) Amour blâment, par non savoir,
Folle gent, mais à lui n'est dommage.
(3) Et puis le roi, avec ses barons,
Montent, et leurs épées ceignent.
(4) Je le dis pour enseignement
Au roi Jean, que perd sa gent
Vû que ne leur aide près ni loin.

Je terminerai mes différentes observations sur les verbes, en parlant du QUE conjonctif.

DU QUE CONJONCTIF ENTRE LES VERBES.

Pour exprimer l'effet de l'action d'un verbe sur l'autre, souvent la langue latine plaçait à l'infinitif le verbe sur lequel cette action était transmise, et alors le sujet de ce dernier verbe ne pouvait être qu'à l'accusatif.

D'autres fois la langue latine transmettait cette action par le moyen des particules UT et NE, etc., QUOD et QUIA, etc.; et le verbe soumis à l'action devait ordinairement être au subjonctif.

Pour ces différentes opérations grammaticales, la langue romane adopta QUE, pronom conjonctif indéclinable. Ce QUE, permettant aux sujets du second verbe de conserver le signe qui les caractérisait, ôta toute amphibologie, et laissa ce second verbe au mode indiqué par la forme ordinaire du discours.

Ce QUE conjonctif indéclinable servit donc à transmettre l'action d'un verbe sur l'autre.

Employé par la langue romane, et par les autres langues de l'Europe latine, il remplaça à-la-fois et la forme grammaticale, que les modernes ont appelée la règle du QUE RETRANCHÉ, et les nombreuses particules qui, dans la langue latine, étaient le lien de communication d'un verbe à un autre.

Cette forme de la langue romane est, à certains égards, préférable à l'emploi que les Latins faisaient de leur infinitif. Elle ajoute à la clarté, elle sert à indiquer plus précisément différentes modifications de la pensée et du discours. En effet, les temps de l'infinitif latin n'offraient pas assez de nuances, pour rendre exactement quelques-unes des modifications qu'a exprimées la langue romane, modifications qui, dans les divers modes, distinguent si heureusement le présent, de l'imparfait; le prétérit simple, du prétérit composé; le prétérit, du plus-que-parfait; etc.

Quelquefois le QUE conjonctif roman est sous-entendu.

QUE CONJONCTIF ROMAN REMPLAÇANT LE QUE RETRANCHÉ LATIN [1].

E sai QUE fauc faillensa,
Quar non am per mesura [2].
BERN. DE VENTADOUR: Quan lo dous temps.

E conosc be QUE ai dic gran follatge [3].
BERN. DE VENTADOUR: Quan vei la flor.

Ans vey QU'ades creis ma dolors [4].
ARNAUD DE MARUEIL: Ab pauc ieu.

Mais aisso no us esta be
QUE m fassatz tot jorn maltraire [5].
BERN. DE VENTADOUR: Amors que.

(1) Sai que... p. 114.   Crei que... p. 242.   Afermi que... p. 187.
Sabem que... 253.   Conoscatz que... 246.   Es vers que... 219.

(2) Et sais que fais faute,
Parce que n'aime par mesure.

(3) Et connais bien que ai dit grande folie.

(4) Ains vois que toujours croît ma douleur.

(5) Mais ceci ne vous est bien
Que me fassiez tout jour maltraiter.

DU QUE CONJONCTIF ENTRE LES VERBES.

Ma costum' es que fols tos temps folleia [1].
BERN. DE VENTADOUR : Quan vei la flor.

QUE CONJONCTIF DANS LE SENS D'UT, NE, ETC. [2]

Per merce us prec QUE us playa
Qu'ieu vos am ses cor vayre;
No vulhatz qu'ieu dechaya [3].
BERN. DE VENTADOUR : Si la belha.

Meillz qu'eu no dic, vos prec QUE m'entendatz [4].
ARNAUD DE MARUEIL : Aissi com cel.

E selh que de mi l'apenra
Guart si QUE res no mi cambi [5].
GEOFFROI RUDEL : No sap chantar.

QUE CONJONCTIF DANS LE SENS D'EO QUOD, QUIA, ETC.

Alberguem lo tot plan e gen,
QUE ben es mutz [6].
COMTE DE POITIERS : En Alvernhe.

---

(1) Mais coutume est que fol tous temps folâtre.

(2) Prec que   p. 190.   Prezicon que   p. 169.   Taing que   p. 163.
    Preiatz qu'ieu 155.   Soffrissetz que 136.   Maritz soi que 246.
    Ai paor que   131.   Li plai que   197.   Endevenir que 274.

(3) Par merci vous prie que vous plaise
    Que je vous aime sans cœur changeant;
    Ne veuillez que je déchoie.

(4) Mieux que je ne dis, vous prie que m'entendiez.

(5) Et celui qui de moi l'apprendra
    Garde soi que rien ne me change.

(6) Aubergeons le tout simplement et gentement,
    Vû que bien est muet.

Ni contra mi malvat conselh non creia,
Qu'eu sui sos hom liges on que m'esteia [1].

BERN. DE VENTADOUR: Quan vei la flor.

Tristans, ges non aurez de me,
Qu'ieu m'en vau marritz, no sai on [2].

BERN. DE VENTADOUR: Quan vei la laudeta.

Maritz, que marit fai sofren,
Deu tastar d'altretal sabor,
QUE car deu comprar qui car ven [3].

PIERRE D'AUVERGNE: Bella m'es la flors.

Gardatz s' ieu l'am ses tot cor trichador,
Qu'el mon non ai tan mortal enemic,
S'-ieu 'l n'aug ben dir, no 'l n'aya per senhor [4].

PONS DE CAPDUEIL: Astrucs.

E si us fols li ditz mal per foilia,
Jes per aisso no i s tenga per blasmatz;
Enanz s'en deu tener per ben lausatz,
QUE blasmes es del fol al pro lauzors [5].

CADENET: De nuilla ren.

Souvent des manuscrits offrent la variante de QUAR, CAR, au lieu de ce QUE.

(1) Ni contre moi mauvais conseil ne croie,
Vû que je suis son homme-lige où que je sois.

(2) Tristan, aucunement n'aurez de moi,
Vû que je m'en vais marri, ne sais où.

(3) Mari, qui mari fait souffrant,
Doit tâter de telle saveur,
Vû que cher doit acheter qui cher vend.

(4) Regardez si je l'aime sans tout cœur tricheur,
Vû qu'au monde n'ai tant mortel ennemi,
Si je lui en ouis bien dire, que ne l'en aie pour seigneur.

(5) Et si un fol lui dit mal par folie,
Aucunement pour ceci n'y se tienne pour blâmé;
Au contraire s'en doit tenir pour bien loué,
Vû que blâme est du fou au preux louange.

QUE SOUS-ENTENDU EN LA LANGUE ROMANE.

Ben sapchatz ... s'ieu tan non l'ames,
Ja no saupra far vers ni sos [1].
PEYROLS: Chantarai pus.

Non cug ... digua que anc auzis
Meillors motz trobatz luenh ni prop [2].
PIERRE D'AUVERGNE: Cui bon vers.

Tuit sels que m pregan qu'ieu chan,
Volgra ... 'n saubesson lo ver [3].
BERN. DE VENTADOUR: Tuit sels que.

Non estarai ... mon chantar non esparja [4].
BERTRAND DE BORN: Non estarai.

Miels fora ... fosses campios [5].
BERTRAND DE BORN: Maitolin.

Ben volgra ... mi dons sabes
Mon cor, aisi com eu 'l sai [6].
PIERRE ROGIERS: Ben volgra.

Ni no sembla ... sia corals amics [7].
BERN. DE VENTADOUR: Belh Monruelh.

---

(1) Bien sachez QUE, si tant ne l'aimasse,
Jamais ne saurais faire vers ni sons.

(2) Ne pense QUE dise que oncques ouïtes
Meilleurs mots trouvés loin ni près.

(3) Tous ceux qui me prient que je chante,
Voudrais QU'en sussent le vrai.

(4) Ne resterai QUE mon chanter ne répande.

(5) Mieux serait QUE fusses champion.

(6) Bien voudrais QUE ma dame sût
Mon cœur, ainsi comme je le sais.

(7) Ni ne semble QUE soit cordial ami.

Ans tem de lieys ... m'aya per ergulhos [1].
Giraud le Roux: Auiatz la.

E no vuelh ... sia grazitz
Mos sirventes entr' els flax nualhos,
Paubres de cor e d'aver poderos [2].
Bernard de Rovenac: Ja no vuelh.

Sapchatz ... gran talent n'auria
Que us tengues en loc de marit [3].
Comtesse de Die: Estat ai.

L'emperaires volgr' ... agues la crots preza,
E qu'a son filh l'emperis remazes [4].
Austorc d'Arlac: Ai! Dieus per.

J'aurai bientôt occasion de parler du QUE placé après les conjonctions, ou employé comme adverbe de temps.

Je déclare de nouveau qu'il m'eût été facile d'indiquer d'autres légères modifications, soit accidentelles, soit ordinaires, qu'on rencontre parfois en quelques modes, en quelques temps, et en quelques personnes d'un petit nombre de verbes.

Mais j'ai rejeté des détails trop minutieux.

---

(1) Mais crains d'elle QUE m'ait pour orgueilleux.
(2) Et ne veux QUE soit agréé
Mon sirvente parmi les lâches non vaillants,
Pauvres de cœur et d'avoir puissants.
(3) Sachez QUE grand desir en aurais
Que vous tinsse en lieu de mari.
(4) L'empereur voudrais qu'eût la croix prise,
Et qu'à son fils l'empire restât.

CHAPITRE VII.

ADVERBES, PRÉPOSITIONS, CONJONCTIONS.

Je range sous un même titre les adverbes, les prépositions, les conjonctions, et les autres semblables éléments du discours; parce que, selon le rang qu'ils occupent dans la phrase, leurs fonctions changent quelquefois : ainsi certains adverbes, suivis du QUE, deviennent conjonctions; et certaines prépositions le deviennent aussi, lorsqu'elles sont immédiatement suivies du même QUE; et enfin les prépositions employées d'une manière absolue, et sans soumettre un nom quelconque à leur régime, deviennent adverbes.

Ces rapports intimes ont été cause de l'embarras que plusieurs grammairiens ont éprouvé, quand ils ont voulu classer ces divers éléments du discours.

Dans la langue latine, POST était tour-à-tour adverbe et préposition, et, suivi de QUAM, devenait conjonction [1].

---

(1) ADV. « De Capitone POST viderimus. »
        Cic. pro Sex. Rosc. Amer. 30.

PRÉP.   POSTQUE brevem rescribe moram.
        Ovid. De Arte amandi, III v. 473.

CONJ.   Tum, POSTQUAM ad te venit, mensis agitur hic jam septimus.
        Ter. Hec. act. III, sc. 3, v. 34.

Dans la langue romane, et dans les autres langues de l'Europe latine, il est quelquefois des mots qui offrent les mêmes variétés.

Je parlerai d'abord des adverbes;

Ensuite, des prépositions;

Et enfin, des conjonctions, négations, interjections : etc.

A mesure que les adverbes, les prépositions et conjonctions passèrent de la langue latine dans la nouvelle langue, ils reçurent souvent l'adjonction d'une préposition romane, et notamment des prépositions A, DE, EN.

Ainsi d'INT*u*s vint INTZ, INS, auquel fut ajouté DE, qui produisit DE INS, *dans*; et même, par reduplication de la préposition DE, fut formé DEDINS, *dedans*.

De SAT*i*s latin vint SATZ, qui reçut l'A, et forma ASATZ, *assez*.

VER*su*s latin fit d'abord VERS, *vers*, et les prépositions DE et EN, jointes à VERS roman, produisirent DEVERS, ENVERS.

En parcourant la nomenclature des principaux adverbes, des principales prépositions, et des conjonctions, qu'on ne soit pas surpris de trouver ce rapprochement de différentes prépositions.

Avant de présenter les tableaux des principaux adverbes, des principales prépositions, et des diverses conjonctions, je crois utile de placer ici des détails qui expliqueront la manière dont la langue romane a formé ces nombreux éléments du discours, en les dérivant presque toujours de la langue latine.

Ces détails auront un double avantage : d'une part,

ADVERBES, PRÉPOSITIONS, CONJONCTIONS.   345

ils présenteront l'origine et la dérivation du mot qui en sera l'objet; et de l'autre, ils montreront le rapport des adverbes, prépositions, ou conjonctions, qui ont une origine ou une dérivation commune.

Voici des observations successives sur les principaux adverbes, sur les principales prépositions, et sur les différentes conjonctions.

AB, A, *avec*.

Cette préposition AB se trouve dans les plus anciens monuments de la langue romane :

« AB Ludher nul plaid nunquam prindrai [1]. »
SERMENT de 842.

Ella AB Boeci parlet ta dolzament [2].
POEME SUR BOECE.

AB vos estay on qu'ieu esteia;
La nueg e 'l jorn AB vos domneya [3].
ARNAUD DE MARUELL : Ab vos estay.

Quelquefois cette préposition quitte le B, selon les manuscrits ou la prononciation locale; alors A seul signifie *avec* :

Que 'l meiller es, et ab mais de beutat,
D'autra domna; e es A dreit jujatz [4].
PISTOLETA : Sens e sabers.

---

(1) « Avec Lothaire nul traité ne oncques prendrai. ».
(2)   Elle avec Boece parla tant doucement.
(3)   Avec vous suis où que je sois;
      La nuit et le jour avec vous courtise.
(4)   Que la meilleure est, et avec plus de beauté,
      Qu'autre dame; et est avec droit jugé.

Qu' estat ai en tal marrimen,
Qu' A pauc no m'an mort li sospir [1].

GAUCELM FAIDIT : Ab chantar.

Que s' il maire 'l sabia, batria l'A bastos [2].

SORDEL : Planher vuelh.

Lai a Melhau, on solia tener,
Qu'el coms li tolh ses dreg, e A gran tort,
E Marcelha li tolh A gran soan [3].

BERTRAND DE BORN : Un sirventes farai.

Qu'assatz val mais morir, al mon semblan,
Que toz temps viure A pena et A afan [4].

PEYROLS : Pois entremis me.

A penas sai dir oc ni no [5].

PONS DE CAPDUEIL : S' anc fis ni dis.

On trouve parfois AM, AMB, pour AB :

« AM l'ajutori de Dieu [6]. »

PHILOMENA, fol. 35.

« Et aqui atrobero lor fraire Thomas et l'arsevesque Turpi AMB elhs [7]. »
PHILOMENA, fol. 1.

Il serait difficile d'expliquer d'où vint cette préposition.

(1) Qu'été ai en tel chagrin,
    Qu'avec peu ne m'ont tué les soupirs.
(2) Que si la mère le savait, battrait le avec bâton.
(3) Là à Millau, où accoutumait tenir,
    Que le comte lui ôte sans droit, et avec grand tort,
    Et Marseille lui ôte avec grand mépris.
(4) Qu'assez vaut plus mourir, à mon avis,
    Que tous temps vivre avec peine et avec chagrin.
(5) Avec peines sais dire oui et non.
(6) « Avec l'aide de Dieu. »
(7) « Et là trouvèrent leur frère Thomas et l'archevêque Turpin avec.eux. »

Ce qu'on peut dire de plus satisfaisant, c'est que d'AB, racine d'*h*AB*ere*, la langue romane a fait une préposition qui désigne la possession, l'adhérence, la manière, etc., et qui a l'effet d'approprier, de joindre, d'identifier les objets, etc.

AD, A, *à*.

La préposition latine passa dans la langue romane, et conserva son acception primitive.

Elle retint quelquefois le D, lorsqu'elle était placée au-devant des mots qui commençaient par une voyelle; et elle quitta toujours le D au-devant des mots qui commençaient par une consonne.

DES, DESSE, *dès, depuis;* DESSE QUE, DES QUE, *dès que;* ADES, DESE, *à-présent, toujours;* NEIS, *même;* ANCEIS, *au contraire.*

DE IPSO latin, sous-entendu TEMPORE, forma DES roman.

AD IPS*um*, sous-entendu TEMPUS, forma ADES [1].

---

(1) Ce changement d'IPS en EPS ou ES est très-ordinaire; s'il fallait en donner des preuves matérielles, je citerais ces vers du poëme sur Boece, où EPS est évidemment le même que IPS :

      EPS li satan son en so mandamen....
      Ne EPS li omne qui sun ultra la mar....
      E la mors a EPSament mala fe [*].
              POEME SUR BOECE.

[*] Même les satans sont en son obéissance....
    Ni même les hommes qui sont outre la mer....
    Et la mort a mêmement mauvaise foi.

DES fut préposition,

DESSE QUE, DES QUE, furent conjonction,

ADES, DESSE, adverbes.

PRÉPOSIT.   DES lo temps Rollan,
     Ni lai denan,
    Non fo anc tan pros
    Ni tan guerreian [1].
       BERTRAND DE BORN : Mon chant.

CONJONCT.   DESSE QUE [2] serem vengut [3].
       BERTRAND DE BORN : Lo coms m'a.

    El temps del premier paire,
    DES QUE cregron las gens [4].
       ARNAUD DE MARUEIL : Rasos es.

ADVERBE.   S'ieu sabi' aver guizardo
    De chanso, si la fazia,
    ADES la comensaria
    Cunheta de mots e de so [5].
       BÉRENGER DE PALASOL : S'ieu sabia.

(1) Depuis le temps de Rolland
   Ni là auparavant,
   Ne fut jamais tant preux
   Ni tant guerroyant.

(2) Le manuscrit du Vatican 3794 porte, au lieu de DESSE QUE, le synonyme QUANT :

   QUANT aqui serem vengut.

(3) Dès que serons venus.
(4) Au temps du premier père,
   Dès que augmentèrent les gens.
(5) Si je savais avoir guerdon
   De chanson, si la faisais,
   A l'instant la commencerais
   Gentille de mots et de son.

ADVERBES, PRÉPOSITIONS, CONJONCTIONS.   349

ADVERBE.   Sos homs plevitz e juratz
Serai ADES, s'a leis platz ¹.
 ALPHONSE II, ROI D'ARAGON : Per mantas.

Que tan no vauc, ni sai ni lai,
C' ADES no m tenha en son fre ².
 BERN. DE VENTADOUR : En cossirier.

E en enfer n'anec DECE
Per nos salvar, vera merce ³.
 PIERRE D'AUVERGNE : Lo senher.

E qui 'l bon rei Richar, que vol qu'eu chan,
Blasmet per so que no paset DESE,
Ar l'en desmen, si que chascus o ve
C' areires trais per miels saillir enan ⁴.
 FOLQUET DE MARSEILLE : Sitot me soi.

L'adverbe NEIS, *même*, vint du latin *IN IPSO* :

Per que no vuelh un dia
Viure desconortatz,
Que, NEIS quan soi iratz,
Ieu chant e m'asolatz ⁵.
 ARNAUD DE MARUEIL : Ses joi non es.

(1) Son homme cautionné et juré
     Serai toujours, si à elle plaît.
(2) Que tant ne vais, ni çà ni là,
     Que toujours ne me tienne en son frein.
(3) Et en enfer en alla à l'instant,
     Pour nous sauver, vraie merci.
(4) Et qui le bon roi Richard, qui veut que je chante,
     Blâma pour ce que ne passa à l'instant,
     Maintenant l'en dément, si que chacun cela voit
     Qu'arrière tira pour mieux saillir avant.
(5) Pour quoi ne veux un jour
     Vivre découragé,
     Vû que, même quand suis triste,
     Je chante et me récrée.

> Mas so que tolre no m podetz,
> Tolre no m podetz que no us am,
> Neys s'ieu e vos o volriam,
> Que no m'o cossentri' amors [1].
>
> Arnaud de Marueil : Totas bonas.

Anceis, d'ante ipsum.

Conj. Senz no fo ges, anceis fo granz foldatz [2].

Folquet de Marseille : Per Deu amor.

> Anceis m'es esquiv' e fera,
> On eu plus li clam merce [3].
>
> Sail de Scola : De bon gran.

DONC, ADONC, DONCX, ADONCS, DONCAS, ADONCAS, *alors, donc.*

Du *t*unc latin vint *d*unc, et la langue romane y ajouta parfois la préposition ad, a.

On trouve, dans la basse latinité, ad tunc [4], locution qui pourrait bien être un effet de la langue romane sur la langue latine elle-même :

Adv. E dunc apel la mort ta dolzament [5].

Poeme sur Boece.

---

(1) Mais ce que ôter ne me pouvez,
Oter ne me pouvez que ne vous aime,
Même si moi et vous le voudrions,
Vû que ne me le consentirait amour.

(2) Sens ne fut aucunement, au contraire fut grande folie.

(3) Au contraire m'est rétive et farouche,
Où je plus lui crie merci.

(4) Ad tunc nos... Ad tunc ipse.
Plaid de 842. Pr. de l'Hist. de Langued. t. I, p. 99.

(5) Et alors il appelle la mort tant doucement.

ADVERBES, PRÉPOSITIONS, CONJONCTIONS.

> Adonca era un lengage entre tota la gent [1].
> LA NOBLA LEYÇON.

ADV.
> E quan lo bosc reverdeya,
> Nais fresca e vertz la fuelha;
> Adoncas ieu reverdey
> De joi, e florisc cum suelh [2].
> GEOFFROI RUDEL: Lanquan lo temps.

> Lanquan vei los arbres florir,
> Et aug lo rossignol chantar,
> Adonc se deu ben alegrar
> Qui bon' amor saup chausir [3].
> BERN. DE VENTADOUR: Quan la vertz.

> Cant ieu la cug ades trair per amia,
> Adoncx la truep pus salvatg' e peior;
> Doncx ben es fols totz hom qu'en lor se fia [4].
> BERN. DE VENTADOUR: En amor truep.

On voit, dans l'exemple précédent, que DONC est conjonction, et sert à l'argumentation, de même que OR

---

(1) Alors était même langage entre toute la gent.

(2) Et quand le bois reverdit,
Naît fraîche et verte la feuille;
Alors je reverdis
De joie, et fleuris comme sureau.

(3) Lorsque vois les arbres fleurir,
Et ouis le rossignol chanter,
Alors se doit bien réjouir
Qui bonne amour sut choisir.

(4) Quand je la crois présentement entraîner pour amie,
Alors la trouve plus sauvage et pire;
Donc bien est fol tout homme qui en elles se fie.

venant d'ORA, qui signifie *alors, à l'heure*, comme DONC:

CONJ.
Razon e mandamen
Ai, de leys on m'aten,
De far gaia chanso;
Doncx, pos ilh m'en somo,
Ben coven derenan
Qu'ieu m'alegr' en chantan [1].
GAUCELM FAIDIT: Razon.

ALHORS, AILHORS, *ailleurs*.

Cet adverbe vint du latin ALIORS*um* [2]:

Ma forsa d'amor m rete
Que no m laissa virar ALHORS [3].
ARNAUD DE MARUEIL: Ab pauc.

Perdre no m pot per so qu'ieu am AILLORS....
C'ai fach semblan qu'AILHORS m'era giratz [4].
ARNAUD DE MARUEIL: Aissi com selh qu'a.

(1) Raison et mandement
Ai, de celle où m'adresse,
De faire gaie chanson;
Donc, puisqu'elle m'en semond,
Bien convient dorénavant
Que je me réjouisse en chantant.

(2) « Et si a proposito suo ALIORSUM digressi fuerint, per abbatem Anianensis monasterii corrigantur.»
TITRE de 819. PR. de l'Hist. du Languedoc, t. I, col. 52.

(3) Mais force d'amour me retient
Qui ne me laisse tourner ailleurs.

(4) Perdre ne me peut pour ce que j'aime ailleurs....
Qu'ai fait semblant qu'ailleurs m'étais tourné.

ADVERBES, PRÉPOSITIONS, CONJONCTIONS.

ALQUES, *quelquefois, parfois, aucunement.*

Cet adverbe roman vint vraisemblablement d'AL*i*QUO-*ti*ES.

> Pero si m sui ALQUES forsatz [1].
> BERN. DE VENTADOUR : Estat ai dos.

> E si n' ai estat ALQUES lens,
> No m' en deu hom ochaizonar [2].
> BÉRENGER DE PALASOL : S'ieu sabi' aver.

AMON, DAMON, *au haut, du haut;* AVAL, DAVAL, *à bas, en bas.*

Ces adverbes paraissent formés de MONT*em*, VALL*em*, avec les prépositions A ou DE :

> E la cortina se parti
> El temple, DAVAL tro AMON [3].
> LA PASSIO DE JHESU CRIST.

> Tornon so qu'es DAMON desotz [4].
> PIERRE D'AUVERGNE : Cui bon vers.

> Tro que n'aia mes te AVAL [5].
> ROMAN DE JAUFRE.

> E vai corren DAMON DAVAL [6].
> ROMAN DE JAUFRE.

(1) Pour ce si me suis aucunes fois forcé.
(2) Et si en ai été quelquefois lent,
    Non m'en doit on accuser.
(3) Et le voile se fendit
    Au temple, d'en bas jusqu'en haut.
(4) Tournent ce qui est au haut dessous.
(5) Jusqu'à ce que en aie mis toi à bas.
(6) Et va courant du haut en bas.

ANT, ANS, ANZ, ABANZ, DAVAN, DEVAN, *avant, devant;* ENAN, DENAN, ADENANT, *avant, devant;* ANTAN, *avant l'année, jadis;* DERENAN, DESERENAN, *dorénavant;* ANS QUE, *avant que;* ANS, ANZ, AINZ, *au contraire, mais, ains.*

Ces adverbes, prépositions et conjonctions viennent d'ANTe, combiné avec d'autres prépositions et adverbes.

ADV. « D'aquesta hora en ANT[1]. »
TITRE de 1122. PR. de l'Hist. de Langued. t. II, col. 422.

Autra ley d'ayci ENANT no devon plus aver[2].
LA NOBLA LEYÇON.

E torn atras, quand cug anar ENAN[3].
GAUCELM FAIDIT: Maintas sazos.

Que lozenger e trizador
Portes' un corn el fron DENAN[4].
BERN. DE VENTADOUR: No m meraveilla.

« D'aquesta hora ADENANT[5]. »
TITRE de 1059. PR. de l'Hist. du Langued. t. II, col. 230.

ANS est quelquefois adverbe de comparaison, et alors il est suivi du QUE ou du DE:

Qu'ANZ nos pregaran QUE nos lor[6].
BERN. DE VENTADOUR: Amicx Bernartz.

(1) « De cette heure en avant. »
(2) Autre loi d'ici en avant ne doivent plus avoir.
(3) Et tourne arrière, quand crois aller en avant.
(4) Que médisants et tricheurs
Portassent une corne au front au devant.
(5) « De cette heure en avant. »
(6) Qu'avant nous prieraient que nous elles.

ADVERBES, PRÉPOSITIONS, CONJONCTIONS. 355

Antan, d'ante annum, signifia *auparavant, jadis*:

Mas eras crey so qu'antan no crezia 1.
            Arnaud de Marueil: Anc m'es tan be.

Lo mals d'amor qu'avi' antan 2.
            Pierre Raimond de Toulouse: Enquera eu vei.

Derenan, deserenan, venant de de hora in antea, de ipsa hora in antea, signifièrent *dorénavant, désormais.*

Per qu'eu vir deserenan 3.
            Gaucelm Faidit: Ges fora.

Prép.   Qui fan, per fol' entendensa,
        Ans del peccat, penedensa 4.
            Folquet de Marseille: Greu feira.

Vai, Papiol, e no sias lens,
A Trasinhac on sias ans la festa 5.
            Bertrand de Born: Non estarai.

Davan so vis nulz om no s pot celar 6.
            Poeme sur Boece.

Glorios Dieus, per ta merce,
Dressa ta cara devan me 7.
            Folquet de Marseille: Senher Dieu.

(1) Mais ores crois ce que jadis ne croyais.
(2) Le mal d'amour qu'avais jadis.
(3) Pour que je tourne dorénavant.
(4) Qui font, par folle idée,
    Avant du péché, pénitence.
(5) Va, Papiol, et ne sois lent,
    A Trasinhac où sois avant la fête.
(6) Devant son visage nul homme ne se peut celer.
(7) Glorieux Dieu, par ta merci,
    Lève ta face devant moi.

Sos homs plevitz e juratz
Serai ades, s'a leis platz,
Davan totz autres senhors [1].

Alphonse II, roi d'Aragon : Per mantas.

Qui vi anc mais penedensa
Faire denan lo peccat [2] ?

Bern. de Ventadour : Lo temps vai.

Ans, suivi du que, est conjonction, et signifie *avant que*.

Conj.   Si n' Alazais
Me pregava tot an, seria lassa
Ans que m'agues conquist per aymador [3].

Bern. de Ventadour : En amor truep.

Abans que il blanc puoi sion vert [4].

Pierre d'Auvergne : Abans que.

« Enans que tiresso areyre los cavals [5]. »

Philomena, fol. 115.

Quelquefois il a le sens de *plutôt* :

Qu'enans voill que pres mi tenguatz,
Domna, que si m deliuravatz [6].

Bérenger de Palasol : Aissi com hom.

---

(1)   Son homme cautionné et juré
        Serai toujours, si à elle plaît,
        Préférablement à tous autres seigneurs.

(2)   Qui vit oncques mais pénitence
        Faire avant le péché ?

(3)   Si dame Alazais
        Me priait tout an, serait lasse
        Avant que m'eût conquis pour amant.

(4)   Avant que les blancs sommets soient verds.

(5)   « Avant que tirassent arrière les chevaux. »

(6)   Que plutôt veux que pris me teniez,
        Dame, que si me délivriez.

ADVERBES, PRÉPOSITIONS, CONJONCTIONS.   357

Le QUE est quelquefois sous-entendu.

Ordinairement ANS, conjonction, et non suivi du QUE, signifie *au contraire, mais, ains* :

> Qu'ieu res no vei, ni sai on so ;
> ANS prenc lo mal e lais lo bo [1].
> FOLQUET DE MARSEILLE : Senher Dieu.

Mas aisso non es ardimentz,
AINTZ es follia e non sentz [2].
ROMAN DE JAUFRE.

AREIRE, DEREER, TRAS, ATRAS, DETRAS,
arrière, derrière.

Ce fut en modifiant RE*t*RO latin, et en y joignant les prépositions DE et A, que la langue romane forma DEREER et AREIRE.

Le même *ret*RO, ou TRA*n*S latin, a pu fournir TRAS, ATRAS, DETRAS.

ADV.   C'an mes DERER so qu'anava denan [3].
HUGUES BRUNEL : Pois lo dreich.

Molt fort blasmava Boecis sos amigs
Qui lui laudaven DEREER euz dias antix [4].
POEME SUR BOECE.

---

(1) Que je rien ne vois, ni sais où suis ;
Mais prends le mauvais et laisse le bon.
(2) Mais ceci n'est hardiesse,
Ains est folie et non sens.
(3) Que ont mis derrière ce qui allait devant.
(4) Beaucoup fort blâmait Boece ses amis
Qui le louaient derrière aux jours anciens.

Adv.   Mi mandas AREIRE tornar [1].
        ROMAN DE JAUFRE.

E torn ATRAS, quan cug anar enan [2].
        GAUCELM FAIDIT: Mantas sazos.

E una femna ven DETRAS [3].
        ROMAN DE JAUFRE.

Prép.   E es se TRAS un pilar mes,
        E estet aqui apilatz [4].
        ROMAN DE JAUFRE.

Et ab aitant us nas issi
Qui estava TRAS un boison [5].
        ROMAN DE JAUFRE.

ASATZ, ASSATZ, *beaucoup, assez;* PRO, PRON, *prou, assez.*

De SAT*is* latin, auquel fut jointe la préposition A, vint l'adverbe ASATZ; il prend quelquefois la particule DE après lui.

Que tan son nostras terras luenh;
Assatz y a pas e camis [6].
        GEOFFROI RUDEL: Lanquan li jorn.

E membres li qu'ASSATZ quier qui s complanh [7].
        PEYROLS: D'un bon vers.

(1) Me mandes arrière tourner.
(2) Et tourne arrière, quand crois aller en avant.
(3) Et une femme vient derrière.
(4) Et est soi derrière un pilier mis,
    Et resta là appuyé.
(5) Et à l'instant un nain sortit
    Qui était derrière un buisson.
(6) Vû que tant sont nos terres loin;
    Assez y a pas et chemins.
(7) Et souvînt lui qu'assez demande qui se plaint.

ADVERBES, PRÉPOSITIONS, CONJONCTIONS.   359

> Comte d'Urgel, ASSATZ avetz formen,
> E sivada, e bos castels, ab tors [1].
>
>   BERTRAND DE BORN: Un sirventes farai.

> Pueis an ASATZ gabat e ris [2].
>
>   ROMAN DE JAUFRE.

> Lo nostre reys ASSATZ a de poder [3].
>
>   BERTRAND DE BORN: Un sirventes farai.

PRON, PRO eut la même acception. Il prit aussi quelquefois le DE après lui:

> E aprenetz autre mestier,
> Que aquest avetz PRON tengut [4].
>
>   ROMAN DE JAUFRE.

> Quar on plus la lauzaria,
> Del laus sol qu'en remaria,
> Cent domnas ne aurian PRO [5].
>
>   BÉRENGER DE PALASOL: S'ieu sabi' aver.

> Del papa sai que dara largamen
> PRON del pardon, e pauc de son argen [6].
>
>   BERTRAND D'ALAMANON: D'un sirventes.

(1)   Comte d'Urgel, assez avez froment
      Et avoine, et bons châteaux, avec tours.

(2)   Après qu'ont assez raillé et ri.

(3)   Le notre roi assez a de pouvoir.

(4)   Et apprenez autre métier,
      Vû que celui-là avez assez tenu.

(5)   Car où plus la louerais,
      De l'éloge seul qui en resterait,
      Cent dames en auraient assez.

(6)   Du pape sais qu'il donnera largement
      Assez d'indulgences, et peu de son argent.

S'ieu trobes plazer a vendre,
E agues PRON de paiar,
Ben mi porion reprendre,
S'ieu non l'anes acatar [1].
BARTHÉLEMI ZORGI: S'ieu trobes.

CONTRA, ENCONTRA, *contre, à l'opposite, envers, à l'encontre, en comparaison.*

Ja no m'aia cor felon ni salvatge,
Ni CONTRA mi malvatz conselhs no creia [2].
BERN. DE VENTADOUR: Quan vei la flor.

Com la flors qu'om retrai
Que totas horas vai
CONTRA 'l solelh viran [3].
PEYROLS: D'un sonet vau.

Si vol que m lays de lieys, tuelha m lo sen,
E 'l cor e 'ls huelhs; e pueys partirai m'en,
Si puesc; si no, fassa n' ilh son veiaire,
Qu'ENCONTRA lieis non ai forsa ni genh [4].
GAUCELM FAIDIT: Mas la bella.

(1) Si je trouvasse plaisir à vendre,
Et eusse assez de payer,
Bien me pourraient reprendre,
Si je ne l'allasse acheter.

(2) Jamais ne m'ait cœur félon ni sauvage,
Et contre moi mauvais conseil ne croie.

(3) Comme la fleur qu'on rapporte
Qui toutes heures va
Contre le soleil tournant.

(4) Si veut que me laisse d'elle, ôte moi le sens,
Et le cœur et les yeux; et puis séparerai m'en,
Si peux; si non, fasse en elle son semblant,
Vû que envers elle n'ai force ni adresse.

ADVERBES, PRÉPOSITIONS, CONJONCTIONS.

> Qu'issamen trembli de paor
> Com fai la fuelha CONTRA 'l ven [1].
> > BERN. DE VENTADOUR: Non es meraveilla.

Si tot li dol e 'l plur e 'l marimen....
Fosson esems, sembleran tut leugier
CONTRA la mort del jove rei Engles [2].
> BERTRAND DE BORN: Si tut li dol.

E vi dejos un albespi,
ENCONTRA 'l prim rai del solelh [3].
> GAVAUDAN LE VIEUX: L'autre dia.

Ja mos chantars no m'er honors
ENCONTRA 'l gran joi qu'ai conques [4].
> BERN. DE VENTADOUR: Ja mos chantars.

CUM, COM, CO, SI COM, EISSI COM, EN AISSI COM, COSSI,
comme, comment, de même que, ainsi comme.

Ces adverbes et conjonctions furent, selon leurs différentes acceptions, dérivés des mots latins CUM, QUOModo, et prirent quelquefois SI, AISSI, EN AISSI romans.

> Qu'er amors m'a forjujaz, no sai COM [5].
> > PERDIGON: Tot temps ai.

---

(1) Qu'également tremble de peur
     Comme fait la feuille contre le vent.
(2) Si tous les deuils et les pleurs et les tristesses....
     Fussent ensemble, sembleraient tous légers
     En comparaison de la mort du vaillant roi anglais.
(3) Et vis en bas une aubépine,
     A l'encontre du premier rayon du soleil.
(4) Jamais mon chanter ne me sera honneur
     En comparaison de la grande joie qu'ai conquise.
(5) Qu'à-présent amour m'a condamné, ne sais comment.

Me mostra qu'ieu cossir
Quom de lieys me sovenga [1].
Arnaud de Marueil : La cortesia.

Quan vostra beutat remire
Fresca cum rosa en mai [2].
Rambaud de Vaqueiras : Bella domna.

Que vos e mi 'n fesetz per totz lausar,
Vos com senher, e mi com bacalar [3].
Rambaud de Vaqueiras : Honrat marques.

Dona, loncx temps a qu'ieu cossir
Co us disses o us fezes dir
Mon pessamen e mon coratge [4].
Arnaud de Marueil : Dona genser.

Cum ausam donc aquesta mort atendre [5] ?
Gaucelm Faidit : Cascus hom deu.

Al segle mostrarai
Cossi s deu captener
Qui vol bon laus aver [6].
Arnaud de Marueil : Rasos es.

---

(1) Me montre que je considère
 Comme d'elle me souvienne.

(2) Quand votre beauté admire
 Fraîche comme rose en mai.

(3) Que vous et moi en fîtes par tous louer,
 Vous comme seigneur, et moi comme bachelier.

(4) Dame, long-temps a que je considère
 Comment vous disse ou vous fisse dire
 Ma pensée et mon desir.

(5) Comment osons donc cette mort attendre ?

(6) Au siècle montrerai
 Comment se doit gouverner
 Qui veut bonne louange avoir.

ADVERBES, PRÉPOSITIONS, CONJONCTIONS.   363

« Si com in isto pergamen es scrit et om legir i o pod [1]. »
Acte de 1053. Pr. de l'Hist. de Languedoc. t. II, col. 224.

Aissi col peis an en l'aigua lor vida [2].
Arnaud de Marueil : Aissi col peis.

DE, *de*.

La préposition latine devint préposition romane, et eut différentes acceptions; elle exprima la propriété, la manière, etc.

E fezetz la terr', e 'l tro,
E tot quant es ni anc fo,
D'un sol seing, e 'l sol, e 'l cel [3].
Pierre d'Auvergne : Dieus vera vida.

EN, E, *dans, en.*

D'IN, préposition latine, furent formés EN, E romans, qui conservèrent la signification primitive.

L'N n'est supprimé que parfois et devant les consonnes:

Dona, que en bon pretz s'entend,
Deu ben pausar s'entendensa
En un pro cavalier valen [4].
Comtesse de Die : Ab joi.

No cuid qu'e Roma om de so saber fos [5].
Poeme sur Boece.

---

(1) « Comme en ce parchemin est écrit et on lire y le peut. »
(2)   Ainsi comme les poissons ont en l'eau leur vie.
(3)   Et fîtes la terre, et le tonnerre,
      Et tout quant est et oncques fut,
      D'un seul signe, et le soleil, et le ciel.
(4)   Dame, qui en bon prix se connaît,
      Doit bien placer son consentement
      En un preux chevalier vaillant.
(5)   Ne pense qu'en Rome homme de son savoir fût.

ENT, ENS, EN, NE, *de là, en.*

Cette préposition, modifiée de ces manières diverses, fut dérivée d'INDe latin :

> Ja nos es obs fox i sia alumnaz;
> Veder ENZ pot l'om per quaranta ciptaz [1].
> POEME SUR BOECE.

> Ieu m'EN anarai en eyssilh [2].
> COMTE DE POITIERS : Pus de chantar.

> Tant l'am per fin' amor,
> Que mantas vez EN plor [3].
> BERN. DE VENTADOUR : Tant ai.

> Dona, far NE podetz a vostra guisa [4].
> RAMBAUD D'ORANGE : Escotatz.

ENTRE, *entre, parmi;* TRO, TRO QUE, *jusques, jusqu'à ce que;* ENTRE QUE, MENTRE QUE, *tandis que.*

Ces prépositions et conjonctions furent formées de INTER, INTRA, INTRO, INTERIM latins.

PRÉP.
> E sa beutaz es ENTRE las gensors
> Genser, aisi com ENTRE foillas flors [5].
> AIMERI : Totz hom.

---

(1) Jamais n'est besoin que feu y soit allumé;
Voir de là peut l'on par quarante cités.

(2) Je m'en irai en exil.

(3) Tant l'aime par pure amour,
Que maintes fois en pleure.

(4) Dame, faire en pouvez à votre guise.

(5) Et sa beauté est entre les plus gentes
Plus gente, ainsi comme entre feuilles fleur.

ADVERBES, PRÉPOSITIONS, CONJONCTIONS.

Prép.   Entr' els nessis e 'ls fatz
           Sai chausir los sanatz 1.
                    Arnaud de Marueil : Rasos es.

Que entro a la fin del mont fora tota via cum lor 2.
                    La nobla Leyçon.

« De Savardie tro a Justared 3. »
           Acte de 1034. Pr. de l'hist. de Languedoc, t. II, col. 190.

           E escorgeron me del cap
           Tro al talo 4.
                    Comte de Poitiers : En Alvernhe.

Conj.   E s'aisi pert sos dregs, entre qu'es tos,
        Lai quant er vielhs, en sera vergonhos 5.
                    Bertrand de Born : S'ieu fos.

           Qu'el cors me dis qu'ieu no chan mais,
           Et amors no vol que m'en lais,
           Mentre qu'el segl' estarai vius 6.
                    Raimond de Miraval : Entre dos volers.

« Mentre qu'els estavan en aquest parlamen 7. »
                    Philomena, fol. 12.

« Mentre Thomas levava el cors de Jhesu Xrist a la messa 8. »
                    Philomena, fol. 6.

---

(1)   Entre les non savants et les fols
      Sait choisir les sensés.
(2)   Que jusqu'à la fin du monde serait toujours avec eux.
(3)   « De Savardie jusques à Justared. »
(4)   Et écorchèrent moi du chef
      Jusqu'au talon.
(5)   Et si ainsi perd ses droits, tandis que est jouvencel,
      Là quand sera vieux, en sera honteux.
(6)   Que le cœur me dit que je ne chante plus,
      Et amour ne veut que m'en laisse,
      Pendant qu'au siècle serai vif.
(7)   « Tandis qu'ils étaient en ce parlement. »
(8)   « Tandis que Thomas élevait le corps de Jésus Christ à la messe. »

Meillor amic qu'eu ai
Vos man en ostage,
ENTRO qu'eu torn de chai [1].
>> BERN. DE VENTADOUR : Lanquan vei.

« En ajutori lor en seran... TRO QUE recobrat l'auran [2].
>> ACTE de 1020. PR. de l'Hist. de Languedoc, t. II, col. 179.

E no sap ren, TRO QUE s'es pres a l'ama [3].
>> BERN. DE VENTADOUR : Ben m'an perdut.

TRO est souvent conjonction, quoiqu'il ne soit pas suivi du QUE :

Me dis que tan trona TRO plou [4].
>> ARNAUD DANIEL : Amors e jois.

Que la gota d'aiga, quan chai,
Fer en un loc tan soven,
TRO cava la pera dura [5].
>> BERN. DE VENTADOUR : Conort era.

ENSEMS, ESSEMS, *ensemble*.

D'INSIMUL latin vint cet adverbe.

Veirem, al entrar del estor,
Gran ren vassalhs ENSEMS ferir [6].
>> BERTRAND DE BORN : Be m plai lo.

---

(1) Le meilleur ami que j'ai
     Vous mande en ôtage,
     Jusqu'à ce que je retourne de çà.
(2) « En aide leur en seront... jusqu'à ce que recouvré l'auront. »
(3) Et ne sait rien, jusqu'à ce que s'est pris à l'hameçon.
(4) Me dit que tant tonne jusqu'à ce qu'il pleut.
(5) Que la goutte d'eau, quand tombe,
     Frappe en un lieu tant souvent,
     Jusqu'à ce que creuse la pierre dure.
(6) Verrons à l'entrer de la bataille,
     Grand chose vassaux ensemble frapper.

ADVERBES, PRÉPOSITIONS, CONJONCTIONS.

Que no us vey lai on ESSEMS fom [1].
RAMBAUD D'ORANGE : Er quan.

ENTORN, *autour;* ENVIRON, *environ.*

Du verbe TORN*are* vint ENTORN, d'ENTORN; de GYR*are,* qui a le même sens que TORNARE, vint VIRON, *environ.*

PRÉP.
Pro ai del chan ensenhadors,
ENTORN mi, e ensenhairitz,
Pratz e vergiers, arbres e flors [2].
GEOFFROI RUDEL : Pro ai.

« ENTORN la miega nueyt [3]. »
PHILOMENA, fol. 78.

Qu'en breu aura ENVIRON de VII anz
Que m fetz amar tant fort senez mesura [4].
GAUCELM FAIDIT : Molt a pugnat.

Que s met VIRON l'aureilla [5].
AUGIER : Era quan.

ADV. Li enemic qui li perseguian eran moti d'ENTORN [6].
LA NOBLA LEYÇON.

De la Francha regio
Don il es, e d'ENVIRO [7].
RAIMOND DE MIRAVAL : Entre dos volers.

---

(1) Que je ne vous vois là où ensemble fûmes.
(2) Assez ai du chant instituteurs
Autour de moi, et institutrices,
Prés et vergers, arbres et fleurs.
(3) « Environ la mi-nuit. »
(4) Qu'en bref aura environ de sept ans
Que me fites aimer tant fort sans mesure.
(5) Que se met autour de l'oreille.
(6) Les ennemis qui les poursuivaient étaient plusieurs d'entour.
(7) De la française région
Dont il est, et d'environ.

ESTIERS, ESTERS, ESTRA, *autrement, hormis, outre.*

Ces adverbes et prépositions vinrent d'EXTR*a* latin.

Aissi com cel qu'ESTERS non pot gandir [1].
FOLQUET DE MARSEILLE : Ben an mort.

Ges no l'aus mostrar ma dolor,
ESTIERS adhorar, quan s'eschai
Qu'ieu la vei [2].
ARNAUD DE MARUEIL : A guiza.

Dic en chantan ma razos,
Qu'ESTIERS no us aus descobrir
So qu'ieu ai e mon coratge [3].
RAMBAUD DE VAQUEIRAS : A vos bona.

« E van hi morir III M Sarrasis, ESTIERS los XI M davant dits [4]. »
PHILOMENA, fol. 109.

Mentir cuiei, mas ESTRA grat dic vers [5].
FOLQUET DE MARSEILLE : S'al cor plagues.

FORAS, FORA, FORS, FOR, *fors, hormis;* DE FORAS, DEFOR, FORS QUE, *dehors, fors que.*

FOR*is* latin produisit FORS roman, qui reçut tour-à-

---

(1) Mais comme celui qui autrement ne peut garantir.
(2) Aucunement ne lui ose montrer ma douleur,
Hormis adorer, quand il échoit
Que je la vois.
(3) Dis en chantant ma raison,
Qu'autrement ne vous ose découvrir
Ce que j'ai en mon cœur.
(4) « Et vont y mourir trois mille Sarrasins, outre les onze mille devant dits. »
(5) Mentir crus, mais outre gré dis vrai.

ADVERBES, PRÉPOSITIONS, CONJONCTIONS. 369

tour diverses modifications légères, et devint adverbe, préposition, et conjonction.

Adv.
Ab tan cuia FORAS sailir...
E DEFORAS par bels e bos...
Aissi avols hom, ben vestitz,
Es bels DEFORS, e dins poritz [1].
ROMAN DE JAUFRE.

Ieu get DEFOR abdos mos bras [2].
ARNAUD DE MARUEIL : Dona genser.

Prép.
Mas al meu chant neus ni glatz
No m'ajuda, ni estatz,
Ni res, FORS Dieu et amors [3].
ALPHONSE II, ROI D'ARAGON : Per mantas.

Il pendutz es FORA de consirers [4].
BLACAS : En Pellicer.

Conj.
Enans sapchatz tos temps vos amarai,
FORS QUE jamais vostres drutz no serai [5].
PIERRE BARJAC : Tot francamen.

---

(1) Cependant cuide hors saillir....
Et dehors paraît bel et bon....
Ainsi lâche homme, bien vêtu,
Est beau dehors, et au dedans pourri.

(2) Je jette dehors l'un et l'autre mes bras.

(3) Mais à mon chant neige ni glace
Ne m'aide, ni été,
Ni rien, fors Dieu et amour.

(4) Le pendu est hors de souci.

(5) Au contraire sachez que tous temps vous aimerai,
Hors que jamais votre galant ne serai.

GAIRE, GUAIRE, *beaucoup, grand chose, guères.*

Cet adverbe a pu être dérivé ou de GAR, qui, dans les langues du nord, signifie *beaucoup, très, exactement*[1]; ou de GRAN RE, GAN RE, que l'on trouve dans les écrits en langue romane :

GRAN REN pogra d'autras donas ornar[2].
ARNAUD DE MARUEIL : Anc vas amors.

« Mas GAN RE de Samaritans d'aquella cioutat crezeron en el[3]. TRAD. DU NOUV. TESTAMENT : JOHAN. c. 4, v. 41.

On sent que, par euphonie, GAIRE a pu être formé de GAN RE :

Que sciensa no pretz GAIRE,
S'al ops no la vey valer[4].
PIERRE D'AUVERGNE : Gent es.

HOI, OI, UI, UOI, HUEI, *ce jour, aujourd'hui;*
HER, *hier;* DEMAN, *demain.*

Ces adverbes furent évidemment formés de HO*di*e, HER*i*, MAN*è*.

Lo plus rics jorns es oi de la setmana[5].
BERTRAND DE BORN : Ges de disnar.

---

(1) Je parlerai bientôt de GAIRE comme négation explétive.
(2)   Grand chose pourrait d'autres dames orner.
(3) « Mais beaucoup de Samaritains de cette cité crurent en lui. »
(4)   Que science ne prise beaucoup,
      Si au besoin ne la vois valoir.
(5)   Le plus beau jour est aujourd'hui de la semaine.

ADVERBES, PRÉPOSITIONS, CONJONCTIONS.

Oi val pro mais que HER [1].
AIMERI DE PEGUILLAN : Si com l'arbres.

Non es amors, ans es enganz proatz,
Si UOI enqueretz, e DEMAN o laissatz [2].
BLACAS : Peire Vidal.

« Verge, de Dieu engenairitz, sias nos HUEY en ajuda [3]. »
PHILOMENA, fol. 15.

Mais HUEY s'oblida aco d'IER [4].
PIERRE D'AUVERGNE : De Dieu no.

Quelquefois MAIS se joint à HUEI comme il se joint à ORA, OR, et il signifie également *désormais* :

HUEIMAI seran ric portier,
Que tenran porta serrada [5].
BERTRAND DE BORN : Rassa m'es.

Coindas razos e novelas plazens
Digam OIMAI, e aiam bel solaz [6].
HUGUES BRUNEL : Coindus razos.

DESSER HUEIMAIS, DE *ipsa* HOR*a* HO*die* MAGIS, signifie aussi *désormais* :

DESSER HUEYMAIS m'esbaudis [7].
PIERRE D'AUVERGNE : Al descebrar.

(1) Aujourd'hui vaut beaucoup plus que hier.
(2) Non est amour, au contraire est tromperie prouvée,
Si aujourd'hui recherchez, et demain le laissez.
(3) « Vierge, de Dieu engendreresse, sois nous aujourd'hui en aide. »
(4) Mais aujourd'hui s'oublie cela d'hier.
(5) Désormais seront puissants portiers,
Qui tiendront porte fermée.
(6) Agréables raisons et nouvelles plaisantes
Disons désormais, et ayons beau contentement.
(7) Désormais m'esbaudis.

24.

Encui, encoi, de IN *hoc* HO*die*, *en ce jour, aujourd'hui.*

> Si la mort nos penre o ENCHOY o DEMAN [1].
> LA NOBLA LEYÇON.

> Dona nos lo nostre pan quotidian ENCHOY [2].
> ORAISON DOMINICALE en Vaudois.

I, Y, HI, *y;* AISSI, AQUI, *ici, là;* SAI, LAI, *çà, là.*

D'I*bi* latin, en supprimant BI (comme dans TI*bi*, SI*bi*, U*bi*), vint l'adverbe de lieu I, Y romans.

Cet I combiné avec AISSO, AQUO, pronoms démonstratifs employés neutralement, forma AISSI, AQUI, *ici, là.*

Et enfin *ips*A I*bi*, *il*LA I*bi*, produisirent SAI, LAI.

On trouve quelquefois LA, SA.

DE est joint fréquemment à ces sortes d'adverbes :

> D'un an non I poiria venir [3].
> COMTE DE POITIERS : Mout jauzens.

> E non NI vuelh tornar jamais [4].
> GEOFFROI RUDEL : Belhs m'es.

> Mais LA on vol, AQUI s'en pren [5].
> BERN. DE VENTADOUR : Ab cor leial.

> Quar d'AQUI mov cortesia e solatz [6].
> ARNAUD DE MARUEIL : A gran honor.

---

(1) Si la mort nous prendra ou en ce jourd'hui ou demain.
(2) Donne nous le notre pain quotidien en ce jourd'hui.
(3) D'un an n'y pourrait parvenir.
(4) Et n'y veux retourner jamais.
(5) Mais là où veut, là s'en prend.
(6) Car de là meut courtoisie et contentement.

ADVERBES, PRÉPOSITIONS, CONJONCTIONS.

Vos aport AICI esta lansa...
E perque ? ai te ren forfait,
Mas car voil per AICI passar [1] ?
ROMAN DE JAUFRE.

Quar qui LAI mor, mais a que si vivia;
E qui SAI viu, pietz a que si moria [2].
PONS DE CAPDUEIL : Er nos sia.

Obre mos huelhs soptozamen;
Gart SAI e LAI tot belamen [3].
ARNAUD DE MARUEIL : Dona genser.

Que tan no vauc ni SAI ni LAI,
C'ades no m tenha en son fre [4].
BERN. DE VENTADOUR : En cossirier.

« De Bolbona EN CA e del Banchets EN LA [5]. »
ACTE de 1034. PR. de l'hist. de Langued. t. II, col. 190.

PRÉP. Qui tot quant es DE SAI mar conqueria,
No 'l te nul pro, si fal a Dieu vilmen [6].
PONS DE CAPDUEIL : Er nos sia.

---

(1) Vous apporte ici cette lance...
Et pourquoi ? ai à toi rien forfait,
Excepté parce que veux par ici passer ?

(2) Car qui là meurt, plus a que si vivait,
Et qui çà vit, pire a que si mourait.

(3) Ouvre mes yeux subitement ;
Regarde çà et là tout bellement.

(4) Que tant ne vais ni çà ni là,
Que toujours ne me tienne en son frein.

(5) « De Bolbone en çà et du Banchet en là. »

(6) Qui tout quand est de çà la mer conquerrait,
Ne lui tiens nul profit, si manque à Dieu vilement.

L'adverbe ON, *où*, se joint à LAI et SAI :

> Gratar me fai LAI ON no' m pru [1].
> BERN. DE VENTADOUR : Ab cor leial.

> DE LAI ON pres mort e dolor [2].
> GAUCELM FAIDIT : Tant sui ferms.

INS, DINS, DEDINS, *en, dans, dedans, au-dedans;*
LAINS, *léans, là-dedans;* SAINS, *céans, çà-dedans.*

INS fut dérivé d'INTUS latin ; DINS représenta DEINTUS, et parfois reçut la préposition DE :

PRÉP.
> C'amors m'a INS el cor enclaus
> Vostra valor e vostra laus [3].
> ARNAUD DE MARUEIL : Totas bonas.

> Qu'anc no m'ac Norman ni Frances
> DINS mon ostau [4].
> COMTE DE POITIERS : Farai un vers.

> DEINZ de mon cor encorroz e m'azire [5].
> BERN. DE VENTADOUR : Per miels cobrir.

> Perqu'ieu volgra estar suau e gen
> DINS mon ostal, et aculhir los pros [6].
> PISTOLETA : Ar agues.

---

(1) Gratter me fait là où ne me démange.
(2) De là où prit mort et douleur.
(3) Qu'amour m'a en le cœur enclos
    Votre valeur et votre renommée.
(4) Qu'oncques ne j'eus Normand ni Français
    Dans ma maison.
(5) Au dedans de mon cœur courrouce et je hais.
(6) Pourquoi je voudrais être doucement et gentement
    Dans ma maison, et accueillir les preux.

ADVERBES, PRÉPOSITIONS, CONJONCTIONS.   375

>Tro lai ont es mont Oreps,
>Pueis auzim DEDINS Bethleem 1.
>>PIERRE D'AUVERGNE: Dieus vera vida.

ADV.
>Sitot fas de joy parvensa,
>Mot ai DINS lo cor irat 2.
>>BERN. DE VENTADOUR: Lo temps vai.

>Per lo cor DEDINS refrescar 3.
>>COMTE DE POITIERS: Mout jauzens.

>Qu'es malvatz defors e DEDINS 4.
>>PIERRE D'AUVERGNE: Chantarai d'aquest.

LAINZ, SAINZ vinrent de *il*LA INT*us*, *ip*SA INT*us*,
comme LAI et SAI de *il*LA I*bi*, *ip*SA I*bi*:

>D'una donzella fo LAINZ visitatz 5.
>>POEME SUR BOECE.

>Es se LAINZ tornatz sezer...
>Car no pot de LAINZ issir 6.
>>ROMAN DE JAUFRE.

>Cavaliers, be t tenc per ausar,
>Car anc SAINS auses intrar 7.
>>ROMAN DE JAUFRE.

(1) Jusques là où est mont Oreb,
   Puis entendîmes dedans Bethleem.

(2) Quoique fais de joie apparence,
   Beaucoup ai au dedans le cœur triste.

(3) Pour le cœur au dedans rafraîchir.

(4) Qui est mauvais dehors et dedans.

(5) D'une demoiselle fut léans visité.

(6) Est se léans tourné asseoir....
   Car ne peut de léans sortir.

(7) Chevalier, bien te tiens pour oser,
   Parce que oncques céans osas entrer.

JA, JAMAIS, JASSE, *jamais, quoique.*

Cet adverbe fut dérivé de JA*m*, JA*m* MA*g*IS :

No m do Dieus nul be, à mon viven,
S' ieu JA per re de vos amar mi tuelh [1].
ARNAUD DE MARUEIL : Us jois d'amor.

E JAMAIS no veirai, so cre,
Mon seigner lo rei, ni el me [2].
ROMAN DE JAUFRE.

Cal que m fassatz, o mal o be,
Vos am, e us amarai JASSE [3].
ARNAUD DE MARUEIL : Totas bonas.

Que s'anc virey vas autra part mon fre,
Er sui ab vos remazutz per JASSE [4].
PONS DE CAPDUEIL : Mielhs.

Souvent JA et MAIS sont séparés :

E JA no voill MAIS de sos pes mover [5].
BERN. DE VENTADOUR : Quan vei la flor.

E JA non volria MAIS esser residatz [6].
ARNAUD DE MARUEIL : Aissi com cel.

---

(1) Ne me donne Dieu nul bien, à mon vivant,
    Si je jamais pour rien de vous aimer m'ôte.

(2) Et jamais ne verrai, cela crois,
    Mon seigneur le roi, ni lui moi.

(3) Quel que vous me fassiez, ou mal ou bien,
    Vous aime, et vous aimerai toujours.

(4) Que si oncques tournai vers autre part mon frein,
    Maintenant suis avec vous demeuré pour jamais.

(5) Et JA ne veux MAIS de ses pieds mouvoir.

(6) Et JA ne voudrais MAIS être réveillé.

ADVERBES, PRÉPOSITIONS, CONJONCTIONS.

Ja peut être considéré quelquefois comme conjonction, et alors il signifie *quoique, bien que* :

> Dona, cui pretz, e jois, e jovens guida,
> Ja no m'ametz, totz temps vos amerai [1].
>
> Arnaud de Marueil : Aissi col peis.

C'est dans ce sens que ja, joint à sia, a signifié *quoique, soit, jaçoit* :

> « Karles las ac totas entendudas, ja sia aisso que elhs no s pessavo ges que elh ho agues entendut [2]. »
>
> Philomena, fol. 59.

Quoique anc et ja signifient l'un et l'autre *jamais*, il existe cependant entre eux une distinction importante.

Anc n'est guères employé que pour les temps passés; Ja ne l'est ordinairement que pour les temps futurs :

> E ja non er, ni anc no fo
> Bona dona senes merce [3].
>
> Giraud le Roux : Auiatz la.

Il y a pourtant des exemples de ja employé avec le passé, et alors il signifie *jadis* :

> E ai ja vist per avol drut
> A domna marit desamar [4].
>
> Guillaume Adhemar : Ieu ai ja.

---

(1)   Dame, que prix, et joie, et jeunesse guide,
   Quoique ne m'aimiez, tous temps vous aimerai.

(2) « Charles les eut toutes entendues, ja soit ce qu'ils ne se pensaient aucunement que lui cela eût entendu. »

(3)   Et jamais ne sera, ni oncques ne fut
   Bonne dame sans merci.

(4)   Et ai jadis vu pour vil galant
   A dame mari désaimer.

JOS, DE JOS, EN JOS, *en bas;* SUS, DESUS, *sur, dessus.*

J**us***um* et s**us***um*, qui avaient la même acception dans la basse latinité [1], fournirent ces adverbes et ces prépositions à la langue romane.

ADV.   Qu'ieu lo vi en l'arena
     Jos trabucar [2].
       RAMBAUD DE VAQUEIRAS : El so que pus.

    Qu'el Gastinel
   Li saup gent DEJOTZ traire [3].
       RAMBAUD DE VAQUEIRAS : El so que pus.

   Tot l'auran abayssat EN JOS [4].
       COMTE DE POITIERS : Pus de chantar.

   L'autre fon noyritz SA JOS pres Cofolen [5].
       COMTE DE POITIERS : Companho farai.

PRÉP.   Del loc alsor
     Jos al terral [6].
       ARNAUD DANIEL : Chanson d'un mot.

---

(1) « JUSUM vis facere Deum, et te SUSUM. »
   S. AUG. Tract. VIII, in epist. I, JOHAN.
« SUSUM me honoras, JUSUM me calcas. »
   S. AUG. Ib. tract. X.
« Et posant arma sua JOSUM. »
   LEX ALAM. Tit. 45, paragr. 2, CAPIT., t. I, p. 69.

(2) Que je le vis en l'arène
   En bas trébucher.

(3) Que le Gastinel
   Lui sut gentement de bas tirer.

(4) Tôt l'auront abaissé en bas.

(5) L'autre fut nourri ici bas près Confolens.

(6) De lieu plus élevé
   En bas au terrain.

Adv.	Qu'es tan poiatz que no sap tornar jos,
	Ni sus non vai, tan li par temeiros [1]!

      Folquet de Marseille: S'al cor plagues.

   El pueg es desus grans et autz [2].

       Roman de Jaufre.

Prép.	Mas car non poc sus el serier montar [3].

      Aimeri: En Berguedan.

   E es sus el caval saillitz [4].

       Roman de Jaufre.

    Lo coms cui fon Belcaire
     Venc al sembel
   Desus un destrier vaire [5].

     Rambaud de Vaqueiras: El so que pus.

JUSTA, JOSTA, DEJOSTA, *jouxte, proche, auprès, comme.*

Cette préposition fut dérivée de **juxta** latin.

   Quan par la flors justa 'l vert fuelh [6].

     Bern. de Ventadour: Quan par.

  Qu'ieu pretz mais jazer nutz e gen
  Que vestitz josta peleri [7].

    Rambaud de Vaqueiras: Ben sai e conosc.

---

(1) Qu'est tant élevé que ne sait retourner en bas,
  Ni sus ne va, tant lui paraît dangereux!
(2) L'élévation est dessus grande et haute.
(3) Mais parce que ne put sur le cerisier monter.
(4) Et est sur le cheval sailli.
(5) Le comte à qui fut Beaucaire
  Vint au tournois
  Dessus un destrier vairon.
(6) Quand paraît la fleur près la verte feuille.
(7) Que je prise plus coucher nud et gentement
  Que vêtu comme pèlerin.

Dejosta 'ls breus jorns e 'ls loncs sers [1].
>> Pierre d'Auvergne: Dejosta 'ls breus.

Se la bella on jai
No m'a dejosta se [2].
>> Bern. de Ventadour: Pois me preiatz.

LEU, *vite, légèrement;* BEN LEU, *peut-être, bientôt.*

De LEV*em* latin fut formé cet adverbe.

Leu signifia *vite, tost,* d'après son acception primitive.

En joignant BEN à LEU, l'adverbe eut un sens détourné, *bien légèrement, peut-être.*

Car non podetz tan LEU issir [3].
>> Roman de Jaufre.

Que qui non avezet aver
Gran be, plus LEU pot sostener
Afan [4].
>> P. Raimond de Toulouse: Us novels.

D'amor non dei dire mas be,
Quar non ai ni petit ni re,
Quar BEN LEU plus no m'en cove [5].
>> Comte de Poitiers: Pus vezem.

---

(1) Proche les brefs jours et les longs soirs.
(2) Si la belle où elle gît
Ne m'a auprès soi.
(3) Car ne pouvez tant vite sortir.
(4) Que qui non accoutuma avoir
Grand bien, plus tôt peut soutenir
Chagrin.
(5) D'amour ne dois dire davantage bien,
Parce que n'en ai ni peu ni rien,
Car peut-être plus ne m'en convient.

E dis que al fuec s'en ira
E BEN LEU aqui trobara
Qui 'l dira novas a son grat [1].

ROMAN DE JAUFRE.

MAIS, MAS, MAI, *plus, davantage, excepté, mais.*

Ces adverbes et conjonctions vinrent de MAGIS latin.

ADV. Reis dels cortes, e dels pros emperaire
Foratz, senher, s'aguessetz MAIS visqut [2].

BERTRAND DE BORN : Mon chant.

No 'l prec MAS que s'amor m'autrei [3].

ARNAUD DE MARUEIL : Cui que fin' amors.

Mas qui MAY n'a ab se,
MAI de bon pretz rete [4].

ARNAUD DE MARUEIL : Rasos es.

Quar qui MAIS val, MAIS dopta far faillida [5].

ARNAUD DANIEL : Lanquan vei.

Comme adverbe de quantité, il prend les signes de comparaison QUE et DE :

MAS vueilh murir QUE vivre desonratz [6].

BLACASSET : Guerra mi play.

---

(1) Et dit qu'au feu s'en ira
Et peut-être là trouvera
Qui lui dira nouvelles à son gré.
(2) Roi des courtois, et des preux empereur
Seriez, seigneur, si eussiez davantage vécu.
(3) Ne la prie plus que son amour m'octroie.
(4) Mais qui plus en a avec soi,
Plus de bon prix retient.
(5) Car qui plus vaut, plus craint faire faute.
(6) Plus veux mourir que vivre deshonoré.

ADV. Qu'anc pus la vi, non aic poder en me
　　　Mas d'amar leis e de far son coman [1].

　　　　　　　　　Pons de Capdueil : Aissi m'es pres.

Lorsque MAIS signifie *hormis, excepté*, c'est que le signe de comparaison QUE où DE est comme sous-entendu :

　　　Per que no us aus preiar MAIS en chantan [2].

　　　　　　　　　Arnaud de Marueil : Aissi com cel.

Car res no i truep MAS enjan e bauzia [3].

　　　　　　　　　Bern. de Ventadour : En amor truep.

MAIS se joint explétivement à d'autres adverbes tels que ANC, HUEI, JA, ON, etc., et les renforce.

MAIS conjonction fut beaucoup en usage :

CONJ. Vos amarai, vos plassa o us pes,
　　　Mais moult volgra mais que us plagues [4].

　　　　　　　　　Bérenger de Palasol : Aissi com hom.

MALGRAT, *malgré*.

MALGRAT, locution employée en sens absolu, devint préposition et conjonction.

ADV. Que, MAL GRAT VOSTRE, us am e us amarai
　　　E, MAL GRAT MIEU ; mas amors vos m'atrai [5].

　　　　　　　　　Gaucelm Faidit : Mais ai poinhat.

---

(1)　Qu'onc depuis que la vis, n'eus pouvoir en moi
　　　Plus qu'aimer elle et que faire son commandement.
(2)　Pourquoi ne vous ose prier excepté en chantant.
(3)　Car rien n'y trouve hormis tromperie et trahison.
(4)　Vous aimerai, vous plaise ou vous pèse,
　　　Mais beaucoup voudrais plus que vous plût.
(5)　Que, mal gré votre, vous aime et vous aimerai
　　　Et, mal gré mien ; mais amour à vous m'attire.

Adv.   Don, MAL MON GRAT, sufria
              Penas, e dans, e dolors [1].
                              PEYROLS: Camjat m'a.

« E Rolland passec, MAL LUR GRAT [2]. »
                              PHILOMENA, fol. 20.

PRÉP.   « Elhs autre s'en intrero a la ciutat, MALGRAT de
              Karle [3]. »   PHILOMENA, fol. 72.

CONJ.   Car am, MALGRAT QU'ieu n'aia [4].
                              GAUCELM FAIDIT: De faire chanso.

MANTENEN, DE MANTENEN, *maintenant, incontinent, immédiatement.*

Cet adverbe vint de MANU TENENS, *touchant par la main*, et exprima la grande proximité et pour l'espace et pour le temps.

              Qu'ieu vi ja comensar un pon,
              Ab una peira solamen,
              Que pois veni' a complimen;
                Pueis MANTENEN
                  Anet cazen [5].
                              GAUCELM FAIDIT: S'om pogues.

(1)   Dont, mal mon gré, souffrais
         Peines, et dommages, et douleurs.
(2) « Et Rolland passa, mal leur gré. »
(3) « Les autres s'en entrèrent à la cité, malgré de Charles. »
(4)   Car aime, malgré que j'en aie.
(5)   Que je vis jadis commencer un pont
         Avec une pierre seulement,
         Qui puis venait à complément;
         Puis incontinent
         Alla tombant.

E trais sa spaza MANTENEN [1].
>> ROMAN DE JAUFRE.

Hueimais parran li ric e ill pro
E 'ls coratjos, ab ardimen,
Al be ferir DE MANTENEN [2].
>> PIERRE D'AUVERGNE: Lo senher que.

E Jaufre ven DE MANTENENT
A la porta per on intret [3].
>> ROMAN DE JAUFRE.

Avec cet adverbe je placerai DE MANES, signifiant *subitement, soudainement*; il vint peut-être de MANE, *de bonne heure, de matin* :

On non ten pro ausbercs fortz ni espes,
Si lansa dreit, e pois trais DE MANES
Sajetas d'aur, ab son arc asteiat [4].
>> GAUCELM FAIDIT: A leis cui am.

Qu'amples vestirs porton e bels arnes;
E son arditz e feron DE MANES [5].
>> ALBERT: Monges digatz.

---

(1) Et tire son épée maintenant.

(2) Désormais paraîtront les puissants et les preux
Et les courageux, avec hardiesse,
Au bien frapper incontinent.

(3) Et Jaufre va incontinent
A la porte par où entra.

(4) Où ne tient profit haubert fort et épais,
Ainsi lance droit, et puis tire subitement
Sagettes d'or, avec son arc de corne.

(5) Qu'amples vêtements portent et beaux harnois;
Et sont hardis et frappent subitement.

MENS, MEINS, *moins*.

Ces adverbes vinrent de MIN*us* latin.

> MENS preza vieure que morir,
> Car vieure es trop pietz de mort [1].
> ARNAUD DE MARUEIL: Dona sel que.

> Quan plus m'esfors, e MEINS me val [2].
> BERN. DE VENTADOUR: Ab cor leial.

Comme plusieurs autres adverbes, MENS fut employé substantivement, et reçut même l'article:

> Aissi son finas beltatz,
> Que MAIS ni MEINS no i cove [3].
> BERN. DE VENTADOUR: Ab cor leial.

> Sitot amors me tormenta
> E m'auci, non o planc re,
> Qu'AL MENS muer per la plus genta [4].
> SORDEL: Ailas! e que m fan.

A TOT LO MENS forma une locution adverbiale, *à tout le moins, au moins*:

> Que ben pot aver cavalcat
> Doas legas A TOT LO MEINTZ [5].
> ROMAN DE JAUFRE.

---

(1) Moins prise vivre que mourir,
　　Car vivre est beaucoup pire que mort.
(2) Quand plus m'efforce, et moins me vaut.
(3) Ainsi sont parfaites beautés,
　　Que plus ni moins n'y convient.
(4) Quoique amour me tourmente
　　Et me tue, ne cela plains rien,
　　Vû qu'au moins meurs pour la plus gente.
(5) Que bien peut avoir chevauché
　　Deux lieues à tout le moins.

MEST, PER MIEI, PER MIEG, EN MIEG,
parmi, au milieu, par le milieu.

Ces prépositions furent dérivées de MEDI*um*.

Car aital captenemens
No val MEST las bonas gens [1].
BERTRAND DE BORN : S'abril e fuelhas.

Guiraut, ben volgra fos say
Aquel bos costums PER MEST nos [2].
GEOFFROI RUDEL : Guiraut Riquier.

Troba un cavalier nafrat
D'una lansa PER MIEI lo cors,
D'outra en outra [3].
ROMAN DE JAUFRE.

El rossinhols s'abandona
De chantar PER MIEG lo bruelh;
Belha m'es la retindida
Que fai PER MIEG la giardina [4].
P. RAIMOND DE TOULOUSE : Pos lo prims.

Se combaton EN MIEG la via [5].
ROMAN DE JAUFRE.

(1) Car tel gouvernement
Ne vaut parmi les bonnes gens.
(2) Giraud, bien voudrais que fût çà
Ce bon usage parmi nous.
(3) Trouve un chevalier navré
D'une lance par milieu le corps,
D'outre en outre.
(4) Le rossignol s'abandonne
De chanter parmi le bocage;
Bel m'est le retentissement
Que fait parmi le jardin.
(5) Se combattent emmi la voie.

OLTRA, ULTRA, OTRA, *outre, au-delà.*

D'ULTRA latin vint cette préposition.

PRÉP.   Qu'el trametia los breus ULTRA la mar [1].
POEME SUR BOECE.

OUTRA la terra Normanda,
Part la fera mar preonda [2].
BERN. DE VENTADOUR : Lanquan vei per miei.

UNCA, ONCAS, ONGAN, OAN, ANC, *oncques, onc;*
ANCMAIS, *jamais;* ANCSE, *toujours;* NONCA, *jamais.*

U<small>NQUA</small>*m* et <small>NUNQUA</small>*m* latins fournirent ces adverbes.

E faczia veser li cec que UNCA non havian vist [3].
LA NOBLA LEYÇON.

La genser e la pus bona
C'ONCAS vezeson miey huelh [4].
PIERRE RAIMOND DE TOULOUSE : Pos lo prims.

Ni no m vol ONGAN auzir [5].
GAUCELM FAIDIT : Lo rossinholet.

No l'auzirem doncx? non ONGUAN [6].
PIERRE ROGIERS : Tant ai mon cor.

---

(1)   Qu'il transmettait les brefs au-delà de la mer.
(2)   Outre la terre Normande,
      Par la cruelle mer profonde.
(3)   Et faisait voir les aveugles qui oncques n'avaient vu.
(4)   La plus gente et la plus bonne
      Qu'oncques vissent mes yeux.
(5)   Ni ne me veut oncques ouïr.
(6)   Ne l'ouïrons donc ? non jamais.

25.

So que no cugei far ONGUAN [1].

     GAUCELM FAIDIT : Lo rossinholet.

D'un sonet vau pensan,
Per solaz e per rire,
Qu'eu no chantai OAN [2].

     PEYROLS : D'un sonet.

S'ANC li fi tort, que lo m perdo [3].

     COMTE DE POITIERS : Pus de chantar.

MAIS se joint souvent à ANC, et parfois à HOGAN :

El maior dol, las! qu'eu ANCMAIS agues [4].

     GAUCELM FAIDIT : Fortz chausa.

E ja domna non perdre HOGANMAI [5].

     GAUCELM FAIDIT : Ab nov cor.

Qu'ANCSE amey joc e deport [6].

     COMTE DE POITIERS : Pus de chantar.

Que sos hom e sos servire
Soi, et ai estat ANCSE [7].

     GAUCELM FAIDIT : Sitot ai.

Qu'ieu NOQUAM planh, sitot me dol [8].

     BERN. DE VENTADOUR : Lonc temps a.

---

(1) Ce que ne crus faire jamais.

(2) D'un sonnet vais en pensant,
   Pour amusement et pour rire,
   Que je ne chantai oncques.

(3) Si onc lui fis tort, que le moi pardonne.

(4) Le plus grand deuil, hélas! que je jamais eusse.

(5) Et ja dame ne perdre oncques mais.

(6) Que toujours aimai jeu et amusement.

(7) Que son homme-lige et son serviteur
   Suis, et ai été toujours.

(8) Que je jamais plains, quoique me fâche.

ADVERBES, PRÉPOSITIONS, CONJONCTIONS. 389

So que dis qu'a fait aillors
Creza, si NONCA lo jura,
E so qu'en vi desacuelha [1].
PIERRE ROGIERS : Al pareissen.

A ORA, ORAS, ARA, AR, ERA, ERAS, ER,
ores, maintenant.

Cet adverbe de temps et ses modifications et contractions vinrent d'HORA latin [2].

Enfans, en dies foren ome fello,
Mal ome foren; A ORA sun peior [3].
POEME SUR BOECE.

Si me pregues ERAS la pros comtessa [4].
BERN. DE VENTADOUR : En amor truep.

Ma la terza ley, la cal es ARA al temps present [5].
LA NOBLA LEYÇON.

« Lo castel de Laurag ni la forsas que ARA y son ni adenan y seran [6]. »
ACTE de 1084. PR. de l'hist. de Langued. t. II, col. 320.

(1) Ce que dit qu'a fait ailleurs
Croie, si jamais le jure,
Et ce qu'en vit désaccueille.

(2) Dans les titres anciens de foi et hommage on lit :

« DE ISTA HORA in antea. »
ACTE de 1025. PR. de l'Hist. de Languedoc, t. II, p. 179.
« De AQUESTA HORA adenant. »
ACTE de 1025. IB.

(3) Enfants, jadis furent hommes félons,
Mauvais hommes furent; à l'heure sont pires.

(4) Si me priât à l'heure la généreuse comtesse.

(5) Mais la troisième loi, laquelle est ores au temps présent.

(6) « Le château de Laurag et les forteresses qui à présent y sont et dorénavant y seront. »

> Mas so que Merlis
> Prophetizan dis
> Del bon rey Loys....
> ARA s' esclarcis [1].
>> GERMONDE DE MONTPELLIER : Greu m'es.

> ARAS pot hom conoisser e proar
> Que de bos fatz ren Dieus bon guizardo [2].
>> RAMBAUD DE VAQUEIRAS : Aras pot hom.

> ARAS quan vei verdeiar [3].
>> RAMBAUD DE VAQUEIRAS : Aras quan vei.

> Mais ER vei be que si meteis destrigua
> Sel qu'ab amor guerreia ni playeia [4].
>> SAIL DE SCOLA : Gran esfortz.

> Mas ERAS sai ben que vers es
> Tal se cuia calfar que s'art [5].
>> ARNAUD DE MARUEIL : Si que vos.

Dans la même signification, cet adverbe peut se traduire par *tantôt* :

> Mas tan a van cor e doptos,
> Qu'ER ai lei, ERA non ai ges [6].
>> BERN. DE VENTADOUR : Ja mos chantars.

---

(1) Mais ce que Merlin
En prophétisant dit
Du bon roi Louis....
Maintenant s'éclaircit.

(2) Ores peut on connaître et prouver
Que de bons faits rend Dieu bon guerdon.

(3) Ores quand vois verdoyer.

(4) Mais à présent vois bien que soi-même embarrasse
Celui qui avec amour guerroye et plaide.

(5) Mais ores sais bien que vrai est
Que tel se croit chauffer qui s'ard.

(6) Mais tant a vain courage et craintif,
Que tantôt ai elle, tantôt n'ai aucunement.

ADVERBES, PRÉPOSITIONS, CONJONCTIONS.   391

Cet adverbe a plusieurs composés:

ENCAR, ENCARAS, ENQUERAS, etc., de IN HANC HORAM, *encore*.

> Creis la forsa dels Sarrasis;
> Jherusalem pres Saladis,
> Et ENCARAS non es cobratz ¹.
>
> GAVAUDAN LE VIEUX: Senhors per lo.

> Ges ENQUERRAS no puesc serrar mas dens
> Qu'ieu del comte non digua sa lauzor ².
>
> AIMERI DE PEGUILLAN: S'ieu anc chantiei.

DESLOR de DE IPSA ILLA HORA, latins, ou de DES et L'ORA, romans, *dès-lors*:

> Que ben conosc qu'anc re non amei tan,
> Com ieu fauc lei, DESLORA qu'ieu fui natz ³.
>
> GAUCELM FAIDIT: Ara cove.

> Anc non agui de mi poder,
> Ni no fui mieus DESLOR en sai ⁴.
>
> BERN. DE VENTADOUR: Quan vei la laudeta.

QUORA vint de QUA HORA, *quand*:

> No sai QUORA m fui endurmitz ⁵.
>
> COMTE DE POITIERS: Farai un vers.

---

(1)   Croît la force des Sarrasins;
      Jérusalem prit Saladin,
      Et encore n'est recouvrée.

(2)   Aucunement encore ne puis serrer mes dents
      Que je du comte ne dise sa louange.

(3)   Que bien connais qu'oncques rien n'aimai tant,
      Comme je fais elle, dès l'heure que je fus né.

(4)   Oncques n'eus de moi pouvoir,
      Ni ne fus mien dèslors en çà.

(5)   Ne sais quand je fus endormi.

No sai QUORA mais la veyrai,
Que tan son nostras terras luenh [1].

GEOFFROI RUDEL : Lanquan li jorn.

On a vu précédemment DERENAN, *dorénavant*.

ONT, ON, *où*; DUNT, DON, *d'où*, *dont*.

Ces adverbes de lieu vinrent de UNDÈ latin [2], auquel parfois fut jointe la préposition DE.

E vos queric lo dur plebs,
Tro lai ONT es mont Oreps [3].

PIERRE D'AUVERGNE : Dieus vera vida.

Pero 'l pessar no s ne part nuech ni dia;
Ans es pus ferms ON qu'ieu an ni m'estia [4].

PIERRE D'AUVERGNE : Ab lial cor.

No sai ON vauc ni ON me venc [5].

ARNAUD DE MARUEIL : Dona genser.

Mors fo Mallios Torquator DUNT eu dig [6].

POEME SUR BOECE.

---

(1) Ne sais quand plus la verrai,
Vû que tant sont nos terres loin.

(2) Pendant le moyen âge on se servait souvent de UNDE :

« Si potebat habere ullam scripturam aut aliam rem UNDE ipsas res partibus suis indicare debeat. »

« De id UNDE ille repetit.... Quia de his UNDE me mallavit. »

ACTES de 842 et de 875. PR. de l'Hist. de Languedoc, t. I, col. 115, 128.

(3) Et vous chercha le dur peuple,
Jusques là où est mont Oreb.

(4) Pourtant le penser ne s'en sépare nuit ni jour;
Au contraire est plus ferme où que j'aille et je sois.

(5) Ne sais où vais ni d'où je viens.

(6) Mort fut Mallius Torquator dont je dis.

ADVERBES, PRÉPOSITIONS, CONJONCTIONS.

Farai un vers DON sui dolens [1].
COMTE DE POITIERS : Pus de chantar.

Qui gran cor a de larguezar,
Saber deu DONT o pod traire [2].
GAUCELM FAIDIT : Cascus deu.

« Quant lo vic, Karles apelec lo : E DON ves [3]? »
PHILOMENA, fol. 13.

E pois d'amor mais no m cal,
Non sai DON ni de que chan [4].
FOLQUET DE MARSEILLE : Chantars.

Cet adverbe de lieu ON se joint à QUE et à PLUS :

« Moble et non moble ON QUE sia, ni qual que sia [5]. »
ACTE de 1209. PR. de l'Hist. de Languedoc, t. III, col. 319.

Si qu'ab lieys es ON qu'ieu an ni estia [6].
BLACAS : Bel m'es ab motz.

Mas per so chant c'oblides la dolor
E 'l mal d'amor ;
Et ON PLUS chan, plus m'en sove [7].
FOLQUET DE MARSEILLE : En chantan.

C'ades me fug, ON PLUS l'apel [8].
BERN. DE VENTADOUR : Ab cor leial.

(1) Ferai un vers de quoi suis dolent.
(2) Qui grand desir a de prodiguer,
Savoir doit d'où cela peut tirer.
(3) « Quand le vit, Charles appela le : Et d'où viens ? »
(4) Et depuis que d'amour plus ne me soucie,
Ne sais d'où ni de quoi je chante.
(5) « Meuble et non meuble où que soit, et quel que soit. »
(6) Tellement qu'avec elle est où que j'aille et sois.
(7) Mais pour ce je chante que j'oubliasse la douleur
Et le mal d'amour;
Et où plus je chante, plus m'en souvient.
(8) Que toujours me fuit, où plus l'appelle.

OU, O, QUE, *où*.

D'UB*i* latin fut formé ou, et ensuite o dans la même acception.

Et souvent le QUE indéclinable fut employé dans le sens de QUO LOCO, QUA DIE :

> Lo mas o intra inz es en gran claritat[1].
> > POEME SUR BOECE.

> Cazut sui de mal en pena;
> E vau lai o 'l cors mi mena[2].
> > BERTRAND DE BORN : Cazut sui.

> Que non es jorns qu'ieu no sospir[3].
> > BERN. DE VENTADOUR : En abril.

> E 'l Lazer ressorsis vos
> Qu'era ja quatredians[4].
> > PIERRE D'AUVERGNE : Dieus vera vida.

> Ieu chant QUE devria mielhs plorar[5].
> > BERN. DE VENTADOUR : En abril.

> Estat aurai estas doas sazos
> QUE non chantey, e fas hy mon dampnatge[6].
> > GUILLAUME DE SAINT-DIDIER : Estat aurai.

(1) La demeure où entre dedans est en grande clarté.

(2) Tombé suis de mal en peine;
Et vais là où le cœur me mène.

(3) Que n'est jour où je ne soupire.

(4) Et le Lazare ressuscitâtes vous
Qu'il était déja quatridien.

(5) Je chante où devrais mieux pleurer.

(6) Été j'aurai ces deux saisons
Que ne chantai, et fais y mon dommage.

PART, *parmi, par, à travers, au-delà.*

Cette préposition vient du latin PART*im*.

>Outra la terra Normanda,
>Part la fera mar preonda 1.
>>Bern. de Ventadour: Lanquan vei per miei.

>Aquest deu sobre totz granar,
>E part los autres emerar 2.
>>Comte de Poitiers: Mout jauzens.

>Reis Castellas, vostra valor se tria
>Part las valors que tug l'autre rey an 3.
>>Folquet de Lunel: Al bon rei.

PAUC, *peu.*

J'aurais pu ne pas parler de cet adverbe, attendu que sa dérivation de pauc*e* latin est si évidente, qu'elle n'exige aucune explication; et par cette raison, je ne parlerai pas de plusieurs autres adverbes tels que ben*e*, mult*um*, etc.; mais PAUC, précédé d'AB ou A, devient une locution conjonctive signifiant *avec peu, peu s'en faut que,* et je dois en avertir:

>Ab pauc ieu d'amar no m recre,
>Per enueg de lauzenjadors 4.
>>Arnaud de Marueil: Ab pauc.

---

(1) Au-delà de la terre Normande,
Parmi la sauvage mer profonde.
(2) Celui-là doit sur tous grainer,
Et au-dessus des autres briller.
(3) Roi Castillan, votre valeur on distingue
Au-delà des valeurs que tous les autres rois ont.
(4) Peu s'en faut que je d'aimer ne me lasse,
Par ennui des médisants.

Que m fan sufrir tan greu turmen,
Qu'a PAUC lo cor d'ir' e d'esmai no m fen [1].

PONS DE CAPDUEIL: Ben sai.

On aura remarqué qu'après cette conjonction le verbe reçoit toujours la négation NO.

PER, *par, pour, à cause de, au moyen de, en qualité de*, etc.

La préposition latine PER ne subit aucun changement; et elle eut beaucoup plus d'acceptions.

Leu li juraria,
PER Dieu e PER ma fe,
Qu'el bes que m faria
No fos saubutz PER me [2].

BERN. DE VENTADOUR: Lanquan vei la fuelha.

L'autre dia, PER un mati,
Trespassava PER un simmelh [3].

GAVAUDAN LE VIEUX: L'autre dia.

Ben es fols qui l'arm' ublida
PER aquesta mortal vida [4].

BARTHÉLEMI ZORGI: Jesu Christ.

(1) Qui me font souffrir tant grief tourment,
Que peu s'en faut que le cœur de tristesse et d'émoi ne me fende.

(2) Facilement lui jurerais,
Par Dieu et par ma foi,
Que le bien que me ferait
Ne fût su par moi.

(3) L'autre jour, par un matin,
Passais par un côteau.

(4) Bien est fou qui l'âme oublie
Pour cette mortelle vie.

ADVERBES, PRÉPOSITIONS, CONJONCTIONS

> E laissa son parlar PER nos....
> E digas lor que PER m'amor
> Aucizo 'l cat [1].
>
> COMTE DE POITIERS: En Alvernhe.

> Mort m'a, e PER mort li respon [2].
>
> BERN. DE VENTADOUR: Quan vei la laudeta.

PER joint à l'o roman, signifie *pour ce, pour cela, pourtant*:

> PERO no soi del tot desesperat [3].
>
> ARNAUD DE MARUEIL: Aissi col peis.

Suivi de QUE, il devient conjonction, et signifie *par quoi, c'est pourquoi*:

> Que plus etz blanca qu'evori;
> PER QU'IEU autra non azori [4].
>
> COMTE DE POITIERS: Farai chansoneta.

> Peccatz a tan dossa sabor!
> PER QUE Adams lo pom trazic [5].
>
> GAVAUDAN LE VIEUX: Patz passien.

Il signifie aussi *pourquoi*:

> PER QUE us vulhetz metre monja [6]?
>
> COMTE DE POITIERS: Farai chansoneta.

---

(1) Et laisse son parler pour nous....
Et dis leur que pour mon amour
Tuent le chat.

(2) Tué m'a, et pour mort lui réponds.

(3) Pour ce ne suis du tout désespéré.

(4) Que plus êtes blanche qu'ivoire;
Par quoi je autre n'adore.

(5) Péché a tant douce saveur!
C'est pourquoi Adam la pomme prit.

(6) Pourquoi vous voulez mettre none?

On a vu précédemment que PER, *pour*, devant le présent de l'infinitif, remplissait la fonction du gérondif en DUM :

>De bon engenh ad ops d'amar,
>PER servir, et PER tener car,
>E PER selar, e PER sofrir [1].
>>ARNAUD DE MARUEIL : Totas bonas.

PIETZ, PIEGZ, PIEZ, *pire, plus mal.*

Cet adverbe de comparaison vint de PEJ*us*.

>Quar PIETZ trai que si moria
>Qui pauc ve so qu'ama fort [2].
>>SORDEL : Aylas! et que m fan.

>Sa guerra m'es mortals,
>E sa patz PIETZ de martire [3].
>>RAMBAUD DE VAQUEIRAS : Guerras.

PLUS, PUS, *plus, davantage.*

Cet adverbe de comparaison, venu du latin PLUS, n'exige aucune explication.

J'ai déja fait remarquer que parfois la langue romane l'employa précédé de l'adverbe de lieu ON.

---

(1) De bonne adresse à l'ouvrage d'aimer,
Pour servir, et pour tenir cher,
Et pour celer, et pour souffrir.

(2) Car pire traîne que si mourait
Celui qui peu voit ce qu'aime fort.

(3) Sa guerre m'est mortelle,
Et sa paix pire que martyre.

ADVERBES, PRÉPOSITIONS, CONJONCTIONS.

POS, PUS, POIS, PUEIS, PUOIS, DE POIS, POISAS, POIS QUE, *puis, après, depuis, pieçà, depuis que, puisque.*

De POS*t* latin furent dérivés ces adverbes et conjonctions.

ADV.   Car si fa mal, POIS abena [1].
                BERN. DE VENTADOUR : Amics Bernart.

   Plus que d'autra qu'ieu vi PUEIS ni abans [2].
            BÉRENGER DE PALASOL : Tan m'abelis.

   E POISAS delivrar los ai [3].
            ROMAN DE JAUFRE.

   E anc DEPUOIS no fui ses gilozia [4].
                AUGIER : Erransa.

CONJ.   Car vieure es trop pietz de mort,
          PUS c'om non a joi ni deport [5].
                ARNAUD DE MARUEIL : Dona sel que.

Le QUE est parfois sous-entendu :

   E PUS no m puesc de vos amar sofrir,
   Per merce us prec e per humilitat,
   Qu'en vos trobes qualaquom pietat [6].
            ARNAUD DE MARUEIL : Si m destreignetz.

(1)   Car si fait mal, puis fait bien.
(2)   Plus que d'autre que je vis après et avant.
(3)   Et pieçà délivrer les ai.
(4)   Et oncques depuis ne fus sans jalousie.
(5)   Car vivre est beaucoup pire que mort,
      Depuis qu'on n'a joie ni amusement.
(6)   Et puisque ne me puis de vous aimer cesser,
      Par merci vous prie et par humilité,
      Qu'en vous trouvasse quelque pitié.

Conj.   Pus fom amdui enfan,
        L'ai amad' e la blan [1].
                    Bern. de Ventadour: Lo gens temps de pascor.

A PRESEN, *à découvert, à présent, maintenant.*

Cet adverbe signifia *à découvert*, AD PRESENT*iam*, et, par sens détourné, *maintenant*, AD PRESENS TEMPUS.

        Si non per aital coven
        Que lui ames A PRESEN,
        E que y agues senhoria;
        E mi seladatemen [2].
                    Gaucelm Faidit: N'Ugo de la.

        Mas ieu no l'aus descubrir mon talan,
        Si no o fes A PRESEN en chantan [3].
                    Pistoleta: Anc mais nuibs.

PROP, APROP, DE PROP, EN APROP, PRES, *proche, près, après.*

Ces adverbes et ces prépositions vinrent de PROPE latin.

Adv.   C'anc tan non amey luenh ni PROP [4].
                    Arnaud de Marueil: Dona sel que.

---

(1)   Depuis que fûmes tous deux enfants,
      L'ai aimée et la flatte.

(2)   Si non par tel accord
      Que lui aimât à découvert,
      Et que y eût domination;
      Et moi couvertement.

(3)   Mais je ne lui ose découvrir mon desir,
      Si ne le fisse à-présent en chantant.

(4)   Qu'onc tant n'aimai loin ni proche.

ADVERBES, PRÉPOSITIONS, CONJONCTIONS.

Adv.
De tal doussor sui resplenitz,
Quan DE PROP la puesc remirar 1.
BERN. DE VENTADOUR: Quan lo boscatges.

Apres comensa sa rason....
EN APRES viron un vassal 2.
ROMAN DE JAUFRE.

Prép.
Ben volgra que Limosis
Fos plus PROP de Mauretainha 3.
FOLQUET DE MARSEILLE: Ja no volgra.

L'autre fon noyritz sa jos PRES Cofolen 4.
COMTE DE POITIERS: Companho farai.

Qu'ieu sia, per sa comanda,
PRES del lieg josta l'esponda 5.
BERN. DE VENTADOUR: Lanquan vei per miei.

S'APROP cent braus respos,
En fos d'un joi pagatz 6.
BLACAS: Lo bels douz temps.

Cal prezatz mais, e respondetz premiers;
Et, APROP vos, respond' En Perdigos 7.
RAMBAUD D'ORANGE: En Azemars.

---

(1) De telle douceur suis rempli,
Quand de près la puis voir.

(2) Après commence sa raison....
Après virent un vassal.

(3) Bien voudrais que Limousin
Fût plus près de Mortagne.

(4) L'autre fut nourri çà bas près Confolens.

(5) Que je sois, par son commandement,
Près du lit juste au bord.

(6) Si après cent dures réponses,
En fusse d'une joie payé.

(7) Quel prisez plus, et répondez premier;
Et, après vous, réponde sieur Perdigon.

PRÉP.   Molt valra 'l bens APRES l'afan [1].
BERN. DE VENTADOUR : Non es meraveilla.

Je place ici SEGUENTRE, signifiant aussi *après*.

PRÉP.   E DE SEGUENTRE lui, manj 'en lo reis Franceis [2].
SORDEL : Planher vuelh.

APRES, avec le QUE, devient conjonction.

QUAN, QUANT, CAN, CANT, LANQUAN, *quand, lorsque.*

Cette conjonction fut formée de QUAN*do* latin.

QUANT ieu serai partit de vos [3].
COMTE DE POITIERS : Pus de chantar.

Ordinairement le T final n'est conservé que devant les voyelles.

De *il*LO AN*no* QUAN*do* vint LANQUAN :

LANQUAN fuelhon bosc e guarric [4].
BERN. DE VENTADOUR : Lanquan fuelhon.

QUANT, *autant, autant que, combien.*

Cet adverbe vint de l'adverbe latin QUAN*tum*.
Il ne quitte jamais le T final.

E QUANT aurem de tort et de peccat,
Trobarem totz al jorn del jutjamen [5].
FOLQUET DE ROMANS : Quan lo dous temps.

---

(1)   Beaucoup vaudra le bien après le chagrin.
(2)   Et après lui, mange en le roi Français.
(3)   Quand je serai séparé de vous.
(4)   Lorsque feuillent bois et forêts.
(5)   Et autant que aurons de tort et de péché,
      Trouverons tous au jour du jugement.

ADVERBES, PRÉPOSITIONS, CONJONCTIONS.

Halas! QUANT cuiava saber
D'amor, e QUANT petit en sai [1]!
BERN. DE VENTADOUR: Quan vei la laudeta.

QUAR, CAR, *car, parce que, pourquoi,*
à cause que, c'est pourquoi.

Cette conjonction fut dérivée de QUARE latin.

CAR ilh avian invidia, CAR la gent lo seguia [2].
LA NOBLA LEYÇON.

Per Deu e per merce, vos clam
Que no us sia greu CAR vos am [3].
ARNAUD DE MARUEIL: Totas bonas.

Il est quelquefois employé dans le sens de QUE:

Gentils dona, plazens tan m'es,
Car vos am sobre onratz honors [4].
BLACASSET: Ben volgra.

Amors, alegres part de vos,
Per so car vau mon miels queren [5].
GEOFFROI RUDEL: Quan lo rossignols.

---

(1) Hélas! combien cuidais savoir
D'amour, et combien peu en sais!

(2) Car ils avaient envie, parce que la gent le suivait.

(3) Par Dieu et par merci, vous crie
Que ne vous soit grief parce que vous aime.

(4) Gentille dame, plaisante tant m'êtes,
Que vous aime au-dessus d'honorés honneurs.

(5) Amour, alegre me sépare de vous,
Pour ce que vais mon mieux cherchant.

26.

SEGON, SEGON QUE, *selon, selon que.*

SECUND*um* latin produisit cette préposition et cette conjonction.

PRÉP. Mas, SEGONT lor poer, hi fan empachament[1].
LA NOBLA LEYÇON.

Qu'ieu non vuelh, dona, joi ni be,
Mas SEGON la vostra merce[2].
ARNAUD DE MARUEIL : Dona sel que.

CONJ. SEGON QUE s pot sempre faire[3].
PIERRE D'AUVERGNE : Ab fina joia.

SEMPRE, *toujours.*

Par une légère modification, très-usitée dans la langue romane, cet adverbe vint de SEMP*er* latin.

Que tota ora SEMPRE vai chaden[4].
POEME SUR BOECE.

SENES, SENS, SES, SANS, *sans.*

De SINE latin fut formée cette préposition qui reçut diverses modifications.

Tots sos faitz sap acabar e complir
Ab segur sen, SES reguart de faillir[5],

---

(1) Mais, selon leur pouvoir, y font empêchement.
(2) Que je ne veux, dame, joie ni bien,
    Excepté selon la votre merci.
(3) Selon que se peut toujours faire.
(4) Qui à toute heure toujours va en tombant.
(5) Tous ses faits sait achever et accomplir
    Avec sûr sens, sans danger de faillir,

ADVERBES, PRÉPOSITIONS, CONJONCTIONS.

> E SES mal gienh, SES blasm' e SENS folia,
> SES enveg dir, e SENES vilania [1].
>
> BÉRENGER DE PALASOL: Aital dona cum.

« En la sua potestat de Guillem lo tournara SANS deception [2]. »   ACTE de 1059. PR. de l'hist. de Languedoc, t. II, col. 230.

SI, *si*.

La conjonction latine SI fut employée sans modification.

> Mort sui, SI us am; e mort, SI m part de vos [3].
>
> GIRAUD LE ROUX: Auiatz la derreira.

> Dona, SI no us vezon mei huelh,
> Ben sapchatz que mos cors vos ve [4].
>
> BERN. DE VENTADOUR: Quan par la flors.

Souvent l'I subit l'élision.

SI, *ainsi;* SI QUE, *tellement que;* AISSI, *ainsi, de même.*

Cet adverbe vint du latin SIC.

« SI t'o tenrei... E SI t'o tendrai, e SI o atendrai a ti [5]. »
ACTES de 960. Ms. de Colbert.

---

(1) Et sans male adresse, sans blâme et sans folie,
Sans envie dire, et sans vilenie.

(2) « En la sienne puissance de Guillaume le rendra sans déception. »

(3) Mort suis, si vous aime; et mort, si me sépare de vous.

(4) Dame, si ne vous voient mes yeux,
Bien sachez que mon cœur vous voit.

(5) « Ainsi te cela tiendrai... Et ainsi te cela tiendrai, et ainsi cela conserverai à toi. »

> Us amicx et una amia,
> Sordel, an si un voler,
> C'a lur semblan, non poiria
> L'us ses l'autre joi aver [1].
>
> Guillaume de la Tour: Us amicx.

> Ja dous' amors, que m'a conques,
> Me ten si QUE no m vir alhors [2]!
>
> Blacasset: Ben volgra.

Parfois il signifie *cependant, pourtant* :

> Mi faitz orguelh en digz et en parvensa;
> E si etz francs vas totas autras gens [3].
>
> Comtesse de Die: A chantar m'er.

Et d'autres fois *alors* :

> « Al temps qu'En Richartz era coms de Peitieus, ans qu'el fos reis, Bertrans de Born si era sos enemics, per so qu'En Bertrans volia ben al rei jove [4]. »
>
> Argum. de la Sirvente: Non puosc, ms. de la Bibl. roy. 7225.

Aissi vint de sic en y joignant a :

> Paure era Nostra Dona, e Joseph asi [5].
>
> La nobla Leyçon.

---

(1)   Un ami et une amie,
    Sordel, ont tellement même vouloir,
    Qu'à leur avis, ne pourrait
    L'un sans l'autre joie avoir.

(2)   Déja douce amour, qui m'a conquis,
    Me tient tellement que ne me tourne ailleurs.

(3)   Me faites orgueil en dits et en apparence,
    Et pourtant êtes franc vers toutes autres gens.

(4) « Au temps que sire Richard était comte de Poitou, avant qu'il fût roi, Bertrand de Born alors était son ennemi, parce que sire Bertrand voulait bien au roi jeune. »

(5)   Pauvre était Notre Dame, et Joseph aussi.

Quant AISSI auzets esbaudir
Lo rosignolet nuoit e jorn 1.
BERN. DE VENTADOUR : Amics Bernartz.

EN AISSI fos pres, com ieu sui,
Mos Alvernhatz, e foram dui 2.
BERN. DE VENTADOUR : Lo rossignols.

Il peut être suivi du QUE :

E sui AISSI meitadatz,
QUE no m desesper,
Ni aus esperans' aver 3.
FOLQUET DE MARSEILLE : Uns volers.

On a vu précédemment AISSI COM, COSSI, etc.

CONJ.   C'AISSI COM sai perdonaran,
Sapchatz c'aital perdon auran
Lai on er fatz lo jutjamen 4.
PONS DE CAPDUEIL : En honor del.

ALTRESI venant du latin ALTER*um* SIC signifia *aussi, de même*, et prit quelquefois COM :

ADV.   Mas er es temps que diz hom de mal be,
Et ATREISI, que del ben diz hom mal 5.
AIMERI : Totz hom.

(1) Quant ainsi oyez esbaudir
Le rossignol nuit et jour.

(2) Ainsi fût pris, comme je suis,
Mon Auvergnat, et serions deux.

(3) Et suis ainsi divisé par moitié,
Que ne me désespère,
Ni ose espérance avoir.

(4) Qu'ainsi comme çà pardonneront,
Sachez que tel pardon auront
Là où sera fait le jugement.

(5) Mais à-présent est temps que dit on du mal bien,
Et aussi, que du bien dit on mal.

CONJ. ATRESI COM l'orifans
Que, quan chai, no s pot levar 1.
RICHARD DE BARBEZIEUX: Atresi com.

De SIC latin fut dérivée la particule affirmative SI, *oui:*

La ley velha deffent solament perjurar,
E plus de SI o de no non sia en ton parlar 2.
LA NOBLA LEYÇON.

SITOT, *quoique, bien que.*

CONJ. E SITOT venta freg' aura,
L'amor qu'ins el cor mi muev,
Mi ten caut, on plus yverna 3.
ARNAUD DANIEL: Ab guay so.

E s'aman muer, domna, sui merceians,
Qu'en la mort prenc honor, SITOT m'es dans 4.
BLACASSET: Si m fai.

SIVALS, *du moins, pourtant.*

ADV. S' a lieis no platz qu'entenda en s' amor,
Tos temps SIVALS retrairai sa valor 5.
PONS DE CAPDUEIL: Un guai descort.

(1) De même que l'éléphant
Qui, quand tombe, ne se peut relever.
(2) La loi vieille défend seulement parjurer,
Et plus que si ou que non ne soit en ton parler.
(3) Et quoique vente froid air,
L'amour qui au-dedans du cœur me meut,
Me tient chaud, où plus hiverne.
(4) Et si en aimant meurs, dame, suis remerciant,
Vû qu'en la mort prends honneur, bien que m'est dommage.
(5) Si à elle ne plaît que prétende en son amour,
Tous temps pourtant retracerai sa valeur.

ADV.   L'an molt de remaner pregat,
        Sivals tro que agues manjat [1].
                    ROMAN DE JAUFRE.

*SOBRE, DESOBRE, sur, dessus; SOTZ, DESOTZ,
sous, dessous.*

SUPER et SUBTUS latins produisirent ces prépositions et adverbes.

PRÉP.   Sobre sans li juraria
        C' autre jois el mon no m sia [2].
                    BERN. DE VENTADOUR : En cossirier.

        Mas ilh val SOBR' ellas mais,
        Tant quant val aurs plus qu'arena [3].
                    BERTRAND DE BORN : Cazutz sui de mal.

        Chantan DESOBRE la verdor [4].
                    ROMAN DE JAUFRE.

        E 'ls riu son clar DESOBRE los sablos [5].
                    BERN. DE VENTADOUR : Belh Monruelh.

ADV.   « Sant Peyre fo pausa en la croc, li pe DESOBRE e lo
        cap DESOT [6]. »   DOCTRINE DES VAUDOIS.

PRÉP.   Que re mais SOTZ cel non envei [7].
                    BERN. DE VENTADOUR : Lanquan fuelhon.

(1)   L'ont moult de rester prié,
      Du moins jusqu'à ce que eût mangé.
(2)   Sur saints lui jurerais
      Qu'autre joie au monde ne me soit.
(3)   Mais elle vaut au-dessus d'elles plus,
      Autant que vaut or plus qu'arène.
(4)   En chantant sur la verdure.
(5)   Et les ruisseaux sont clairs dessus les sables.
(6)   « Saint Pierre fut placé en la croix, les pieds dessus et le chef dessous. »
(7)   Que rien plus sous ciel n'envie.

ADV. Per qu'es DESSUS e 'ls autres son DESOTZ [1].
> RAMBAUD DE VAQUEIRAS : Aras pot hom.

PRÉP. Sicum l'auzel son tug SOTZ Aurion,
Son las autras SOTZ la gensor del mon [2].
> BERTRAND DE BORN : Quan la novella.

SOVEN, SOVENT, *souvent*.

Cet adverbe fut dérivé de SÆPE.

> Bon conseil vos don e gen :
> Amaz e cantaz SOVEN [3].
>> PEYROLS : Quant amors.

TANT, TAN, AITAN, ALTRETAN, *tant, autant*.

Ces adverbes furent formés de TANT*um*.

> TAN de bon cor vos am [4] !
>> ARNAUD DE MARUEIL : Ses joi non es.

> TAN gais e TAN amoros
> Eraz en vostras chansos [5].
>> PEYROLS : Quant amors.

> Can vi que TAN fort fos feritz,
> Cuiei me que fosetz fenitz [6].
>> ROMAN DE JAUFRE.

---

(1) Pourquoi est dessus et les autres sont dessous.
(2) De même que les oisels sont tous au-dessous Orion,
   Sont les autres au-dessous la plus gente du monde.
(3) Bon conseil vous donne et gent :
   Aimez et chantez souvent.
(4) Tant de bon cœur vous aime !
(5) Tant gai et tant amoureux
   Étiez en vos chansons.
(6) Quand vis que tant fort je fusse frappé,
   Cuidai moi que fussiez mort.

TAN devient conjonction, en recevant QUAN :

CONJ.
Que TAN QUAN solelhs raya,
Non a domna cui tan ricx pretz s'eschaia [1].
PONS DE CAPDUEIL : Humils e fis.

TAN QUAN ten terra ni dura [2].
BERN. DE VENTADOUR : Lanquan fuelhon.

ADV.
Qu'ieu fui d'AITAN melhuratz
Qu'ome de mi no vey plus ric [3].
BERN. DE VENTADOUR : Lanquan fuelhon.

TAN m'es greu que trichaire
Aia joy ab engan,
O plus, o ALTRETAN,
Com cel qu'es fis amaire [4] !
BERN. DE VENTADOUR : Quan la doss' aura.

AB TANT, AB AITANT, signifièrent *pourtant, cependant, alors*.

ADV.
AB TANT lo seneschals escrida [5].
ROMAN DE JAUFRE.

AB AITANT lo reis aras sona
Son nebot mon senher Galvan [6].
ROMAN DE JAUFRE.

(1) Que autant que soleil rayonne,
N'a dame à qui tant riche prix échoie.
(2) Autant que terre tient et dure.
(3) Que je fus d'autant amélioré
Qu'homme que moi ne vois plus puissant.
(4) Tant m'est grief que trompeur
Ait joie avec tromperie,
Ou plus, ou autant,
Comme celui qui est pur amant.
(5) Cependant le sénéchal s'écrie.
(6) Cependant le roi ores sonne
Son neveu mon seigneur Gauvain.

Per tan signifia *pourtant* :

> E si m fetz mal, e no m voletz aver
> Franc chauzimen, ges PER TANT no m n'irais [1].
> PONS DE CAPDUEIL : Tant m'a donat.

TAN NI QUAN, *tant et quant, aucunement, jamais.*

> Ges no m recre d'amar lei TAN NI QUAN [2].
> GAUCELM FAIDIT : Era cove.

> Mas no y a d'ira TAN NI QUAN,
> Qu'el dans n'es pros e 'l mals n'es bes [3].
> PIERRE ROGIERS : Tant ai mon cor.

TOST, *tôt, bientôt, vite.*

> E cort tan TOST que res no il pot fugir [4].
> GAUCELM FAIDIT : A leis cui am.

> Cansos, vai t en TOST en corren [5].
> GAUCELM FAIDIT : S' om pogues.

TOT, DEL TOT, *totalement, du tout, entièrement.*

Cet adverbe dérivé du latin fut employé parfois avec une préposition et l'article :

> Per que m sui DEL TOT a vos donatz [6].
> ARNAUD DE MARUEIL : Aissi com cel c'ama.

---

(1) Et si me faites mal, et ne me voulez avoir
Franc choix, aucunement pourtant ne m'en irrite.

(2) Nullement ne me lasse d'aimer elle tant et quant.

(3) Mais n'y a de tristesse aucunement,
Vû que dommage en est profit, et le mal en est bien.

(4) Et court tant vite que rien ne la peut fuir.

(5) Chanson, va-t-en vite en courant.

(6) Pourquoi me suis entièrement à vous donné.

ADVERBES, PRÉPOSITIONS, CONJONCTIONS.

Parfois cet adverbe se joint à des adverbes ou conjonctions : TOT ALTRESI, TOT QUANT, TOT AISSI COM, etc.

Souvent l'adjectif TOT est employé avec des substantifs romans en locution adverbiale.

TOTZ JORNS, TOTA DIA, TOTZ TEMPS, TOTAS SAZOS, TOTAS HORAS, TOTA VIA, etc., signifièrent *toujours, sans cesse, en tous temps*, etc.

On a vu des exemples de toutes ces locutions.

TRAVERS, *travers*.

Cette préposition fut formée du latin TRANSVERS*us*.

E puois c'A TRAVERS non poinha [1].
ARNAUD DANIEL : Lanquan son passat.

C'A TRAVERS lo 'n a tot trencat [2].
ROMAN DE JAUFRE.

TROP, *très, trop*.

TROPPUS, dans la basse latinité, signifiait *multitude, foule, troupeau* :

Si en TROPPO de jumentis.
LEX ALAMAN. Tit. 72, §. 1.

On peut conjecturer que ce mot a fourni l'adverbe roman TROP, qui a le sens de *beaucoup, très, trop*.

Voici des exemples de la première acception :

« Perdigons si fo joglars, e sap TROP ben violar e trobar [3]. »
VIE DE PERDIGON. Ms. de la Bibl. du Roi, 7225, fol. 49.

---

(1) Et puis qu'à travers ne pique.
(2) Qu'à travers l'en a tout tranché.
(3) « Perdigon assurément fut jongleur, et sut très-bien jouer de la vielle et trouver. »

« TROP e mielhs estarem a nostra guisa [1]. »
PHILOMENA, fol 21.

TROP ameron lo mont, e poc lo paradit [2].
LA NOBLA LEYÇON.

E si merces ab vos non a que faire,
Ma vida m val TROP meins que si moria [3].
ARNAUD DE MARUEIL : Aissi com selh.

Voici des exemples de la seconde acception :

Per qu'om no s deu per gaug TROP esjauzir,
Ni per ira TROP esser anguoyssos [4].
GAUCELM FAIDIT : Maintas sazos.

E sacha qu'en breu la veirai,
Si TROP grands afars no m'en te [5].
PIERRE ROGIERS : Tant ai mon cor.

TRUESCA, DUESCA, *jusque*.

Ces prépositions furent dérivées d'USQUE latin, en y joignant DE et TRO romans.

DUESC' al jorn que ajorna [6].
ARNAUD DANIEL : Lanquan vei.

Com el a pres d'Agen TRUESC' a Clermon [7].
BERTRAND DE BORN : Quan la novella.

---

(1) « Beaucoup et mieux serons à notre guise. »
(2) Beaucoup aimèrent le monde, et peu le paradis.
(3) Et si merci avec vous n'a que faire,
 Ma vie me vaut beaucoup moins que si mourais.
(4) Pourquoi on ne se doit par joie trop réjouir,
 Ni par tristesse trop être angoisseux.
(5) Et sache qu'en peu la verrai,
 Si trop grande affaire ne m'en tient.
(6) Jusques au jour qui éclaire.
(7) Comme il a pris d'Agen jusques à Clermont.

VES, VAS, VAIS, ENVES, ENVERS, DEVES,
vers, envers, en comparaison, devers.

Ver*sus* latin produisit cette préposition, qui fut diversement modifiée :

Prép.   E envers Deu no torna so talant[1].
                    Poeme sur Boece.

Ves se me tira com aimanz[2].
        Bern. de Ventadour : Lanquan vei per miei.

Vas qual part tenrem, ni vas on
Penre port ! tot lo cor m'en fon[3].
                    Augier : Cascus plor.

Ma chansos
An vais vos,
Amia, lai on etz[4].
        Gaucelm Faidit : Per l'esguar.

Eras no sai deves qual part me vire[5].
        Pons de la garde : Sitot no m'ai.

Quan la doss' aura venta
Deves vostre pays[6].
        Bern. de Ventadour : Quan la doss' aura.

---

(1) Et envers Dieu ne tourne sa volonté.
(2) Vers soi me tire comme aimant.
(3) Vers quelle part tiendrons, et vers où
     Prendre port ! tout le cœur m'en fond.
(4) Ma chanson
     Va vers vous,
     Amie, là où êtes.
(5) Ores ne sais devers quelle partie me tourne.
(6) Quand le doux vent souffle
     Devers votre pays.

Prép.   Qu'en aissi sui enganada e trahida,
          Com si agues vas lui fag falhimen 1.
                    Comtesse de Die : A chantar.
          Que tuit son fals vas mi li plus leial 2.
                    Bern. de Ventadour : Quan par la flors.
          Digas li que mos Azimans
          Mi ten quar envas lei non vau 3.
                    Bern. de Ventadour : Ges de chantar.
Conj.   Totz autres joys fora petitz,
          Vas que lo mieus joys fora grans 4.
                    Bern. de Ventadour : Pels dolz chans.

veti, vecvos, veus, *voi toi, voyez vous,
voici, voilà.*

Cette préposition qui remplace l'ecce latin, signifie *voyez, voyez ici.*

          Veti que per encantamen
          Fes pantayar verayamen
          A ta molher qu'el delivresses 5.
                    La Passio de Jhesu Crist.
          Vecvos del vers la fi 6.
                    Geoffroi Rudel : Lanquan vei.

(1) Qu'ainsi suis trompée et trahie,
     Comme si eusse vers lui fait faute.
(2) Que tous sont faux en comparaison de moi les plus loyaux.
(3) Dis lui que mon Azimant
     Me tient que vers elle ne vais.
(4) Toute autre joie serait petite,
     En comparaison de ce que la mienne joie serait grande.
(5) Voici que par enchantement
     Fit rêver véritablement
     A ta femme que le délivrasses.
(6) Voici du vers la fin.

« E mentre que elhs estavan en aquest parlament, de la valh vecvos un messager de Karle [1]. »
Philomena, fol. 13.

Veus tot lo tort en que m'avetz trobat [2].
Arnaud de Marueil: Si m destreignetz.

Veus m'al vostre comandamen [3].
Bern. de Ventadour: Non es meraveilla.

Dans le poème sur Boece on trouve :

Fevos Boeci cadegut en afan [4].
Poeme sur Boece.

Après avoir exposé l'origine et la dérivation de la plupart des adverbes, prépositions, et conjonctions de la langue romane, il me reste à faire séparément un examen rapide de ces divers éléments du discours.

ADVERBES ROMANS.

En général, les adverbes peuvent être définis des adjectifs indéclinables, qui, s'attachant quelquefois à l'adjectif ordinaire, et le plus souvent au verbe, remplissent à leur égard la même fonction que remplit l'adjectif déclinable, alors qu'il modifie le substantif auquel il se rapporte.

---

(1) « Et tandis qu'ils étaient en ce parlement, de la vallée voici un messager de Charles. »

(2) Voilà tout le tort en quoi m'avez trouvé.

(3) Voici moi à votre commandement.

(4) Voici Boece tombé en souci.

J'établis cinq divisions au sujet des adverbes romans.

La première division concerne les adverbes terminés en MEN;

La seconde ceux qui n'ont pas cette terminaison, soit qu'ils aient été dérivés du latin, soit qu'ils aient été formés extraordinairement par la langue romane;

La troisième s'applique aux adjectifs qui remplissent la fonction d'adverbes, parce qu'ils sont employés neutralement et en forme absolue;

La quatrième indique l'usage de la grammaire romane, qui employe souvent substantivement plusieurs de ses adverbes, lesquels deviennent alors sujets ou régimes, et même reçoivent l'article qui caractérise ordinairement les substantifs ou les noms employés substantivement;

La cinquième est relative à l'usage des locutions adverbiales dans la langue romane.

PREMIÈRE DIVISION.

ADVERBES ROMANS EN MEN.

Dans les éléments de la grammaire romane avant l'an 1000, j'ai indiqué de quelle manière s'était formée la désinence caractéristique MENT de la plupart des adverbes de cette langue.

MENT de MENTe latin étant féminin, l'adjectif roman, auquel il a été joint pour former un adverbe, a pris nécessairement la terminaison qui appartient au genre féminin :

ADVERBES, PRÉPOSITIONS, CONJONCTIONS.

« Ne no l'en decebra ne MAL*a*MENT [1]. »
ACTE de 960, Ms. de Colbert.

Mais quand l'adjectif était du genre commun, il n'a pas pu prendre la terminaison féminine A :

Qu'ieu vos sia homs, mas juntas, HUMILMEN [2].
ARNAUD DE MARUEIL : Us joys d'amor.

Je dois faire deux observations particulières :

1º Ces adverbes sont assez arbitrairement terminés en MENT, MEN, OU MENS [3].

2º Quelquefois ils sont précédés d'une préposition [4].

DEUXIÈME DIVISION.

ADVERBES DONT LA TERMINAISON N'EST PAS SPÉCIALE.

Ces adverbes ont été formés,

1º Du latin, en suivant toujours ou presque toujours le système des suppressions des désinences :

BEN	de	BEN*e*.	CLAR	de	CLAR*e*.
MAL		MAL*e*.	PAUC		PAUC*e*.
TART		TARD*e*.	etc.		etc.

---

(1) « Ni ne l'en trompera ni malement. »

Bel*a*men	p. 304.	Divers*a*men	p. 116.	Fin*a*men	p. 191.
Guay*a*men	138.	Mal*a*ment	169.	Rauc*a*ment	129.
Sol*a*men	253.	Ver*a*men	120.	Veray*a*ment	250.

(2) Que je vous sois homme-lige, mains jointes, humblement.

Form*e*n	p. 243.	Humilmen	p. 178.	Soptilmen	p. 193.

(3) Eissament p. 115. Eissamen p. 118. Eyssamens p. 116.

(4) En breumen p. 246.

27.

2° Par la langue romane même, qui les a appropriés à ses besoins :

| BAIS | *bas.* | PETIT | *peu.* |
| PRON | *assez.* | TROP | *beaucoup*, etc. |

TROISIÈME DIVISION.

ADJECTIFS EMPLOYÉS NEUTRALEMENT EN FORME D'ADVERBES.

> Com GEN fui per vos honratz [1].
> BERN. DE VENTADOUR : Conort era.

Les précédentes citations ont souvent offert l'exemple de cet emploi des adjectifs en forme adverbiale.

Ils prennent même des prépositions :

> EN ESCUR vauc com per tenebras [2].
> FOLQUET DE MARSEILLE : Senher Dieu.

QUATRIÈME DIVISION.

ADVERBES EMPLOYÉS SUBSTANTIVEMENT.

J'ai dit que ces adverbes furent susceptibles de devenir sujets ou régimes, et que parfois ils reçurent l'article qui s'attache aux substantifs, et sert à les distinguer.

SUJ.   Que MAIS ni meins no i cove [3].
> BERN. DE VENTADOUR : Conort era.

---

(1)   Comme gentement fus par vous honoré.
(2)   En obscur vais comme par ténèbres.
(3)   Que plus ni moins n'y convient.

RÉG. Qu'er trobaretz tot LO MAIS de las gens
Que si menton, ni s ne volon celar¹.
GUILLAUME ANELIER: El nom de Dieu.

E don m'en un bais d'estrena,
E, segon servizi, 'L MAIS².
ARNAUD DE MARUEIL: Bel m'es quan.

E pus en joi vuelh revertir,
Ben dey, si puesc, AL MIELS anar³.
COMTE DE POITIERS: Mout jauzens.

« Venc l'un vais l'autre, ALH PUS TOST que poc⁴. »
PHILOMENA, fol. 72.

Ans que la mort me sobrevengua,
Quan non poiria menar la lengua;
Car penedensa DEL ADONCX
No val a l'arma quatre joncx⁵.
FOLQUET DE MARSEILLE: Senher Dieu.

E sol que cor aia de mi membransa,
DEL PLUS serai atendenz e sofrire⁶.
HUGUES BRUNEL: Cortesamen.

---

(1) Qu'à-présent trouverez tout le plus des gens
Qui ainsi mentent, et s'en veulent celer.

(2) Et donne m'en un baiser d'étrenne,
Et, selon le service, le plus.

(3) Et puisqu'en joie veux retourner,
Bien dois, si puis, au mieux aller.

(4) Vint l'un vers l'autre, au plutôt que put.

(5) Avant que la mort me survienne,
Quand ne pourrais mener la langue;
Car pénitence de l'alors
Ne vaut à l'âme quatre joncs.

(6) Et seulement que cœur ait de moi remembrance,
Du plus serai attendant et souffrant.

Rég. Mas car vos sai conoiser e chausir
Per la meillor, et AB MAIS de beltat [1].
ARNAUD DE MARUEIL : Si m destreignetz.

CINQUIÈME DIVISION.

LOCUTIONS ADVERBIALES.

La langue romane se sert de différentes locutions adverbiales; on a eu occasion d'en remarquer plusieurs dans les diverses citations qui précèdent [2] :

Tant esteram rescondut A RESCOS,
Tro 'ls lauzengiers agron mortz los gelos [3].
PONS DE CAPDUEIL : Per joy d'amor.

L'explication de ces locutions appartient spécialement au dictionnaire de la langue.

PRÉPOSITIONS.

J'ai précédemment indiqué les principales prépositions de la langue romane. On a vu que souvent elles se formaient d'un adverbe, sur-tout par l'adjonction d'une particule qui leur imprimait le caractère et la fonction de prépositions ; on a vu aussi qu'elles devenaient ad-

---

(1) Mais parce que vous sais connaître et choisir
Pour la meilleure, et avec plus de beauté.

(2)
AL MEU SEMBLAN,	à mon avis	p. 115.
MON ESCIEN,	à mon escient	317.
AL MIEU VIVEN,	pendant ma vie	174.
MAL MON GRAT,	malgré moi	383.

(3) Tant serions celés à cachette,
Jusqu'à ce que les médisants eussent tué les jaloux.

ADVERBES, PRÉPOSITIONS, CONJONCTIONS. 423

verbes à leur tour, lorsqu'elles étaient employées sans régime; et enfin qu'elles devenaient aussi conjonctions, quand elles étaient suivies d'un signe ou d'une particule qui leur permettait de servir de lien entre les membres de la phrase, ou entre les phrases mêmes.

Dans la langue latine, les prépositions transmettaient toujours une action sur le substantif ou sur le nom employé substantivement, soumis à leur régime, en un mot, sur le nom qu'en langage grammatical on appelle CONSÉQUENT; le cas de ce régime était autre que le nominatif: de même les formes de la langue romane ont en général assujéti le substantif ou le nom employé substantivement, après une préposition, à prendre le signe qui exprime et caractérise le régime.

Il serait superflu d'indiquer des exemples; dans les citations déja faites, on aura reconnu qu'après les prépositions, les noms qu'elles gouvernent prennent toujours les caractères et les signes qui appartiennent aux régimes.

La langue romane, à l'exemple de la langue latine, a souvent adjoint à ses verbes, et même aux substantifs et adjectifs, une préposition antécédente, qui quelquefois se confondait avec ces noms, et d'autres fois y était seulement adhérente, mais sans les soumettre eux-mêmes comme régimes; car alors ces prépositions devenaient en quelque sorte des adverbes.

Il est même à remarquer que la préposition incorporée ou adhérente n'empêchait pas soit le substantif, soit le nom qui en faisait la fonction, de prendre le signe du sujet ou celui du régime.

En voici des exemples :

Suj.   E s' ieu en re mesprenc el dir,
       SOBRETEMERs me fai failhir [1].
                    ARNAUD DE MARUEIL : A guisa de.

Rég.   Sols suy qui sai lo SOBRAFAN que m sortz
       Al cor, d'amor sofren per SOBRAMAR [2].
                    ARNAUD DANIEL : Sols suy qui.

       Ben sai que, per SOBREVALER,
       Dei far miels so qu'ai en talan [3].
                    PONS DE CAPDUEIL : Ben sai.

CONJONCTIONS.

Presque toutes les conjonctions romanes furent formées par l'adjonction du QUE indéclinable.

Ce que j'ai dit de l'origine ou de la dérivation des principales conjonctions romanes, me paraît suffisant.

On se souviendra que souvent le QUE est sous-entendu.

Je présenterai seulement quelques détails relatifs aux particules conjonctives et disjonctives.

PARTICULES CONJONCTIVES.

ET, E, NI, *et.*

La langue romane adopta ET, conjonction latine; mais

---

(1) Et si je en rien me méprends au dire,
    Sur-craindre me fait faillir.
(2) Seul suis qui sais le sur-chagrin qui me surgit
    Au cœur; d'amour souffrant pour sur-aimer.
(3) Bien sais que, pour sur-valoir,
    Dois faire mieux ce qu'ai en desir.

ADVERBES, PRÉPOSITIONS, CONJONCTIONS.

au-devant des mots qui commencent par des consonnes, le T final fut ordinairement supprimé :

> Temutz era E mot prezats [1].
> LA VIDA DE SAN ALEXI.

> Cel que fetz l'air, E cel, E terr', E mar,
> E caut, E freg, E vent, E pluei', E tro,
> Vol qu'el sieu guit passem mar tug li pro,
> Sicom guidet Melchior E Gaspar [2].
> RAMBAUD DE VAQUEIRAS : Aras pot hom.

NI signifia à-la-fois *et* et *ni*, mais eut plus souvent la première acception que la seconde.

Je ne l'examine à-présent que sous la première acception.

Dans cette première acception, il n'y a jamais de négation dans la phrase :

> Quar ieu sai don venc NI on vauc [3].
> TRAD. DU NOUV. TESTAMENT : JOHAN. c. 8, v. 14.

> Vas qualque part qu'ieu an, NI m vuelf, NI m vire [4].
> ARNAUD DE MARUEIL : Aissi com selh.

> Si m'estessetz a razon,
> Bona dona, NI a dreg [5].
> RAMBAUD DE VAQUEIRAS, Guerras ni platz.

---

(1)   Craint était et moult prisé.
(2)   Celui qui fit l'air, et ciel, et terre, et mer,
        Et chaud, et froid, et vent, et pluie, et tonnerre,
        Veut qu'à sa guide passions mer tous les preux,
        Ainsi comme guida Melchior et Gaspar.
(3)   « Car je sais d'où viens et où vais. »
(4)   Vers quelque part que je vais, et me tourne, et me vire.
(5)   Si me fussiez à raison,
        Bonne dame, et à droit.

OU, O, *ou.*

Cette conjonction fut formée d'AU*t* latin, qui, après la suppression du T eut le son d'o, ainsi qu'AUR*um* eut celui d'OR. AU fut aussi écrit et prononcé OU.

« Qui las te tod, ou las te tola... Comuniras ou cumunir me faras¹. »
Actes de 960. Ms. de Colbert.

« Que a dreit aura ou a merce². »
Acte de 1063. Pr. de l'Hist. de Langued. t. II, col. 247.

So laissas per mal, o per be,
Per ira, o per joi, o per que³.
Bern. de Ventadour : Peirols com avez.

PARTICULES DISJONCTIVES.

NE, NI, *ni.*

Nec latin produisit d'abord NE, et ensuite NI romans.

« Ne nus s'en recreira ne recredent no 'n sera⁴. »
Actes de 960. Ms. de Colbert.

Davan son vis nulz om no s pot celar;
Ne eps li omne qui sun ultra la mar⁵.
Poeme sur Boece.

---

(1) « Qui les te prend, ou les te prenne.... Avertiras ou avertir me feras. »

(2) « Qui à droit aura ou à merci. »

(3)   Cela laissez pour mal, ou pour bien,
      Pour tristesse, ou pour joie, ou pour quoi.

(4) « Ni nul s'en lassera ni lassé n'en sera. »

(5)   Devant son visage nul homme ne se peut celer;
      Ni même les hommes qui sont outre la mer.

ADVERBES, PRÉPOSITIONS, CONJONCTIONS.   427

E paratges no i des, ren NE i tolgues [1].
RAMBAUD D'ORANGE: Aissi com selh.

Al seu voler no m vuelh ieu defendre,
NE enves lieis de nulha re contendre [2].
RAMBAUD D'ORANGE: Si de trobar.

J'examine à-présent NI dans sa seconde acception; il est à remarquer que lorsqu'il signifie *ne*, et non *et*, il y a dans la phrase la négation NON:

Non avent macula NI ruga [3].
DOCTRINE DES VAUDOIS.

Car non ai loc de vos vezer,
Joi NI deport non puesc aver [4].
ARNAUD DE MARUEIL: Dona genser.

No sui alegres, NI iratz;
No sui estrayns, NI privatz [5].
COMTE DE POITIERS: Farai un vers.

E ancmais non auzim dir
NI per meravilhas comtar [6].
BERN. DE VENTADOUR: En abril.

(1) Et parage n'y donnât, rien ni y ôtât.

(2) A son vouloir ne me veux je défendre,
Ni envers elle de nulle chose disputer.

(3) N'ayant macule ni ride.

(4) Parce que n'ai lieu de vous voir,
Joie ni amusement ne puis avoir.

(5) Ne suis alègre, ni triste;
Ne suis étrange, ni familier.

(6) Et oncques mais n'ouïmes dire
Ni pour merveilles conter.

SI NON, *sinon.*

SI NON, venant du latin, fut employé de deux manières dans la langue romane.

La première, en conservant rapprochés les deux éléments SI et NON; et alors SI fut immédiatement suivi de NON:

> Una domna am finamen
> Que m dis que no m'amaria,
> C' amic a don no s partria,
> SINON per aital coven [1].
>
> GAUCELM FAIDIT: N'Ugo de la Bachalayria.

La seconde, en les séparant; mais SI fut toujours placé le premier:

> Non ho dic mia per gap, SI per ver NON [2].
>
> RICHARD Ier, ROI D'ANGLETERRE: Ja nuls hom.

> Tant es mortals lo danz que no i a sospeisson
> Que jamais si revenha, s'en aital guisa NON,
> Qu' om li traga lo cor, e qu'en manjo 'l baron
> Que vivon descorat; pois auran de cor pron [3].
>
> SORDEL: Planher vuelh.

---

(1)   Une dame aime purement
Qui me dit que ne m'aimerait,
Vû qu'ami a dont ne se séparerait,
Sinon par tel accord.

(2)   Non cela dis mie par raillerie, si pour vrai non.

(3)   Tant est mortel le dommage que n'y a soupçon
Que jamais se répare, si en telle guise non,
Qu'on lui tire le cœur, et qu'en mangent les barons
Qui vivent découragés; et puis auront de cœur assez.

ADVERBES, PRÉPOSITIONS, CONJONCTIONS.

PARTICULES EXPLÉTIVES.

A la négation NON la langue romane joignit souvent des particules explétives, qui augmentèrent la force même de la négation.

Ainsi RES, GAIRE, GES, MIA, PAS, remplirent cette fonction.

RES, signifiant *chose* :

> Nuls homs ses amor REN NON vau [1].
> BERN. DE VENTADOUR : Ges de chantar.

> Ja REN NON dirai [2].
> ARNAUD DE MARUEIL : Aissi com selh.

GAIRE, dont il a été parlé précédemment, forma, dans le même sens que RES, une particule explétive jointe à NON, et signifiant *grand chose, beaucoup* :

> Ma NO us cal del mieu dan GUAIRE [3].
> RAMBAUD D'ORANGE : Amicx.

GES vint de GENS, *personne, aucun*.
On trouve GENS dans le poëme sur Boece :

> Ella s fen sorda; GENS a lui NON atend [4].
> POEME SUR BOECE.

> No m mogui GES [5].
> COMTE DE POITIERS : En Alvernhe.

---

(1)   Nul homme sans amour chose ne vaut.
(2)   Jamais chose ne dirai.
(3)   Mais ne vous chaut de mon dam grand-chose.
(4)   Elle se feint sourde; aucunement à lui ne fait attention.
(5)   Ne me remuai aucunement.

> Ges no l'aus mostrar ma dolor [1].
>> ARNAUD DE MARUEIL: A guisa de fin.

> Quar mon cor forsa d'amar lai
> On sai be qu'amatz no sui ges [2].
>> ARNAUD DE MARUEIL: Cui que fin' amors.

MICA, MIA, MINGA, *mie, point*, furent les modifications de MICA latin, *miette*.

On trouve MICA, MIGA dans le poëme sur Boece.

> Pero no desesper mia [3].
>> BERN. DE VENTADOUR: En abril quan vei.

> E datz m'en un, Sordel, qu'ieu no 'n ai mia [4].
>> BLACASSET: Er cinq en podetz.

> Del tot mi sui viratz,
> Totz enicx e forsatz,
> A so que no m plai mia [5].
>> BERTRAND D'ALAMANON: Lo segle m'es.

> E conosc ben
> Que no 'lh dey mostrar mingua
> Vas lieis mo mal talen [6].
>> SAIL DE SCOLA: Gran esfortz.

---

(1) Aucunement ne lui ose montrer ma douleur.

(2) Car mon cœur force d'aimer là
Où sais bien qu'aimé ne suis aucunement.

(3) Pourtant ne désespère mie.

(4) Et donnez m'en un, Sordel, vû que je n'en ai mie.

(5) Entièrement me suis tourné,
Tout contraint et forcé,
A ce qui ne me plaît mie.

(6) Et connais bien
Que ne lui dois montrer mie
Vers elle ma male volonté.

ADVERBES, PRÉPOSITIONS, CONJONCTIONS.

No portaras MINGA l'enfant¹.
ROMAN DE JAUFRE.

PAS, *pas, point*, particule explétive venant de PAS*sus* latin :

Car aquel que ha entendament po pensar entre si
Qu'el NO s'es PAS forma, ni li autre asi....
E vol mudar la lei que devant avia dona;
El NO la muda PAS qu'il fos abandona,
Ma la renovelha qu'il fos melh garda ².
LA NOBLA LEYÇON.

Sofrir m'er la pen' e 'l afan
Totz temps, NON PAS dos jorns ni tres³.
PEYROLS : Eu non laudarai.

D'aisso NO us sai PAS esmenda⁴.
PONS DE LA GARDE : Mandar m'es.

Que sols N'en anaretz vos PAS⁵.
ROMAN DE JAUFRE.

INTERJECTIONS, EXCLAMATIONS.

La langue romane eut aussi de ces particules indéclinables, et employées dans un sens absolu, qu'on nomme

(1) Ne porteras mie l'enfant.
(2) Car celui qui a entendement peut penser entre soi
Qu'il ne s'est pas formé, ni les autres aussi....
Et veut changer la loi que devant avait donnée,
Il ne la change pas afin qu'elle fût abandonnée,
Mais la renouvelle afin qu'elle fût mieux gardée.
(3) Souffrir me sera la peine et le chagrin
Toujours, non pas deux jours ni trois.
(4) De ceci ne vous sais pas excuse.
(5) Que seul n'en irez vous pas.

interjections, exclamations, et qui servent à exprimer les sentiments de surprise, de douleur, d'admiration, etc.

Il suffit d'indiquer les plus ordinaires :

AI, *ah!* qui vint peut-être du grec αἳ et αἲ.

> AI! quantas bonas chansos
> E quants bons vers aurai fag [1]!
> BERN. DE VENTADOUR: Ai! quantas.

> AI! cal vos vi, e cal vos vei [2]!
> BERN. DE VENTADOUR: Era non ai.

LAS, venant de LAS*sus*, *malheureux*, produisit ensuite AILAS, HALAS! *las, hélas!*

> LAS! e donc que m farai [3]?
> BLACAS: Lo bels douz temps.

> AILAS! caitiu, que sabras dire [4]?
> PONS DE CAPDUEIL: Ben sai que.

> AILAS! perque viu lonjamen ni dura
> Cel que totz jorns ve creisser sa dolor [5]?
> AIMERI DE BELLINOI: Ailas! per que.

> HALAS! quant cuiava saber
> D'amor, e quant petit en sai [6]!
> BERN. DE VENTADOUR: Quan vei la laudeta.

---

(1) Ah! combien bonnes chansons
    Et combien bons vers aurai fait.
(2) Ah! quel vous vis, et quel vous vois!
(3) Las! et donc quoi je ferai?
(4) Hélas! chétif, quoi sauras dire?
(5) Hélas! pourquoi vit longuement et dure
    Celui qui tous jours voit croître sa douleur?
(6) Hélas! combien cuidais savoir
    D'amour, et combien peu en sais!

CHAPITRE VIII.

LOCUTIONS PARTICULIÈRES, IDIOTISMES DE LA LANGUE ROMANE.

Parmi les différentes citations qu'offre cette grammaire, on aura remarqué plusieurs idiotismes. La langue romane créa un grand nombre de locutions particulières; et la plupart sont restées dans les langues de l'Europe latine.

Je crois nécessaire d'en rapporter quelques-unes :

Esser a dire, *être à dire, être l'objet du regret, manquer :*

> De lieis no cre res de ben SIA A DIRE [1].
> Arnaud Daniel : Sols sui que.

> El dolz parlar, e 'l dolz rire,
> E totz los bes c' om pot eslire,
> Beutat, gaiez', e joven,
> Honor, pretz, valor, e sen,
> Res, mas merces, no i ES A DIRE [2].
> Gaucelm Faidit : Coras que m.

(1) D'elle ne crois que rien de bien soit à dire.
(2) Le doux parler, et le doux rire,
Et tous les biens qu'on peut élire,
Beauté, gaîté, et jeunesse,
Honneur, prix, valeur, et sens,
Rien, hors merci, n'y est à dire.

DIRE D'OC, DIRE DE NO, *dire d'oui, dire de non* :

> Quan m'auretz dat so don m'avez DIG D'OC [1].
> AUGIER : Per vos belha.

> Et ela li fai guizardon
> Tal, que de re no 'l DIZ DE NON [2].
> GAUCELM FAIDIT : Dalfins respondez.

NO PODER MAIS, *ne pouvoir mais* :

> Qu'eras l'am tan que NON PUESC MAI [3].
> BÉRENGER DE PALASOL : Mais ai de talan.

SABER GRAT, *savoir gré* :

> Car sui vostres, e no m'en SABETZ GRAT [4].
> GIRAUD le ROUX : Ara sabrai.

METRE A CAP, ISSIR A CAP, *mettre à chef, sortir à chef* :

> Pus A CAP non puesc ISSIR
> De so qu'ieu tan volria [5].
> BÉRENGER DE PALASOL : Dona si tos temps.

VOLER S'EN MAL, *s'en vouloir mal* :

> E si no us platz mos enans e mos pros,
> VOLGRAI M'EN MAL, don', et amarai vos [6].
> ARNAUD DE MARUEIL : Us gais amors.

---

(1) Quand m'aurez donné ce dont m'avez dit d'oui.
(2) Et elle lui fait guerdon
Tel, que de rien ne lui dit de non.
(3) Qu'ores l'aime tant que ne puis mais.
(4) Car suis vôtre, et ne m'en savez gré.
(5) Puisqu'à chef ne puis sortir
De ce que je tant voudrais.
(6) Et si ne vous plaît mon avancement et mon profit,
Voudrai m'en mal, dame, et aimerai vous.

NON AVER QUE FAIRE, *n'avoir que faire* :

> E no y volgues portier; N'Y A QUE FAR [1].
> RAMBAUD DE VAQUEIRAS : Honrat marques.

> E si merces ab vos NON A QUE FAIRE,
> Ma vida m val trop meins que si moria [2].
> ARNAUD DE MARUEIL : Aissi com cel.

FAR, *faire*, employé dans le sens de *parler*, *dire*, fut sans doute dérivé de FARI latin :

> Belha, FI IEU, cum etz aissi [3] ?
> GAVAUDAN LE VIEUX : E'autre dia.

FAIRE LA FIGA, *faire la figue, insulter, se moquer* :

> E li FES LA FIGA denant;
> Tenetz, dis el, en vostra gola [4].
> ROMAN DE JAUFRE.

NAT DE MAIRE, *né de mère, homme, mortel* :

> E Sarrazi, Turc, Payan, e Persan,
> Que us doptavan mais c'ome NAT DE MAIRE [5].
> GAUCELM FAIDIT : Fortz chausa.

> Merce, dona, la plus genta
> Que anc NATZ DE MAIRE vis [6].
> GIRAUD LE ROUX : Amors.

---

(1) Et n'y voulusse portier; n'y a que faire.
(2) Et si merci avec vous n'a que faire,
    Ma vie me vaut beaucoup moins que si mourais.
(3) Belle, fis-je, comment êtes ici ?
(4) Et lui fit la figue devant;
    Tenez, dit-il, en votre bouche.
(5) Et Sarrasins, Turcs, Payens, et Persans,
    Qui vous redoutaient plus qu'homme né de mère.
(6) Merci, dame, la plus gente
    Que onc né de mère vit.

28.

PASSAR LO PAS, *passer le pas* :

> Qu'enans que PASSON LO PAS [1].
> BERTRAND DE BORN : Gent part.

DONAR, DONAR SOBRE, *donner, donner sur, combattre* :

> E sapchatz be que non o fetz fugen,
> Ans o a fag DONAN et combaten [2].
> BERTRAND D'ALAMANON : D'un sirventes.

« E Turpi ab sos compainhos DONEC SOBRE els [3].
PHILOMENA, fol. 21.

DONAR DELS ESPEROS, *donner des éperons, fuir* :

> E a DONAT DELS ESPEROS
> Al caval, e vai s'en cochos [4].
> ROMAN DE JAUFRE.

AVER NOM, *avoir nom, s'appeler* :

> Car reis joves AVIATZ NOM agut,
> E de joven eratz vos guitz e paire [5].
> BERTRAND DE BORN : Mon chant.

« Es rey de Barsalona e HA NOM Sathon.... Es rey de Gironda e HA NOM Mahomet [6]. »
PHILOMENA, fol. 13.

---

(1) Qu'avant que passent le pas.

(2) Et sachez bien que ne le fit fuyant,
Ains cela a fait donnant et combattant.

(3) « Et Turpin avec ses compagnons donna sur eux. »

(4) Et a donné des éperons
Au cheval, et va s'en pressé.

(5) Car roi vaillant aviez nom eu,
Et de vaillance étiez vous guide et père.

(6) « Est roi de Barcelonne et a nom Sathon.... Est roi de Gironne et a nom Mahomet. »

PRES D'AMOR, *pris d'amour* :

> Lo cor ai PRES D'AMOR [1].
> > BERN. DE VENTADOUR : Tant ai mon cor.

PRENDRE GARDA, *prendre garde* :

> E quar negus no s PREN GARDA [2].
> > BONIFACE DE CASTELLANNE : Guerra e trebalhs.

VENIR A PLAZER, *venir à plaire, plaire* :

> Dona, sel que non pot aver,
> Joi, s'a vos non VEN A PLAZER [3].
> > ARNAUD DE MARUEIL : Dona sel que.

NO FAR MOT, *ne faire mot, ne dire mot* :

> Pos van de Deu gaban ;
> Car son crozat, e d'anar MOT NO FAN [4].
> > BERTRAND DE BORN : Ara sai eu.

METRE EN OBLI, *mettre en oubli, oublier* :

> Del passatge qu'an si MES EN OBLI [5].
> > BERTRAND DE BORN : Arai sai eu.

NON AVER FIN NI PAUSA, *n'avoir fin ni pause* :

> Car ja, tro que l'aia trobat,
> Non AURA FIN, ni ben, NI PAUSA [6].
> > ROMAN DE JAUFRE.

(1) Le cœur ai pris d'amour.

(2) Et parce que aucun ne se prend garde.

(3) Dame, celui qui ne peut avoir
Joie, si à vous ne vient à plaire.

(4) Puisque vont de Dieu gaussant ;
Car sont croisés, et d'aller mot ne font.

(5) Du passage qu'ont ainsi mis en oubli.

(6) Car jamais, jusqu'à ce que l'ait trouvé,
N'aura fin, ni bien, ni pause.

PENRE LENGATGE, *prendre langue, s'informer :*

> En autra terra irei PENRE LENGATGE [1].
> > GUILLAUME DE CABESTAING : Mout m'alegra.

AVER LOS DATZ, *avoir les dés, tenir les dés :*

> Er entendatz en ma tenson
> Qu'ieu vos part; A VOS LOS DATZ [2].
> > GAUCELM FAIDIT : Dalfins respondez.

DE PART ME, dérivé du latin DE PARTe MEi, *de la part de moi :*

> Guillem a Bertran fai saber
> Per tot aquest dir DE PART ME [3].
> > BERTRAND DE BORN : Sel qui camja.

Ces diverses citations ne laisseront aucun doute sur le caractère particulier que des idiotismes nombreux et variés ont donné à la langue romane. Le discours placé en tête du dictionnaire présentera à ce sujet des détails et des exemples, qui, en faisant toujours mieux connaître et apprécier le génie et les formes de cette langue, serviront à démontrer que les autres langues de l'Europe latine en ont été la continuation.

---

(1) En autre terre irai prendre langage.
(2) Maintenant entendez en ma tenson
Que je vous dépars; à vous les dés.
(3) Guillaume à Bertrand fait savoir
Par tout ce dire de par moi.

FIN DE LA GRAMMAIRE ROMANE.

APPENDICE

CONTENANT l'Indication des divers ouvrages manuscrits cités dans cette grammaire, et des explications touchant les élisions, apocopes, apherèses, contractions, soustractions, etc., et touchant les variantes, les changements et suppressions de lettres, et les mutations de désinences pour la rime.

En attendant que je publie des notices détaillées sur les divers ouvrages écrits en langue romane, soit en prose, soit en vers, et que je paie à plusieurs personnes qui m'ont aidé de leur zèle et de leurs soins, le tribut public de ma reconnaissance, voici l'indication sommaire des manuscrits qui m'ont fourni les nombreux exemples qui autorisent les règles établies dans cette grammaire.

Cette indication m'a semblé indispensable; et je la donne dans la première partie de cet appendice.

Je consacre la seconde à expliquer le mode que j'ai adopté pour exprimer à l'œil et à l'esprit des lecteurs, les élisions, apocopes, aphérèses, et quelques-unes des nombreuses contractions et soustractions, qu'offrent ces manuscrits.

J'expose la détermination que j'ai prise, lorsque les textes présentaient des variantes, ou lorsque les divers manuscrits attribuaient les mêmes ouvrages à différents auteurs. Et enfin je parle des changements que les troubadours se permettaient quelquefois pour la facilité de la rime.

INDICATION DES MANUSCRITS ROMANS CITÉS EN CETTE GRAMMAIRE.

Serment de 842, dans Nithard, ms. n° 1964, Bibl. du Roi.

Actes de 960, dans le n° 165, fol., des mss. de Colbert, Bibliothèque du Roi.

Poeme sur Boece; le manuscrit unique du fragment considérable de ce poëme, très-antérieur à l'an 1000, jadis dans la bibliothèque de Fleury-sur-Loire, se trouve actuellement à la bibliothèque publique d'Orléans.

La nobla Leyçon, et autres poésies en dialecte Vaudois, de l'an 1100. Ms. de la bibliothèque de Genève.

MANUSCRITS DES TROUBADOURS.

A la Bibliothèque du Roi :

N° 1091, supplément, jadis de Caumont;

N° 2701, jadis de Durfé, et après, de la Vallière;

N° 3204, ancien n°;

N° 3794, ancien n°;

N°s 7225, 7226, 7614, 7698.

Manuscrit de la bibliothèque de M. Mac-Carty à Toulouse, actuellement dans celle de Mr Richard Heber, à Londres.

Manuscrit de Peyresc; j'en ai une copie moderne.

Manuscrit de Chasteuil Galaup, écriture moderne; ce ms. qui avait appartenu au président de Mazaugues, est actuellement dans la bibliothèque de M. de Fauris de Saint-Vincens, à Aix.

COPIES DES MANUSCRITS ÉTRANGERS.

De la bibliothèque Laurenziana à Florence :

Cod. 42, plut. 41; cod. 43, plut. 41; cod. 26, plut. 90.

Les copies m'en ont été délivrées, d'après l'autorisation de S. A. I. le grand duc de Toscane.

APPENDICE.

De la bibliothèque RICCARDIANA à Florence :

Cod. 2909.

La copie m'en a été délivrée par le bibliothécaire.

COPIES DE MANUSCRITS ÉTRANGERS appartenant à la collection de M. de Sainte-Palaye :

De la même bibliothèque RICCARDIANA :

Cod. 2901.

De la bibliothèque de MODÈNE :

Le ms. de Modène porte la date de 1254.

De la bibliothèque AMBROSIANA de Milan :

Ms. n° 71.

A ROME :

Ms. de la bibliothèque CHIGI, 2348;

Mss. de la bibliothèque du VATICAN, 3206, 3207, 3208, 5232;

Ms. de la bibliothèque BARBERINI, 2777.

J'ai pris connaissance de ces divers manuscrits d'après les copies, les extraits, ou les notes qui se trouvent dans la collection de M. de Sainte-Palaye, déposée à la Bibliothèque de MONSIEUR, à l'Arsenal.

MANUSCRITS EN LANGUE ROMANE PROVENÇALE.

A LA BIBLIOTHÈQUE DU ROI :

ROMAN DE JAUFRE, fol.

Le même, n° 7988, in-4°.

ROMAN DE GÉRARD DE ROUSSILLON, in-12, fonds de Cangé.

NOUVEAU TESTAMENT, 8086, in-4°.

PHILOMENA, autrefois de Baluze, n° 658, actuellement n° 10307.

LO LIBRE DE VICIS E DE VERTUTZ,
LA PASSIO DE JHESU CRIST,   } ms. in-4°, 7693.
LA VIDA DE SAN ALEXI,

Etc. etc.

Après avoir indiqué les principales pièces qui m'ont fourni les exemples, je dois expliquer la manière dont j'ai procédé à l'égard des élisions, aphérèses, soustractions, et contractions, etc., qui, pour être comprises, exigeaient d'être représentées de manière que personne ne pût s'y méprendre.

L'élision écrite est l'un des caractères de la langue romane.

Les manuscrits anciens ne marquant jamais l'apostrophe qui indique à nos yeux les apocopes ou les aphérèses, il m'a paru indispensable de présenter le signe qui sert à expliquer ces apocopes ou aphérèses, c'est-à-dire de marquer l'élision.

J'ai exposé dans la grammaire les motifs qui m'ont déterminé à détacher dans l'impression les pronoms afixes.

Je réunirai ici diverses explications que les détails suivants feront comprendre.

CHANGEMENTS DE LETTRES.

Je ne parle ici que des changements faits à la fin du mot.

U pour L :

> Far mi podetz o ben o MAu [1].
> BERN. DE VENTADOUR : Ges de chantar.

SUPPRESSION DE LETTRES.

Souvent l'N final ou pénultième fut supprimé.

A	pour	An.	Lendema	p. 241.	Pla	p. 229.	Sobeira	p. 229.
As		Ans.	Soteiras	201.	Vilas	201.		
E		En.	Ve	141.	Rete	232.	Sove	176.
Es		Ens.	Ples	133.	Bes	132.		
I		In.	Meschi	165.				
Is		Ins.	Sarrasis	255.	Vezis	189.		
O		On.	Ausiro	184.	Chanso	156.	Do	179.
Os		Ons.	Bos	149.	Capos	259.	Chansos	148.
Us		Uns.	Us	258.				

(1) Faire me pouvez ou bien ou mal.

APPENDICE. 443

Je ne dis rien de la suppression du T final. Elle ne peut causer aucun embarras.

Quelquefois le mot, dont l'N final a été retranché, fait subir l'aphérèse au mot suivant qui commence par une voyelle :

> Qu'aissi m pes qu'o FASSO 'L leial[1].
>
> ARNAUD DE MARUEIL : Ab pauc ieu.

Pour FASSO*n* IL.

COL pour COM IL.

IL pluriel masculin :

> Aissi COL peis an en l'aigua lor vida[2].
>
> ARNAUD DE MARUEIL : Aissi col.

IL singulier féminin :

> Mais de lieis, COL pogues servir,
> E far tot quan l'er bon ni 'l platz[3].
>
> GEOFFROI RUDEL : Ges en bon vers.

COLS pour COM ELS :

« Contec lor COLS portero a la Grassa[4].

> PHILOMENA, fol. 57.

COS pour COM SE :

« Demandec COS podia esser endevengut[5]. »

> PHILOMENA, fol. 58.

NON pour NOS EN :

« Al plutost que pusquam lo, NON tornem[6]. »

> PHILOMENA, fol. 29.

NOS pour NON SE :

> Nos partira nulh temps[7].
>
> ARNAUD DE MARUEIL : Dona sel que.

---

(1) Qu'ainsi me pèse que cela fassent les loyaux.

(2) Ainsi comme les poissons ont en l'eau leur vie.

(3) Mais d'elle, comment la pusse servir,
Et faire tout quand lui sera bon et lui plait.

(4) « Conta leur comment les portèrent à la Grasse.

(5) « Demanda comment se pouvait être devenu. »

(6) « Au plutôt que puissions le, nous en retournions. »

(7) Ne se séparera nul temps.

Pel pour PER EL, PER IL; PELS pour PER ELS:

« Pel castel a recoubrar¹. »

ACTE de 1059. Pr. de l'Hist. du Languedoc, t. II, col. 230.

Pel dous chanz de rossinhol
C' aug chantar la nueg escura,
Per los verdiers e pels plais².

PIERRE D'AUVERGNE: Bel m'es quan la rosa.

Amors mi destrenh e m greya
Pel genser dona del mon,
E pel plus plazen qu'ieu veia³.

GIRAUD LE ROUX: Amors mi.

Pelos pour PER LOS:

Aicel sera fil de Dieu apelatz
C' aura fait al camp lo vensimen;
Pelos clerges er leu coronatz⁴.

BERTRAND D'ALAMANON: D'un sirventes.

Von pour VOS EN:

« E per aquo no von devetz meravelar⁵. »

PHILOMENA, fol. 58.

« Si mais ne voletz, mais von trametra⁶. »

PHILOMENA, fol. 90.

LETTRES AJOUTÉES; CHANGEMENTS POUR LA RIME.

Entre deux noms, dont le premier finit et le second commence par une voyelle, souvent le Z se trouve dans les manuscrits, pour avertir que l'élision ne doit pas avoir lieu entre ces deux voyelles: en transcrivant j'ai négligé ce Z.

(1) « Pour le château à recouvrer. »
(2) Pour le doux chant du rossignol
Qu'ouïs chanter la nuit obscure
Par les vergers et par les bois.
(3) Amour m'opprime et me sèche
Pour la plus gente dame du monde
Et pour la plus agréable que je voie.
(4) Celui-ci sera fils de Dieu appelé
Qui aura fait au camp la victoire;
Par les clercs sera bientôt couronné.
(5) « Et pour cela ne vous en devez émerveiller. »
(6) « Si plus en voulez, plus vous en transmettra. »

> Senher Blacas, aquo lor es granz pros
> Qu'a vos parec q'az els fos destorbers [1].
>
> > BLACAS : En Pelicer.
>
> Qu'eras sai ben az escien [2]....
>
> > GEOFFROI RUDEL : Belhs m'es.

Quoique ce ne soit point ici le lieu de parler des licences poétiques, je ne dois pas omettre celles qui tiennent à des changements qui modifient les règles ordinaires et générales de la grammaire.

Le besoin ou le privilége de la rime a fait souvent modifier la finale des mots qui devaient rimer. En voici des exemples :

> Dona, pros e valenta,
> Genser de las plus GENTA [3].
>
> > BERN. DE VENTADOUR. Quan la doss' aura.

Il eût fallu dire GENTAS, l's étant la finale caractéristique du pluriel des substantifs et adjectifs féminins en A.

> L'odor de l'erba FLORia,
> E 'l dos chan qu'el auzels cria [4].
>
> > BERN. DE VENTADOUR : En abril.

FLORIA est pour FLORIDA.

Quelquefois, mais plus rarement, des lettres sont ajoutées.

> Si m preges eras la pros comtessa
> Silh de Turet qu'es de pretz senhoressa....
> Gardatz se dic ardimen e follor....
> Qu'ieu no volgra que neguna m'AGUESsa
> Colgat ab si desotz son cubertor [5].
>
> > BERN. DE VENTADOUR : En amor.

SA n'a été ajouté à AGUES que pour la rime.

(1) Seigneur Blacas, cela leur est grand profit
Qui à vous parut qu'à eux fût malheur.

(2) Qu'ores sais bien à escient....

(3) Dame généreuse et vaillante,
La plus gente des plus gentes.

(4) L'odeur de l'herbe fleurie,
Et le doux chant que l'oiseau crie.

(5) Si me priât ores la généreuse comtesse
Celle de Turet qui est de prix maîtresse....
Regardez si dis hardiesse et folie....
Que je ne voudrais que nulle m'eût
Couché avec soi dessous sa couverture.

On rencontre d'autres modifications ou changements, mais je ne crois pas nécessaire d'entrer dans de plus grands détails.

Il suffira de se souvenir que les désinences qui servent à la rime sont parfois contraires aux règles générales, et alors l'on entendra le mot, et l'on résoudra la difficulté grammaticale qu'il peut offrir, comme s'il était écrit conformément à la manière ordinaire.

Je terminerai cet appendice par deux observations relatives aux différences qu'on pourra remarquer dans quelques exemples, quand je cite les mêmes plus d'une fois.

Il arrive que les mêmes citations offrent des variantes, ou que je désigne l'auteur tantôt sous un nom, tantôt sous un autre : c'est que j'ai cru pouvoir choisir, selon le besoin, les variantes qui m'offraient des exemples, afin que les personnes qui vérifieraient mes citations sur un seul manuscrit, ne fussent pas étonnées des différences qu'il leur présenterait. Ainsi des manuscrits écrivent VUELH, *je veux*, et d'autres VUOILL, VUOL, etc.; QUE, *que*, et d'autres CHE, C'; CUM, *comme*, et d'autres COM, QUOM, etc.[1] J'ai donc rassemblé des exemples de ces variétés, dans diverses citations du même passage, quand je m'en servais de nouveau[2].

Ayant trouvé assez souvent dans les manuscrits DES pour DELS, et AS pour ALS, articles au pluriel, j'ai cru devoir indiquer DES et AS parmi les articles romans, quoiqu'ils ne soient que des contractions des articles ordinaires.

Il est des pièces attribuées à différents auteurs par les différents manuscrits; lors de l'impression de ces pièces, un avertissement expliquera les raisons qui peuvent faire décider à qui elles appartiennent; mais, en attendant cet examen, j'ai tâché de remédier à l'inconvénient de citer, sous un nom seul, des pièces attribuées à divers auteurs, et j'ai nommé tantôt l'un, tantôt l'autre, quand

---

(1) Dans plusieurs endroits, j'ai indiqué les mutations, transpositions ou suppressions, soit de voyelles, soit de consonnes.

(2) J'en ai averti en quelques occasions qui me paraissaient l'exiger, comme aux pages 276 et 304.

j'ai eu occasion de citer plusieurs fois la même pièce. Ainsi, la pièce En amor truep est attribuée à Bernard de Ventadour par le ms. n° 2701 ; et à Albert de Sisteron, ou Albertet, par le ms. n° 7226 : j'ai cité tantôt Bernard de Ventadour, tantôt Albertet.

Enfin j'ai respecté le texte des manuscrits jusqu'à imprimer des fautes évidentes ; ainsi, p. 287, j'ai copié d'après le ms. 3794 :

<blockquote>E se ellas, etc.   au lieu de   si,</blockquote>

qu'aurait exigé la règle grammaticale ; mais n'ayant trouvé la pièce que dans ce manuscrit qui porte se et non si, je me suis fait un scrupule d'altérer sciemment le texte.

On ne serait pas étonné sans doute si, dans une entreprise littéraire où il m'a fallu presque tout établir, et tout coordonner, depuis les plus hautes règles de la grammaire, jusqu'aux moindres détails qui concernent l'orthographe, il se trouvait quelque erreur, quelque inadvertance, et sur-tout quelque omission. Je regarderais comme un véritable succès, comme un fruit heureux de mon travail, que cet ouvrage même eût enseigné à les reconnaître.

FIN DE L'APPENDICE.

www.ingramcontent.com/pod-product-compliance
Lightning Source LLC
Chambersburg PA
CBHW060228230426
43664CB00011B/1580